JONATHAN HAIDT

# a hipótese da FELICIDADE

encontrando a VERDADE MODERNA na SABEDORIA ANTIGA

JONATHAN HAIDT

# a hipótese da FELICIDADE

encontrando a VERDADE MODERNA na SABEDORIA ANTIGA

Traduzido por **Helena Mussoi**

2ª Edição

São Paulo | 2022

**LVM**
EDITORA

Título: The happiness hypothesis: finding modern truth in ancient wisdom
Copyright © 2021 - Jonathan Haidt (Basic Books)

Os direitos desta edição pertencem à
LVM Editora
Rua Leopoldo Couto de Magalhães Júnior, 1098, Cj. 46
04.542-001 • São Paulo, SP, Brasil
Telefax: 55 (11) 3704-3782
contato@lvmeditora.com.br • www.lvmeditora.com.br

*Gerente Editorial* | Chiara Ciodarot
*Editor* | Pedro Henrique Alves
*Editor de aquisição* | Marcos Torrigo
*Tradutor* | Helena Mussoi
*Copidesque* | Chiara Ciodarot
*Revisão ortográfica e gramatical* | Chiara Ciodarot / Márcio Scansani - Armada
*Preparação dos originais* | Pedro Henrique Alves
*Revisão final* | Pedro Henrique Alves
*Elaboração do índice* | Márcio Scansani - Armada
*Produção editorial* | Pedro Henrique Alves
*Projeto gráfico* | Mariangela Ghizellini
*Capa e projeto gráfico* | Mariangela Ghizellini
*Diagramação e editoração* | Rogério Salgado / Spress

Impresso no Brasil, 2022

Dados Internacionais de Catalogação na Publicação (CIP)
Angélica Ilacqua CRB-8/7057

---

H173h  Haidt, Jonathan
   A hipótese da felicidade : encontrando a verdade moderna na sabedoria antiga / Jonathan Haidt ; tradução de Helena Mussoi. – 2. ed. – São Paulo : LVM Editora, 2022.
   372 p.

   ISBN 978-65-5052-047-2
   Título original: The happiness hypothesis: finding modern truth in ancient wisdom

   1. Autoajuda 2. Psicologia comportamental 3. Psicologia cognitiva I. Título II. Mussoi, Helena

22-5519                                                                CDD-158.1

---

Índice para catálogo sistemático:
1. Autoajuda

Reservados todos os direitos desta obra.
Proibida toda e qualquer reprodução integral desta edição por qualquer meio ou forma, seja eletrônica ou mecânica, fotocópia, gravação ou qualquer outro meio de reprodução sem permissão expressa do editor.
A reprodução parcial é permitida, desde que citada a fonte.

Esta editora empenhou-se em contatar os responsáveis pelos direitos autorais de todas as imagens e de outros materiais utilizados neste livro.
Se porventura for constatada a omissão involuntária na identificação de algum deles, dispomo-nos a efetuar, futuramente, os possíveis acertos.

# Sumário

**Introdução** | Demasiada Sabedoria ........................ 13

**Capítulo 1** | O "Eu" Dividido............................... 21
    *Primeira divisão: Mente X Corpo*...................... 26
    *Segunda divisão: Esquerda X Direita*.................. 27
    *Terceira divisão: Novo X Velho*....................... 31
    *Quarta divisão: Controlado X Automático*.............. 36
    *Falhas no autocontrole*............................... 41
    *Intrusões mentais*.................................... 43
    *A dificuldade de vencer um debate*.................... 45

**Capítulo 2** | Mudando De Ideia ............................ 51
    *O medidor de gostos*................................. 55
    *A parcialidade ao negativo*.......................... 58
    *A loteria cortical*.................................. 62
    *Como mudar de ideia*................................. 67

  Meditação... 67
  Terapia Cognitiva... 69
  Prozac... 73

**CAPÍTULO 3 | Reciprocidade com um quê de vingança**... 83
  *Ultrassociabilidade*... 85
  *Toma lá, dá cá*... 88
  *Olho por olho, dente por dente*... 93
  *Use a Força, Luke!*... 97

**CAPÍTULO 4 | Os Erros Dos Outros**... 103
  *Mantendo as aparências*... 105
  *Encontre o advogado em si mesmo*... 109
  *O espelho cor-de-rosa*... 112
  *Eu estou certo; e você é parcial*... 116
  *O Diabo satisfaz*... 119
  *O Mito do puro mal*... 121
  *Encontrando o melhor caminho*... 125

**CAPÍTULO 5 | À Procura Da Felicidade**... 133
  *O princípio do progresso*... 135
  *O princípio da adaptação*... 137
  *Uma hipótese da felicidade antiga*... 141
  *A Fórmula da felicidade*... 147
    Barulho... 149
    Deslocamento... 150
    Falta de controle... 151
    Vergonha... 152
    Relacionamentos... 153
  *Encontrando o fluxo*... 154
  *Buscas equivocadas*... 159
  *A hipótese da felicidade reconsiderada*... 165

**Capítulo 6 | Amor e Vínculos** .............................. 173
   *Para ter e cuidar*. . . . . . . . . . . . . . . . . . . . . . . . . . . . . . . . . . 176
   *O amor vence o medo* . . . . . . . . . . . . . . . . . . . . . . . . . . . . . 179
   *A evidência jaz na separação* . . . . . . . . . . . . . . . . . . . . . . . 183
   *Não vale só para as crianças*. . . . . . . . . . . . . . . . . . . . . . . . 187
   *Amor e a cabeça inchada*. . . . . . . . . . . . . . . . . . . . . . . . . . 191
   *Dois amores, dois erros* . . . . . . . . . . . . . . . . . . . . . . . . . . . 194
   *Por que os filósofos detestam o amor?*. . . . . . . . . . . . . . . . . 201
   *A liberdade pode ser prejudicial à sua saúde* . . . . . . . . . . . . 206

**Capítulo 7 | Os Usos da Adversidade** . . . . . . . . . . . . . . . . . . . . . . . 211
   *Desenvolvimento pós-traumático* . . . . . . . . . . . . . . . . . . . . 213
   *Nós precisamos sofrer?* . . . . . . . . . . . . . . . . . . . . . . . . . . . . 219
   *Abençoados são aqueles que tiram sentido das coisas*. . . . . . . . . . . . 225
   *Há uma época para tudo*. . . . . . . . . . . . . . . . . . . . . . . . . . . 231
      *Erro e sabedoria*. . . . . . . . . . . . . . . . . . . . . . . . . . . . 235

**Capítulo 8 | A Felicidade da Virtude** . . . . . . . . . . . . . . . . . . . . . . . 241
   *As virtudes dos antigos*. . . . . . . . . . . . . . . . . . . . . . . . . . . . 245
   *Como o Ocidente se perdeu* . . . . . . . . . . . . . . . . . . . . . . . . 248
   *As virtudes da psicologia positiva*. . . . . . . . . . . . . . . . . . . . 255
   *Pergunta difícil, respostas fáceis*. . . . . . . . . . . . . . . . . . . . . 260
   *Pergunta difícil, respostas difíceis*. . . . . . . . . . . . . . . . . . . . 263
   *O Futuro da virtude* . . . . . . . . . . . . . . . . . . . . . . . . . . . . . 266

**Capítulo 9 | Divindade com ou sem Deus** . . . . . . . . . . . . . . . . . . . 275
   *Nós não somos animais?*. . . . . . . . . . . . . . . . . . . . . . . . . . . 279
   *A ética da divindade*. . . . . . . . . . . . . . . . . . . . . . . . . . . . . 283
   *Intrusões sagradas* . . . . . . . . . . . . . . . . . . . . . . . . . . . . . . . 287
   *Elevação e Ágape* . . . . . . . . . . . . . . . . . . . . . . . . . . . . . . . . 290
   *Fascinação e transcendência*. . . . . . . . . . . . . . . . . . . . . . . . 298
   *O "Eu" satânico* . . . . . . . . . . . . . . . . . . . . . . . . . . . . . . . . 307
   *A planolândia e a guerra de culturas* . . . . . . . . . . . . . . . . . 308

**Capítulo 10** | A Felicidade vem do Meio-termo.............. 317
    *Qual era a pergunta?*........................... 320
    *Amor e trabalho*.............................. 324
    *Compromisso vital*............................ 330
    *Coerência cruzada*............................ 334
    *Deus nos dá colmeias*......................... 339
    *Harmonia e propósito*......................... 347
    *O sentido da vida*............................ 351

**Conclusão** | Sobre o Equilíbrio.................... 355

**Agradecimentos** .................................. 359

**Índice remissivo e onomástico** ................... 363

# a hipótese da FELICIDADE

JONATHAN HAIDT

# Introdução

Introdução
# Demasiada Sabedoria

O que devo fazer, como hei de viver e quem hei de me tornar? Muitos de nós fazem tais perguntas e, sendo a vida moderna o que é, não temos de ir longe a fim de encontrarmos respostas. A sabedoria de hoje é tão barata e abundante que jorra sobre nós de páginas de calendários, saquinhos de chá, tampas de garrafas e correntes de *e-mails* compartilhadas por amigos bem-intencionados. De certo modo, somos como residentes de *A Biblioteca de Babel*, de Jorge Luís Borges (1899-1986) — uma biblioteca infinita, cujos livros contêm todas as possíveis sequências de letras e, portanto, em algum lugar, explicações do porquê da existência dessa biblioteca e de como usá-la. Contudo, os bibliotecários de Borges suspeitam que jamais encontrarão esse livro específico no meio de toneladas de trivialidades.

Nosso prospecto é bem melhor. Poucas das nossas potenciais fontes de sabedoria são triviais ou sem sentido, e muitas são completamente verdadeiras. Ainda assim, porque nossa biblioteca é também efetivamente infinita — ninguém no mundo é capaz de ler mais do que uma porção mínima dela —, deparamo-nos com o paradoxo da abundância: a quantidade prejudica a qualidade de nosso comprometimento. Frente a um acervo tão vasto e maravilhoso diante de nós, com frequência folheamos os livros ou simplesmente lemos suas resenhas. Pode ser que já tenhamos encontrado a "grande ideia", a percepção que teria nos transformado por inteiro se a tivéssemos saboreado apropriadamente, trazido-a junto ao coração, aplicado-a a nossas vidas.

Este livro é sobre dez grandes ideias. Cada capítulo consiste em uma tentativa de usufruir de uma ideia que tenha sido concebida por muitas das civilizações existentes — isso com o intuito de questioná-las à luz do que hoje sabemos por intermédio de pesquisas científicas e o de extrair lições que ainda se apliquem a nossa vida moderna.

Eu sou um psicólogo social. Faço experimentos para tentar desvendar uma parcela da vida social humana, e a minha parcela engloba a moralidade e as emoções morais. Também sou professor. Leciono num extenso curso de introdução à psicologia, na Universidade da Virgínia, no qual tento elucidar todo o campo da psicologia em vinte e quatro aulas. Tenho que apresentar milhares de descobertas científicas sobre tudo, desde a estrutura da retina até o mecanismo do amor, e, então, esperar que meus alunos compreendam e se lembrem de todo esse conteúdo. Ao passo que tive dificuldade com tamanho desafio no meu primeiro ano de magistério, percebi que várias ideias se mostraram recorrentes ao longo das aulas e que elas, frequentemente, foram já colocadas com eloquência por pensadores do passado. Para resumir a ideia de que nossas emoções, nossas reações às eventualidades e até algumas doenças mentais são provocadas pelos filtros que usamos para olharmos o mundo, eu não poderia dizê-lo de modo mais conciso do que Shakespeare (1564-1616): "Nada é bom ou mau em si, é o pensamento que o torna assim"[1]. Comecei a me utilizar de tais citações para ajudar meus alunos a se lembrarem das grandes ideias da psicologia e me pus a questionar quantas dessas ideias haveria por aí.

Na busca pela resposta, li dezenas de obras sobre a sabedoria antiga, especialmente as advindas das três grandes zonas mundiais de pensamento clássico: Índia (por exemplo, os *Upanishads*, o *Bhagavad Gita* e os dizeres de Buda), China (*Os Analectos* de Confúcio, o *Tao Te Ching* e os escritos de Meng Tzu e outros pensadores) e as culturas do Mediterrâneo (o Antigo Testamento e o Novo Testamento, os filósofos gregos e romanos e o *Corão*). Li, ainda, uma série de outros trabalhos de filosofia e literatura datados dos últimos quinhentos anos. Sempre que encontrava uma alegação psicológica — uma declaração acerca da natureza humana, ou do funcionamento

---

[1] SHAKESPEARE, William. "Hamlet". *In*: BLAKEMORE, G. (Ed). *The Riverside Shakespeare*. Boston: Houghton Mifflin, 1974, II, ii, p. 249-250.

da mente ou do coração —, eu a anotava. Quando me deparava com uma ideia expressada em tempos e meios diversos, eu a considerava uma possível grande ideia. Porém, em vez de listar mecanicamente as dez ideias psicológicas sobre a espécie humana mais alastradas de todos os tempos, decidi que a coerência era mais importante do que a frequência. Eu queria escrever sobre um conjunto de ideias que se encaixariam umas com as outras, que complementariam umas às outras e contariam uma história sobre como os seres humanos podem encontrar a felicidade e o sentido da vida.

Auxiliar as pessoas na busca por felicidade e sentido é precisamente o objetivo do novo ramo da psicologia positiva[2], uma área na qual me tornei ativo[3], para tanto este livro, de certa forma, trata das origens da psicologia positiva na sabedoria antiga e de suas aplicações na psicologia de hoje. A maior parte da pesquisa que cobrirei foi realizada por cientistas que não podiam se considerar psicólogos positivos. Não obstante, escolhi dez ideias antigas e uma grande variedade de descobertas científicas modernas a fim de contar a melhor história que puder sobre as causas da prosperidade humana e os obstáculos ao bem-estar que inserimos em nossos próprios caminhos.

A história começa com um relato de como a mente humana trabalha. Não é um relato completo, é claro, apenas duas verdades antigas que hão de ser compreendidas antes que possamos tirar proveito da psicologia moderna a fim de aprimorarmos nossas vidas. A primeira verdade é a ideia fundamental deste livro: a mente se divide em partes que, por vezes, conflitam entre si. Como um condutor nas costas de um elefante, a porção consciente e racional da mente humana tem controle limitado sobre o que o elefante faz. Atualmente, conhecemos as causas dessas divisões e alguns jeitos de ajudar o condutor e o elefante a trabalharem melhor em equipe. A segunda ideia é a de Shakespeare sobre como "pensar em alguma coisa faz dela boa ou má". (Ou, como Buda[4] diria, "A nossa vida é criação de nossa mente"). Contudo, podemos aprimorar essa ideia antiga explicando por

---

[2] SELIGMAN, M. E. P. *Authentic happiness*. New York: Free Press, 2002.
[3] KEYES, C. L. M.; HAIDT, J. (Eds.). *Flourishing: Positive psychology and the life well lived*. Washington: American Psychological Association, 2003.
[4] Tecnicamente, dever-se-ia dizer "O Buda" (aquele que que foi despertado), bem como "O Cristo" (aquele que foi ungido). Entretanto, seguirei o senso comum ao me referir a Buda e Cristo.

que a maioria das mentes é parcial quando percebe ameaças e se ocupa de preocupações redundantes. Também podemos fazer algo que mude essa parcialidade por meio do uso de três técnicas que aumentam nosso grau de felicidade — uma antiga e duas bem atuais.

    O segundo passo na história é fornecer um relato de nossa vida social — de novo, não um relato completo, somente duas verdades amplamente conhecidas, embora não suficientemente apreciadas. Uma é a regra de ouro. A reciprocidade é a ferramenta mais importante para nos darmos bem uns com os outros, e eu vou lhe mostrar como utilizá-la com a finalidade de resolver problemas na sua vida e como evitar ser explorado por aqueles que usarão a reciprocidade contra você. Todavia, a reciprocidade consiste em mais do que uma ferramenta. Ela também é uma pista do que nós, humanos, somos e do que necessitamos, uma pista importante ao entendimento do fim da grande história. A segunda verdade, neste ponto da trama, é que todos somos, por natureza, hipócritas e é por isso que é tão difícil seguirmos a regra de ouro à risca. Pesquisas psicológicas recentes revelaram os mecanismos mentais que nos tornam tão bons em enxergarmos o menor dos ciscos no olho de nossos vizinhos, ao passo que enxergamos tão mal o que há em nossos próprios olhos, por maior que seja. Se você conhece o plano de sua mente e o porquê de enxergar tão facilmente o mundo através das lentes distorcidas do bem e do mal, você poderá tomar medidas que reduzam sua presunção. Assim, você poderá também reduzir a frequência de conflitos com terceiros que estão igualmente convictos.

    Nesta altura, estamos prontos para perguntar: de onde vem a felicidade? Existem muitas "hipóteses da felicidade" distintas. Uma delas é a de que a felicidade advém de conseguir o que se quer, embora todos saibamos (e as pesquisas confirmem) que essa felicidade é de curto prazo. Uma hipótese mais promissora é a de que a felicidade vem de dentro e não pode ser obtida por intermédio da prática de fazer o mundo se conformar a seus desejos. Essa ideia era muito disseminada na Antiguidade: Buda, na Índia, e os filósofos estoicos, na Grécia antiga e na Roma antiga, todos eles aconselhavam os indivíduos a quebrarem seus vínculos emocionais com outras pessoas e eventos, que são sempre imprevisíveis e incontroláveis, e a cultuar, em vez disso, uma atitude de aceitação. Essa ideia antiga merece respeito e decerto é verdade que mudar de opinião é uma resposta mais eficaz à frustração do que mudar o mundo. Entretanto, apresentarei evidências de que essa segunda versão da hipótese da felicidade é errônea. Estudos recentes demonstram que há certas coisas pelas quais vale a pena lutar; há condições de vida externas que podem torná-lo mais feliz no longo prazo. Uma delas é a afinidade — os laços que construímos, e que precisamos construir, com outrem. Apresentarei pesquisas que indicam de onde vem o amor, por que o amor passional sempre esfria e qual tipo de amor é o amor "verdadeiro". Hei de sugerir que a hipótese da felicidade oferecida por Buda e os estoicos deve ser retificada: a felicidade vem de dentro e vem de fora. Necessitamos de orientações tanto da sabedoria antiga quanto da ciência moderna a fim de atingirmos o equilíbrio.

O próximo passo nesta história de prosperidade é o de observar as condições do crescimento e do desenvolvimento humano. Todos já ouvimos que o que não mata, nos fortalece, mas isso consiste num simplismo perigoso. Muitas das coisas que não nos matam nos causam danos permanentes. Pesquisas recentes sobre o "crescimento pós-traumático" revelam quando e por que as pessoas crescem a partir de adversidades e o que podemos fazer para nos prepararmos para o trauma, ou para lidar com ele após ser desencadeado. Todos escutamos repetidamente clamores para que cultivemos a virtude em nós mesmos, posto que a virtude é sua própria recompensa, mas isso, também, é simplório. Mostrarei como conceitos de virtude e moralidade se modificaram e se afunilaram no decorrer os séculos e como ideias antigas sobre virtudes e desenvolvimento moral podem ser promissoras em nossa era. Também mostrarei como a psicologia positiva está começando a cumprir essa promessa ao lhe oferecer uma maneira de "diagnosticar" e desenvolver suas próprias forças e virtudes.

A conclusão da história é a questão do significado: por que alguns encontram significado, propósito e satisfação na vida, enquanto outros não? Começo com a ideia culturalmente difundida de que há uma dimensão vertical, espiritual na existência humana. Seja ela chamada de nobreza, virtude ou divindade, e quer Deus exista ou não, as pessoas simplesmente *conseguem* identificar sacralidade, santidade ou um bem inabalável em outros e na natureza. Apresentarei minha própria pesquisa no que tange às emoções morais de asco, elevação e admiração para explicar como funciona essa dimensão vertical e por que ela é tão importante no entendimento do fundamentalismo religioso, da cultura política da guerra e na busca do homem por significado. Ademais, considerarei o que as pessoas querem dizer quando perguntam "Qual é o sentido da vida?" e responderei a essa questão — uma resposta que se relaciona a ideais antigos sobre ter um propósito, mas que se utiliza de pesquisas muito recentes para ir além dessas ideias antigas, ou de quaisquer ideias com as quais você provavelmente já se deparou. Ao fazê-lo, revisarei a hipótese da felicidade uma última vez. Eu poderia declarar sua versão final aqui, em poucas palavras, mas não poderia explicá-la nesta breve introdução sem depreciar sua essência. Palavras de sabedoria, o sentido da vida, quiçá até a resposta procurada pelos bibliotecários de Borges — todos esses fatores podem nos banhar diariamente; no entanto, há pouco que podem fazer por nós a não ser que sejamos capazes de saboreá-los, interagir com eles, questioná-los, melhorá-los e conectá-los a nossas vidas. Eis meu objetivo neste livro.

# Capítulo 1

## Capítulo 1
# O "Eu" Dividido

*Porque os desejos da carne se opõem aos do Espírito,
e estes aos da carne; pois são contrários uns aos outros.
É por isso que não fazeis o que quereríeis.*
— São Paulo, Gálatas 5, 17[5]

*Se a paixão conduz, que a razão segure as rédeas.*
— Benjamin Franklin [6]

A primeira vez em que conduzi um cavalo foi em 1991, no Parque Nacional Great Smoky, na Carolina do Norte. Eu já havia cavalgado na infância, com um adolescente tomando as rédeas com uma guia curta, mas essa foi a minha primeira vez só eu e o animal, sem o apoio da guia. Eu não estava só — havia oito outras pessoas, cada qual em seu cavalo, e uma delas era um guarda florestal —, de modo que a cavalgada não exigiu muito de mim. Houve, no entanto, um momento difícil. Estávamos seguindo um caminho numa encosta íngreme, de dois em dois, e minha égua andava por fora, a cerca de um metro da beirada. De repente, a trilha virou bruscamente à esquerda e minha égua caminhava rumo à beira. Fiquei paralisado. Sabia que tinha de forçá-la à esquerda, mas ali já andava o outro cavalo, e eu não queria atropelá-lo. Eu poderia ter pedido ajuda, ou gritado "Saiam daí!"; porém, uma parte de mim optou pelo risco de cair do precipício em vez de parecer um idiota. Então, só fiquei paralisa-

---

[5] Todas as citações bíblicas que compõem esta edição foram retiradas do *www.bibliaonline.com.br*. (N. E.)
[6] FRANKLIN, B. *Poor Richard's Almanack (selections)*. Mount Vernon: Peter Pauper Press, 1980, p. 3.

do. Não fiz absolutamente nada durante os cinco segundos críticos em que a minha égua e o cavalo à minha esquerda fizeram calmamente a curva por conta própria.

À medida que o pânico cessava, ri do meu medo estúpido. A égua sabia muito bem o que estava fazendo. Ela já andara por esta trilha cem vezes e, assim como eu, não estava interessada em despencar até a morte. Ela não precisava que eu lhe dissesse como proceder. Em verdade, pouco se importara nas poucas vezes em que eu havia tentado fazê-lo. Eu fui quem interpretou mal a situação, pois passara os últimos dez anos dirigindo carros, não conduzindo cavalos. Os carros, sim, saem da rota, a não ser que se diga que não façam isso.

O pensamento humano depende de metáforas. Compreendemos coisas novas ou complexas em relação àquilo que já conhecemos[7]. A título de exemplo, é difícil pensar sobre a vida de modo geral, mas, ao nos utilizarmos da metáfora "a vida é uma jornada", ela nos leva a tirar certas conclusões: é preciso saber onde se pisa, escolher uma direção, encontrar bons companheiros de viagem e aproveitar a viagem em si, porque pode não haver nada à espera no final do percurso. Também é difícil pensar sobre a mente, porém, ao escolher uma metáfora, ela guiará seus pensamentos. No decorrer do que temos de documentado da história, as pessoas conviveram com animais e tentaram controlá-los, e estes protagonizaram metáforas milenares. Buda (c. 563-483 a. C.), por exemplo, comparou a mente a um elefante selvagem:

> No passado, minha mente costumava vaguear por onde quer que o desejo egoísta, ou a luxúria, ou o prazer, a levasse. Hoje, ela não mais se dispersa e permanece sob a harmonia do controle, bem como um elefante selvagem que pode ser dominado pelo treinador[8].

---

[7] LAKOFF, G.; JOHNSON, M. *Metaphors we live by*. Chicago: University of Chicago Press, 1980.

[8] MASCARO, J. (Ed.). *The Dhammapada*. Harmondsworth: Penguin, 1973, verso 326.

Platão (428-348 a. C.) empregou uma metáfora semelhante na qual o "eu" (ou a alma) é uma carruagem e a serenidade é o componente racional da mente que segura as rédeas. O cocheiro de Platão tinha de controlar dois cavalos:

> O cavalo que anda à direita, o lado mais nobre, tem porte ereto e articulações fortes, um pescoço alto e o focinho majestoso; [...] ele é amante da honra, da modéstia e do autocontrole; companheiro até a glória final, não requer chicotadas e é guiado meramente por comandos verbais. O outro cavalo é um monte desconjuntado de pernas [...] companheiro da ostentação desvairada e da indecência, tem as orelhas peludas — é surdo como uma porta — e mal responde ao chicote e ao aguilhão[9].

Segundo Platão, algumas emoções e paixões são boas (o amor à honra, por exemplo) e ajudam a conduzir o "eu" na direção correta. Outras, porém, são negativas (como os desejos e os caprichos). O objetivo da educação platônica era assistir o cocheiro na aquisição do perfeito controle sobre os dois cavalos. Sigmund Freud (1856-1939) nos forneceu um modelo parecido dois mil e trezentos anos mais tarde[10]. Freud dizia que a mente é dividida em três partes: o ego (o ser consciente, racional), o superego (a consciência, um compromisso com as regras da sociedade, por vezes, demasiado rígido) e o id (a avidez por uma grande quantidade de prazer, tão imediatamente quanto for possível). A metáfora que uso quando ensino sobre Freud é a de pensar na mente enquanto um cavalo e uma *buggy* (uma carruagem vitoriana), cujo cocheiro (o ego) luta freneticamente a fim de controlar um cavalo faminto, luxurioso e desobediente (o id), enquanto o pai desse cocheiro (o superego) permanece no assento de trás, repreendendo o filho por aquilo que está fazendo errado. Para Freud, o propósito da psicanálise era o de escapar desse estado deplorável por intermédio do fortalecimento do ego, de modo a lhe conceder maior controle sobre o id e maior independência do superego.

---

[9] PLATÃO. "Phaedrus" *In*: COOPER, J. M. (Ed.). *Plato: Complete works*. Indianapolis: Hackett, 1997, 253d.
[10] FREUD, S. *The interpretation of dreams*. Nova YorkYork: Norton, 1976.

## O "EU" DIVIDIDO

Tanto Freud quanto Platão e Buda viviam num mundo repleto de animais domesticados. Eles conheciam a dificuldade de impor sua vontade a uma criatura muito maior. Todavia, no decorrer do século XX, carros substituíram os cavalos e a tecnologia concedeu ao indivíduo maior controle sobre a esfera física. Quando as pessoas buscavam metáforas, elas viam a mente como o motorista de um carro, ou como um programa de computador. Tornou-se possível o esquecimento do inconsciente de Freud, o que deu lugar ao mero estudo dos mecanismos envolvidos nos pensamentos e nas tomadas de decisões. É isso o que cientistas sociais fizeram no último terço do século: psicólogos sociais criaram teorias de "processamento de informações", a fim de explicarem fenômenos desde o preconceito à amizade. Economistas desenvolveram modelos de "decisão racional" que explicavam o porquê de as pessoas fazerem o que fazem. As ciências sociais se uniram sob a ideia de que os seres humanos são agentes racionais que estabelecem metas e procuram cumpri-las de maneira inteligente por intermédio do uso das informações e dos recursos que se encontrem a seu dispor.

Contudo, então, por que as pessoas continuam a agir de forma estúpida? Por que não conseguem controlar a si mesmas e continuam fazendo aquilo que não lhes faz bem? Eu, por exemplo, posso facilmente reunir a força de vontade requerida para ignorar todas as sobremesas listadas num cardápio. No entanto, se uma delas é posta à mesa, não consigo resistir a ela. Posso decidir manter o foco em uma tarefa e não me levantar até que ela esteja concluída e, não obstante, de algum modo me vejo andando até a cozinha, ou procrastinando de outras maneiras. Posso decidir acordar às seis horas da manhã para escrever; todavia, após desligar o alarme, meus repetidos comandos a mim mesmo para que eu me levante não surtem efeito e, por fim, compreendo o que Platão quis dizer quando afirmou que o cavalo desobediente era "surdo como uma porta". Ainda assim, foi somente durante a tomada de grandes decisões na vida, especificamente a de namorar, que efetivamente comecei a entender a magnitude da minha impotência. Eu sabia exatamente como agir, mas, mesmo tendo dito a meus amigos como seria, uma parte de mim permaneceu vagamente ciente de que não o faria. Sensações de culpa, luxúria ou medo eram, por muitas vezes, mais fortes do que a razão (por outro lado, eu era muito bom em aconselhar meus amigos em situações similares acerca do que era correto para eles). O poeta romano Ovídio (43-17 a.C.) capturou minha atenção. Em *As Metamorfoses*, Medeia se vê dividida entre seu amor por Jasão e seu dever como filha. Ela lamenta:

> Sou arrastada por uma nova força misteriosa. Desejo e razão me puxam em direções opostas. Vejo o que é correto e o aceito, mas sigo aquilo que é errado[11].

Teorias modernas sobre escolhas racionais e o processamento de informações não explicam adequadamente a fraqueza da vontade própria. As metáforas mais antigas sobre o controle de animais servem perfeitamente. A imagem que conjurei para mim mesmo, enquanto contemplava minha debilidade, era a de que eu montava um elefante. Tomava as rédeas em minhas mãos e, puxando-as para um ou outro lado, dizia ao animal que parasse, seguisse ou mudasse de direção. Podia controlar as coisas, mas só enquanto o elefante não manifestasse seus próprios desejos. Quando ele queria agir de certa maneira, eu não era capaz de desafiá-lo.

Tenho empregado essa metáfora para guiar meus pensamentos pelos últimos dez anos e, quando comecei a escrever este livro, pensei que a imagem do condutor num elefante seria útil neste primeiro capítulo sobre o "eu" dividido. Contudo, a metáfora acabou se mostrando cabível em todos os demais capítulos. A fim de entender ideias de maior importância na psicologia, é necessário entender como a mente se divide em partes por vezes conflitivas. Presumimos que cada pessoa habita um corpo, porém, sob determinados ângulos, mais nos assemelhamos a um comitê cujos membros foram forçados a trabalharem juntos na execução de uma tarefa e que frequentemente se veem agindo com propósitos distintos. Nossa mente se divide em quatro. A quarta parte é a mais importante, pois é a que mais corresponde ao condutor e ao elefante; entretanto, as três primeiras também contribuem com nossas experiências de tentação, fragilidade e conflitos internos.

---

[11] OVÍDIO. *Metamorphoses*, vol. 7. Londres: Penguin, 2004, p. 249.

## O "EU" DIVIDIDO

### Primeira divisão: Mente X Corpo

Às vezes, dizemos que o corpo tem uma mente própria, entretanto, o filósofo francês Michel de Montaigne (1533-1592) foi um passo além e sugeriu que cada parte do corpo tem suas próprias emoções e seu próprio esquema. O maior fascínio de Montaigne era a independência do pênis:

> Nós estamos corretos ao apontarmos a autoridade e a desobediência desse membro, que se projeta para frente de modo tão inoportuno quando menos o queremos e que, inoportunamente, deixa a desejar quando precisamos dele. Ele, soberbamente, afronta a autoridade de nossa vontade[12].

Montaigne também apontou de que formas nossas expressões traem os segredos contidos em nossos pensamentos; nossos pelos ficam eriçados; o coração acelera; a língua tropeça em suas falas; e as vísceras e o esfíncter sofrem "dilatações e contrações próprias de sua natureza, independentemente de nossas vontades, quiçá em oposição a elas". Sabemos agora que algumas dessas reações são causadas pelo sistema nervoso autônomo — a rede neural que controla os órgãos e as glândulas do corpo, uma rede totalmente à parte do controle intencional e da voluntariedade. O último item na lista Montaigne, no entanto — as vísceras — reflete a operação de um segundo cérebro. Nossos intestinos jazem alinhados por uma rede vasta de mais de cem milhões de neurônios; eles dão conta de todas as computações necessárias para gerir a refinaria química responsável pelo processamento e pela extração de nutrientes dos alimentos[13]. Esse cérebro intestinal é como um centro administrativo regional que lida com coisas com as quais o cérebro primordial não precisa se preocupar. Dever-se-ia esperar, então, que o cérebro intestinal recebesse ordens do primário e as cumprisse religiosamente. Não obstante, ele é provido de um alto grau de autonomia e continua a funcionar mesmo se o nervo vago, que conecta os dois cérebros, estiver danificado.

---

[12] MONTAIGNE, M. *The complete essays*. SCREECH, M. A. (Ed.). Londres: Penguin, 1991, p. 115.
[13] GERSHON, M. D. *The second brain*. Nova YorkYork: Harper Collins, 1998.

O cérebro intestinal constrói sua conhecida independência de muitas formas: ele provoca a síndrome do intestino irritável quando "decide" limpar a área; provoca ansiedade no cérebro primário quando detecta infecções nas vísceras, conduzindo o indivíduo a agir com mais cautela e assumir uma conduta mais apropriada para quando está doente[14]. Ele também reage de maneiras inesperadas a qualquer coisa que afete seus neurotransmissores principais, tais como a acetilcolina e a serotonina. Por conta disso, muitos dos efeitos colaterais iniciais do Prozac e de outros inibidores seletivos de recaptação de serotonina envolvem náusea e alterações no funcionamento dos intestinos. A tentativa de aprimorar a atividade do cérebro primordial pode interferir diretamente naquela do cérebro intestinal. A independência dele, combinada à natureza autônoma das modificações na genitália, provavelmente contribuiu com teorias indianas antigas, segundo as quais o abdome contém três chacras inferiores — centros de energia correspondentes ao cólon/ânus, aos órgãos sexuais e às vísceras. O chacra visceral chega a ser contemplado como a fonte de sentimentos e intuições, ou seja, de ideias que aparentam surgir de outro lugar que não a mente. Quando São Paulo (ca. 5-67) lamentou a batalha da carne contra o espírito, decerto ele se referia a algumas das mesmas divisões e frustrações experienciadas por Montaigne.

### Segunda divisão: Esquerda X Direita

Uma segunda divisão foi descoberta por acidente em 1960, quando um cirurgião começou a cortar cérebros ao meio. O cirurgião, Joseph Bogen (1926-2005), tinha uma boa razão para tal façanha: ele estava tentando ajudar pacientes cujas vidas foram destruídas por convulsões epiléticas massivas e recorrentes. O cérebro humano abriga dois hemisférios distintos, unidos por uma grande estrutura neural, o corpo caloso. Convulsões sempre têm início num ponto do cérebro e se espalham pelo tecido cerebral

---

[14] LYTE, M.; VARCOE, J. J.; BAILEY, M. T. "Anxiogenic effect of subclinical bacterial infection in mice in the absence of overt immune activation". *Physiology and behavior*, 65, 1998, p. 63-68.

adjacente. Se uma delas cruzar o corpo caloso, pode se difundir por todo o cérebro, o que leva um indivíduo a perder a consciência, sofrer quedas e retorcer-se incontrolavelmente. Bem como um líder militar poderia explodir uma ponte com intuito de impedir que um inimigo a cruzasse, Bogen almejava danificar o corpo caloso para evitar que as convulsões se alastrassem.

À primeira vista, essa tática era insana. O corpo caloso é o maior aglomerado de nervos do organismo, logo, deve executar um trabalho importante. De fato, o faz: ele permite que as duas metades do cérebro se comuniquem entre si e coordenem suas atividades. Todavia, experimentos realizados em animais revelaram que, algumas semanas após a cirurgia, eles haviam praticamente voltado ao normal. Por isso, Bogen correu o mesmo risco com pessoas e obteve êxito. A intensidade das convulsões dos pacientes foi substancialmente reduzida.

Contudo, não houve mesmo perda de habilidades? A fim de responder à pergunta, a equipe cirúrgica convocou um jovem psicólogo, Michael Gazzaniga, cujo trabalho era procurar por sequelas pós-operatórias nesse procedimento de "partir o cérebro pela metade". Gazzaniga aproveitou-se do fato de que o cérebro distribui o processamento do mundo entre seus dois hemisférios — esquerdo e direito. O hemisfério esquerdo coleta informações do lado direito do mundo (isto é, ele recebe transmissões nervosas do braço direito e da perna direita, da orelha direita e da metade *esquerda* de cada retina, que capta luz da metade *direita* do campo de visão) e envia comandos aos membros localizados ao lado direito do corpo para que eles se movam. O hemisfério direito é, nesse aspecto, uma imagem espelhada do esquerdo, coletando informações do lado esquerdo e controlando o movimento da parte esquerda do corpo. Ninguém sabe ao certo por que os sinais realizam esse cruzamento em todos os vertebrados; isso simplesmente ocorre. Porém, em outros aspectos, os dois hemisférios são especializados na execução de tarefas distintas. O hemisfério esquerdo é mais eficaz para o processamento de linguagem e tarefas analíticas. Quando se trata de tarefas visuais, ele é melhor para notar detalhes. O hemisfério direito reconhece melhor padrões no espaço, inclusive aquele de maior importância: o rosto. (Eis a origem da ideia popular e simplista de que os artistas "utilizam mais o hemisfério direito" e os cientistas o esquerdo).

Gazzaniga se utilizou da divisão de tarefas do cérebro para coletar informações sobre cada hemisfério separadamente. Ele pedia que pacientes focalizassem o olhar num ponto em uma tela e, em seguida, mostrava uma palavra, ou uma imagem, ambas correspondentes a um objeto, um pouco à esquerda ou à direita daquele ponto, mas tão rápido, que sequer restava tempo aos pacientes para deslocarem o olhar. Se a figura de um chapéu lampejasse à direita do ponto, a imagem era registrada na parte esquerda de cada retina (após passar pelas córneas e ser invertida), que, por sua vez, enviava suas informações neurais de volta às áreas de processamento visual no hemisfério esquerdo. Gazzaniga, então, perguntava: "O que você viu?". Posto que o hemisfério esquerdo é responsável pelas habilidades linguísticas, o paciente prontamente respondia: "um chapéu". Se, no entanto, o chapéu surgisse à esquerda do ponto de foco, sua imagem era enviada apenas ao hemisfério direito, que não controla a fala. Ao repetir a pergunta "O que você viu?", Gazzaniga constatou que a resposta, advinda do hemisfério esquerdo, era: "Nada". Todavia, quando Gazzaniga pedia ao paciente que utilizasse sua mão esquerda para apontar a opção correta numa cartela com várias ilustrações, ele escolhia a do chapéu. Apesar do hemisfério direito enxergar o chapéu, ele não o reportava verbalmente por não ter acesso aos centros de linguagem do hemisfério esquerdo. Era como se uma inteligência à parte estivesse presa no hemisfério direito, sendo seu único meio de se manifestar a mão esquerda[15].

Quando Gazzaniga exibiu imagens diferentes a cada hemisfério, a situação ficou mais estranha. Em uma ocasião, ele mostrou a figura de uma pata de galinha à direita e uma de uma casa e um carro cobertos de neve à esquerda. Expunha ao paciente, em seguida, um vasto leque de gravuras e lhe pedia que apontasse a que "casasse melhor" com o que havia aparecido na tela. A mão direita do paciente indicou uma galinha (que pareava com a pata que o hemisfério esquerdo vislumbrara), mas a esquerda apontou uma pá (que combinava com a neve presente na ilustração captada pelo he-

---

[15] GAZZANIGA, M. S. *The social brain*. Nova York: Basic Books, 1985. GAZZANIGA, M. S.; BOGEN, J. E.; SPERRY, R. W. "Some functional effects of sectioning the cerebral commissures in man". *Proceedings of the National Academy of Sciences, USA*, 48, 1962, p. 1765-1769.

misfério direito). Quando requisitado que o paciente explicasse o porquê de suas escolhas, ele não disse "não tenho a menor ideia de por que minha mão esquerda aponta para uma pá; deve ter sido pelo que você mostrou ao lado direito do meu cérebro". Pelo contrário: o hemisfério esquerdo fabricou uma resposta plausível instantaneamente. O paciente disse, sem hesitar: "É fácil. A pata da galinha combina com a galinha, e precisamos de uma pá para limparmos o galinheiro"[16].

Tal descoberta — a de que as pessoas criam prontamente razões que possam explicar seu comportamento — é chamada de "confabulação". A confabulação é tão frequente no trabalho com pessoas cujo cérebro é partido, ou que sofrem de danos cerebrais, que Gazzaniga se refere aos centros de linguagem do lado cerebral esquerdo como o módulo interpretativo, que carrega em si a tarefa de elaborar comentários acerca do que quer que o indivíduo faça, ainda que esse módulo não tenha acesso aos reais motivos e causas daquela forma de agir. A título de exemplo, se a palavra "andar" for mostrada ao hemisfério direito do paciente, ele pode se levantar e sair por aí andando. Quando se questiona o porquê daquilo, ele poderia dizer: "Vou buscar uma Coca-Cola". O módulo interpretativo é bom em inventar desculpas, mas não tem consciência de que as inventou.

A ciência já fez descobertas mais peculiares. Em alguns pacientes de cérebro partido, assim como em outros que sofreram danos no corpo caloso, o hemisfério direito parece lutar ativamente contra o esquerdo numa condição chamada síndrome da mão alheia — ou síndrome da mão alienígena. Nesses casos, uma das mãos — normalmente a esquerda — age em seus próprios conformes e parece ter planos específicos. A mão alienígena pode atender ao telefone e recusar-se a passá-lo para a outra mão, ou a levá-lo ao ouvido. Essa mão rejeita escolhas feitas pelo indivíduo, por exemplo, colocando a blusa que a outra mão acabou de selecionar de volta no cabide. Ela segura o pulso da outra mão e tenta impedi-la de executar os

---

[16] GAZZANIGA, M. S. *The social brain*. Nova YorkYork: Basic Books, 1985, p. 72.
FEINBERG, T. E. *Altered egos: How the brain creates the self*. Nova YorkYork: Oxford University Press, 2001.

planejamentos conscientes do indivíduo. Às vezes, a mão alienígena chega a agarrar o pescoço do paciente e tenta estrangulá-lo[17].

Essas cisões drásticas da mente são provocadas por raras partições cerebrais. Seres humanos normais não têm o cérebro partido. Todavia, os estudos sobre o assunto tomaram grande importância na psicologia, visto que demonstravam, de um modo bizarro, que a mente consiste numa confederação de módulos capazes de trabalharem de forma independente e até, por vezes, com objetivos opostos. Estudos de cérebros partidos são cruciais a este livro porque mostram, de maneira dramática, que um desses módulos é bom em criar explicações convincentes para o comportamento assumido, ainda que não tenha noção das causas desse comportamento. O "módulo interpretativo" de Gazzaniga é, em essência, o condutor. Você o verá confabulando em vários dos capítulos a seguir.

### Terceira divisão: Novo X Velho

Se você vive numa casa relativamente nova em um bom bairro, ela provavelmente foi construída em menos de um ano e seus cômodos foram arranjados por um arquiteto na tentativa de fazê-los atenderem às necessidades dos moradores. As casas na minha rua, entretanto, foram construídas por volta de 1900 e, desde então, elas vieram se expandindo até os limites de seus quintais. Varandas foram alongadas, fechadas e, logo, transformadas em cozinhas. Mais quartos foram construídos acima desses alongamentos e, então, banheiros anexados aos novos quartos. A estrutura cerebral dos vertebrados se expandiu de maneira semelhante, mas direcionada para a frente. O cérebro começou com três cômodos, ou aglomerados de neurônios: o rombencéfalo (conectado à coluna vertebral), o mesencéfalo e o prosencéfalo (ligado aos órgãos sensoriais na parte frontal do animal). Com o passar do tempo, ao que corpos e comportamentos mais complexos se desvelavam, o cérebro continuou acrescentando à área fron-

---

[17] OLDS, J.; MILNER, P. "Positive reinforcement produced by electrical stimulation of septal areas and other regions of rat brains". *Journal of Comparative and Physiological Psychology*, 47, 1954, p. 419-427.

tal, longe da coluna vertebral, porém expandindo o prosencéfalo mais do que qualquer outra coisa. Os prosencéfalos de mamíferos ancestrais desenvolveram camadas externas que incluíam o hipotálamo (especializado em coordenar impulsos e motivações básicos), o hipocampo (especializado na memória) e a amígdala (especializada no aprendizado e nas respostas emocionais). Ocasionalmente, refere-se a essas estruturas como o sistema límbico (do latim *limbus*, "borda" ou "margem"), uma vez que embrulham o resto do cérebro, criando uma fronteira.

À medida que os mamíferos cresciam em tamanho e diversificavam seus comportamentos (após a extinção dos dinossauros), a remodelação continuou. Em mamíferos mais sociais, particularmente dentre os primatas, uma nova camada de tecido neural emergiu e se alastrou para cercar o velho sistema límbico. Esse neocórtex (em latim, "nova cobertura") é a massa cinzenta característica de cérebros humanos. A porção frontal do neocórtex é particularmente interessante, dado que partes dela não aparentam ser dedicadas a determinadas tarefas, tais como mover um dedo ou processar o som. Em vez disso, ela se disponibiliza a fazer novas associações e se dedica ao pensamento, ao planejamento e as tomadas de decisões — processos mentais que podem impedir que um organismo responda somente a situações imediatas.

O crescimento do córtex frontal soa como uma explicação promissora para as divisões que experienciamos em nossa mente. O córtex frontal talvez seja o trono da razão: é o cocheiro de Platão, o espírito de São Paulo. E assumiu o controle, embora não em totalidade, do ainda mais primitivo sistema límbico — ele é o cavalo desobediente de Platão, a carne de São Paulo. Podemos batizar tal explicação de "o roteiro prometeico da evolução humana", graças ao personagem da mitologia grega que roubou o fogo dos deuses e o distribuiu aos humanos. No dito roteiro, nossos ancestrais eram meros bichos governados por emoções primitivas e impulsos do sistema límbico, até receberem o dom divino da razão, implantado no recentemente expandido neocórtex.

O roteiro prometeico é satisfatório na medida em que minuciosamente nos sobrepõe aos outros animais, o que justifica nossa superioridade, concedida pela nossa racionalidade. Ao mesmo tempo, ele captura nosso instinto de que ainda não somos deuses — de que o fogo da racionalidade é um tanto novo para nós e que ainda não o dominamos. O roteiro também se encaixa bem com algumas descobertas importantes acerca do sistema límbico e do córtex frontal. Exemplificando: quando certas regiões do hipotálamo são estimuladas diretamente com uma baixa corrente elétrica, ratos, gatos e outros mamíferos podem se tornar gulosos, ferozes ou hipersexualizados, o que sugere, portanto, que o sistema límbico está na base de muitos de nossos instintos animalescos básicos[18]. O contrário também é válido, digamos, quando pessoas sofrem danos no córtex frontal e, eventualmente, demonstram uma elevação dos comportamentos agressivo e sexual, pois o córtex frontal assume um papel crucial na supressão ou inibição de impulsos comportamentais.

Recentemente, no hospital da Universidade da Virgínia[19], relatou-se um caso semelhante ao citado. Um professor escolar quarentão começou, de repente, a se envolver com prostitutas, navegar por *websites* de pornografia infantil e assediar meninas. Ele logo foi preso por práticas de pedofilia. Na véspera da divulgação de sua sentença, ele chegou à sala de emergência do hospital com uma dor de cabeça lancinante e uma compulsão de estuprar sua senhoria (a sua esposa o havia expulsado de casa meses antes). Mesmo enquanto conversava com o médico, o homem pedia às enfermeiras de passagem que dormissem com ele. Uma ressonância magnética acusou a presença de um tumor enorme em seu córtex frontal. O tumor estava pressionando tudo a sua volta, de modo a impedir que o córtex frontal cumprisse seu trabalho de inibição de comportamentos inadequados e de pesar as suas consequências. (Quem, em sã consciência, poderia se prestar a tamanho espetáculo no dia anterior ao de sua sentença?). Assim que o tumor foi removido, a hipersexualidade desapareceu. Ademais, quando o tumor cresceu novamente, no ano seguinte, os sintomas retornaram e sumiram quando o tumor foi removido pela segunda vez.

---

[18] BURNS, J. M.; SWERDLOW, R. H. "Right orbitofrontal tumor with pedophilia symptom and constructional apraxia sign". *Archives of Neurology*, 60, 2003, p. 437-440.

[19] DAMASIO, A. *Descartes' error: Emotion, reason, and the human brain.* Nova YorkYork: Putnam, 1994.
ROLLS, E. T. *The brain and emotion.* Oxford: Oxford University Press, 1999.

Não obstante, existe uma falha no roteiro prometeico: ele parte da premissa de que a razão fora instalada no córtex frontal, mas a emoção ficara para trás no sistema límbico. Em verdade, o córtex frontal permitiu uma grande expansão da emotividade nos humanos. A porção mais baixa do córtex pré-frontal é denominada córtex orbitofrontal, posto que se localiza na área do cérebro logo acima olhos (*orbit*, em latim, é o termo empregado para "cavidade ocular"). Essa região do córtex é especialmente grande em seres humanos e outros primatas, e é uma das áreas mais consistentemente ativas do cérebro durante reações emocionais[20]. O córtex orbitofrontal desempenha um papel central quando medimos a relação entre as possibilidades de recompensas e castigos em dada situação; os neurônios dessa região disparam quando há uma possibilidade imediata de prazer ou dor, perda ou ganho[21]. Nos momentos em que nos sentimos atraídos por uma refeição, um cenário ou uma pessoa atraente, ou repelidos por um animal morto, uma melodia desagradável, ou um encontro às cegas, nosso córtex orbitofrontal trabalha duro para nos transmitir o sentimento de *desejo* por aproximação, ou pela fuga[22]. Ele, portanto, soa como um melhor candidato ao id, ou à carne de São Paulo, do que ao superego ou ao espírito.

A importância do córtex orbitofrontal para o escopo das emoções foi ainda mais nitidamente demonstrada por meio de pesquisas sobre danos cerebrais. O neurologista António Damasio estudou casos de pacientes que, devido a derrames, tumores ou traumas na cabeça, perderam vários pedaços do córtex frontal. Nos anos 1990, Damasio concluiu que, se determinadas porções do córtex orbitofrontal estiverem danificadas, os pacientes perdem a maior parte de sua vida emocional. Eles relatam que, quando deveriam sentir alguma emoção, não sentem nada, e estudos acerca de suas reações autônomas (como aquelas utilizadas em testes de detecção

---

[20] *Ibidem.*
[21] ROLLS, E. T. *The brain and emotion.* Oxford: Oxford University Press, 1999.
[22] Para resumos de descobertas sobre o cérebro emocional, ver BERRIDGE (2003), LEDOUX (1996).
BERRIDGE, K. C. (2003). "Comparing the emotional brains of humans and other animals". *In*: DAVIDSON, R. J.; SCHERER, K. R.; GOLDSMITH, H. H. (Eds.). *Handbook of affective sciences.* Oxford: Oxford University Press, 2003, p. 25-51.
LEDOUX, J. *The Emotional Brain.* Nova YorkYork: Simon & Schuster, 1996.

de mentiras) confirmam que, de fato, essas pessoas carecem dos lampejos de reações corporais que nós experimentamos quando assistimos a cenas de horror ou beleza. No entanto, a capacidade de uso da razão e das habilidades lógicas de tais pacientes permanece intacta. Eles se saem conforme o esperado em testes de inteligência e conhecimentos de regras sociais e princípios morais[23].

Então, o que acontece na vida desses indivíduos? Já que estão livres das distrações ocasionadas pelo emocional, eles se tornam mais lógicos, capazes de enxergar através da névoa de sentimentos que cega o resto da humanidade, frente ao caminho da racionalidade perfeita? Muito pelo contrário. Eles se veem inaptos a tomarem decisões simples ou traçarem objetivos, e suas vidas ruem. Ao olharem para o mundo e pensarem "E agora, o que devo fazer?", eles veem várias escolhas, porém não sentem gosto ou desgosto diante delas. É preciso que examinem os prós e os contras de cada escolha feita com sua razoabilidade, mas, na ausência de sentimentos genuínos, eles não extraem muito sentido ao optarem por uma ou outra. Enquanto o resto de nós contempla o mundo, nossos cérebros emocionais, instantaneamente e automaticamente, avaliam as possibilidades apresentadas. Uma possibilidade costuma se sobressair para nós como a mais óbvia e mais adequada. Precisamos apenas utilizar a razão a fim de pesar os prós e os contras quando outras opções nos parecem igualmente boas.

A racionalidade humana depende criticamente da sofisticação emocional. Nosso uso da razão só funciona porque nossos cérebros emocionais estão em constante e excelente funcionamento. A imagem de Platão da razão como um cocheiro a guiar as bestas irracionais da paixão pode superestimar não apenas a sabedoria, mas também o poder do cocheiro. A metáfora do condutor de um elefante se enquadra melhor nas descobertas de Damasio: a razão e a emoção devem trabalhar em conjunto com intuito de criarem um padrão inteligente de comportamento, mas a emoção (uma parcela massiva do elefante) executa a maior parte do trabalho. Quando o

---

[23] DAMASIO, A. *Descartes' error: Emotion, reason, and the human brain*, op. cit. York DAMASIO, A. R.; TRANEL, D.; DAMASIO, H. "Individuals with sociopathic behavior caused by frontal damage fail to respond autonomically to social stimuli". *Behavioral Brain Research*, 41, 1990, p. 81-94.

neocórtex surgiu na equação, possibilitou-se a atividade do condutor, mas, concomitantemente, o elefante se tornou muito mais esperto.

### Quarta divisão: Controlado X Automático

Na década de 1990, enquanto eu desenvolvia a metáfora do elefante e do condutor, o campo da psicologia social estava convergindo para uma visão similar da mente. Após tanto apego aos modelos de processamento de informações e às metáforas de computadores, os psicólogos começaram a perceber que há na mente dois sistemas de processamento funcionando integralmente: os processos controlados e os automáticos.

Considere que você se voluntariou para o seguinte experimento[24]: primeiro, a pesquisadora lhe fornece alguns problemas envolvendo palavras e o instrui a chamá-la quando os tiver resolvido. Os problemas são fáceis: basta desembaralhar conjuntos de cinco palavras a fim de formar frases com quatro delas. Por exemplo, "a frequentemente veem incomodam eles" forma "eles a veem frequentemente" ou "eles a incomodam frequentemente". Alguns minutos mais tarde, após o término do teste, você vai ao corredor, conforme o combinado. A pesquisadora está lá, conversando com outra pessoa, e não faz contato visual com você. Qual será sua reação? Bem, se metade das sentenças desembaralhadas contiver palavras relativas a rudeza (tais como "incomodam", "descarado" e "agressivamente"), decerto você interromperá o diálogo da condutora do experimento rapidamente para lhe dizer: "Oi, já acabei. O que faço agora?" Contudo, se os termos ásperos tivessem sido substituídos por outros que indicassem boa educação ("a frequentemente veem *respeitam* eles"), é provável que você permaneça ali em silêncio até a pesquisadora tomar conhecimento de sua presença — nem que seja dali a dez minutos.

De forma análoga, a exposição a palavras relacionadas a pessoas mais velhas nos fazem caminhar mais devagar; palavras relacionadas a professo-

---

[24] BARGH, J. A.; CHEN, M.; BURROWS, L. "Automaticity of social behavior: Direct effects of trait construct and stereotype activation on action". *Journal of Personality and Social Psychology*, 71, 1996, p. 230-244.

res nos tornam mais sagazes num jogo de trívia; e palavras relacionadas a vândalos diminuem nosso nível intelectual[25]. Esses fenômenos sequer dependem de uma leitura consciente dos termos em questão; o mesmo há de acontecer quando eles forem apresentados subliminarmente, ou seja, em lampejos numa tela com duração de alguns centésimos de segundo, demasiado rápido para que o consciente os registre. Contudo, alguma parte da mente de fato vê as palavras e aciona comportamentos mensuráveis pela psicologia.

De acordo com John Bargh, o pioneiro nessa pesquisa, os experimentos demonstram que a maioria dos processos mentais ocorre automaticamente, sem necessidade de atenção ou controle. Grande parte dos processos automáticos são de todo inconscientes, embora alguns deles tenham partes que se apresentam à consciência. Por exemplo, estamos cientes do fluxo de consciência[26] que parece abundar em nossas mentes, seguindo suas próprias regras de associação, sem qualquer sensação de esforço ou direção advinda de nós. Bargh contrapõe os processos automáticos aos controlados — o tipo de pensamento que exige esforço, que caminha com cautela e sempre se apresenta sob os holofotes da consciência. Um exemplo: a que horas você deveria sair de sua casa para pegar um voo às 6:26 da tarde para Londres? Isso é algo que você deve pensar conscientemente: primeiro, escolhe-se o meio de transporte que o levará ao aeroporto, levando-se em conta as condições do trânsito, o clima e o nível de rigidez dos policiais aeroviários. Não se pode embarcar num avião de uma hora para outra. Entretanto, se você dirigir até o aeroporto, quase tudo no caminho será automático: respirar, piscar os olhos, ajeitar-se na cadeira do motoris-

---

[25] BARGH *et al.* (1996) para o efeito sobre os idosos; DIJKSTERHUIS & VAN KNIPPENBERG (1998) para os demais.
BARGH, J. A.; CHAIKEN, S.; RAYMOND, P.; HYMES, C. "The automatic evaluation effect: Unconditionally automatic activation with a pronunciation task". *Journal of Experimental Social Psychology*, 32, 1996, p. 185-210.
DIJKSTERHUIS, A.; VAN KNIPPENBERG, A. "The relation between perception and behavior, or how to win a game of Trivial Pursuit". *Journal of Personality and Social Psychology*, 74, 1998, p. 865-877.

[26] JAMES, W. *The principles of psychology*. Vol. 2. Nova YorkYork: Dover, 1950.

ta, pensar na vida, manter uma distância adequada entre o seu veículo e o da frente, até mesmo reclamar de motoristas mais lentos.

Os processos controlados têm limite — podemos pensar conscientemente sobre uma coisa de cada vez apenas —, mas os automáticos funcionam em paralelo a eles e comportam a execução de várias tarefas simultaneamente. Se a mente desenvolve centenas de operações a cada segundo, praticamente todas, menos uma, devem ser trabalhadas automaticamente. Qual é, portanto, a relação entre os processamentos automático e controlado? O processamento controlado é o chefe sábio, o rei, o dono da empresa que lida com as questões mais importantes e define as diretrizes a serem seguidas pelos estúpidos processos automáticos? Não, isso nos levaria de volta ao roteiro prometeico e à razão divina. Para desmantelar o roteiro prometeico de uma vez por todas, deve-se voltar no tempo e pensar no porquê de existirem esses dois processos, o porquê de o condutor ser pequeno em comparação ao imenso elefante.

Quando os primeiros aglomerados de neurônios formavam os primeiros cérebros, há mais de seiscentos milhões de anos, eles certamente confeririam vantagens aos organismos que os possuíam, posto que mais e mais cérebros se proliferaram desde então. Os cérebros são adaptáveis porque compõem informações a partir de vários fragmentos do corpo animal para que eles respondam rápida e automaticamente às ameaças e aos estímulos ambientais. Três milhões de anos atrás, constata-se que a Terra era povoada por animais dotados de habilidades automáticas extraordinariamente sofisticadas, dentre eles pássaros que transitavam de acordo com o posicionamento das estrelas, formigas que cooperavam umas com as outras para guerrear e reger cultivos de fungos, além de várias outras espécies hominídeas que já fabricavam ferramentas. Muitas dessas criaturas detinham sistemas próprios de comunicação, mas nenhuma delas desenvolveu uma linguagem.

Os processos controlados requerem o uso da linguagem. Podemos captar partes de pensamentos por meio de imagens, contudo, o ato de planejar algo complexo, o de pesar os prós e os contras de percursos diversos, ou o de analisar as causas de acertos e erros do passado, exige palavras. Ninguém sabe há quanto tempo o ser humano desenvolveu a linguagem, mas se costuma estimar que isso ocorreu em algum ponto entre dois milhões de anos atrás, quando os cérebros hominídeos cresceram significativamente, e quarenta mil anos atrás, no tempo de pinturas em cavernas e outros artefatos que revelam, sem sombra de dúvida, o trabalho de mentes humanas modernas[27]. Qualquer que seja esse ponto na história, a linguagem, a racionalidade e o planejamento consciente chegaram no último momento da evolução. Eles são como um novo *software*, o Condutor na versão 1.0. A linguagem faz muito bem seu trabalho, porém há ainda muitos defeitos nos programas relativos à razão e ao planejamento[28]. Processos automáticos, por outro lado, já passaram por milhares de ciclos produtivos e são quase perfeitos. Essa distinção de maturidade entre processamento automático e controlado ajuda a explicar por que dispomos de computadores baratos que resolvem problemas de lógica e matemática e jogam xadrez melhor do que qualquer ser humano (a maioria de nós sente dificuldade na execução desse tipo de tarefa), porém nenhum de nossos robôs, por mais caro que seja, consegue caminhar pela floresta tão bem quanto uma criança de seis anos de idade (nossos sistemas perceptivos e motores são soberbos).

A evolução não enxerga à sua frente. Ela não planeja a melhor rota de viagem do ponto A ao B. Antes, pequenas mudanças emergem de padrões já existentes (via mutações genéticas) e se disseminam numa população a ponto de poderem ajudar os organismos a responderem de maneira mais eficaz às condições vigentes. Quando a linguagem evoluiu, o cérebro humano não foi reconstruído a fim de passar as rédeas do poder ao condutor (o pensamento verbal consciente). Tudo já estava funcionando bem e a habilidade linguística se alastrou de modo a levar o elefante a executar uma tarefa de grande importância de maneira melhor. *O condutor evoluiu para servir ao elefante.* Qualquer que seja sua origem, a linguagem se constituiu numa ferramenta crucial que podia ser utilizada de novas formas, e a evolução selecionou aqueles indivíduos que faziam o melhor uso dela.

Uma utilidade da linguagem é que ela livrou parcialmente os humanos do "controle pelos estímulos". Behavioristas como B. F. Skinner (1904-

---

[27] Ver resenha em LEAKEY (1994):
LEAKEY, R. *The origin of humankind.* Nova York: Basic Books, 1994.

[28] Para uma resenha sobre o porquê de a maioria dos sistemas mentais funcionarem tão bem, ao contrário do raciocínio lógico, ver MARGOLIS (1987):
MARGOLIS, H. *Patterns, thinking, and cognition.* Chicago: University of Chicago Press, 1987.

1990) conseguiram explicar grande parte do comportamento animal enquanto um conjunto de conexões entre estímulos e respostas. Algumas dessas conexões são inatas, tal como ocorre quando a visão ou o cheiro da comida, usualmente consumida por um animal, provoca a fome e o ato de comer. Outras conexões são aprendidas, conforme demonstrado pelos cães de Ivan Pavlov (1849-1936), que salivavam ao som de um sino que, anteriormente, anunciara a chegada de comida. Os behavioristas viam os bichos como escravos de seus ambientes, bem como aprendizes de padrões, aos quais respondem cegamente, mediante as propriedades compensatórias do que quer que encontrem pelo caminho. Eles também não pensavam nas pessoas como diferentes dos outros animais. Nessa perspectiva, o lamento de São Paulo poderia ser reinterpretado da seguinte maneira: "minha carne jaz sob o controle dos estímulos". Não é à toa que achamos os prazeres carnais tão gratificantes. Nosso cérebro, como o dos ratos, é arranjado de modo que comida e sexo nos liberam descargas de dopamina, o neurotransmissor que corresponde à maneira do cérebro nos levar a sentir prazer com as atividades que servem ao propósito de sobrevivência de nossos genes[29]. O cavalo "ruim" de Platão desempenha um papel importante ao nos guiar por essas tarefas, que permitiram que nossos ancestrais sobrevivessem e prosperassem.

Entretanto, os behavioristas não estavam exatamente corretos no que tange aos seres humanos. O sistema controlado permite que as pessoas planejem metas de longo prazo e, por conta disso, fujam da tirania do aqui-e-agora, do gatilho automático da tentação advindo do vislumbre de objetos tentadores. Humanos podem imaginar alternativas que não se fazem presentes naquele momento; eles podem ponderar acerca dos prejuízos que prazeres atuais podem acarretar à saúde num futuro distante e podem aprender, por meio de conversas, quais escolhas lhes trarão sucesso e prestígio. Infelizmente, os behavioristas tampouco estavam totalmente errados sobre as pessoas. Embora o sistema controlado não se conforme aos princípios behavioristas, ele tem pouco poder para provocar determinado comportamento. O sistema automático foi delineado pela seleção natural com intuito de causar ações rápidas e precisas. Ele engloba partes do cérebro que

---

[29] ROLLS, E. T. *The Brain and Emotion*. Oxford: Oxford University Press, 1999.

nos fazem sentir prazer e dor (como o córtex orbitofrontal) e provocam reações motivadas pelo instinto de sobrevivência (vide o hipotálamo). O sistema automático, portanto, descansa os dedos sobre o botão responsável pela liberação de dopamina. O sistema controlado, no entanto, deve ser visto como um conselheiro. Ele é o condutor montado nas costas do elefante para ajudá-lo a fazer as melhores escolhas. O condutor é capaz de enxergar mais à frente no futuro e de apreender conhecimentos valiosos ao dialogar com outros condutores, ou ao ler mapas, mas ele não pode obrigar o elefante a agir contra sua própria vontade. Eu acredito que o filósofo escocês David Hume (1711-1776) se aproximou mais da verdade do que Platão quando disse que "A razão é e deve ser somente escrava das paixões, e jamais poderá exercer outro ofício que não o de servi-las e obedecer a elas"[30].

Em suma, o condutor é um conselheiro ou um servo; não um rei, presidente ou cocheiro com as mãos firmes nas rédeas. O condutor é o módulo interpretativo de Gazzaniga; é o pensamento consciente e controlado. O elefante, por outro lado, é todo o resto. Ele engloba os instintos internos, as reações viscerais, as emoções e as intuições que compõem grande parte do sistema automático. O elefante e o condutor detêm cada qual sua inteligência e, quando trabalham juntos, viabilizam o brilhantismo singular do ser humano. Contudo, eles nem sempre trabalham bem quando estão juntos. Aqui lhes apresentarei três peculiaridades da vida cotidiana que ilustram o relacionamento por vezes complexo entre o condutor e o elefante.

### FALHAS NO AUTOCONTROLE

Imagine que estamos em 1970 e que você é uma criança de quatro anos num experimento conduzido por Walter Mischel (1930-2018), na Universidade de Stanford. Você é trazido a uma sala em sua pré-escola onde um homem gentil lhe dá brinquedos e brinca com você por um tempo. Depois o homem pergunta, primeiramente, se você gosta de *marshmallow* (sim, você gosta), depois se você prefere este prato aqui com um *marshmallow* ou aquele com dois (aquele, é claro). Então, ele diz que precisa sair da sala por

---

[30] HUME, D. *A treatise of human nature*. Londres: Penguin, 1969, p. 462.

uns instantes e, se você conseguir esperar até sua volta, ele lhe dará o prato com dois *marshmallows*. Se você não conseguir esperar, no entanto, basta tocar esta campainha e ele voltará e lhe cederá o prato com um *marshmallow*; mas, se assim o for, você não poderá comer dois. O homem sai da sala. Você encara os *marshmallows* e saliva. Você os deseja. Você luta contra o seu desejo. Se você for como a maioria das crianças de quatro anos, conseguirá esperar apenas alguns minutos. E tocará a campainha.

Agora, vamos a 1985. Mischel enviou um questionário aos seus pais pelo correio pedindo que eles relatem sua personalidade, sua capacidade de esperar pela gratificação e de lidar com frustrações e seu desempenho nas provas para entrar para a faculdade (os Exames de Aptidão Escolar)[31]. Seus pais devolvem o questionário devidamente preenchido. Mischel descobre que o número de segundos que você havia esperado antes de tocar a campainha em 1970 previu não somente o que seus pais disseram sobre você enquanto adolescente, mas também a probabilidade de você ser aceito a uma universidade de excelência. Crianças que conseguiram superar o controle do estímulo e retardar a gratificação por mais alguns minutos em 1970 foram mais capazes de resistir a tentações na adolescência, portanto, mais dedicados aos estudos e mais aptos a se conterem quando as coisas não corriam de acordo com o esperado[32].

Qual era o seu segredo? Grande parte era estratégia — a forma como as crianças utilizam seu controle mental limitado para distrair a atenção. Em estudos posteriores, Mischel descobriu que as crianças mais bem-sucedidas foram aquelas que desviaram o olhar da tentação, ou conseguiram pensar em outras atividades prazerosas[33]. Tais habilidades de pensamento consistem num aspecto da inteligência emocional — a habilidade de enten-

---

[31] *SAT*, em inglês, uma espécie de Enem.
[32] SHODA, Y.; MISCHEL, W.; PEAKE, P. K. "Predicting adolescent cognitive and self-regulatory competencies from preschool delay of gratification: Identifying diagnostic conditions". *Developmental Psychology*, 26, 1990, p. 978-986.
[33] Para uma resenha desses estudos e um relato completo da interação entre os sistemas quente (automático) e frio (controlado), ver METCALFE & MISCHEL (1999):
METCALFE, J.; MISCHEL, W. "A hot/cool-system analysis of delay of gratification: Dynamics of willpower". *Psychological Review*, 106, 1999, p. 3-19.

der e regulamentar seus próprios sentimentos e desejos[34]. Um indivíduo emocionalmente inteligente é provido de um condutor habilidoso que sabe distrair e persuadir o elefante, sem entrar num duelo de egos.

É difícil para o sistema controlado se sobrepor ao automático por pura força de vontade; como um músculo cansado[35], ele logo se exaure e cede, enquanto o outro (o sistema automático) funciona automática, fácil e infinitamente. Uma vez que se compreende o poder do controle exercido pelo estímulo, pode-se utilizá-lo para vantagem própria ao modificar os estímulos que vigoram em seu ambiente e evitar aqueles indesejáveis; ou, caso isso não seja possível, pode-se preencher a consciência com pensamentos sobre objetos menos tentadores. O Budismo, por exemplo, na tentativa de quebrar a ligação carnal do indivíduo com si mesmo (ou com outrem), desenvolveu métodos de meditação sobre cadáveres se decompondo[36]. Ao escolher fitar algo que o sistema automático repudia, o condutor pode começar a mudar o que o elefante virá a querer no futuro.

## Intrusões mentais

Edgar Allan Poe (1809-1849) compreendia a divisão da mente. Em *O Demônio da Perversidade*, o protagonista comete o assassinato perfeito, herda a propriedade do homem morto e vive durante muitos anos num saudável desfrute de seus ganhos não merecidos. Quando pensamentos sobre o crime vazam pelos cantos de sua consciência, ele murmura a si mesmo: "Estou seguro". Tudo permanece bem até o dia em que ele modifica seu mantra para

---

[34] SALOVEY & MAYER (1990). Ter inteligência emocional *não* significa que as emoções do indivíduo são inteligentes.
SALOVEY, P.; MAYER, J. D. "Emotional intelligence". *Imagination, Cognition, and personality*, 9, 1990, p. 185-211.
[35] BAUMEISTER, R. F.; BRATLAVSKY, E.; MURAVEN, M.; TICE, D. M. "Ego depletion: Is the active self a limited resource?" *Journal of Personality and Social Psychology*, 74, 1998, p. 1252-1265.
[36] OBEYESEKERE, G. "Depression, Buddhism, and work of culture in Sri Lanka". *In*: KLINEMAN, A.; GOOD, B. (Eds.). *Culture and depression*. Berkeley: University of California Press, 1985, p. 134-152.

"Estou seguro — sim —, se não for tolo o suficiente para confessar". Com isso em mente, ele se perde. Ele tenta suprimir a ideia de confessar, mas, quanto mais persiste, mais insistente essa ideia se torna. Ele entra em pânico, começa a correr e a ser perseguido por pessoas, perde a consciência e, quando retoma os sentidos, outros lhe informam que ele confessou tudo.

Eu adoro essa história, sobretudo pelo título. Quando me vejo à beira de um precipício, no alto de um telhado ou de uma sacada, o demônio da perversidade sussurra em meus ouvidos: "Pule". Não é um comando, apenas uma palavra que surge em minha consciência. Quando estou num jantar formal, sentado ao lado de alguém que respeito, o demônio trabalha duro em suas sugestões das coisas mais inapropriadas que eu poderia dizer. O quê, ou quem, é esse demônio? Dan Wegner (1948-2013), um dos mais perversos e criativos psicólogos sociais, arrastou o demônio ao laboratório e o fez confessar ser um aspecto do processamento automático.

Nos estudos de Wegner, pede-se que os participantes se esforcem para *não* pensar em alguma coisa, como um urso branco, um tipo de comida, ou um estereótipo. Eis uma tarefa de difícil execução. Acima disso, no momento em que alguém para de tentar suprimir um pensamento, ele inunda a consciência e se torna ainda mais difícil de afastar. Em outras palavras, Wegner cria pequenas obsessões em seu laboratório ao instruir as pessoas a não se obcecarem. Ele explica esse efeito como um "processo irônico" do controle mental[37]. Quando o processamento controlado tenta influenciar os pensamentos ("Não pense num urso branco!"), ele estabelece um objetivo explícito. E sempre que alguém busca atingir um objetivo, parte de sua mente automaticamente tratará de monitorar o progresso, a fim de ordenar correções ou saber quando a meta foi alcançada. Se esse objetivo corresponder a uma ação mundana (como chegar ao aeroporto na hora certa), esse sistema de *feedback* funciona bem. Contudo, quando a meta é mental, o tiro sai pela culatra. Os processos automáticos verificam continuamente: "Será que não estou pensando num urso branco?" Ao que o ato de monitorar a ausência de um pensamento introduz esse pensamento, o indivíduo precisa se esforçar ainda mais para divergir o seu conscien-

---

[37] WEGNER, D. "Ironic processes of mental control". *Psychological Review*, 101, 1994, p. 34-52.

te. Processos automáticos e controlados acabam trabalhando com intuitos opostos, sabotando um ao outro extensivamente. Todavia, já que os processos controlados cessam mais rápido, chega um ponto em que os inexauríveis processos automáticos trabalham livremente, conjurando, então, hordas de ursos brancos. Portanto, a tentativa de esquecer um pensamento desagradável pode garantir a ele um alto posicionamento na lista das incansáveis ruminações da mente.

Agora, voltemos a mim naquele jantar. O simples pensamento "não faça papel de tolo" ocasiona processos automáticos que buscam por sinais de tolices. Eu sei que seria idiota comentar sobre aquela pinta na testa dele, ou dizer "eu te amo", ou gritar obscenidades. Em nível consciente, tomo ciência de três pensamentos: comentar sobre a pinta, dizer "eu te amo", ou gritar obscenidades. Não se trata de comandos, apenas de ideias que me vêm à cabeça. Freud baseou muito da sua teoria da psicanálise nessas intrusões mentais e livres associações, e concluiu que elas, com frequência, são de conteúdo sexual ou agressivo. Contudo, a pesquisa de Wegner oferece uma explicação mais simples e inocente: os processos automáticos geram milhares de imagens e pensamentos diariamente, muitas vezes por associações aleatórias. Aqueles que ficam impregnados são os que mais nos chocam, os que tentamos negar ou suprimir. O motivo pelo qual os suprimimos não é o de que, no fundo, sabemos que eles são verdadeiros (embora alguns possam ser), mas sim por serem assustadores ou vergonhosos. Uma vez que tenhamos tentado suprimi-los e falhamos, eles podem vir a ser o tipo de pensamento obsessivo que nos fazem acreditar nas noções freudianas de um inconsciente mau e tenebroso.

## A DIFICULDADE DE VENCER UM DEBATE

Considere a história a seguir:

> Julie e Mark são irmãos. Eles estão viajando juntos pela França durante as férias de verão da faculdade. Uma noite, ficam sozinhos numa cabana perto da praia e decidem que seria interessante e divertido se tentassem fazer amor. No mínimo, tratar-se-ia de uma experiência interessante

para ambos. Julie já toma pílulas anticoncepcionais, mas Mark usa um preservativo só para garantir a segurança. Eles usufruem do ato, porém decidem não o repetir. Então, mantêm aquela noite como um segredo especial, o que os faz se sentirem ainda mais próximos um do outro.

Você acha aceitável que dois adultos complacentes, que por acaso são irmãos, façam amor? Se você for como a maioria das pessoas em meus estudos[38], dirá imediatamente que não. Contudo, como justificar esse julgamento? As pessoas costumam recorrer, primeiramente, ao argumento de que sexo incestuoso leva à geração de proles que sofrem de anomalias genéticas. Quando aponto que os irmãos utilizaram dois métodos anticoncepcionais distintos, contudo, ninguém diz "sendo assim, tudo bem". Em vez disso, os indivíduos começam a procurar por outros argumentos, por exemplo o de que "isso vai prejudicar o relacionamento dos irmãos". Quando respondo que, nesse caso, o sexo fortaleceu sua relação, os participantes começam a coçar suas cabeças, enrugar as testas e dizer, por fim, "Eu sei que é errado, mas não consigo explicar o por quê".

O cerne de tais estudos é o de que o julgamento moral é como o julgamento estético. Quando você vê uma pintura, geralmente sabe de imediato se gostou dela. Se alguém lhe pede que explique o porquê, você confabula. Você não sabe realmente por que acha algo bonito, mas seu módulo interpretativo (o condutor) é eficaz ao inventar razões, conforme Gazzaniga descobriu em seu estudo dos cérebros partidos. Você busca por um motivo plausível para gostar da pintura e se agarra à primeira explicação que fizer sentido (talvez, algo vago sobre a cor, a luz ou o reflexo do pintor no nariz brilhante do palhaço). Argumentos morais são basicamente o mesmo: duas pessoas detêm opiniões formadas sobre um assunto, seus sentimentos vêm em primeiro lugar e seus motivos são inventados na hora para uma discutir com a outra. Quando refutamos o argumento de outro indivíduo, ele tende a mudar de ideia e concordar conosco? É claro que não, porque

---

[38] HAIDT, J. "The emotional dog and its rational tail: A social intuitionist approach to moral judgment". *Psychological Review*, 108, 2001, p. 814-834. HAIDT, J.; KOLLER, S.; DIAS, M. "Affect, culture, and morality, or is it wrong to eat your dog?" *Journal of Personality and Social Psychology*, 65, 1993, p. 613-628.

o argumento desbancado não era a causa daquele posicionamento e sim uma invenção posterior ao julgamento que já estava pronto.

Se escutarmos de perto os argumentos morais, às vezes, ouvimos algo surpreendente: na verdade, é o elefante que está em posse das rédeas, conduzindo o condutor. É o elefante que decide o que é bom ou ruim, bonito ou feio. Instintos, intuições e julgamentos apressados se mostram constantes e automáticos (conforme Malcolm Gladwell descreveu em *Blink*)[39], porém somente o condutor é capaz de formar sentenças e criar argumentos para fornecer a terceiros. Em argumentos morais, o condutor vai além de ser somente um conselheiro do elefante; ele se torna advogado e luta na corte da opinião pública para persuadir os outros de que o ponto de vista do elefante está correto.

Essa, portanto, é nossa situação, lamentada por São Paulo, Buda, Ovídio e tantos outros. Nossas mentes são constituições fluidas de vários fragmentos, mas nós identificamos e damos atenção em demasia a uma só parte: o pensamento verbal consciente. Somos como o proverbial bêbado a procurar pela chave do carro sob os postes de luz. ("Você a largou aqui?", pergunta o policial. "Não", responde o homem, "Larguei ali no beco, mas aqui está mais claro"). Visto que só conseguimos ver de relance um pedaço da vasta operação da mente, ficamos surpresos quando impulsos, desejos e tentações emergem aparentemente do nada. Fazemos pronunciamentos, votos e resoluções, depois nos surpreendemos com nossa incapacidade de segui-los. Às vezes, caímos na imagem de que estamos lutando contra nosso inconsciente, nosso id, nosso "eu" animalesco. Em realidade, somos o conjunto. Somos o condutor e o elefante. Ambos detêm seus pontos fortes e suas habilidades especiais. O restante deste livro é sobre como criaturas complexas e parcialmente sem noção alguma como nós conseguem se relacionar umas com as outras (*Capítulos 3 e 4*), encontrar a felicidade (*Capítulos 5 e 6*), crescer psicológica e moralmente (*Capítulos 7 e 8*) e encontrar propósito e sentido para nossas vidas (*Capítulos 9 e 10*). Mas, primeiro, temos de descobrir por que o elefante é tão pessimista.

---

[39] GLADWELL, M. *Blink: The power of thinking without thinking*. Nova York: Little, Brown, 2005.

# Capítulo 2

# Capítulo 2
# Mudando de Ideia

*O universo inteiro é mudança e a vida propriamente
é como você a julga.*
— Marco Aurélio[40]

*O que somos hoje vem de nossos pensamentos de
ontem, e nossos pensamentos presentes erguem a
nossa vida de amanhã; nossa vida é criação
de nossa mente.*
— Buda[41]

A ideia mais importante da psicologia popular está contida nas duas citações acima: eventos mundanos só nos afetam por meio de nossa interpretação acerca deles, de modo que, se podemos controlar nossas interpretações, podemos controlar o mundo. O autor de livros de autoajuda que mais vendeu na história, Dale Carnegie (1888-1955), descreveu, em 1944, as oito últimas palavras do discurso de Marco Aurélio (121-180) como "oito palavras que podem transformar sua vida"[42]. Mais recentemente, na televisão e na *Internet*, "Dr. Phil" (Phil McGraw) declarou o seguinte como suas dez "leis da vida": "Não há realidade, só percepção"[43]. Livros e seminários de autoajuda parecem, às vezes, consistir em mais do que palestras e intimidação dos ouvintes até que eles entendam

---

[40] AURÉLIO, M. *Meditações*. Londres: Penguin, 1964, 4:3.
[41] MASCARO, J. *The Dhammapada*. Harmondsworth: Penguin, 1973, verso 1.
[42] CARNEGIE, D. *How to stop worrying and start living*. Nova York: Pocket Books, 1984, p. 113.
[43] DR. PHIL, "Ten Life Laws". Disponível em: www.drphil.com . Acessado em: 16/12/04.

essa ideia e suas implicações em suas vidas. Eles podem ser inspiradores. É comum que chegue uma hora em que uma pessoa consumida por anos de ressentimento, dor e raiva perceba que seu pai (a título de exemplo) não abandonara a família com intuito de feri-la diretamente; tudo o que fizera foi sair de casa. Esta ação é moralmente errada, mas a dor advém das reações da pessoa em relação a tal evento e, se ela for capaz de modificá-las, também estará apta a abandonar vinte anos de dor, quiçá até de querer conhecer seu pai. A arte da psicologia popular é a de desenvolver um método (que não o de palestrar e intimidar outrem) que conduza os indivíduos a essa conclusão.

Essa arte é antiga. Considere Anício Boécio (c. 480-524), nascido numa das famílias romanas mais distintas em 480, quatro anos após a derrubada de Roma pelos godos. Boécio recebeu a melhor educação disponível na época e foi bem-sucedido no exercício de carreiras na filosofia e no serviço público. Ele escreveu, ou traduziu, dezenas de obras de matemática, ciência, lógica e teologia, ao mesmo tempo em que se preparava para se tornar o cônsul de Roma (o cargo mais elevado), em 510. Ele era rico, bem casado e seus filhos, posteriormente, assumiram, cada um, o cargo de cônsul. Contudo, em 523, no ápice de seu poder e de sua fortuna, Boécio foi acusado de trair o ostrogodo rei Teodorico (454-526) ao ter permanecido leal a Roma e a seu Senado. Condenado pelo próprio Senado covarde que ele defendera, Boécio foi destituído de suas riquezas e de sua honra, posto em cárcere numa ilha remota e executado em 524.

Tomar algo como "filosófico" implica aceitar uma grande falta de sorte sem choramingar ou sequer sofrer. Utilizamos esse termo, em parte, porque a calma, o autocontrole e a coragem que três filósofos antigos (Sócrates, Sêneca e Boécio) demonstraram em seu aguardo pela execução. Contudo, em *A Consolação da Filosofia*, que Boécio escreveu na prisão, ele confessou que, de início, era qualquer coisa, menos filosófico. Ele chorava e escrevia poemas sobre o choro. Ele amaldiçoava a injustiça, a velhice e a Deusa da Fortuna, que o abençoara para depois abandoná-lo.

Até que numa noite, enquanto Boécio remoía-se em sua miséria, ele recebe a visita da majestosa aparição da Dama da Filosofia, que o repreende por seu comportamento não-filosófico. Ela então o acompanha através de reinterpretações que funcionam como presságio à terapia cognitiva moderna (descrita abaixo). Ela começa pedindo a Boécio para pensar em sua relação com a Deusa da Fortuna. A Filosofia lembra Boécio de que a Fortuna é inconstante, que vem e vai conforme desejar. Boécio a tomara como sua amante, embora estivesse ciente de seu modo de agir, e ela permanecera com ele por muito tempo. Que direito ele tem agora de exigir que ela se prenda a ele? A Dama da Filosofia apresenta a defesa da Fortuna:

> Por que somente eu devo me privar de meus direitos? O céu tem a permissão de nos prover dias claros e depois borrá-los com noites escuras; o ano pode ornamentar a face da Terra com flores e frutos e, em seguida, despi-la novamente, torná-la escassa com nuvens e gelo; o mar é dotado da prerrogativa de convidar o marinheiro a navegar num tempo agradável e então aterrorizá-lo com tempestades. Devo eu, portanto, fomentar a insaciável avareza do homem e permitir que ela que aprisione a uma mesmice alheia aos meus hábitos[44]?

A Dama da Filosofia emoldura a mudança como parte da normalidade e como o direito da Fortuna. ("O universo inteiro é mudança", Aurélio dissera). Boécio tivera sorte; agora não mais a tem. Não há motivo para raiva. Antes, ele deveria ser grato por ter desfrutado da Fortuna por tanto tempo, assim como deveria manter a calma agora que ela o deixara: "Um homem não pode jamais se sentir seguro até que tenha sido abandonado pela Fortuna"[45].

A Dama da Filosofia experimenta várias outras táticas de mudança de perspectiva. Ela aponta que a esposa, os filhos e o pai de Boécio são muito mais queridos a ele do que sua própria vida, e todos estão vivos. Ela o ajuda a ver que os infortúnios são mais benéficos do que a sorte, posto que esta apenas deixa o homem ávido por mais, enquanto a adversidade o fortalece. E ela direciona a imaginação de Boécio ao céu, a fim de que ele possa enxergar a Terra de longe e vê-la como um reles cisco sobre o qual indivíduos ainda menores buscam alcançar suas ambições cômicas e insig-

---

[44] BOÉCIO. *The consolation of philosophy*. Nova York: Macmillan, 1962, p. 24.
[45] *Ibidem*.

nificantes. Ela o faz admitir que fama e riqueza trazem ansiedade e avareza, ao invés de paz e felicidade. Dadas essas novas perspectivas e tendo suas crenças desbancadas, Boécio enfim se vê preparado para absorver a maior lição de todos, a lição que Buda e Marco Aurélio ensinaram séculos antes: "Nada é infeliz, a não ser que você assim o pense; por outro lado, nada traz felicidade, a não ser que você se contente com isso"[46]. Ao que aprende a lição, Boécio se liberta de sua prisão mental. Ele recupera sua compostura, escreve um livro que conforta a humanidade há séculos e encara a morte com dignidade.

Não tenho a intenção de sugerir que *A Consolação da Filosofia* seja apenas uma mera psicologia popular romana. De fato, conta uma história sobre a libertação por meio de uma mudança de perspectiva que eu gostaria de questionar. No capítulo anterior, equiparei nosso "eu" dividido a um condutor montado nas costas de um elefante e disse que damos demasiada importância a esse condutor — o pensamento consciente. A Dama da Filosofia, tal qual os gurus da psicologia popular de hoje, estava trabalhando com o condutor, conduzindo-o a um momento de clareza cognitiva e reinterpretação das coisas. Entretanto, se você já atingiu alguma vez esse estado psíquico e resolveu mudar seu comportamento ou sua perspectiva, provavelmente descobriu, três meses mais tarde, que você se encontrou no ponto em que havia começado. Epifanias podem alterar uma vida[47], porém a maioria se desvanece em uma questão de dias ou semanas. O condutor não pode simplesmente decidir mudar e ordenar que o elefante siga seus planos. A mudança só é duradoura se o elefante for retreinado, e é difícil

---

[46] BOÉCIO. *The consolation of philosophy.* Nova York: Macmillan, 1962. Ver também: MILLER, W. R.; C'DE BACA, J. *Quantum Change.* Nova York: Guilford, 2001.

[47] BARGH, J. A.; CHAIKEN, S.; RAYMOND, P.; HYMES, C. "The automatic evaluation effect: Unconditionally automatic activation with a pronunciation task". *Journal of Experimental Social Psychology*, 32, 1996, p. 185-210.
BARGH, J. A.; CHEN, M.; BURROWS, L. "Automaticity of social behavior: Direct effects of trait construct and stereotype activation on action". *Journal of Personality and Social Psychology*, 71, 1996, p. 230-244.
FAZIO, R. H.; SANBONMATSU, D. M.; POWELL, M. C.; KARDES, F. R. "On the automatic evaluation of attitudes". *Journal of Personality and Social Psychology*, 50, 1986, p.229-238.

conseguir tal façanha. Quando os programas de psicologia popular obtêm sucesso em ajudar pessoas — o que, uma vez ou outra, acontece —, isso não se dá por conta do momento inicial da epifania, mas sim porque tais programas encontram maneiras de alterar o comportamento do indivíduo durante os meses que se seguem. Eles mantêm os participantes envolvidos em seus planejamentos por tempo suficiente para retreinar o elefante. Este capítulo é justamente sobre o porquê de o elefante tender à preocupação e ao pessimismo em tantos casos e sobre três ferramentas que o condutor pode utilizar para adestrá-lo.

## O MEDIDOR DE GOSTOS

As palavras mais importantes na linguagem do elefante são "gostar" e "desgostar", ou "aproximar-se" e "recuar". Mesmo o animal mais simples tem de tomar decisões em todos os momentos: direita ou esquerda? Seguir em frente ou parar? Comer ou não comer? Animais com cérebros suficientemente complexos para sentirem emoções tomam tais decisões de forma automática e sem qualquer esforço por intermédio de um aparato, às vezes, chamado de "medidor de gostos", que opera no fundo de suas mentes o tempo todo. Se um macaco, ao provar uma fruta nova, sente um gosto doce, seu medidor registra: "Eu gosto disto". O macaco obtém prazer e morde com vontade. Se o sabor for amargo, um lampejo de desagrado o desencorajará a continuar comendo. Não há necessidade de pesar os prós e os contras, ou de se utilizar de um sistema de racionalização. Bastam lampejos de prazer e desgosto.

Nós, humanos, também viemos equipados com um medidor de gostos, que está em constante funcionamento. Sua influência sobre nós é sutil, porém experimentos meticulosos demonstram que temos uma reação de gosto ou desgosto a qualquer experiência à qual nos sujeitemos, mesmo que não estejamos cientes disso. Suponha, por exemplo, que você é participante de um experimento que engloba o que é conhecido como "preparação afetiva". Você e se senta na frente de uma tela de computador e encara um ponto no centro dela. A cada intervalo de alguns segundos, uma palavra aparece num lampejo sobre esse ponto. Tudo o que você precisa fazer é bater numa tecla com a mão esquerda se essa palavra significar algo bom ou agradável (tais como: "jardim", "esperança", "diversão"), ou com a mão direita se o significado for ruim ou desagradável ("morte", "tirania", "tédio"). Parece fácil, mas, por alguma razão, você hesita por uma fração de segundo com algumas palavras. Sem que você saiba, o computador também mostra outra palavra, bem em cima do ponto, centésimos de segundo antes de lhe apresentar a principal, a que será julgada. Embora seja apresentada subliminarmente (abaixo do seu limiar de consciência), seu sistema intuitivo age tão rápido, que é capaz de ler e reagir a eles com o padrão do medidor de gostos. Se o termo subliminar for *medo*, ele será registrado como negativo, fazendo-o sentir uma ponta de desagrado. Então, no instante seguinte, ao ler na tela *tédio*, você dirá mais prontamente que o tédio é ruim. Sua avaliação negativa de tédio será facilitada, ou "preparada", pelo pequeno lampejo de negatividade de medo. Se, no entanto, tivermos a sequência *medo* e *jardim*, você há de demorar um pouco mais para apontar que o jardim é positivo, posto que seu medidor de gostos partirá do ruim para o bom nesse intervalo de tempo[48].

A descoberta da preparação afetiva nos anos de 1980 abriu um leque imenso de medições indiretas na psicologia. Tornou-se possível ignorar o condutor e falar direto com o elefante, e o que ele tem a dizer pode ser perturbador. E se, digamos, em vez de palavras, utilizássemos fotografias de rosto de pessoas negras e brancas no experimento? Pesquisadores descobriram que norte-americanos de todas as idades, classes e preferências políticas reagem com uma certa negatividade a rostos negros, ou a outras imagens e palavras que se relacionem à cultura afro-americana[49]. Mesmo aqueles que se dizem isentos de racismo apresentam, em média, uma taxa levemente menor de preconceito instantâneo; no entanto, parece que o condutor e o elefante pensam de maneiras diferentes. (Você pode testar

---

[48] NOSEK, B. A.; BANAJI, M. R.; GREENWALD, A. G. "Harvesting intergroup implicit attitudes and beliefs from a demonstration web site". *Group Dynamics*, 6, 2002, p. 101-115.

[49] NOSEK, B. A.; GREENWALD, A. G.; BANAJI, M. R. "The Implicit Association Test at age 7: A methodological and conceptual review". *In*: BARGH, J. A. (Ed.). *Automatic processes in social thinking and behavior*. Filadélfia: Psychology Press (no prelo).

seu elefante em: www.projectimplicit.com.). Até mesmo vários afrodescendentes demonstram esse preconceito implícito, embora outros apresentem preferência por rostos negros e nomes associados ao tema. Feita uma média, afrodescendentes não se mostram com parcialidade implícita para nenhum lado.

Uma das demonstrações mais bizarras do medidor de gostos em ação vem da obra de Brett Pelham[50], que descobriu que o medidor de uma pessoa é instigado pelo nome dela. Quando você vê ou ouve uma palavra que lembra o seu nome, um lampejo de prazer o torna parcial no julgamento de algo como bom. Desse modo, se um homem chamado Dennis está à procura de uma carreira para seguir, ele pondera as possibilidades: "Advogado, médico, banqueiro, dentista... dentista... alguma coisa sobre a opção 'dentista' *soa* boa". Efetivamente, pessoas chamadas Dennis ou Denise são levemente mais propensas, que indivíduos com outros nomes, a se tornarem dentistas. Homens chamados Abelardo e mulheres chamadas Adelaide têm mais chances de serem advogados. Louis e Louise apresentam maior probabilidade de se mudarem para Louisiana ou Saint Louis, e George e Georgina para a Geórgia. A preferência por nosso próprio nome aparece até em documentos matrimoniais: um indivíduo tende a se casar com alguém cujo nome se parece com o seu, ainda que a similaridade seja meramente a mesma inicial. Quando Pelham apresentou suas conclusões ao departamento acadêmico, fiquei chocado ao perceber que a maioria das pessoas casadas no recinto ilustrava sua afirmação: Jerry e Judy, Brian e Bethany e os vencedores: eu, Jon, e minha esposa, Jayne.

A implicação perturbadora da pesquisa de Pelham é a de que as três grandes decisões que a maioria de nós toma — o que fazer com nossas vidas, onde vamos viver e com quem nos casaremos — podem ser influenciadas (mesmo que pouco) por um fator tão trivial quanto a sonoridade de um nome. A vida é, de fato, o que pensamos dela, mas esse pensar ocorre de forma rápida e inconsciente. O elefante reage instintivamente e leva o condutor a destinos inesperados.

---

[50] PELHAMM, Brett W.; MIRENBERG, M. C.; JONES, J. K. "Why Susie sells seashells by the seashore: Implicit egotism and major life decisions". *Journal of Personality and Social Psychology*, 82, 2002, p. 469-487.

## A Parcialidade ao negativo

Psicólogos clínicos dizem, às vezes, que há dois tipos de pessoas que buscam terapia: aqueles que precisam de mais disciplina e aqueles que precisam de mais soltura. Para cada paciente que visa se tornar mais organizado, mais capaz de autocontrole e mais responsável por seu futuro, há uma sala de espera lotada de indivíduos que almejam mais leveza, mais calma, menos preocupações com as coisas estúpidas que lhes foram ditas na reunião de funcionários do dia anterior, ou com a rejeição que certamente sucederá o encontro do dia seguinte. Para a maioria das pessoas, o elefante enxerga coisas ruins de mais e coisas boas de menos.

Faz sentido. Se ficasse a seu encargo projetar a mente de um peixe, você o faria responder tão fortemente a oportunidades quanto a ameaças? É claro que não. O custo de ignorar um sinal de comida é baixo; provavelmente, há outros peixes no mar, portanto, um único erro não acarretará a fome em massa. O custo de ignorar o sinal de que há um predador à espreita, todavia, pode ser catastrófico. Fim de jogo, fim da linha para aqueles genes. É evidente que não há quem projete a evolução, mas as mentes criadas pela seleção natural acabam dando a impressão (pelo menos, sob nossos olhos) de que foram esquematizadas, pois elas geralmente desencadeiam comportamentos flexivelmente adaptáveis a seu nicho ecológico. (Ver Steven Pinker[51] sobre como a seleção natural é engenhosa sem o comando de um projetista). Algumas semelhanças entre os animais chegam a criar similaridades entre espécies, o que podemos chamar de princípios de um projeto. Um desses princípios é o de que *ruim é mais forte do que bom*. As reações a ameaças e desconfortos são mais rápidas, mais intensas e mais difíceis de serem inibidas do que as respostas a oportunidades e objetos de prazer.

Esse princípio, denominado "parcialidade ao negativo"[52], aparece em todos os ramos da psicologia. Em interações maritais, são necessárias no

---

[51] PINKER, S. *How the mind works.* Nova York: Norton, 1997.
[52] Veja as resenhas mais recentes em: BAUMEISTER, R. F.; BRATLAVSKY, E.; FINENAUER, C.; VOHS, K. D. "Bad is stronger than good". *Review of General Psychology*, 5, 2001, p. 323-370.

mínimo cinco ações boas, ou construtivas, para compensar o dano causado por um único ato crítico ou destrutivo[53]. Em transações financeiras e apostas, o prazer de receber determinada quantia de dinheiro é menor do que a dor de perdê-la[54]. Ao avaliarmos o caráter de um indivíduo, estimamos que cerca de vinte e cinco atos de heroísmo supremo seriam necessários para suprir as más repercussões de um assassinato[55]. Quando preparamos uma refeição, é muito fácil contaminar a comida (basta uma antena de barata), mas é muito difícil purificá-la. A todo momento psicólogos testemunham que a mente humana reage mais pronta, persistente e intensamente às coisas ruins em comparação às boas. Não conseguimos nos policiar para que vejamos tudo como bom, porque nossa mente é estruturada para encontrar e reagir a ameaças, violações e percalços. Como disse Benjamin Franklin (1706-1790): "Não somos tão sensíveis a um grandioso estado de saúde coletiva quanto o somos à mais reles doença"[56].

Eis outro candidato a princípio do projeto da vida animal: sistemas opositores empurram um ao outro a fim de atingirem um ponto de equilíbrio, que é, por sua vez, ajustável. Quando mexemos um braço, um conjunto de músculos o estende e outro o contrai. Ambos estão sempre levemente tensos, prontos para a ação. Nossa taxa de batimentos cardíacos e nossa respiração são reguladas pelo sistema nervoso autônomo, composto por dois subsistemas que empurram nossos órgãos em direções opostas: o sistema simpático prepara o corpo para "lutar ou correr" e o parassimpático o acalma. Os dois permanecem ativos o tempo todo, mas em proporções distintas. Seu comportamento é ditado por sistemas motivacionais opostos: um sistema de aproximação, que desencadeia emoções positivas e o faz querer se aproximar de determinados elementos; e o sistema de retra-

---

ROZIN, P.; ROYZMAN, E. B. "Negativity bias, negativity dominance, and contagion". *Personality and Social Psychology Review*, 5, 2001, p. 296-320.

[53] GOTTMAN, J. *Why marriages succeed or fail*. Nova York: Simon & Schuster, 1994.

[54] KAHNEMAN, D.; TVERSKY, A. "Prospect theory: An analysis of decisions under risk". *Econometrica*, 47, 1979, p. 263-291.

[55] ROZIN, P.; ROYZMAN, E. B. "Negativity bias, negativity dominance, and contagion". *Personality and Social Psychology Review*, 5, 2001, p. 296-320.

[56] FRANKLIN, Benjamin. *Poor Richard's Almanack (selections)*. Mount Vernon: Peter Pauper Press, 1980.

ção, que desencadeia emoções negativas e o faz querer se afastar de outros elementos e evitá-los. Ambos os sistemas estão sempre ativos, monitorando o ambiente, e os dois produzem motivações opostas simultaneamente[57] (como quando temos a sensação de ambivalência), mas seu equilíbrio relativo determina para qual lado haveremos de nos movimentar. (O "medidor de gostos" é uma metáfora para esse processo de equilíbrio e suas sutis flutuações de momento a momento). O equilíbrio pode mudar num instante: você presencia um acidente e é atraído à cena pela curiosidade, mas, em seguida, se recolhe horrorizado ao ver o sangue que você decerto não deveria ter ficado surpreso em avistar. Você quer conversar com um estranho, porém se encontra subitamente paralisado quando se aproxima dele. O sistema de retração pode atuar com capacidade máxima rapidamente[58], de modo a tomar o controle sobre o mais vagaroso (e normalmente mais fraco) sistema de aproximação.

Um motivo pelo qual o sistema de retração é tão veloz e imperioso é o fato de que ele recebe, em primeira mão, todas as informações adquiridas. Todos os impulsos neurais dos olhos e dos ouvidos seguem primeiro ao tálamo, uma espécie de estação central de controle no cérebro. Do tálamo, os impulsos neurais são enviados para áreas especiais de processamento sensorial no córtex. Dessas áreas, a informação é repassada ao córtex frontal, onde se integra a outros processos mentais de maior magnitude e ao ininterrupto fluxo de consciência. Se, ao final desse processo, você se dá conta da presença de uma cobra sibilando na sua frente, pode optar por correr dela e ordenar que suas pernas se movam. Porque os impulsos neurais se movem a apenas cerca de trinta metros por segundo, esse caminho razoavelmente longo, incluindo o tempo de decisão, pode tomar um ou dois segundos. É fácil ver por que um atalho neural possa ser vantajoso, e a

---

[57] GRAY, J. A. "Framework for a taxonomy of psychiatric disorder". *In*: VAN GOOZEN, S. H. M.; VAN DE POLL, N. E. (Eds.). *Emotions: Essays on emotion theory*. Hillsdale: Lawrence Erlbaum, 1994, p. 29-59.
ITO, T. A.; CACIOPPO, J. T. "The psychophysiology of utility appraisals". *In*: KAHNEMAN, D.; DIENER, E.; SCHWARZ, N. (Eds.). *Well-being: The foundations of hedonic psychology*. Nova York: Russell Sage Foundation, 1999, p. 470-488.
[58] MILLER, N. E. "Experimental studies of conflict". *In*: HUNT, J. M. (Ed.). *Personality and the behavior disorders*. Nova York: Ronald Press, 1944.

amígdala é esse atalho. Localizada logo abaixo do tálamo, a amígdala mergulha no rio das informações ainda não processadas, que corre através do tálamo e responde a padrões que, no passado, foram associados ao perigo. A amígdala estabelece uma conexão direta com a parte do tronco encefálico que ativa a reação de "lutar ou correr". E se ela encontra um padrão que fazia parte de um episódio anterior de medo (como o silvo da cobra), a amígdala ordena que o corpo entre num estado de alerta vermelho[59].

Você já sentiu isso. Se já passou pela situação de pensar que estava sozinho num quarto e ouvir o som de uma voz atrás de você, ou se já viu um filme de terror em que um maníaco armado de um facão aparece de súbito na tela, sem qualquer aviso sonoro, você provavelmente se sentiu paralisar e seus batimentos cardíacos aceleraram. Seu corpo reagiu com medo (através do caminho rápido da amígdala) no primeiro décimo de segundo antes que você tomasse ciência dos eventos (através do mais lento caminho cortical) nos próximos nove décimos de segundo. Embora a amígdala processe algumas informações positivas, o cérebro não tem um sistema de "alerta verde" equivalente, a fim de comunicá-lo imediatamente sobre uma refeição saborosa ou um provável parceiro. Tais avaliações levam cerca de um ou dois segundos. Mais uma vez, o ruim é mais forte e mais rápido do que o bom. O elefante reage antes que o condutor veja a cobra no caminho. Não obstante você possa dizer a si mesmo que não tem medo de cobras, se seu elefante tiver, ele irá empinar e você será lançado ao chão.

Um último comentário sobre a amígdala: ela não somente desce até o tronco encefálico, com intuito de provocar uma resposta ao perigo, mas também sobe até o córtex frontal para mudar seu pensamento. Ela reconfigura o cérebro para uma reação de distanciamento, retração. Há uma estrada de duas vias entre as emoções e os pensamentos conscientes: pensamentos podem desencadear emoções (como quando você reflete sobre algo bobo que disse a alguém), porém as emoções também podem gerar pensamentos, primariamente por intermédio da ativação dos filtros mentais que influenciam na parcialidade do subsequente processamento

---

[59] LABAR, K. S.; LEDOUX, J. E. "Emotional learning circuits in animals and humans". *In*: DAVIDSON, R. J.; SCHERER, K. R; GOLDSMITH, H. H. (Eds.). *Handbook of affective sciences*. Oxford: Oxford University Press, 2003, p. 52-65.

de informações. Uma ponta de medo o torna extra vigilante em relação a outras ameaças; você passa a enxergar o mundo através de um filtro que interpreta eventos ambíguos como passíveis de perigo. Uma ponta de raiva direcionada a alguém ativa um filtro através do qual você vê tudo o que essa pessoa diz como mais um insulto ou uma transgressão. Sentimentos de tristeza o cegam a todos os prazeres e oportunidades. Como colocou um depressivo célebre: "Quão cansativos, obsoletos, planificados e impassíveis de lucro me parecem todos os usos deste mundo!"[60] Então, quando Hamlet, de Shakespeare, posteriormente oferece sua própria paráfrase de Marco Aurélio — "Não há nada bom ou mau, mas pensar em alguma coisa como boa ou má a torna boa ou má"[61] — ele está correto, mas poderia ter acrescentado que suas emoções negativas estão fazendo seus pensamentos tornarem tudo ruim.

## A Loteria cortical

Hamlet teve má sorte. Seu tio e sua mãe conspiraram para o assassinato de seu pai, o rei. Porém, sua longa e profunda reação depressiva a tal percalço sugere má sorte também em outro escopo: Hamlet era, por natureza, um pessimista.

No que tange a explicar a personalidade de alguém, é verdade irrevogável que a natureza e o meio de criação trabalham juntos. Como também é verdade que a natureza desempenha um papel maior do que a maior parte das pessoas imagina. Considere as gêmeas idênticas Daphne e Bárbara: criadas nos arredores de Londres, ambas deixaram a escola aos catorze anos, foram trabalhar para o governo local, conheceram seus futuros maridos aos dezesseis anos em bailes da região, sofreram abortos espontâneos ao mesmo tempo e, então, deram à luz, cada uma, a dois meninos e uma menina. Elas compartilhavam vários medos (como sangue e altura)

---

[60] SHAKESPEARE, "Hamlet". *In:* BLAKEMORE, G. (Ed). *The Riverside Shakespeare*. Boston: Houghton Mifflin, 1974, I.II., p. 133-134.
[61] SHAKESPEARE, "Hamlet". *In:* BLAKEMORE, G. (Ed). *The Riverside Shakespeare*. Boston: Houghton Mifflin, 1974, II.ii., p. 249-250.

e tinham hábitos incomuns (bebiam o café frio; desenvolveram o tique de esfregarem o nariz de modo a empurrá-lo para cima com a palma da mão, um gesto que chamavam de "achatamento"). Nada disso há de surpreender, até que se descubra que famílias distintas adotaram Daphne e Bárbara quando bebês. Uma jamais soube da existência da outra até ambas se reunirem aos quarenta anos de idade. Ao se encontrarem, enfim, elas estavam usando roupas quase idênticas[62].

Essas cadeias de coincidências são comuns entre gêmeos idênticos que foram separados no nascimento, porém não ocorrem com gêmeos fraternos sob circunstâncias semelhantes[63]. Em basicamente todos os traços já estudados, gêmeos idênticos (que compartilham todos os seus genes e passam os mesmos nove meses dentro do mesmo útero) são mais similares do que gêmeos bivitelinos do mesmo sexo (que compartilham apenas metade de seu código genético e também passam os mesmos nove meses dentro de um único útero). Tal descoberta implica que a genética contribui, pelo menos, em parte a quase todas as características de uma pessoa. Seja ela a inteligência, a extroversão, o temor, a religiosidade, a inclinação política, o gosto pelo *jazz*, o desgosto por comidas muito apimentadas, os gêmeos idênticos se parecem mais entre si do que os fraternos e costumam ser quase igualmente semelhantes ainda que separados no nascimento[64]. Os genes não são como impressões digitais que especificam a estrutura de um ser humano; eles são mais como *receitas* para a produção de um indivíduo ao longo de muitos anos[65]. Visto que gêmeos univitelinos são criados a partir da mesma receita, seus cérebros termi-

---

[62] ANGLE, R.; NEIMARK, J. "Nature's clone". *Psychology Today*, julho/agosto, 1997.
[63] LYKKEN, D. T.; MCGUE, M.; TELLEGEN, A.; BOUCHARD, T. J. "Emergenesis: Genetic traits that may not run in families". *American Psychologist*, 47, 1992, p. 1565-1577.
[64] BOUCHARD, T. J. "Genetic influence on human psychological traits: A survey". *Current Directions in Psychological Science*, 13, 2004, p. 148-151.
PLOMIN, R.; DANIELS, D. "Why are children in the same family so different from one another?" *Behavioral and Brain Sciences*, 10, 1987, p. 1-60.
TURKHEIMER, E. "Three laws of behavior genetics and what they mean". *Current Directions in Psychological Science*, 9, 2000, p. 160-164.
[65] MARCUS, G. *The birth of the mind*. Nova York: Basic Books, 2004.

nam sendo mais parecidos entre si (embora não idênticos) e produzindo muitos dos mesmos comportamentos idiossincráticos. Gêmeos bivitelinos, por outro lado, são constituídos a partir de receitas diferentes que, por acaso, dividem metade das instruções. Eles não acabam apresentando 50% de similaridades; os cérebros resultantes se mostram radicalmente distintos e, por conseguinte, o mesmo ocorre com as personalidades desenvolvidas — as distinções são quase tão acentuadas quanto com pessoas de famílias diferentes, sem grau de parentesco[66].

Daphne e Bárbara se tornaram conhecidas como as "gêmeas risonhas". Ambas apresentam personalidades alegres e o hábito de caírem na gargalhada no meio de uma frase. Elas ganharam na loteria cortical — seus cérebros foram pré-configurados para que enxergassem o bem no mundo. Outros pares de gêmeos, contudo, nasceram para ver o lado negro. Acontece que a felicidade é um dos aspectos da personalidade mais transmissíveis pela hereditariedade. Estudos com gêmeos apontam que entre 50% e 80% de toda a variedade entre as pessoas em seus níveis *médios* de felicidade podem ser explicados por distinções em seus genes, não por suas experiências de vida[67]. (Episódios específicos de alegria ou depressão, todavia, devem ser usualmente compreendidos por intermédio da análise da maneira com a qual os eventos cotidianos interagem com a predisposição emocional do indivíduo).

O nível médio, ou típico, de felicidade consiste no "estilo afetivo" daquela pessoa. (O "afeto" se refere à parcela da emoção que é sentida ou experienciada). Seu estilo afetivo reflete o equilíbrio de poder rotineiro entre o seu sistema de aproximação e o de retração, e tal equilíbrio pode ser lido diretamente de sua testa. Sabe-se há tempos, a partir de dados coletados de estudos das ondas cerebrais, que a maioria dos indivíduos apresenta uma assimetria: mais atividade no lado direito do córtex frontal, ou no lado esquerdo. No final da década de 1980, Richard Davidson, na Universidade de Wisconsin, descobriu que tais assimetrias eram cor-

---

[66] PLOMIN, R.; DANIELS, D. "Why are children in the same family so different from one another?". *Behavioral and Brain Sciences*, 10, 1987, p. 1-60.

[67] LYKKEN, D. T.; TELLEGEN, A. "Happiness is a stochastic phenomenon". *Psychological Science*, 7, 1996, p. 186-189.

relatas a tendências generalizadas do indivíduo de sentir emoções positivas e negativas. Aqueles que demonstravam mais de um determinado tipo de onda cerebral, advinda do lado esquerdo da testa, relataram um sentimento maior de felicidade em suas vidas cotidianas, além de menos medo, ansiedade e vergonha em comparação aos que exibiam sinais de mais atividade no lado direito. Pesquisas posteriores comprovaram que esses "canhotos" corticais são menos sujeitos à depressão e se recuperam mais rapidamente de experiências negativas[68]. A diferença entre os destros e os canhotos corticais pode ser vista até em bebês: crianças de dez meses de idade que mostram mais atividade no lado direito do córtex têm maior probabilidade de chorar quando são brevemente separados de suas mães[69]. Essa divergência na primeira infância aparenta refletir um aspecto da personalidade que é estável, para a maior parte da população, até a idade adulta[70]. Bebês com mais atividade no lado direito se tornam crianças mais ansiosas em relação a situações novas; na adolescência, eles são mais passíveis de sentirem receio no que tange a namorar e praticar outras atividades sociais; e, finalmente, enquanto adultos, apresentam maior probabilidade da necessidade de psicoterapia a fim de se soltarem. Tendo perdido na loteria cortical, eles haverão de lutar por toda a vida para enfraquecer o controle de um sistema de retração hiperativo. Uma vez, quando uma amiga minha, dotada de um estilo afetivo negativo, reclamava de sua situação, alguém sugeriu que uma mudança para outra cidade faria bem a ela. "Não", ela disse, "Posso ser infeliz em qualquer lugar". Ela poderia, em vez disso, ter citado a paráfrase de Marco Aurélio elaborada por John Milton (1608-1674): "A mente é o seu próprio lugar, e ela própria pode fazer do Céu o Inferno e do Inferno o Céu"[71].

---

[68] DAVIDSON, R. J. "Affective style and affective disorders: Perspectives from affective neuroscience". *Cognition and Emotion*, 12, 1998, p. 307-330.

[69] DAVIDSON, R. J.; FOX, N. A. "Frontal brain asymmetry predicts infants' response to maternal separation". *Journal of Abnormal Psychology*, 98, 1989, p. 127-131.

[70] KAGAN, J. *Galen's prophecy: Temperament in human nature.* Nova York: Basic Books, 1994.
KAGAN, J. "Biology, context, and developmental inquiry". *Annual Review of Psychology*, 54, 2003, p. 1-23.

[71] MILTON, John. *Paraíso Perdido.* Livro 1, linhas 254-255.

*Teste seu cérebro:*

Qual conjunto de afirmativas combina mais com você?

*Conjunto A:*

- ❖ Estou sempre disposto a tentar algo novo se achar que vou me divertir;
- ❖ Se vejo a oportunidade de conseguir o que quero, abraço-a de imediato;
- ❖ Fico fortemente afetado quando coisas boas acontecem comigo;
- ❖ Ajo no calor do momento com frequência.

*Conjunto B:*

- ❖ Tenho receio de cometer erros;
- ❖ Críticas ou broncas me magoam bastante;
- ❖ Fico preocupado quando sinto que obtive um mau desempenho em uma tarefa importante;
- ❖ Eu tenho muitos medos em comparação aos meus amigos.

As pessoas que se identificam mais com o conjunto A do que com o B apresentam um estilo mais condizente com o da aproximação e, em média, demonstram maior atividade cortical no lado esquerdo da testa. Os que se identificam mais com o conjunto B, contudo, têm um estilo mais condizente com o da retração e, em média, maior atividade cortical no lado direito. (*Escala adaptada de Carver & White, 1994. Direitos reservados © 1994 pela Associação Psicológica Americana – American Psychological Association. Adaptado com permissão*).

## Como mudar de ideia

Se eu tivesse um irmão gêmeo idêntico, ele provavelmente se vestiria mal. Sempre detestei fazer compras e só consigo reconhecer seis cores por nome. Muitas vezes decidi aprimorar meu estilo e, inclusive, cedi aos clamores femininos para me levar às compras, mas de nada adiantou. Retornei rapidamente a meu jeito de ser tradicional, que estava preso no início da década de 1980. Eu simplesmente não conseguia decidir mudar, tornar-me algo que não sou por mera força de vontade. Antes, encontrei uma forma de mudar mais indireta: eu me casei. Agora, tenho um guarda-roupa cheio de roupas bonitas, algumas combinações que memorizei como boas escolhas de vestuário e um consultor de estilo que recomenda as variações.

Você também pode modificar seu estilo afetivo — mas, novamente, não por pura força de vontade. É preciso fazer algo que mudará seu repertório de pensamentos. Eis aqui três dos melhores métodos para fazê-lo: meditação, terapia cognitiva e Prozac. Todos são efetivos porque agem sobre o elefante.

### *Meditação*

Suponha que você tenha lido sobre uma pílula que pode ser tomada uma vez por dia para reduzir sua ansiedade e amplificar seu contentamento. Você a tomaria? Ademais, suponha que a pílula apresente uma grande variedade de efeitos colaterais, todos eles bons: autoestima alta, empatia e confiança; ela até mesmo aprimora a memória. Finalmente, suponha que essa pílula é completamente natural e não custa nada. E agora, você a tomaria?

A tal pílula existe. É a meditação[72]. Ela foi descoberta por muitas tradições religiosas e já era usada na Índia muito antes de Buda, embora o

---

[72] A maioria dos estudos publicados sobre a meditação se utilizaram de modelos fracos ou falhos (tais como o de comparar pessoas que escolheram se matricular numa aula de meditação às que não o fizeram). No entanto, Shapiro *et al.* revisam vários estudos que atribuíram aleatoriamente uma condição de meditação ou uma condição controlada. Os benefícios que menciono no texto são fundamentados por estudos que realizaram essa seleção aleatória. Ver SHAPIRO, S.;

budismo a tenha trazido à cultura ocidental. Há muitos tipos de meditação, mas todos eles apresentam em comum uma tentativa consciente de focalizar a atenção de formas não analíticas[73]. Parece fácil: permaneça sentado sem se mover (na maior parte das práticas) e concentre-se apenas em sua respiração, ou numa palavra, numa imagem, e não deixe que outras palavras, ideias ou imagens aflorem em sua consciência. A meditação, não obstante, é extraordinariamente difícil a princípio e, ao fazê-lo confrontar seus repetidos fracassos nas primeiras semanas, ensina valiosas lições ao condutor do elefante sobre humildade e paciência. O objetivo da meditação é o de mudar os processos automáticos do pensamento, de modo a domar, portanto, o elefante. A prova disso é a quebra de apegos.

Meu cachorro Andy tem dois grandes apegos, através dos quais ele interpreta tudo o que acontece em casa: o de comer carne e o de não ser deixado sozinho. Se eu e minha esposa ficarmos parados próximos à porta da frente, ele fica ansioso. Se pegarmos nossas chaves, abrirmos a porta e dissermos "Seja um bom garoto", seu rabo, sua cabeça e até seus quadris se esparramam pateticamente no chão. Contudo, se dissermos "Venha, Andy", ele fica eletrizado de alegria e passa por nós correndo até a porta. O medo de Andy de ficar sozinho provoca muitos momentos de ansiedade ao longo do dia, algumas horas de desespero (quando ele é deixado sozinho) e alguns minutos de alegria (sempre que sua solidão é aliviada). Os prazeres e as dores de Andy são determinados pelas escolhas que eu e minha esposa fazemos. Se o mau é mais forte que o bom, Andy sofre muito mais com a separação do que se beneficia do reencontro.

A maioria das pessoas tem mais apegos do que Andy; mas, de acordo com o budismo, a psicologia humana é similar à de Andy em muitos aspectos. Já que Rachel quer ser respeitada, ela vive em constante vigilância a sinais de desrespeito e se sente ferida por dias após uma possível violação. Ela pode gostar de ser tratada com respeito, mas o desrespeito, em média, dói mais do que o respeito, que é prazeroso. Charles quer dinheiro e vive

---

SCHWARTZ, G. E. R.; SANTERRE, C. "Meditation and positive psychology". *In: Handbook of positive psychology*. C. R. Snyder & S. J. Lopez (Eds.). Nova York: Oxford University Press, 2002, p. 632-645.

[73] *Ibidem.*

em constante vigilância a oportunidades de consegui-lo. Ele perde o sono por conta de multas, perdas financeiras ou transações as quais acredita que poderiam ter lhe dado mais ganhos. De novo, as perdas pesam mais do que os ganhos, então, ainda que Charles enriqueça de maneira estável, pensamentos sobre dinheiro hão de, em média, proporcionar-lhe mais infelicidade do que felicidade.

Para Buda, apegos são como um jogo de roleta em que outra pessoa a gira e o jogo é viciado: quando mais se joga, mais se perde. O único jeito de ganhar é se afastar da mesa. E o único jeito de se afastar, de obrigar a si mesmo a não reagir aos altos e baixos da vida, é meditar e domar a mente. Embora, ao fazer isso, você esteja renunciando ao prazer de ganhar, você também dispensa os danos maiores causados pelas perdas.

No *Capítulo 5*, questionarei se essa troca, com efeito, serve bem à maioria das pessoas. Por ora, o importante é que Buda fez uma descoberta psicológica que ele e seus seguidores embutiram em uma filosofia e em uma religião. Eles foram generosos nesse contexto, ensinando-a a indivíduos de todas as a fés e aos desprovidos de fé. A descoberta é a de que a meditação doma e acalma o elefante. Se praticada diariamente, por meses a fio, ela pode ajudar a reduzir substancialmente a frequência de pensamentos temerosos, negativos e apegados, de modo que o estilo afetivo é aprimorado. Como dizia Buda: "Quando um homem conhece a solidão do silêncio e sente o deleite trazido pela quietude, ele se vê, então, livre do medo e do pecado"[74].

## Terapia Cognitiva

A meditação consiste numa solução tipicamente oriental para os problemas da vida. Mesmo antes de Buda, o filósofo chinês Lao Tzu (571-531 a. C.) dissera que o caminho para a sabedoria jaz na inércia, na espera desprovida de desejos. As abordagens ocidentais aos problemas envolvem, tipicamente, o ato de pegar uma caixa de ferramentas e com ela consertar o que está quebrado. Tal foi o discurso da Dama da Filosofia, com seus diversos argumentos e técnicas de modificação de perspectiva. A caixa de ferramentas foi minuciosamente modernizada nos anos de 1960 por Aaron Beck.

---

[74] MASCARO, J. *The Dhammapada*. Harmondsworth: Penguin, 1973.

Beck, um psiquiatra na Universidade da Pensilvânia, havia sido treinado sob a ótica freudiana, segundo a qual "a criança é pai do homem". Quaisquer males que o afligirem, portanto, hão de ter sido desencadeados por eventos em sua infância, e a única maneira de modificar a si mesmo hoje é mergulhar nas memórias reprimidas, propor um diagnóstico e trabalhar na superação de seus conflitos mal resolvidos. Para pacientes depressivos, contudo, Beck encontrou poucas evidências, tanto na literatura científica como em sua experiência clínica, de que tal abordagem funcionava. Quanto mais espaço ele concedida a esses indivíduos para que analisassem seus pensamentos autocríticos e suas memórias de injustiças, pior eles se sentiam. Contudo, no final da década de 1960, quando Beck rompeu com o tratamento tradicional e, tal qual a Dama da Filosofia, questionou a legitimidade desses pensamentos autocríticos irracionais, os pacientes muitas vezes apresentaram uma melhora.

Beck assumiu um risco. Ele mapeou os processos de pensamento distorcidos, característicos de pessoas deprimidas, e treinou seus pacientes para reconhecerem tais pensamentos e os desafiarem. Beck foi menosprezado por seus colegas freudianos, que achavam que ele estava tratando os sintomas da depressão com curativos superficiais enquanto permitia que a doença explodisse por debaixo dos panos, mas sua coragem e sua persistência valeram a pena. Beck criou a terapia cognitiva[75], um dos tratamentos para depressão, ansiedade e vários outros problemas mais eficazes em vigência.

Conforme sugeri no último capítulo, nós nos utilizamos frequentemente da racionalidade não para encontrar a verdade, mas para fabricar argumentos que sustentem nossas crenças profundamente enraizadas em nosso subconsciente (as que residem no elefante). Pessoas depressivas estão sempre convictas de três máximas, conhecidas como a "tríade cognitiva" da depressão. São elas: "Eu não sirvo para nada", "Meu mundo é sombrio" e "Meu futuro é desesperançoso". A mente de um indivíduo deprimido é entupida de pensamentos automáticos que reforçam tais crenças disfuncionais, especialmente quando as coisas dão errado. As distorções de pensamento eram tão semelhantes dentre os pacientes, que Beck resolveu

---

[75] BECK, A. T. *Cognitive therapy and the emotional disorders*. Nova York: International Universities Press, 1976.

nomeá-las. Considere um pai deprimido cuja filha sofre uma queda e bate a cabeça sob a vigia dele. Ele instantaneamente flagela a si mesmo com estas ideias: "Eu sou um pai terrível" (isso é chamado de "personalização", que implica enxergar o ocorrido como um referendo de si próprio em vez de como um pequeno problema de natureza médica); "Por que sempre faço coisas tão terríveis com os meus filhos?" ("generalização excessiva" combinada à concepção dicotômica "sempre/nunca"); "Agora ela sofrerá danos cerebrais" ("maximização"); "Todo mundo vai me odiar" ("inferência arbitrária", ou chegar a conclusões sem embasamento).

Pessoas que sofrem de depressão se veem num ciclo retroativo no qual concepções equivocadas desencadeiam sentimentos negativos que, por sua vez, distorcem o processo de pensamento ainda mais. A descoberta de Beck foi a de que podemos quebrar esse ciclo por meio da alteração dessas convicções. Grande parte da terapia cognitiva consiste em treinar os pacientes a fim de que eles reconheçam esses pensamentos, tomem nota deles, nomeiem as distorções neles contidas e, por fim, encontrem maneiras alternativas e mais condizentes com a realidade de conceber o mundo. Ao longo de várias semanas, os pensamentos dos pacientes se tornam mais realistas, o ciclo é interrompido e a ansiedade ou a depressão do indivíduo é abatida. A terapia cognitiva funciona porque ensina o condutor a adestrar o elefante em vez de como derrotá-lo diretamente com argumentos. No primeiro dia de tratamento, o condutor não percebe que o elefante exerce controle sobre ele, que os medos do elefante regem seus pensamentos conscientes. Com o tempo, ele aprende a usar um conjunto de ferramentas, que incluem a prática de contestar pensamentos automáticos e a realização de tarefas simples, tais como sair para comprar jornal em vez da permanência na cama o dia inteiro ruminando. Tais tarefas são frequentemente prescritas como deveres de casa diários. (O elefante aprende melhor se pratica todo dia; uma sessão seminal com um terapeuta não é o bastante). Com cada reestruturação de pensamentos e práticas rotineiras, cada tarefa concluída, o indivíduo recebe uma pequena recompensa, um lampejo de prazer ou de alívio. Cada lampejo de prazer é como um amendoim que oferecemos ao elefante para reforçar um novo comportamento. Não se pode ganhar num cabo-de-guerra de um elefante medroso ou tomado por raiva, mas é possível — por meio da modelação gradual do tipo discutido pelos behavioristas — modificar seus pensamentos automáticos e, nesse processo, seu estilo afetivo. Na verdade, muitos terapeutas combinaram a terapia cognitiva a técnicas retiradas do behaviorismo com intuito de criar o que é hoje conhecido como terapia cognitiva comportamental.

Diferentemente de Freud, Beck testava suas teorias em experimentos controlados. Pessoas submetidas à terapia cognitiva para tratar a depressão melhoravam substancialmente; elas melhoravam mais rápido do que aqueles colocados em listas de espera para a terapia, e, pelo menos, em alguns estudos, elas melhoravam mais rápido, inclusive, do que aqueles que se submetiam a outros tipos de terapia[76]. Quando a terapia cognitiva é praticada com excelência, ela se mostra tão eficaz quanto drogas como o Prozac (utilizado no tratamento da depressão)[77]. E sua enorme vantagem sobre o Prozac é a de que, quando a terapia cognitiva cessa, os benefícios permanecem, posto que o elefante foi adestrado. O Prozac, por outro lado, só funciona enquanto fazemos uso dele.

Não tenho intenção de sugerir que a terapia cognitiva comportamental é o único tipo de psicoterapia que funciona. A maioria dos ramos psicoterapêuticos funciona até determinado ponto e, de acordo com alguns estudos, todos eles se mostram igualmente efetivos[78]. Tudo se resume a uma questão de encaixe: algumas pessoas respondem melhor a uma terapia do que a outra, e algumas disfunções psicológicas são tratadas com mais eficácia por um tipo específico de terapia em detrimento de outras. Se você apresenta, com frequência, pensamentos negativos sobre si mesmo, sobre seu mundo ou seu futuro, e se tais pensamentos contribuem para a

---

[76] DOBSON, K. S. "A meta-analysis of the efficacy of cognitive therapy for depression". *Journal of Consulting and Clinical Psychology*, 57, 1989, p. 414-419.
HOLLON, S. D.; BECK, A. T. "Cognitive and cognitive-behavioral therapies". *In*: Bergin, A. E.; GARFIELD, S. L. (Eds.). *Handbook of psychotherapy and behavior change*. Nova York: Wiley, 1994.

[77] DERUBEIS, R. J.; HOLLON, S. D.; AMSTERDAM, J. D.; SHELTON, R. C.; YOUNG, P. R.; SALOMON, R. M., *et al.* "Cognitive therapy vs medications in the treatment of moderate to severe depression". *Archives of General Psychiatry*, 62, 2005, p. 409-416.

[78] SELIGMAN, M. E. P. "The effectiveness of psychotherapy: The Consumer Reports study". *American Psychologist*, 50, 1995, p. 965-974.

sensação crônica de ansiedade ou desespero, talvez você deva buscar uma terapia cognitiva comportamental na qual se encaixe[79].

## Prozac

Marcel Proust (1871-1922) escreveu que "a única viagem genuína [...] consistiria não em visitar terras desconhecidas, mas em enxergar o mundo com outros olhos"[80]. No verão de 1996, experimentei uma nova ótica quando tomei Paxil, um parente do Prozac, durante oito semanas. Nas primeiras semanas, apresentei apenas alguns efeitos colaterais: uma certa náusea, dificuldade para dormir a noite inteira e uma variedade de sensações físicas que eu não sabia que meu corpo era capaz de produzir, incluindo uma que só posso descrever dizendo que meu cérebro parecia árido. Um dia, então, na quinta semana, as cores do mundo mudaram. Acordei numa manhã sem me sentir ansioso diante de uma carga pesada de trabalho e prospectos incertos de um professor universitário horista. Foi como mágica. Uma série de mudanças que eu desejava realizar em mim mesmo durante anos — desinibir-me, sentir-me mais leve, aceitar meus erros sem remoê-los... — aconteceu da noite para o dia. Entretanto, o Paxil tinha um efeito colateral devastador para mim: ele dificultou minha recordação de fatos e nomes, mesmo daqueles que eu conhecia muito bem. Eu cumprimentava meus alunos e meus colegas, buscava um nome para inserir após o "Olá" e acabava com um "Olá... você". Então, decidi que, como professor, eu necessitava da minha memória mais do que da minha paz de espírito, logo, parei de tomar Paxil. Cinco semanas depois, minha memória retornou ao que era, junto com as minhas

---

[79] Um ponto fácil para começar é com o livro popular *Feeling Good*, de David Burns (1999). A leitura do livro se mostrou um tratamento eficaz para a depressão.
BURNS, D. D. *Feeling Good*. Nova York: Avon, 1999.
SMITH, N. M.; FLOYD, M. R.; SCOGIN, F.; JAMISON, C. S. "Three year follow up of bibliotherapy for depression". *Journal of Consulting and Clinical Psychology*, 65, 1997, p. 324-327.

[80] PROUST, M. *In search of lost time. Within a budding grove*. Londres: Chatto and Windus, 1992, vol.2.
PROUST, M. *In search of lost time. The captive and the fugitive*. Londres: Chatto and Windus, 1992, vol.5.

preocupações. O que sobrou foi a experiência de ter usado um par de óculos cor-de-rosa, de ter visto o mundo com novos olhos.

O Prozac foi o primeiro membro de uma classe de drogas conhecida como "inibidores seletivos da recaptação de serotonina", ou ISRS. A partir de agora, utilizarei o Prozac como representante de todo esse grupo, cujos elementos ocasionam efeitos psicológicos quase idênticos e incluem Paxil, Zoloft, Celexa, Lexapro etc. Muitas coisas são desconhecidas sobre o Prozac e seus semelhantes — acima de tudo, como eles atuam. O nome da classe das drogas conta um pedaço da história: o Prozac entra nas sinapses (os espaços entre os neurônios), mas é *seletivo*, posto que afeta apenas as sinapses que se utilizam da *serotonina* como neurotransmissor. Quando está dentro das sinapses, o Prozac *inibe* o processo *recaptação* — o processo natural em que um neurônio, que acabou de liberar serotonina na sinapse, a suga de volta para si mesmo e a deixa para ser liberada novamente no próximo pulso neural. O resultado é que um cérebro alimentado por Prozac dispõe de mais serotonina em determinadas sinapses, logo esses neurônios disparam com maior frequência.

Até aqui, o Prozac soa como cocaína, heroína ou qualquer outra droga que você possa ter aprendido que é associada a um neurotransmissor específico. No entanto, o aumento da serotonina ocorre em apenas um dia de uso do Prozac, ao passo que os benefícios não aparecem por um período de quatro a seis semanas. De algum modo, o neurônio do outro lado da sinapse ainda está se adaptando ao novo nível de serotonina e é, provavelmente, desse processo de adaptação que os benefícios emergem. Pode ser até que a adaptação neural não tenha nada a ver com isso. A outra teoria principal no que tange ao Prozac é a de que ele aumenta o nível de um hormônio de crescimento neural no hipocampo, uma parte do cérebro crucial ao aprendizado e à memória. Pessoas que demonstram um estilo afetivo negativo tendem a apresentar níveis maiores de hormônios de estresse no sangue; esses hormônios, então, tendem a matar ou podar determinadas células críticas no hipocampo, cujo trabalho, em parte, é cessar essa reação de estresse que os está matando. Por conta disso, indivíduos com um estilo afetivo negativo podem, frequentemente, sofrer pequenos danos neurais no hipocampo — mas isso pode ser consertado dentro de quatro ou cinco semanas após o Prozac desencadear a liberação do hormônio de crescimento neural[81]. Embora não saibamos *como* o Prozac age, sabemos que ele funciona: ele traz benefícios que vão além daqueles vistos nos grupos de controle não medicados ou alimentados com placebos numa variedade impressionante de mazelas mentais, incluindo a depressão, a síndrome da ansiedade generalizada, os ataques de pânico, a fobia social, o transtorno disfórico pré-menstrual, alguns distúrbios alimentares e o transtorno obsessivo compulsivo[82].

O Prozac é controverso por no mínimo duas razões. Primeiramente, ele é um atalho. Na maior parte dos estudos realizados na área, o Prozac se mostra tão efetivo quanto a terapia cognitiva — às vezes um pouco mais, ou um pouco menos —, mas é um caminho muito mais *fácil* do que a terapia. Nada de tarefas de casa ou aquisição de novas habilidades difíceis; nada de consultas semanais. Se você crê na ética trabalhista protestante e na máxima "Não há vitória sem sofrimento", pode ser que o Prozac o incomode. Em segundo lugar, o Prozac faz mais do que aliviar sintomas; ele pode modificar a personalidade. Em *Ouvindo o Prozac*[83], Peter Kramer apresenta estudos de casos de pacientes seus cuja depressão persistente, ou ansiedade, foi curada pelo Prozac, e cujas personalidades, a partir disso, afloraram — mais autoconfiança, maior resiliência frente a percalços e mais alegria, tudo isso, por vezes, conduzindo a grandes mudanças nas carreiras e nos relacionamentos desses pacientes. Tais casos se conformam a uma narrativa médica idealizada: alguém sofre de uma doença crônica; uma grande descoberta médica cura a doença; o indivíduo é libertado de suas amarras e comemora a recém-adquirida liberdade; imagem desse in-

---

[81] NESTLER, E. J.; HYMAN, S. E.; MALENKA, R. C. *Molecular neuropharmacology: A foundation for clinical neuroscience*. Nova York: McGraw-Hill, 2001.

[82] Relatos ocasionais de que os ISRS não são mais eficazes do que placebos parecem se basear em estudos falhos; por exemplo, estudos que utilizaram doses muito baixas de ISRS. Ver: SCHATZBERG, A. F.; COLE, J. O.; DEBATTISTA, C. *Manual of Clinical Psychopharmacology*. Washington: American Psychiatric Publishing, 2003.
HOLLON, S. D.; DERUBEIS, R. J.; SHELTON, R. C.; WEISS, B. "The emperor's new drugs: Effect size and moderation effects". *Prevention and Treatment*, 5, s/p, 2002.

[83] KRAMER, P. D. *Listening to Prozac*. Nova York: Viking, 1993.

divíduo brincando alegremente com crianças; desvanecimento, tela preta. Contudo, Kramer também conta histórias fascinantes sobre pessoas que não estavam enfermas, que não se encaixavam em nenhum diagnóstico de distúrbio mental e apenas apresentavam algumas neuroses e peculiaridades que a maior parte dos indivíduos demonstra de alguma forma — medo de receber críticas, incapacidade de ser feliz fora de um relacionamento, tendência a controlar e a criticar em demasia o cônjuge e os filhos. Assim como todos os demais traços de personalidade, essas características são difíceis de mudar, mas são o objeto de tratamento designado à psicoterapia. Terapia não pode modificar nossa personalidade, mas pode nos ensinar maneiras de contornarmos nossos traços problemáticos. Não obstante, quando Kramer prescrevia Prozac, tais traços desapareciam. Hábitos cultivados por toda uma vida eram eliminados do dia para a noite (cinco semanas após o início do tratamento com o Prozac), enquanto a psicoterapia, com frequência, não adiantava de nada. É por isso que Kramer cunhou o termo "psicofarmacologia cosmética", visto que o Prozac parecia prometer que os psiquiatras se tornassem capazes de moldar e aperfeiçoar mentes tão bem quanto cirurgiões plásticos fazem com os corpos.

Isso soa mais como progresso ou como uma caixa de Pandora? Antes de responder, responda à seguinte pergunta. Qual destas frases lhe parece mais verdadeira: "Seja tudo o que puder ser", ou "Acima de tudo, seja verdadeiro a si mesmo"? Nossa cultura endossa ambas as afirmativas — autenticidade e incansável autoaperfeiçoamento —, todavia, frequentemente escapamos da contradição ao encararmos o autoaperfeiçoamento como autenticidade. Assim como receber uma educação implica o uso de muito esforço por um período de doze a vinte anos, a fim de desenvolver seu potencial intelectual, o desenvolvimento do caráter há de envolver um esforço vitalício com o intuito de desenvolver seu potencial moral. Uma criança de nove anos de idade não permanece fiel a quem ela é por meio da manutenção da mentalidade e do caráter próprio a essa faixa etária; ela trabalha duro para se tornar seu "eu" ideal, pressionada e acompanhada por seus pais em infindáveis aulas de piano, religião, artes e ginástica, ministradas após a escola e nos finais de semana. Contanto que a mudança seja gradual e resultante do esforço da criança, ela recebe o crédito moral por tal modificação, que vem a serviço da autenticidade. Contudo, e se houvesse uma pílula que aprimorasse suas habilidades como tenista? E se houvesse a possibilidade de uma pequena intervenção cirúrgica que implantasse um talento de pianista permanentemente em seu cérebro? Essa separação entre autoaperfeiçoamento e autenticidade faria muitas pessoas recuarem, horrorizadas.

O horror me fascina, especialmente quando não há vítima. Eu estudo reações morais a violações de tabus inofensivas como um incesto consensual, ou uma profanação privada da bandeira de sua nação. Essas práticas simplesmente *soam* erradas à maioria das pessoas, mesmo quando elas não sabem explicar o porquê. (Eu explicarei o porquê no *Capítulo 9*). Minha pesquisa aponta que uma pequena parcela do conjunto inato de intuições morais guia e restringe as muitas moralidades mundanas, e uma dessas intuições é a de que o corpo é um templo que abriga uma alma dentro de si[84]. Mesmo quando o indivíduo não crê conscientemente em Deus, ou na alma, ele se sente desconfortável ou agredido ao ver alguém tratar seu corpo como um parque de diversões, com o propósito-mor de somente proporcionar prazer. Uma mulher tímida que opera o nariz, aplica silicone nos seios, coloca doze *piercings* no corpo e adquire uma prescrição para Prozac choca uma população tanto quanto um ministro que reforma sua igreja para que ela se pareça um harém otomano.

A transformação da igreja pode ferir terceiros ao provocar a morte de vários paroquianos por apoplexia. É difícil, no entanto, enxergar mal na mulher que transforma a si mesma, além de uma vaga noção de que ela "não está sendo fiel a si mesma". Essa mulher, contudo, já havia vivido infeliz com sua personalidade hipersensitiva e demasiado reprimida, e dado seu baixo progresso com a psicoterapia, por que ela deveria permanecer fiel a um "eu" que ela não deseja ser? Por que não se transformar numa versão melhor de si mesma? Quando tomei Paxil, meu estilo afetivo se modificou para melhor. Ele fez de mim alguém que eu não era, mas há muito queria ser: uma pessoa que se preocupa menos, que vê o mundo repleto

---

[84] HAIDT, J. "The emotional dog and its rational tail: A social intuitionist approach to moral judgment". *Psychological Review*, 108, 2001, p. 814-834.
HAIDT, J; JOSEPH, C. "Intuitive ethics: How innately prepared intuitions generate culturally variable virtues". *Daedalus* (Fall), 2004, p. 55-66.

de possibilidades e não de ameaças. O Paxil aprimorou o equilíbrio entre os meus sistemas de aproximação e retratação e, se não fosse pelos efeitos colaterais, eu ainda o tomaria.

Questiono, então, a ideia vastamente difundida de que o Prozac e outras drogas pertencentes a sua classe são prescritas em demasia. É fácil para aqueles que se deram bem na loteria cortical proclamar sermões sobre a importância do trabalho duro e da artificialidade dos atalhos químicos. Entretanto, para aqueles que, por acaso, encontraram-se na metade negativa do espectro do estilo afetivo, o Prozac representa uma forma de compensar a injustiça da loteria cortical. Ademais, é fácil para aqueles que acreditam que o corpo é um templo dizerem que a psicofarmacologia cosmética é uma espécie de sacrilégio. Algo se perde quando os psiquiatras deixam de escutar seus pacientes enquanto seres humanos, mas antes como um mecânico escuta um motor, à procura de pistas acerca de qual peça deve ser ajustada a seguir. Porém, se a teoria hipocampal do Prozac estiver correta, muitas pessoas de fato necessitam de um ajuste mecânico. É como se elas tivessem passado anos dirigindo um carro com o freio de mão meio acionado, e talvez valha a pena realizar um experimento de cinco semanas a fim de verificar o que acontecerá com suas vidas se esse freio for liberado. Colocado sob essa ótica, o Prozac para os dotados de "preocupações normais" deixa de ser cosmético. É como fornecer lentes de contato a um indivíduo com visão funcional, embora escassa, que tenha aprendido a lidar com suas limitações. Não se trata de uma traição ao "verdadeiro eu" daquela pessoa: longe disso, as lentes de contato podem ser um atalho razoável a seu funcionamento apropriado.

As epígrafes de abertura deste capítulo são verdadeiras. A vida é aquilo que consideramos, e as nossas vidas são criações de nossas mentes. Contudo, essas afirmações não nos ajudam em nada até que sejam aumentadas por uma teoria do "eu" dividido (como a do condutor e o elefante) e por um entendimento da parcialidade ao negativo e do estilo afetivo. Uma vez que você compreende por que a mudança é tão difícil, é viável abandonar o método da força bruta e assumir uma abordagem mais psicologicamente sofisticada rumo ao autoaperfeiçoamento. Buda acertou em cheio: você precisa de um método para domar o elefante, para mudar de ideia gradualmente. A meditação, a terapia cognitiva e o Prozac representam três formas efetivas de fazê-lo. E porque cada uma delas será efetiva para alguns, mas não para outros, eu acredito que todas devam estar prontamente disponíveis à população e ser amplamente disseminadas. A vida por si só é aquilo que você considera, e você pode — por meio da meditação, da terapia cognitiva e do Prozac — modificá-la.

# Capítulo 3

## Capítulo 3
# Reciprocidade com um quê de vingança

> *Zigong perguntou: "Há uma palavra que sirva de regra*
> *de conduta para toda a vida?" O mestre respondeu:*
> *"Não seria reciprocidade tal palavra? Aquilo que não*
> *desejas que seja feito a ti, não faças aos outros".*
> — Analectos de Confúcio[85]

> *O que é odioso para ti, não faças a teu próximo; esta,*
> *em poucas palavras, é toda a Torá; todo o resto é*
> *somente a elaboração desta lei central.*
> — Rabino Hillel, século I a. C.[86]

Quando os sábios escolhem uma única palavra, ou um único princípio, para elevar acima de todos os outros, o vencedor quase sempre é "amor" ou "reciprocidade". O *Capítulo 6* tratará do amor e este capítulo da reciprocidade. Ambos termos são, em última instância, sobre a mesma coisa: os vínculos que nos unem aos outros.

A cena de abertura do filme *O Poderoso Chefão* (1972) consiste num retrato formidável da reciprocidade em ação. É o dia do casamento da filha do chefão, Don Corleone (interpretado por Marlon Brando). O imigrante italiano Bonasera (Salvatore Corsitto), um agente funerário, vem pedir um favor: ele quer vingança por um atentado contra a honra e o corpo

---

[85] LEYS, S. *The analects of Confucius.* Nova York: Norton, 1997, 15:24.
[86] *BABYLONIAN TALMUD, TRACTATE SHABBOS,* Schottenstein edition. Nova York: Mesorah Publications, 1996, *folio* 31ª.

de sua própria filha, que fora espancada pelo namorado e outro jovem. Bonasera descreve a agressão, a prisão e o julgamento dos dois rapazes. O juiz lhes concedera uma pena suspensa e os deixara irem embora como homens livres naquele mesmo dia. Bonasera está furioso e se sente humilhado; ele veio a Don Corleone em busca de justiça. Corleone pergunta o que ele quer que seja feito. Bonasera sussurra algo em seu ouvido, o que podemos seguramente presumir se tratar de "Mate-os". Corleone recusa e aponta que Bonasera não tem sido um bom amigo para ele. Bonasera então admite que temia se envolver em "problemas". O diálogo continua[87]:

> **CORLEONE:** Eu compreendo. Você encontrou o Paraíso na América, fez uma boa troca, conquistou uma boa vida. A polícia o protegeu e os tribunais estavam aqui. Você não precisava de um amigo como eu. Agora, no entanto, você vem a mim e diz: "Don Corleone, dê-me justiça". Mas você não o pede com respeito. Não me oferece sua amizade. Sequer pensa em se dirigir a mim como "Padrinho". Em vez disso, entra na minha casa, no dia do casamento da minha filha, e suplica que eu cometa assassinato por dinheiro.
>
> **BONASERA:** Eu só peço justiça.
>
> **CORLEONE:** Isso não é justiça. Sua filha ainda está viva.
>
> **BONASERA:** Deixe que eles sofram como ela está sofrendo então. [Pausa]. Quanto devo lhe pagar?
>
> **CORLEONE:** Bonasera... Bonasera... O que eu lhe fiz para receber um tratamento tão desrespeitoso? Se você tivesse me procurado como amigo, esse pedaço de lixo que arruinou sua filha estaria sofrendo agora mesmo. E se, porventura, um homem honesto como você viesse a fazer inimigos, eles se tornariam *meus* inimigos. Eles teriam medo de você.

---

[87] *O Poderoso Chefão*, dirigido por F. F. Coppola. EUA: Paramount Pictures, 1972. Baseado no romance de Mario Puzo.

**BONASERA:** Seja meu amigo. [Ele faz uma reverência a Corleone]. Padrinho? [Ele beija a mão de Corleone].

**CORLEONE:** Ótimo. [Pausa]. Um dia, e talvez ele nunca chegue, chamarei você para me prestar um serviço. Até esse dia, aceite esta justiça como um presente no dia do casamento da minha filha.

A cena é extraordinária, uma espécie de abertura que introduz os temas de violência, afinidade e moralidade que regem o resto do filme. Contudo, o que é extraordinário para mim é a facilidade com a qual entendemos essa interação tão complexa numa subcultura alheia. Intuitivamente compreendemos por que Bonasera quer os rapazes mortos e por que Corleone se recusa a matá-los. Nós nos recolhemos frente à tentativa desconcertada de Bonasera de oferecer dinheiro a Corleone, quando o que falta ali é o tipo correto de relacionamento, e compreendemos por que Bonasera esteve temeroso até agora diante da hipótese de cultivar esse relacionamento. Compreendemos que, ao se aceitar um "presente" de um chefe da máfia, um elo inquebrável é estabelecido com ele. Entendemos tudo isso sem esforço porque vemos o mundo através das lentes da reciprocidade. A reciprocidade é um instinto profundo; é a moeda de troca mais básica da vida social. Bonasera a usa para comprar vingança, o que é, de certo modo, uma espécie de reciprocidade. Corleone a usa para manipular Bonasera e fazê-lo se juntar a sua família estendida. No restante deste capítulo, explicarei como viemos a adotar a reciprocidade como nosso dinheiro social e como você pode gastá-lo sabiamente.

## Ultrassociabilidade

Animais que voam parecem violar as leis da física, mas só até aprendermos, de fato, um pouco mais sobre as leis da física. O voo evoluiu de forma independente pelo menos três vezes no Reino Animal: nos insetos, nos dinossauros (incluindo as aves modernas) e nos mamíferos (morcegos). Em todos os casos, uma característica física com propriedades potencialmente aerodinâmicas estava presente nas espécies em questão (tomem-se como exemplo as escamas que se alongam até a penas, o que, mais tarde, viabilizou que os animais planassem).

Animais que vivem em sociedades grandes e pacíficas parecem violar as leis da evolução (tais como a da competição e a da sobrevivência do mais apto), no entanto, só até aprendermos um pouco mais sobre a evolução. A ultrassociabilidade[88] — o hábito de viver em grandes sociedades cooperativas nas quais centenas de milhares de indivíduos colhem os frutos de uma divisão extensiva de tarefas — se desenvolveu naturalmente pelo menos quatro vezes no Reino Animal: entre os himenópteros (formigas, abelhas e vespas); cupins; ratos-toupeiras-pelados; humanos. Em todos os casos, caracteres dotados de propriedades com potencial de aprimoramento da cooperação já estavam presentes. Para todas as espécies não-humanas ultrassociais, essa característica é a genética do altruísmo familiar. É claro que os animais arriscarão suas vidas em prol da segurança de seus filhos: a única maneira de "vencer" o jogo da evolução é a de deixar cópias vivas de seus genes. Contudo, não são só os filhos que carregam essas cópias. Nossos irmãos são igualmente próximos a nós em grau de parentesco (visto que também compartilham de 50% de nosso código genético), assim como nossos filhos; sobrinhos e sobrinhas compartilham de 25% de nossos genes e os primos 12,5%. Num cálculo estritamente darwiniano, para salvarmos um filho, haveríamos de nos dispor a pagar o mesmo preço do que o necessário para salvar duas sobrinhas ou quatro primos[89].

---

[88] CAMPBELL, D. T. "The two distinct routes beyond kin selection to ultra-sociality: Implications for the humanities and social sciences". *In*: BRIDGEMAN, D. (Ed.). *The nature of prococial development: Theories and strategies.* Nova York: Academic Press, p. 11-39, 1983.
RICHERSON, P. J.; BOYD, R. "The evolution of human ultra-sociality". *In*: EIBL-EIBESFELDT, I.; SALTER, F. K. (Eds.). *Indoctrinability, ideology, and warfare: Evolutionary perspectives.* Nova York: Berghahn, 1998, p. 71-95.

[89] Hamilton (1964) foi o primeiro a tratar dos detalhes da seleção por parentesco. Todos compartilhamos muito de nossos genes com todas as pessoas, até mesmo com a maioria dos chimpanzés, camundongos e moscas de fruta. O que importa aqui é apenas o subconjunto de genes que varia na população humana.
HAMILTON, W. D. "The genetical evolution of social behavior, parts 1 and 2". *Journal of Theoretical Biology*, 7, 1964, p. 1-52.

Como quase todos os animais que vivem em grupos cooperativos fazem parte, em realidade, de grupos constituídos por parentes próximos, a maior parte do altruísmo no Reino Animal reflete o simples axioma de que o compartilhamento de genes implica o compartilhamento de interesses. Contudo, posto que esse compartilhamento cai tão rapidamente a cada bifurcação na árvore genealógica (primos de segundo grau compartilham apenas um de trinta e dois avós de seus genes), o altruísmo familiar explica somente como um grupo de algumas dezenas, quiçá de cem, animais pode funcionar no esquema de trabalho em conjunto. Dentre milhares de indivíduos, uma porcentagem mínima apresentaria proximidade suficiente conosco para que nos valesse a pena correr riscos por eles. O restante representaria a competição, no sentido darwiniano. Eis o ponto em comum entre os ancestrais das abelhas, dos cupins e dos ratos-toupeiras-pelados, que adotaram o mecanismo do altruísmo familiar (que torna muitas espécies sociáveis) e o transformaram[90] na base de sua ultrassociabilidade peculiar: todos eram irmãos. Essas espécies evoluíram a partir de um sistema de reprodução no qual uma rainha gera todos os membros de uma prole, que é quase totalmente estéril (como ocorre com as formigas), ou dotada de habilidades reprodutivas suprimidas (o que acontece com as abelhas e os ratos-toupeiras-pelados); por conseguinte, uma colmeia, ou ninho, ou uma colônia desses animais constitui uma grande família. Se todos a seu redor forem seus irmãos, e se a sobrevivência de seus genes depende da sobrevivência da rainha, o egoísmo se torna um suicídio genético. Essas espécies ultrassociáveis demonstram níveis de cooperação e sacrifício que ainda impressionam e inspiram aqueles que as estudam. Algumas formigas, por exemplo, passam suas vidas penduradas sob o topo de um túnel, oferecendo seus abdomes como bolsas de armazenamento de comida utilizadas pelo resto do ninho[91].

Os animais ultrassociáveis evoluíram a um estado de familiaridade extrema, que conduziu à cooperação extrema (como se observa na cons-

---

[90] É claro que nossos ancestrais não "se conciliavam"; eles apenas sobreviviam melhor do que seus competidores, e, nesse processo, o papel da reprodução era conhecido a uma rainha e a ultrassociabilidade emergia.

[91] Descrito em: RIDLEY, M. *The origins of virtue*. Harmondsworth: Penguin, 1996.

trução e na defesa de um grande ninho, ou de uma grande colmeia), e isso viabilizou a divisão massiva de tarefas (formigas se dividem em castas: formigas-soldado, formigas aladas, formigas-rainhas, formigas de mel e bolsas de armazenamento de comida), o que culminou em colmeias transbordando de mel ou qualquer que seja a substância utilizada para armazenar seu estoque de alimentos. Nós, humanos, também tentamos estender o alcance de nosso altruísmo familiar por meio da expansão fictícia dessa familiaridade a fim de incluir indivíduos que não sejam nossos parentes, — como, por exemplo, quando uma criança é encorajada a chamar os amigos de seus pais de "Tio Bob" ou "Tia Sarah". Nesse escopo, a máfia é conhecida como "família" e a própria ideia de um "padrinho" consiste numa tentativa de forjar o parentesco com um homem que não é, de fato, parente dos demais membros. A mente humana considera esses laços profundamente atraentes e o altruísmo familiar decerto subjaz à ubiquidade cultural do nepotismo. Mas, mesmo na máfia, esse altruísmo só vai até certo ponto. Em algum momento, é necessário colaborar com pessoas com as quais se mantém, no máximo, relações distantes e, para fazê-lo, é bom ter uma carta escondida sob a manga.

## Toma lá, dá cá

O que você faria se recebesse um cartão de Natal de um estranho? Isso aconteceu num estudo em que um psicólogo enviou cartões de Natal a pessoas aleatórias. A maior parte delas enviou um cartão de volta a ele[92]. Em seu perspicaz livro *Influence*[93], Robert Cialdini, da Universidade do Estado do Arizona, cita esse e outros estudos como prova de que o ser humano é equipado com um reflexo de reciprocidade irracional e automático. Como outros animais, nós nos comportamos de determinada maneira quando o mundo nos apresenta determinados padrões a serem seguidos. Um filhote de gaivota, ao avistar um ponto avermelhado no bico de sua mãe, dá uma

---

[92] KUNZ, P. R.; WOOLCOTT, M. "Season's greetings: from my status to yours". *Social Science Research*, 5, 1976, p. 269-278.
[93] CIALDINI, R. B. *Influence: Science and practice*. Boston: Allyn and Bacon, 2001.

bicada nele automaticamente para receber alimentos regurgitados. Esse filhote bica com igual vigor um ponto avermelhado desenhado na ponta de um lápis. Um gato caça um camundongo usando a mesma técnica de "abaixar-se, esgueirar-se e pular" adotada por outros gatos ao redor do mundo. Ele repete esse padrão com uma bola de lã, pois a corda à qual ela se pendura ativa seu módulo detector de caudas de camundongos. Cialdini enxerga a reciprocidade humana como um reflexo comportamental semelhante: um indivíduo recebe um favor de um conhecido e quer compensá-lo. Ele chega a retribuir um gesto insignificante, tal como o envio de um reles cartão de Natal.

Os exemplos referentes aos humanos e aos demais animais não são, todavia, paralelos. As gaivotas e os gatos respondem a estímulos visuais com movimentos específicos que executam de imediato. O ser humano responde à *significância* de uma situação, utilizando-se de um ímpeto que pode ser satisfeito por uma série de movimentos corporais executados dias mais tarde. Desse modo, o que motiva uma pessoa é uma *estratégia*: toma lá, dá cá. Faça aos outros o que fazem a você. Mais especificamente, tal estratégia se resume à prática da gentileza numa primeira rodada de interações; depois disso, faça ao seu companheiro aquilo que ele lhe fez na rodada anterior[94]. O "toma lá, dá cá" nos leva muito além do altruísmo por familiaridade. Ele abre a possibilidade de formarmos relações cooperativas com estranhos.

A maioria das interações entre animais (excluindo-se a de afinidade) consistem em jogos de soma zero: o ganho de um é a perda de outro. Contudo, a vida é cheia de situações nas quais a cooperação pode aumentar os ganhos de ambos, desde que eles cooperem sem que sejam explorados. Animais caçadores são particularmente vulneráveis à variabilidade do sucesso: eles podem encontrar muito mais comida do que o necessário para supri-los por um dia e, nas três semanas seguintes, não conseguir nada. Animais capazes de trocar seu excedente de um dia de fartura por alimentos num dia de necessidade são muito mais propensos à sobrevivência frente aos caprichos da sorte. Morcegos-vampiro, por exemplo, regurgitam o sangue sugado em uma noite produtiva dentro da boca de um companheiro malsucedido e sem parentesco com eles. Tal comportamento parece violar

---

[94] AXELROD, R. *The evolution of cooperation*. Nova York: Basic Books, 1984.

o espírito darwiniano da competição, exceto pelo fato de que os morcegos mantêm uma memória daqueles que os ajudaram no passado e, em troca, compartilham seus alimentos com esses animais[95]. Como Corleone em *O Poderoso Chefão*, morcegos agem conforme o método do "toma lá, dá cá", assim como outros animais sociais, especialmente os que vivem em grupos relativamente pequenos e estáveis, em que os indivíduos reconhecem a si mesmos e aos outros como tais[96].

Todavia, se a resposta à falta de cooperação for apenas mais falta de cooperação na rodada a seguir, o "toma lá, dá cá" só poderá reunir grupos de algumas centenas de indivíduos. Num grupo grande o bastante, um morcego-vampiro trapaceiro pode tirar suas refeições de um morcego diferente a cada noite e, quando outros lhe pedirem ajuda, embrulhar sua cabeça em suas asas e fingir que está dormindo. O que haverão de fazer com ele? Se estivéssemos tratando de humanos, dar-lhe-iam uma surra, como bem sabemos. Vingança e gratidão são sentimentos morais que amplificam e reforçam o sistema de reciprocidade. O ato de se sentir vingativo e grato parece ter evoluído precisamente porque tais sentimentos são ferramentas úteis para ajudar os indivíduos a criarem relações cooperativas e, portanto, colherem os frutos dos jogos de soma não nula[97]. Uma espécie dotada de respostas relativas à vingança e à gratidão comporta grupos sociais maiores e mais cooperativos, posto que o lucro concedido aos trapaceiros é reduzido pelos custos com os quais eles arcam ao fazerem inimigos[98]. De forma análoga, os benefícios da generosidade aumentam, pois o indivíduo generoso faz mais amigos.

O "toma lá, dá cá" parece estar enraizado na natureza humana enquanto conjunto de emoções morais que nos fazem *querer* trocar favor por

---

[95] WILKINSON, G. S. "Reciprocal food sharing in the vampire bat". *Nature*, 308, 1984, p. 181-184.

[96] TRIVERS, R. L. "The evolution of reciprocal altruism". *Quarterly Review of Biology*, 46, 1971, p. 35-57.

[97] RIDLEY, M. *The origins of virtue*. Harmondsworth: Penguin, 1996.

[98] PANTHANATHAN, K.; BOYD, R. "Indirect reciprocity can stabilize co-operation without the second-order free rider problem". *Nature*, 432, 2004, p. 499-502.
RICHERSON, P. J.; BOYD, R. *Not by genes alone: How culture transformed human evolution*. Chicago: University of Chicago Press, 2005.

favor, insulto por insulto, dente por dente e olho por olho. Muitos teóricos atuais[99] chegam a discursar sobre um "órgão de troca" no cérebro humano, como se parte do cérebro se dedicasse ao monitoramento do que é justo, das dívidas a serem pagas e da prestação de contas sociais. O "órgão" é, naturalmente, uma metáfora — ninguém acredita que vá encontrar um pedaço de tecido cerebral cuja única função seja a de reforçar a reciprocidade. Contudo, estudos recentes sugerem que esse órgão pode de fato existir, desde que a definição de "órgão" seja expandida no sentido de incluir sistemas funcionais no cérebro que são frequentemente compostos por fragmentos de tecido neural vastamente separados, mas que trabalham juntos com um propósito específico.

Suponha que você tenha sido convidado a jogar o jogo do "ultimato", que economistas criaram[100] a fim de estudarem a tensão entre a razoabilidade e a ganância. Ele funciona da seguinte maneira: duas pessoas vão ao laboratório, mas nunca se encontram. O condutor do experimento dá a uma delas — que não seja você, suponha — vinte cédulas de um dólar e lhe pede para dividi-las entre vocês como desejar. Então, ele dá a vocês um ultimato: pegar ou largar. Eis o truque: se a decisão de um dos participantes for a de largar, a de dizer que não quer dividir o dinheiro, ambos ficarão sem nada. Sendo os dois perfeitamente racionais — como a maior parte dos economistas previa — aquele que recebeu os vinte dólares, estando ciente de que você preferiria receber um dólar a nenhum, oferecer-lhe-ia apenas uma cédula e você a aceitaria de bom grado, porque, sim, um dólar é melhor do que nada. Acontece que os economistas estavam errados sobre ambos. Em realidade, ninguém oferece um dólar ao outro; aproximadamente metade das pessoas oferece dez dólares. E o que você faria se seu companheiro lhe oferecesse sete dólares, ou cinco, ou três? A maioria das pessoas aceitaria sete, mas não três, e optaria por largar o dinheiro a fim de punir o parceiro egoísta.

---

[99] COSMIDES, L.; TOOBY, J. "Knowing thyself: The evolutionary psychology of moral reasoning and moral sentiments". *Business, Science, and Ethics*, 2004, p. 91-127.

[100] GUTH, W.; SCHMITTBERGER, R.; SCHWARZE, B. "An experimental analysis of ultimatum bargaining". *Journal of Economic Behavior and Organization*, 3, 1982, p. 367-388.

Agora suponha que você está jogando "ultimato" dentro de um aparelho de ressonância magnética funcional (fMRI). Alan Sanfey[101] e seus colegas de Princeton pediram que os participantes fizessem exatamente isso. Os pesquisadores, então, buscaram as porções do cérebro que ficavam mais ativas quando as pessoas recebiam ofertas injustas. Uma das três áreas que mais divergiram (quando comparadas as respostas às ofertas injustas em oposição às justas) foi a ínsula frontal, uma área do córtex localizada na face inferior frontal do cérebro. A ínsula frontal é comumente ativada durante estados emocionais negativos ou desagradáveis, particularmente a raiva e o asco. Outra área foi o córtex pré-frontal dorsolateral, localizado logo atrás os lados da testa, que costuma ser ativado durante os processos de racionar e fazer cálculos. Talvez, a descoberta mais impressionante advinda do estudo de Sanfey é a de que a resposta final das pessoas — aceitar ou rejeitar — pode ser prevista por meio da análise de seus cérebros alguns momentos antes de que elas pressionem um botão para fazer a escolha. Aqueles que apresentaram maior ativação da ínsula do que do córtex pré-frontal dorsolateral terminaram por rejeitar a oferta injusta; os que demonstraram o padrão inverso geral aceitaram a oferta. (Não é à toa que publicitários, consultores políticos e a CIA estejam tão interessados em imagens neurais e no "*marketing* neural").

A gratidão e a vingança representam grandes passos no caminho que levou à ultrassociabilidade humana, e é importante perceber que há os dois lados da moeda. Seria difícil evoluir um e não o outro. Um indivíduo grato e não-vingativo seria um alvo fácil de exploração, enquanto um vingativo e ingrato rapidamente repeliria os potenciais parceiros cooperativos. A gratidão e a vingança consistem, ainda, e não por coincidência, em forças poderosas que mantêm a máfia unida. O "poderoso chefão" se encontra no centro de uma vasta rede de obrigações e favores recíprocos. Ele acumula poder a cada favor que presta, seguro de que ninguém que tenha amor à própria vida deixará de retribuí-lo quando ele julgar necessário. A vingança, para a maioria de nós, é muito menos drástica,

---

[101] SANFEY, A. G.; RILLING, J. K.; ARONSON, J. A.; NYSTROM, L. E.; COHEN, J. D. "The neural basis of economic decision-making in the ultimatum game". *Science*, 300, 2003, p. 1755-1758.

no entanto, se você estiver trabalhado num escritório, num restaurante, ou numa loja por tempo suficiente, saberá que há muitas formas sutis de retaliação contra aqueles que o contrariaram, bem como muitas formas de ajudar quem o ajudou.

## OLHO POR OLHO, DENTE POR DENTE

Quando eu disse que os humanos dariam uma surra num ingrato que deixou de retribuir um favor importante, deixei uma qualificação de fora. Se essa falta de retribuição tiver sido o primeiro delito do réu, os outros haverão apenas de cochichar entre si. Eles destruirão a reputação do ingrato. A fofoca é outra peça crucial ao enigma de como os seres humanos se tornaram ultrassociáveis. Ela pode também ser o motivo pelo qual nossas cabeças são tão grandes.

Woody Allen, certa vez, apontou seu cérebro como seu "segundo órgão favorito", mas ele é, de longe, o de maior custo de manutenção para todos nós. O cérebro preenche 2% de nosso peso corporal, mas consome 20% de nossa energia. Cérebros humanos crescem tanto, que é necessário que os bebês nasçam prematuramente[102] (em comparação a outros mamíferos que já nascem com o cérebro, mais ou menos, pronto para controlar seu corpo) e, ainda assim, eles mal conseguem passar pelo canal vaginal da mãe. Uma vez fora do útero, esses cérebros gigantescos atrelados aos frágeis corpos de recém-nascidos precisam de alguém para carregá-los durante um ou dois anos. Desde nosso último ancestral em comum com os chimpanzés, o cérebro humano triplicou em tamanho, o que custou muito aos pais, logo, deve haver uma ótima razão para isso. Houve quem dissesse que o objetivo disso tudo era o de caçar e fabricar ferramentas. Outros sugeriram que a massa cinzenta extra ajudava nossos ancestrais a encontrarem frutas. Contudo, a única teoria que explica por que os animais apresentam tamanhos de cérebro específicos é a que mapeia a proporção desse tamanho no contexto do tamanho do grupo social ao qual o animal pertence.

---

[102] BJORKLUND, D. F. "The role of immaturity in human development". *Psychological Bulletin*, 122, 1997, p. 153-169.

Robin Dunbar[103] demonstrou que, *dentro* de dado grupo de uma espécie de vertebrados (primatas, carnívoros, ungulados, aves, répteis ou peixes), o logaritmo do tamanho do cérebro dos animais é quase perfeitamente proporcional ao logaritmo do tamanho do grupo social. Em outras palavras, em todo o Reino Animal, o cérebro cresce a fim de se encaixar em grupos cada vez maiores. Animais sociais são animais inteligentes.

Dunbar aponta que os chimpanzés vivem em grupos de aproximadamente trinta indivíduos e, como todos os primatas sociáveis, eles passam muito tempo cuidando uns dos outros. Os seres humanos têm de viver em grupos de cerca de cento e cinquenta pessoas, a julgar pelo logaritmo referente ao tamanho do nosso cérebro. De fato, estudos de grupos de caçadores e coletores, unidades militares e listas de endereços de moradores de cidades indicam que o tamanho "natural" de um grupo em que o indivíduo conheça todos os demais participantes, por nome, rosto e grau de parentesco com outrem, há de englobar de cem a cento e cinquenta pessoas. No entanto, se o hábito de cuidar um do outro é imperativo à sociabilidade primata, e se nossos ancestrais começaram a viver em grupos cada vez maiores (por razões tais como a de tirar vantagens de um novo nicho ecológico provido de alto risco de predação), em algum momento esses cuidados se tornaram um meio inadequado para manter o relacionamento com terceiros.

Dunbar sugere que a linguagem evoluiu enquanto um substituto aos cuidados físicos[104]. Ela permite que pequenos grupos de pessoas desenvolvam vínculos rapidamente e aprendam com seus companheiros sobre os vínculos de outrem. Dunbar observa que, efetivamente, as pessoas se utilizam primariamente da linguagem a fim de falarem sobre outras pessoas — assim descobrem quem fez o que a quem, quem é parceiro de quem e quem está brigado com quem. Dunbar também aponta que, em nossa espécie ultrassociável, o sucesso consiste, majoritariamente, numa questão de saber jogar bem o jogo social. Não se trata do que você sabe, mas de quem

---

[103] DUNBAR, R. "Coevolution of neocortical size, group size and language in humans". *Behavioral and Brain Sciences*, 16, 1993, p. 681-735.
[104] DUNBAR, R. *Grooming, gossip, and the evolution of language.* Cambridge, Massachusetts: Harvard University Press, 1996.

você conhece. Em suma, Dunbar propõe que a linguagem se desenvolveu porque viabilizou a prática da fofoca. Indivíduos aptos a compartilharem informações usando qualquer meio de comunicação obtinham vantagens em relação aos inaptos. Tão logo as pessoas começaram a fofocar, deu-se início a uma competição de quem dominava mais a arte da manipulação social, das agressões inseridas num relacionamento e na manutenção da reputação, e tudo isso requer ainda mais capacidade cerebral.

Ninguém sabe ao certo como a linguagem evoluiu, mas julgo a especulação de Dunbar tão fascinante, que adoro explicá-la às pessoas. Não se trata de uma boa fofoca — afinal, você não conhece Dunbar —, porém, se você for como eu, sentirá um ímpeto de contar a seus amigos sobre tudo o que o impressiona ou cativa, e esse ímpeto ilustra o argumento de Dunbar: nós somos *motivados* a transmitirmos informações a nossos amigos; chegamos, às vezes, a dizer algo como "Não consigo guardar isto para mim, preciso contar a alguém". E quando você repassa uma boa fofoca, o que acontece? O reflexo de reciprocidade de seu amigo entra em ação e ele se sente pressionado a retribuir o favor. Se ele souber de alguma coisa sobre a pessoa ou o evento em questão, provavelmente dirá: "É mesmo? Eu ouvi dizer que ele...". A fofoca incita mais fofoca e nos permite monitorar a reputação de todos sem que tenhamos de testemunhar seus feitos bons ou maus. A fofoca cria um jogo de soma não nula, posto que não nos custa nada transmitir informações uns aos outros e, no entanto, todos se beneficiam com o recebimento dessas informações.

Visto que tenho um interesse particular no papel da fofoca em nossas vidas morais, fiquei contente quando uma estudante de pós-graduação em meu departamento, Holly Hom, contou-me que ela queria estudar esse fenômeno. Em um dos estudos de Holly[105], pedimos que cinquenta e uma pessoas preenchessem um breve questionário a cada vez na semana em que elas participassem de uma conversa que durasse, no mínimo, dez minutos. Em seguida, separamos os relatos em que o tópico do diálogo fosse outra pessoa, o que nos forneceu, em média, um episódio de possíveis fofocas por dia para cada participante. Dentre nossas maiores descobertas: a fofo-

---

[105] HOM, H.; HAIDT, J. "The bonding and norming functions of gossip". Manuscrito. University of Virginia.

ca é, em sua esmagadora maioria, de natureza crítica e é majoritariamente sobre as violações morais ou sociais de outrem. (Para alunos universitários, isso implicou falar muito da sexualidade, da higiene e do hábito de beber de seus amigos e colegas de quarto). Ocasionalmente, as pessoas contam sobre os feitos nobres de alguém, mas essas histórias são dez vezes menos comuns do que aquelas sobre transgressões alheias. Quando as pessoas passam adiante rumores de alta qualidade (ou "suculentos"), elas compartilham de um maior senso de certo e errado e se sentem mais intimamente ligadas a seus parceiros de fofoca.

Um segundo estudo revelou que a maioria dos indivíduos enxerga a fofoca e os fofoqueiros com maus olhos, ainda que todos façam isso. Quando comparamos as atitudes das pessoas frente à fofoca às funções sociais que elas desempenham, Holly e eu concluímos que fofocar é um ato subvalorizado. Em um mundo sem fofocas, os seres humanos não sairiam impunes de um assassinato, digamos, mas sim da prática de uma série de comportamentos rudes, egoístas e antissociais e, muitas vezes, inconscientes de suas próprias violações. Fofocar expande nosso acervo de ferramentas moral e emocional. Num mundo em que ela se faz presente, não sentimos apenas desejo de vingança e gratidão por aqueles que nos ferem ou nos ajudam; sentimos lapsos sutis, porém instrutivos, de desacato e raiva de quem sequer conhecemos. Sentimos muita vergonha e muito constrangimento quando ouvimos falar de pessoas cujos projetos, desejos e fracassos pessoais são expostos. A fofoca é um policial e um professor. Sem ela, reinariam o caos e a ignorância[106].

Muitas espécies demonstram reciprocidade, mas só os humanos fofocam, e muito do que falamos consiste no valor de outros enquanto parceiros para relações recíprocas. Ao nos utilizarmos de tais ferramentas, criamos um mundo ultrassociável, um mundo no qual nos abstemos de quase todas as maneiras com as quais poderíamos tirar vantagem dos mais fracos, um mundo no qual frequentemente ajudamos aqueles que, provavelmente, nunca poderão nos retribuir. Nós *queremos* o "toma lá, dá cá", o que implica sermos gentis, sem sermos ingênuos, e *queremos* cultivar a reputação de bons joga-

---

[106] SABINI, J.; SILVER, M. *Moralities of everyday life*. Oxford: Oxford University Press, 1982.

dores. A fofoca e a reputação garantem que o que vai volta — uma pessoa cruel há de se deparar com outros que sejam cruéis com ela, e uma pessoa gentil há de receber gentileza em troca de seus atos. A fofoca combinada à reciprocidade permite que o carma funcione aqui e agora, e não somente na próxima vida. Contanto que todos ajam sob a regra do "toma lá, dá cá" com o auxílio da gratidão, da vingança e da fofoca, o sistema deverá funcionar perfeitamente. (Não obstante, isso raramente acontece, dadas nossas parcialidades egoísticas e nossas doses massivas de hipocrisia. Ver o *Capítulo 4*).

## Use a força, Luke!

Ao oferecer "reciprocidade" como o melhor termo para guiar a vida de alguém, Confúcio (551-479 a. C.) agiu sabiamente. A reciprocidade é como uma varinha mágica capaz de abrir seu caminho através da selva que é a vida social. Contudo, qualquer um que tenha lido *Harry Potter* sabe que as varinhas mágicas podem ser usadas contra você. Robert Cialdini passou anos estudando as artes das trevas da influência social: ele respondia rotineiramente a anúncios que recrutavam pessoas para trabalharem como operadores de *telemarketing* e vendedores de porta em porta e, então, participava dos treinamentos a fim de compreender as técnicas utilizadas para tal. Por fim, ele escreveu um manual[107] direcionado àqueles que desejam resistir aos truques dos "profissionais em complacência".

Cialdini descreve seis princípios que vendedores usam contra nós, mas o mais básico deles é o da reciprocidade. Quem quer algo de nós tenta nos oferecer alguma coisa primeiro, e todos nós temos pilhas de adesivos com endereços e cartões postais gratuitos de instituições de caridade dados a nós em nome da bondade do coração dos consultores de *marketing*. Os *hare krishnas* aperfeiçoaram essa técnica: eles começaram a colocar flores ou cópias baratas do *Bhagavad Gita* nas mãos dos pedestres para, só então, lhes pedir por doações. Quando Cialdini estudou os *hare krishnas* no Aeroporto de O'Hare, em Chicago, ele percebeu que eles rondavam montes de entulho rotineiramente com intuito de colecionarem e reciclarem as flores que

---

[107] CIALDINI, R. B. *Influence: Science and practice.* Boston: Allyn and Bacon, 2001.

sabiam que seriam jogadas fora. Poucas pessoas as queriam, mas, no início da prática dessa técnica, a maioria delas se via incapaz de aceitá-las sem oferecer algo em troca. Os *hare krishnas* enriqueceram por meio da exploração dos reflexos de reciprocidade das pessoas — até que todos aprenderam sobre eles e encontraram maneiras de evitarem aceitar os "presentes".

Ainda assim, há legiões de outras pessoas atrás de você. Supermercados e vendedores da Amway, por exemplo, concedem amostras grátis ao consumidor para aumentar suas vendas. Garçons e garçonetes colocam uma pastilha de menta junto à conta, técnica conhecida para aumentar o recebimento de gorjetas[108]. Incluir um "vale presente" de cinco dólares num questionário enviado por correio potencializa a boa-vontade das pessoas para preenchê-lo; mais ainda do que se for prometido o envio de cinquenta dólares a quem preencher o questionário[109]. Ao receber alguma coisa em troca de nada, parte de você ficará satisfeita, mas a outra parte (relativa ao elefante, aos processos automáticos) levará sua mão à carteira para retribuir o favor.

A reciprocidade também funciona muito bem para barganhar. Certa vez, um escoteiro perguntou a Cialdini se ele gostaria de comprar ingressos para um filme que não lhe interessava. Quando Cialdini negou, o menino lhe pediu para comprar, em vez dos ingressos, barras de chocolate mais baratas. Cialdini acabou com três barras que não queria comer. O escoteiro fez uma concessão, e Cialdini automaticamente respondeu fazendo sua própria concessão. Em vez de sentir raiva, no entanto, ele adquiriu dados. Cialdini conduziu sua versão da experiência, perguntando a estudantes da universidade se eles se voluntariariam para acompanhar um grupo de jovens delinquentes ao zoológico por um dia. Apenas 17% concordaram. Em outras condições no mesmo estudo, ele perguntou aos estudantes se eles aceitariam trabalhar como voluntários durante duas horas semanais durante um ano com delinquentes juvenis. Todos disseram que não, mas,

---

[108] Cialdini cita um estudo não publicado realizado por Lynn & McCall (1998).
LYNN, M., McCALL, M. "Beyond gratitude and gratuity". (manuscrito) Ithaca: Cornell University, School of Hotel Administration, 1998.
[109] JAMES, J. M.; BOLSTEIN, R. "Effect of monetary incentives and follow-up mailings on the response rate and response quality in mail surveys". *Public Opinion Quarterly*, 54, 1992, p. 442-45.

quando o condutor do experimento apresentou a possibilidade da viagem ao zoológico, 50% dos alunos responderam que sim[110]. Concessões levam a concessões. Em barganhas financeiras, pessoas que se posicionam de maneira extrema a princípio e, em seguida, amenizam sua oferta acabam levando vantagem em relação àqueles que já começam com proposições de ofertas razoáveis e as mantêm[111]. A oferta extrema seguida de uma concessão não somente lhe garante um preço melhor, mas deixa seu parceiro (ou vítima) mais feliz: ele apresentará maior probabilidade de honrar o acordo, pois sentirá que exerceu influência sobre o resultado. O processo de dar alguma coisa e tomá-la de volta gera, por si só, um sentimento de parceria, mesmo naquele de quem o objeto está sendo tomado.

Então, na próxima vez em que um vendedor lhe oferecer um presente ou uma consulta gratuita, ou fizer uma concessão de qualquer espécie, esquive-se. Não permita que ele pressione seu botão da reciprocidade. A melhor saída, Cialdini aconselha, é a de combater a reciprocidade com mais reciprocidade. Se você conseguir avaliar o movimento do vendedor pelo que ele representa — um esforço para explorá-lo —, você se sentirá no direito de explorá-lo de volta. Aceite o presente, ou a concessão, com um sentimento de vitória — você explorará um explorador —, não como uma obrigação inútil.

A reciprocidade não é apenas uma forma de lidar com escoteiros e vendedores desagradáveis; ela também serve para amigos e amantes. Os relacionamentos são extraordinariamente difíceis de serem balanceados no início, e uma boa maneira de arruiná-los é oferecer demais (talvez você pareça desesperado), ou de menos (você passará a imagem de frieza e rejeição). Antes, os relacionamentos crescem mais saudáveis se equilibrados pelo "toma lá, dá cá", especialmente no que tange à troca de presentes, favores, atenção e honestidade. Os três primeiros fatores são óbvios, mas muitos não se dão conta de como a divulgação de informações pessoais é

---

[110] CIALDINI, R. B.; VINCENT, J. E.; LEWIS, S. K.; CATALAN, J.; WHEELER, D.; DARBY, B. L. "Reciprocal concessions procedure for inducing compliance: The door-in-the-face technique". *Journal of Personality and Social Psychology*, 31, 1975, p. 206-215.

[111] BENTON, A. A.; KELLEY, H. H.; LIEBLING, B. "Effects of extremity of offers and concession rate on the outcomes of bargaining". *Journal of Personality and Social Psychology*, 24, 1972, p. 73-83.

uma jogada crucial no jogo da sedução. Quando alguém lhe conta sobre relações românticas do passado, ocorre uma pressão dialógica para que você faça o mesmo. Se essa carta for usada muito cedo, você pode se sentir ambivalente — seu reflexo de reciprocidade o fará preparar suas próprias revelações a serem feitas, mas outra parte de você resistirá ao compartilhamento de detalhes íntimos com alguém que lhe seja quase um estranho. Quando a carta é jogada no momento certo, as revelações mútuas poderão constituir um momento memorável no caminho para o amor.

A reciprocidade consiste num tônico detentor de muitos propósitos num relacionamento. Se utilizada adequadamente, ela fortalece, estende e rejuvenesce os vínculos sociais. Ela funciona tão bem, em parte, porque o elefante é um mímico por natureza. Por exemplo, quando interagimos com alguém de quem gostamos, tendemos a copiar suas ações de maneira inconsciente e automática[112]. Se essa pessoa bater com o pé, é provável que você adquira esse hábito. Se ela tocar o próprio rosto, você apresentará maior probabilidade de tocar o seu. Contudo, não se trata apenas de imitarmos aqueles de quem gostamos; gostamos daqueles que nos imitam. Pessoas que são sutilmente imitadas se tornam mais prestativas e coniventes com seus imitadores, e mesmo com terceiros[113]. Garçonetes que imitam seus clientes recebem gorjetas maiores[114].

A mímica é um tipo de cola social, um jeito de dizer "Nós somos um". Os prazeres unificadores da mímica são particularmente evidentes em atividades sincronizadas, tais como danças em fila, elogios grupais e alguns rituais religiosos nos quais as pessoas tentam fazer a mesma coisa ao mesmo tempo. Um tema para o restante deste livro é o fato de que os seres humanos são, em parte, criaturas de colmeia, bem como as abelhas. Todavia, no mundo moderno, passamos quase todo o nosso tempo fora dessa colmeia. A reciprocidade, análoga ao amor, reconecta-nos uns aos outros.

---

[112] LAKIN, J. L.; CHARTRAND, T. L. "Using nonconscious behavioral mimicry to create affiliation and rapport". *Psychological Science*, 14, 2003, p. 334-339.

[113] VAN BAAREN, R. B.; HOLLAND, R. W.; KAWAKAMI, K.; VAN KNIPPENBERG, A. "Mimicry and Prosocial Behavior". *Psychological Science*, 15, 2004, p. 71-74.

[114] VAN BAAREN, R. B.; HOLLAND, R. W.; STEENAERT, B.; VAN KNIPPENBERG, A. "Mimicry for money: Behavioral consequences of imitation". *Journal of Experimental Social Psychology*, 39, 2-3, p. 393-398.

# Capítulo 4

# Capítulo 4
# Os Erros dos Outros

*Por que você repara no cisco que está no olho do seu irmão, e não se dá conta da viga que está em seu próprio olho? [...] Hipócrita, tire primeiro a viga do seu olho, e então você verá claramente para tirar o cisco do olho do seu irmão.*
— São Mateus 7, 3-5

*É fácil ver os defeitos dos outros, mas é difícil enxergar os nossos próprios defeitos. Espalham-se os defeitos dos outros como palha ao vento, mas se escondem os próprios defeitos como um jogador trapaceiro esconde o próprio dado.*
— Buda[115]

É divertido rir de um hipócrita, e os últimos anos presentearam os norte-americanos com muito material para deboche. Veja o caso apresentador do programa de rádio conservador Rush Limbaugh (1951-2021), que disse, certa vez, em resposta à crítica de que os Estados Unidos da América perseguem um número desproporcional de homens negros por crimes relacionados a drogas, que usuários de drogas brancos deveriam ser capturados e "atirados no rio" também. Em 2003, ele foi forçado a engolir suas palavras quando policiais da Flórida descobriram suas compras ilícitas de quantidades massivas de oxicodona, um analgésico conhecido como

---

[115] MASCARO, J. *The Dhammapada*. Harmondsworth: Penguin, 1973, verso 252.

"a heroína dos caipiras". Outro exemplo ocorreu no meu estado natal, a Virgínia. O parlamentar Ed Schrock era um opositor assumido aos direitos LGBT, ao casamento *gay* e à ideia de homossexuais servirem no exército. Referindo-se aos horrores desse panorama, ele bradou: "Digo, eles tomam banho na nossa frente, dividem conosco a sala de jantar"[116]. Em agosto de 2004, fitas de áudio foram disseminadas ao público nas quais Shrock, um homem casado, deixara mensagens no Megamates, uma linha telefônica sexual. Shrock descrevia nelas as características fenotípicas do tipo de homem que ele buscava, além dos atos que queria praticar.

Sentimos um prazer singular frente à ironia de um moralista ser derrubado pelas próprias falhas morais que ele condenava. É o mesmo prazer advindo de uma piada bem contada. Algumas piadas curtas são eficazes, mas a maioria delas requer três protagonistas: três homens que entram num bar um de cada vez, digamos, ou um padre, um pastor e um rabino estão num bote salva-vidas. Os dois primeiros estabelecem o padrão e o terceiro o quebra. Com a hipocrisia, o hipócrita que prega monta o padrão e a ação hipócrita é o remate da piada. Escândalos são uma excelente fonte de entretenimento, pois permitem que os espectadores sintam desprezo, uma emoção de natureza moral que faz com que nos sintamos moralmente superiores a outrem sem exigir nada em troca. Com o desprezo, você não precisa consertar o que está errado (como ocorre com a raiva), ou fugir da situação (como ocorre com o medo ou com o asco). O melhor de tudo é que o desprezo pode ser compartilhado. Histórias sobre as falhas morais de terceiros figuram nos assuntos mais comuns de fofoca[117], são como *hits* recorrentes, e oferecem prontamente um meio pelo qual as pessoas demonstram que compartilham uma orientação moral. Conte a um conhecido uma história cínica que termine com vocês dois sorrindo e balançando suas cabeças e, *voilà*, agora vocês têm um vínculo formado.

Bem, é melhor parar de sorrir. Um dos conselhos mais universais, passado através de diversas culturas e eras, é o de que somos todos hipócritas e, ao condenarmos a hipocrisia alheia, apenas reforçamos a nossa. Psicólogos sociais

---

[116] "Outing Mr. Schrock". *Washington Post*, 2 de setembro de 2004, p. A22.
[117] HOM, H.; HAIDT, J. "The bonding and norming functions of gossip". Manuscrito inédito. University of Virginia.

identificaram recentemente os mecanismos que nos tornam cegos às traves em nossos próprios olhos. As implicações morais de tais descobertas são perturbadoras. De fato, elas põem em xeque nossas maiores certezas morais. No entanto, as implicações disso também podem ser libertadoras, livrando-nos do moralismo destrutivo e da falsa superioridade semeadora da discórdia.

## Mantendo as aparências

Pesquisas sobre a evolução do altruísmo e da cooperação se basearam fortemente em estudos nos quais vários indivíduos (ou simulações de indivíduos num computador) participam de um jogo. A cada rodada, uma pessoa interage com outro jogador e pode escolher entre ser cooperativa (ao expandir o tamanho da torta que compartilha com ele), ou avarenta (cada um pegando o maior número de pedaços possível para si). Após muitas rodadas, conta-se o número de pontos acumulados por cada participante a fim de observar qual estratégia é mais lucrativa em longo prazo. Nesses jogos, que são feitos para simular modelos mais simples do grande jogo da vida, nenhuma estratégia é mais produtiva do que a do "toma lá, dá cá"[118]. No final das contas, depois da passagem por vários ambientes, compensa mais cooperar com os outros jogadores e, ao mesmo tempo, se manter alerta ao risco de ser tapeado. No entanto, esses jogos simples são, de certa forma, simplórios. Os jogadores se deparam com uma escolha binária a todo momento: eles podem cooperar ou desertar. Cada um, então, reage ao que outro fizera na rodada anterior. Na vida real, contudo, não reagimos ao que alguém fez; reagimos ao que *acreditamos* que alguém tenha feito, e o abismo que separa a ação da percepção é vencido pela arte da imitação. Se a vida é o que interpretamos que ela é, por que não concentrar seus esforços em persuadir os outros a *acreditar* que você é um cooperador confiável e virtuoso? Vide Nicolau Maquiavel (1469-1527), cujo nome se tornou sinônimo do uso sagaz e amoral do poder e que escreveu, qui-

---

[118] Para discussões extensivas sobre o jogo do dilema do prisioneiro, ver: AXELROD, R. *The evolution of cooperation*. Nova York: Basic Books, 1984.
WRIGHT, R. *The moral animal*. Nova York: Pantheon, 1994.

nhentos anos atrás, que "a esmagadora maioria da humanidade se satisfaz com as aparências como se correspondessem à realidade, e é frequentemente mais influenciada pelo que aparenta ser do que pelo que é"[119]. A seleção natural, bem como a política, funciona a partir do princípio da sobrevivência do mais apto, e inúmeros pesquisadores argumentaram que os seres humanos evoluíram com intuito de jogar o jogo da vida da forma sugerida por Maquiavel[120]. A versão maquiaveliana do "toma lá, dá cá", por exemplo, consiste em fazer todo o possível para cultivar sua *reputação* de um parceiro confiável e atento, seja a realidade qual for.

O jeito mais simples de manter uma reputação de uma pessoa justa é o ato de efetivamente ser justo, mas experimentos sobre a vida e a psicologia por vezes nos forçam a escolher entre a aparência e a verdade. Dan Batson, da Universidade do Kansas, bolou uma maneira inteligente de fazer as pessoas escolherem, e os resultados não foram agradáveis. Ele levou estudantes a seu laboratório, um a um, a fim de que eles participassem do que pensavam ser um estudo acerca de como recompensas desiguais afetam o trabalho em equipe[121]. O procedimento foi explicado da seguinte forma: um membro de cada dupla será recompensado por suas respostas corretas a diversas perguntas com um bilhete de rifa que poderá lhe conceder um prêmio valioso. O outro membro não receberá nada. Também foi instruído aos sujeitos que parte do experimento abordaria os efeitos do controle: você, sujeito, decidirá quem de sua dupla será recompensado e quem não será. Seu parceiro já está no recinto, em outro cômodo, e um não encontrará o outro. Será dito a seu parceiro que a decisão acerca de quem receberá o prêmio é aleatória, mas você tem o poder de tomá-la como quiser. E aqui

---

[119] MAQUIAVEL, N. *The prince and the discourses*. Nova York: Modern Library, 1940, versos 1-25.
[120] BYRNE, R.; WHITEN, A. (Eds.). *Machiavellian intelligence*. Oxford: Oxford University Press, 1988.
[121] BATSON, C. D.; KOBRYNOWICZ, D.; DINNERSTEIN, J. L.; KAMPF, H. C.; WILSON, A. D. "In a very different voice: Unmasking moral hypocrisy". *Journal of Personality and Social Psychology*, 72, 1997, p. 1335-1348.
BATSON, C. D.; THOMPSON, E. R.; SEUFERLING, G.; WHITNEY, H.; STRONGMAN, J. A. "Moral hypocrisy: Appearing moral to oneself without being so". *Journal of Personality and Social Psychology*, 77, 1999, p. 525-537.

está uma moeda: a maior parte de quem participa do estudo acredita que tirar cara ou coroa seja a melhor maneira de decidir.

Os participantes ficavam então sozinhos para decidir. Aproximadamente metade deles jogou a moeda. Batson sabe disso porque as moedas foram embrulhadas numa sacola plástica, metade das quais foram abertas. Daqueles que não jogaram a moeda, 90% escolheram receber a recompensa. Dentre que os que a jogaram, 90% descartaram a lei das probabilidades e fizeram o mesmo. Batson havia fornecido aos estudantes (alunos em matérias de Psicologia), semanas antes do experimento, uma série de questionários sobre moralidade. Desse modo, ele pôde analisar como várias medidas de personalidade moral ditavam o comportamento. Eis sua conclusão: as pessoas que declararam se preocupar mais com o bem-estar alheio e com questões de responsabilidade social apresentaram maior probabilidade de abrir o pacote da moeda, mas não de conceder ao parceiro a recompensa. Em outras palavras, aqueles que se julgam morais são, com efeito, mais propensos a "fazer a coisa certa" e jogar a moeda, mas, quando o resultado é desfavorável, eles o ignoram e seguem seus próprios interesses. Batson chamou essa tendência de valorizar a aparência de moralidade em detrimento da realidade de "hipocrisia moral".

Os participantes do experimento que tiraram a sorte na moeda declararam (num questionário) que haviam tomado a decisão de maneira ética. Após esse estudo, Batson se perguntou se, talvez, os estudantes não tivessem enganado a si mesmos ao não estabelecerem o significado da cara e o da coroa ("Vejamos: saiu cara, então é claro que eu receberei a recompensa"). Contudo, ao rotular os lados da moeda de modo a acabar com a ambiguidade, os resultados foram os mesmos. Batson colocou um espelho grande no cômodo, na frente do sujeito e, ao mesmo tempo, enfatizou a importância de ser justo em suas instruções; somente isso surtiu efeito sobre a decisão dos estudantes. Quando as pessoas foram forçadas a refletir sobre a equidade nas condições do experimento e a ver a si mesmas trapaceando através do espelho, elas pararam de fazê-lo. Conforme Jesus Cristo e Buda disseram nas epígrafes de abertura deste capítulo, é fácil acusar um ser humano de trapaça quando olhamos para fora, mas difícil quando voltamos nosso olhar para dentro. A sabedoria popular ao redor do mundo concorda:

## OS ERROS DOS OUTROS

Embora enxerguemos os sete defeitos do outro, não enxergamos os dez defeitos que emanam de nós mesmos. (Provérbio japonês)[122].

Um bode não percebe o quanto fede. (Provérbio nigeriano)[123].

Provar que as pessoas são egoístas, ou que, por vezes, trapacearão diante da certeza de que não serão pegas no ato, parece uma boa maneira de publicar um artigo no *Journal of Incredibly Obvious Results*. O que não é tão óbvio é o fato de que, em quase todos esses estudos, os sujeitos não acham que estão fazendo algo errado. Assim funciona a vida real. Desde o indivíduo que corta sua passagem na rodovia até os nazistas que comandaram os campos de concentração, a maior parte da população acredita que sejam pessoas de boa índole e que suas ações foram motivadas por razões legítimas. O "toma lá, dá cá" maquiaveliano requer devoção às aparências, inclusive o ato de protestar a favor das virtudes de um indivíduo mesmo quando ele escolhe o caminho dos vícios. Esses protestos são mais eficazes quando quem protesta de fato acredita naquilo. Como Robert Wright apontou em sua grande obra *O Animal Moral*, "o ser humano constitui uma espécie esplêndida em sua gama de equipamentos morais, trágica em sua propensão a fazer mau uso deles e patética em sua ignorância constitucional acerca desse mau uso"[124].

Se Wright estiver correto sobre nossa "ignorância constitucional" no que tange a nossa hipocrisia, então, a advertência dos sábios sobre parar de sorrir pode ser não mais eficaz do que mandar um paciente deprimido parar de sofrer. Não podemos modificar nossos filtros mentais apenas com força de vontade; temos de praticar atividades como meditação ou terapia cognitiva, que adestram o elefante. Pelo menos, um depressivo provavelmente admitirá seu problema. A cura da hipocrisia é muito mais difícil, posto que parte do problema é não sabermos que existe um problema. Estamos bem equipados para uma batalha num mundo maquiaveliano de manipulação de

---

[122] BUCHANAN, D. C. *Japanese proverbs and sayings*. Norman: University of Oklahoma Press, 1965.
[123] PACHOCINSKI, R. *Proverbs of Africa: Human nature in the Nigerian oral tradition*. St. Paul: Professors World Peace Academy, 1996, p. 222.
[124] WRIGHT, R. *The moral animal*. Nova York: Pantheon, 1994, p. 13.

reputações, e uma das armas mais importantes em nosso arsenal é a ilusão de que não somos combatentes. Como é que escapamos ilesos disso?

### Encontre o advogado em si mesmo

Você se lembra de Julie e Mark, os irmãos que fizeram sexo no *Capítulo I*? A maior parte das pessoas condenou suas ações, mesmo num cenário de ausência de danos causados por elas e, então, inventaram motivos, muitas vezes insatisfatórios, que justificassem essa atitude. Em meus estudos sobre o julgamento moral, descobri que seres humanos são habilidosos para encontrar razões que sustentem sua intuição: o condutor age como um advogado que o elefante contratou para representá-lo no tribunal da opinião pública.

Um dos motivos pelos quais costumamos desprezar tanto os advogados é o fato de que eles lutam pelos interesses de seus clientes, não pela verdade. Para ser um bom advogado, ser um bom mentiroso ajuda bastante. Embora muitos advogados não cheguem a mentir diretamente, a maioria deles fará o possível para ocultar fatos inconvenientes enquanto tece uma história alternativa para o juiz e o júri — uma história que eles, muitas vezes, sabem não ser verdadeira. Nosso advogado interior trabalha da mesma forma, mas, de algum modo, nós acreditamos nas histórias que ele cria. A fim de compreender seus atos, temos de pegá-lo em flagrante; temos de observar a maneira como ele lida com tarefas que exijam mais ou menos dele.

Às vezes, as pessoas acionam seus advogados para perguntar se determinado curso de ação é permissível: "Sem cobranças, só me diga se posso fazer isto". O advogado consulta as leis e os procedimentos relevantes naquelas circunstâncias e liga de volta para o cliente com um veredicto: "Sim, há um precedente legal para isso", ou talvez "Não, como seu advogado não posso aconselhá-lo a agir assim". Um bom advogado há de olhar para todas as facetas da situação, pensar sobre todas as ramificações possíveis e recomendar alternativas para lidar com ela, mas esse nível de minuciosidade depende, em parte, do cliente: ele quer mesmo ser aconselhado, ou só receber um "sim" ou um "não" para a execução de seu plano?

Estudos sobre a racionalidade cotidiana demonstram que o elefante não é um cliente inquisitivo. Quando alguém precisa pensar sobre questões difíceis (por exemplo, se o salário mínimo deve ou não ser aumentado), esse indivíduo geralmente tende a um ou outro lado de imediato, para então começar a racionalizar se o seu posicionamento é devidamente embasado. A título de exemplo, uma pessoa, cujo instinto inicial seja o de defender o aumento do salário mínimo, procura por indícios que evidenciem a validade de sua opinião. Se ela pensar na tia Flô, que trabalha em troca de um salário mínimo e não consegue sustentar sua família, então, sim, o aumento é necessário. Caso encerrado. Deanna Kuhn[125], uma psicóloga cognitiva que estudou esse tipo de raciocínio do dia a dia, descobriu que a maioria das pessoas oferecem "pseudoevidências" prontamente, tais como a anedota sobre a tia Flô. A maior parte delas não forneceu evidências realistas para sustentar seu posicionamento e tampouco se esforçou para encontrar indícios que apontassem o contrário. David Perkins[126], um psicólogo de Harvard que dedicou sua carreira ao aprimoramento do processo de racionalizar, chegou à mesma conclusão. Ele alega que o ato de pensar normalmente engloba a regra do "isso faz sentido". Adotamos uma perspectiva, buscamos evidências que a sustentem e, se as encontrarmos em suficiência para a nossa posição "faça sentido", paramos de pensar a respeito. No entanto, ao menos em uma situação de baixa tensão como essa, se *outra* pessoa trouxer indícios que favoreçam o outro lado, podemos ser induzidos a mudar de ideia; simplesmente não nos esforçamos para mudarmos de opinião por conta própria.

Agora, calibremos o nível de pressão. Uma cliente foi pega sonegando impostos. Ela chama seu advogado, não confessa ou pergunta se seu ato foi justificável; apenas diz ao advogado: "Faça alguma coisa"! O advogado entra em ação, avalia as evidências prejudiciais, procura por precedentes e brechas na Lei e descobre de que modo determinados gastos pessoais podem ser plausivelmente tomados como gastos de negócios. O advogado recebera uma ordem: faça tudo o que estiver a seu alcance para me defender. Estu-

---

[125] KUHN, D. *The skills of argument*. Cambridge: Cambridge University Press, 1991.
[126] PERKINS, D. N., FARADY, M.; BUSHEY, B. "Everyday reasoning and the roots of intelligence". *In*: VOSS, J. F.; PERKINS, D. N.; SEGAL, J. W. (Eds.). *Informal reasoning and education*. Hillsdale: Erlbaum, 1991, p. 83-105.

dos de "racionalização motivada"[127] demonstram que pessoas motivadas a chegarem a dada conclusão racionalizam suas opiniões de forma ainda mais precária do que aqueles que figuram nos estudos de Kuhn e Perkins, embora o mecanismo seja basicamente o mesmo: uma busca unilateral por evidências que sustentem seu ponto de vista. Aqueles que recebem a notícia de que obtiveram mau desempenho num teste de inteligência social fazem muita força para encontrar motivos para invalidar esse resultado; indivíduos requisitados para ler um estudo que comprove que algum de seus hábitos (tal como o de tomar café) não é saudável, também se esforçam para encontrar falhas nos estudos (falhas que os que não tomam café jamais notarão). Repetidamente, diversos estudos apontam que as pessoas embarcam numa missão cognitiva a fim de regatarem razões que reiterem suas ações ou seus pensamentos. Posto que, em geral, somos bem-sucedidos em tal empreitada, terminamos com a ilusão de objetividade. De fato acreditamos que nosso posicionamento é racional e objetivamente justificável.

Benjamin Franklin (1706-1790), como de costume, sabia bem desses truques. Ele apresentou uma capacidade incomum de pegar a si mesmo no flagra. Não obstante tenha sido um vegetariano por princípio, certa vez, durante uma longa viagem pelo mar, quando outros homens grelhavam peixes, Franklin começou a salivar:

> Ponderei durante um bom tempo sobre princípios e inclinações, até que me lembrei de que, quando se abriam os peixes, eu via peixes menores serem retirados de seus estômagos. Então, pensei comigo mesmo: "Se vocês comem um ao outro, não vejo por que nós não podemos comê-los". Pois comi o peixe, satisfeito, e continuei a comer peixes com outras pessoas, retornando, vez ou outra, à minha dieta de vegetais[128].

---

[127] KUNDA, Z. "The case for motivated reasoning". *Psychological Bulletin*, 108, 1990, p. 480-498.
PYSZCZYNSKI, T.; GREENBERG, J. "Toward an integration of cognitive and motivational perspectives on social inference: A biased hypothesis-testing model". *Advances in Experimental Social Psychology*, 20, 1987, p. 297-340.
[128] FRANKLIN, B. *Poor Richard's Almanack (selections)*. Mount Vernon: Peter Pauper Press, 1980, p. 43.

Franklin concluiu: "Tão conveniente é ser uma criatura razoável, visto que isso lhe permite encontrar ou criar uma razão para tudo aquilo em que sua mente creia".

## O ESPELHO COR-DE-ROSA

Não quero dizer que é tudo culpa do advogado. Ele é, afinal, o condutor — seu "eu" consciente, racional; e ele recebe ordens do elefante — seu "eu" automático, inconsciente. Os dois vivem batalhando para vencer no jogo da vida, jogando o "toma lá, dá cá" maquiaveliano, e ambos negam essa realidade.

Para ganhar o jogo, você tem de apresentar sua melhor faceta aos outros. Tem de aparentar ser virtuoso, quer seja ou não, e obter os benefícios da cooperação com ou sem merecimento. Acontece que todos estão jogando o mesmo jogo, de modo que você também deve jogar na defesa — desconfiar da apresentação alheia e de seus esforços para reivindicar mais do que merecem. A vida social, portanto, é sempre um jogo de comparação social. Temos de nos comparar aos outros, nossas ações às deles e, de alguma forma, virar tais comparações a nosso favor. (Na depressão, parte da doença consiste no fato de que tal virada funciona para o lado oposto, conforme descrito pela tríade cognitiva de Aaron Beck: eu sou mau, o mundo é terrível, o futuro é vazio). Podemos direcionar uma comparação ao inflarmos nossas próprias alegações, ou ao esvaziarmos as alegações de outrem. Considerando o que eu disse até então, poder-se-ia esperar que agíssemos de ambas as maneiras mencionadas, mas o que se conclui constantemente nas pesquisas psicológicas é que somos razoavelmente precisos em nossas percepções acerca dos outros. É nossa percepção acerca de nós mesmos que se distorce, pois nos vemos através de um espelho cor-de-rosa.

Na cidade mítica do escritor Garrison Keillor, Lake Wobegon, todas as mulheres são fortes, todos os homens de boa aparência, todas as crianças acima da média. No entanto, se os wobegonianos fossem reais, eles iriam além disso: a maior parte da população acreditaria que é mais forte, mais bela ou mais inteligente do que o wobegoniano comum. Quando norte-americanos e europeus são requisitados para avaliarem a si mesmos nos quesitos de virtudes, habilidades, ou outros traços desejáveis (incluindo: inteligência, habilidade para dirigir, aptidões sexuais e ética), a maioria se julga acima da média[129]. (Esse fenômeno é menor em países do leste asiático, quiçá inexistente no Japão)[130].

Numa brilhante série de experimentos[131], Nick Epley e David Dunning descobriram como fazemos isso. Eles perguntaram a alunos da Universidade de Cornell sobre quantas flores eles comprariam para um evento de caridade próximo e quantas flores os outros estudantes provavelmente comprariam. Então, os pesquisadores começaram a observar o comportamento dos alunos. Eles haviam superestimado enormemente sua própria virtude, porém se aproximaram bastante da realidade em seus palpites sobre seus companheiros. Num segundo estudo, Epley e Dunning pediram às pessoas que previssem o que fariam num jogo que poderia ser jogado de forma egoísta ou cooperativa. As conclusões foram as mesmas: 84% previram que seriam cooperativos, mas esperavam que, em média, apenas 64% dos outros jogadores também agiria assim. Na hora de jogar, 61% cooperaram. Ainda num terceiro estudo, Epley e Dunning pagaram US$5 dólares aos participantes de um experimento, no qual pediram a eles que previssem quanto desse dinheiro eles e outros doariam, hipoteticamente, a um fundo de caridade após o estudo. Em média, os sujeitos afirmaram que doariam US$2,44 dólares, enquanto outros doariam US$1,83 dólares. Entretanto, quando o estudo foi posto em prática, com doações reais, elas giraram em torno de US$1,53 dólares.

---

[129] ALICKE, M. D.; KLOTZ, M. L.; BREITENBECHER, D. L.; YURAK, T. J.; VREDENBURG, D. S. "Personal contact, individuation, and the better-than-average effect". *Journal of Personality and Social Psychology*, 68, 1995, p. 804-825.
HOORENS, V. "Self-enhancement and superiority biases in social comparisons". *In:* STROBE, W.; HEWSTONE, M. (Eds.). *European review of social psychology*, vol. 4. Chichester: John Wiley, 1993, p. 113-139.

[130] HEINE, S. J.; LEHMAN, D. R. "Culture, self-discrepancies, and self-satisfaction". *Personality and Social Psychology Bulletin*, 25, 1999, p. 915-925.
MARKUS, H. R.; KITAYAMA, S. "Culture and the self: Implications for cognition, emotion, and motivation". *Psychological Review*, 98, 1991, p. 224-253.

[131] EPLEY, N.; DUNNING, D. "Feeling 'holier than thou': Are self-serving assessments produced by errors in self-or social prediction". *Journal of Personality and Social Psychology*, 79, 2000, p. 861-875.

## OS ERROS DOS OUTROS

Em seu estudo mais sagaz, os pesquisadores descreveram os detalhes desse terceiro estudo a um novo grupo de sujeitos e lhes perguntou quanto eles teriam doado se tivessem participado dele de fato, e quanto eles acreditavam que outros estudantes de Cornell doariam. Novamente, os participantes previram que teriam sido muito mais generosos do que os outros. Em seguida, foram reveladas a eles, um a um, as quantidades efetivamente doadas no terceiro estudo (por volta de US$1,53 dólares). Após obterem essa informação, os sujeitos receberam uma chance de rever suas estimativas, e assim fizeram. Eles baixaram as previsões acerca do quanto outros doariam, mas não as previsões para si. Em outras palavras, eles utilizaram as informações de base para rever as previsões de *outros*, porém se recusaram a aplicá-las a suas floreadas expectativas referentes a si mesmos. Nós julgamos os outros por seu comportamento, mas achamos que somos dotados de informações privilegiadas sobre nós mesmos — sabemos como "realmente somos" por dentro, logo encontramos explicações simples para nossos atos egoístas e nos apegamos à ilusão de que somos melhores do que os demais.

A ambiguidade instiga a ilusão. Para muitas características, tais como a de liderança, há tantas maneiras possíveis de defini-las, que podemos escolher os critérios que melhor nos atenderão. Se eu sou confiante, posso definir liderança como confiança. Se me julgo entendedor das aptidões humanas, posso dizer que liderança é a habilidade de entender e influenciar os outros. Quando nos comparamos a outros, o processo, de modo geral, é este: defina a questão (inconsciente, automaticamente) de forma que o traço escolhido se relacione diretamente a um ponto forte que você perceba em si mesmo, em seguida, procure por evidências de que você, de fato, tem esse ponto forte. Quando encontrá-lo, quando você tiver uma história "plausível" que lhe sirva, estará feito. Você poderá parar de pensar a respeito e regozijar-se em sua autoestima. Não é à toa, portanto, que, num estudo envolvendo um milhão de estudantes norte-americanos do ensino médio, 70% deles achavam que estavam acima da média no quesito da capacidade de liderança e apenas 2% se julgavam abaixo da média. Todos podem encontrar *alguma* habilidade passível de se relacionar à liderança e então, *alguma* evidência de que esses indivíduos efetivamente detenham tal característica[132]. (Nesse aspecto, professores universitários são menos sábios do que os alunos colegiais — 94% de nós creem que apresentam um desempenho acima da média)[133]. Contudo, quando não há margem para ambiguidades — "qual é sua altura?"; "você sabe fazer malabarismo?" —, as pessoas tendem a ser bem mais modestas.

Se o único efeito provocado por essas desvairadas parcialidades que inflam nossa autoestima fosse o de fazer o indivíduo se sentir bem consigo mesmo, não haveria problema. Na verdade, há evidências que demonstram que aqueles que se apegam a ilusões positivas sobre si mesmos, suas habilidades e seus prospectos para o futuro são dotados de maior saúde mental, mais felizes e mais populares do que os que carecem de tais ilusões[134]. Acontece que essa parcialidade pode induzir as pessoas a sentirem que merecem mais do que realmente merecem, de modo a preparar a arena para infindas disputas com outros que se sentem igualmente merecedores.

Eu briguei incansavelmente com meus colegas de quarto no meu primeiro ano de faculdade. Havia provido uma boa parcela de nossa mobília, incluindo a estimada geladeira, e fui quem mais trabalhou para manter nosso espaço limpo. Passado algum tempo, fiquei cansado de fazer mais do que a minha parte; parei de trabalhar tão duro e deixei que o espaço ficasse bagunçado, com intuito de que outra pessoa tratasse disso. Ninguém o fez. Contudo, eles captaram meu ressentimento, o que os uniu em seu desgosto em relação a mim. No ano seguinte, quando não vivíamos mais juntos, tornamo-nos amigos íntimos.

Quando meu pai levou a mim e a minha geladeira à faculdade no primeiro ano, ele me disse que as coisas mais importantes que eu haveria de

---

[132] Essa análise da liderança, bem como os estudos mencionados no parágrafo, vêm de: DUNNING, D.; MEYEROWITZ, J. A.; HOLZBERG, A. D. "Ambiguity and self--evaluation: The role of idiosyncratic trait definitions in self-serving assessments of ability". In: *Heuristics and biases: The psychology of intuitive judgment*. Cambridge: Cambridge University Press, 2002, p. 324-333.

[133] CROSS, P. "Not can but will college teaching be improved". *New Directions for Higher Education*, 17, 1977, p. 1-15.

[134] TAYLOR, S. E.; LERNER, J. S.; SHERMAN, D. K.; SAGE, R. M.; MCDOWELL, N. K. "Portrait of the self-enhancer: Well-adjusted and well liked or maladjusted and friendless". *Journal of Personality and Social Psychology*, 84, 2003, p. 165-176.

aprender não seriam ensinadas nas salas de aulas, e ele estava certo. Foram necessários ainda muitos anos de convivência com colegas de quarto, mas finalmente me dei conta de como fizera papel de tolo naquele período inicial. É claro que eu pensei que estava fazendo mais do que a minha parte. Embora estivesse ciente de cada gesto que fazia em prol do grupo, eu só tinha consciência de fragmentos das contribuições alheias. Mesmo que estivesse correto em meus cálculos, eu fui presunçoso ao definir as categorias a serem calculadas. Escolhi os aspectos que me eram importantes (como o de manter a geladeira limpa) e concedi a mim mesmo nota dez nessa categoria. Analogamente a outros tipos de comparações sociais, a ambiguidade nos permite fazer essas comparações de forma a nos favorecermos, e então buscarmos evidências que demonstrem que somos excelentes cooperadores. Estudos acerca dessas "declarações exageradas e inconscientes" apontam que, quando maridos e mulheres estimam a porcentagem dos trabalhos domésticos que cada um faz, seus resultados finais atingem um número maior do que 120% em relação ao total dos trabalhos[135]. Quando alunos de MBA, num grupo de estudos, calculam suas contribuições para a equipe, os resultados chegam a 139%[136]. Quando as pessoas constituem grupos cooperativos, que são, em geral, mutuamente benéficos, parcialidades de natureza egoísta ameaçam encher as mentes dos membros de ressentimento mútuo.

### Eu estou certo; e você é parcial

Se cônjuges e colegas de classe e de quarto caem tão facilmente no ressentimento, pessoas que carecem de afeto ou objetivos em comum têm de negociar. Gastam-se vastos recursos sociais com litígios, greves trabalhistas, disputas em divórcios e atos de violência logo após discursos de paz fracassados, posto que a mesma parcialidade egoísta fomenta a indigna-

---

[135] ROSS, M.; SICOLY, F. "Egocentric biases in availability and attribution". *Journal of Personality and Social Psychology*, 37, 1979, p. 322-336.
[136] EPLEY, N.; CARUSO, E. M. "Egocentric ethics". *Social Justice Research*, 17, 2004, p. 171-187.

ção hipócrita. Nessas circunstâncias de alta pressão, os advogados (reais e metafóricos) trabalham ininterruptamente a fim de distorcerem o caso a favor dos clientes. George Loewenstein[137] e seus colegas em Carnegie Mellon encontraram um jeito de estudar esse processo: eles pediram que cada dupla de participantes lesse sobre um caso legal real (sobre um acidente de motocicleta no Texas) e designaram um membro como réu e o outro como pleiteante. Ofereceram-lhes, então, dinheiro de verdade para que pudessem negociar entre si. Cada dupla tinha de chegar a um consenso e, se isso não acontecesse, um acordo seria imposto e as "despesas da corte" deduzidas da quantia monetária, de modo a piorar a situação financeira de ambos. Quando os dois jogadores sabiam, desde o início, que papel seria exercido por eles, cada um lia o material do caso de maneira distinta, dava palpites distintos sobre a conclusão a que o júri real havia chegado e argumentava com parcialidade. Mais de 25% de todas as duplas não conseguiram chegar a um consenso. Todavia, quando os jogadores não sabiam seu papel de antemão (somente após a leitura do caso), eles se tornavam muito mais razoáveis e apenas 6% não acordaram no final.

Loewenstein, reconhecendo que ocultar a identidade dos negociantes até o último minuto não é viável no mundo real, empenhou-se na busca de outras maneiras de "imparcializá-los". Eles tentaram fazer os sujeitos do experimento lerem um breve ensaio sobre os tipos de parcialidade egoísta que afetam pessoas na mesma situação com o intuito de ver se os sujeitos poderiam corrigir essa parcialidade. Nada feito. Embora eles tenham utilizado a informação para prever o comportamento de seus oponentes com mais eficácia, não modificaram suas convicções. Como Epley e Dunning descobriram, o ser humano está, de fato, aberto a receber informações que prevejam o comportamento alheio, mas se recusa a ajustar sua autoavaliação. Em outro estudo, Lowenstein seguiu o conselho comumente dado por terapeutas de casais: o de escrever um texto argumentando em prol do outro da forma mais convincente possível. O resultado foi ainda mais desastroso. O tiro saiu pela culatra, talvez porque pensar sobre os argumentos

---

[137] BABCOCK, L.; LOEWENSTEIN, G. "Explaining bargaining impasse: The role of self-serving biases". *Journal of Economic Perspectives*, 11, 1997, p. 109-126.

de seu oponente desencadeia pensamentos mais profundos no que tange a sua estratégia para desbancá-lo.

Uma manipulação funcionou, apesar de tudo. Quando os sujeitos liam o ensaio sobre a parcialidade egoísta e, em seguida, tinham de escrever um texto sobre fraquezas *em seu próprio caso*, sua certeza era abalada. Os participantes desse estudo se tornaram tão justos quanto aqueles que só souberam de seu papel no último minuto. Não obstante, antes que você fique demasiado otimista sobre essa técnica para reduzir o fator da hipocrisia, perceba que Lowenstein estava pedindo que os participantes encontrassem falhas em seus *casos* — nos posicionamentos a favor dos quais argumentariam —, não em seu *caráter*. Quando tentamos persuadir outros a fitarem seu próprio retrato de Dorian Gray, eles lutam com muito mais afinco. Emily Pronin, em Princeton, e Lee Ross, em Stanford, tentaram ajudar as pessoas a superarem suas parcialidades egoístas ao ensinarem esse conceito a elas e perguntarem: "Certo, agora que você sabe da parcialidade, gostaria de modificar o que havia dito sobre si mesmo?" Passando isso por muitos estudos, os resultados foram iguais[138]: os sujeitos ficaram satisfeitos com o aprendizado das várias formas de parcialidade egoísta e com a aplicação desse conhecimento a fim de prever as respostas dos outros, contudo, suas avaliações de si mesmos não foram afetadas. Mesmo que peguemos alguém pelo pescoço e o chacoalhemos, dizendo "Escute-me! A maioria das pessoas se enxerga em proporções infladas. Seja realista!", ele se recusará, em murmúrios consigo mesmo: "Bem, outros podem ser parciais, mas *eu estou efetivamente* acima da média no quesito da liderança".

Pronin e Ross rastreiam essa resistência a um fenômeno que chamam de "realismo ingênuo": cada um de nós vê o mundo diretamente, como ele realmente é. Acreditamos, ademais, que os fatos, como nós os vemos, apresentam-se de maneira igual para todos, portanto, todos devem concordar conosco. Se não concordarem, há de ser porque esses indivíduos não foram expostos aos fatos mais relevantes, ou porque seus interesses e suas ideologias os cegaram. As pessoas reconhecem que o meio no qual foram criadas ajuda a moldar sua perspectiva, mas tais experiências são invariavelmente

---

[138] PRONIN, E.; LIN, D. Y.; ROSS, L. "The bias blind spot: Perceptions of bias in self versus others". *Personality and Social Psychology Bulletin*, 28, 2002, p. 369-381.

tomadas como fatores de aprofundamento de suas visões. Por exemplo, ser médico concede ao indivíduo uma perspectiva singular no que tange aos problemas do sistema de saúde. No entanto, a proveniência dos outros é usada para explicar suas parcialidades e motivações ocultas: os médicos pensam que os advogados discordam deles em relação a reformas penais não porque trabalham com vítimas de negligência médica (o que lhes concederia, portanto, uma visão privilegiada), mas sim porque seus próprios interesses influenciam seus pensamentos. É claro como o dia, para o realista ingênuo, que todo mundo é influenciado por ideologias e interesses próprios — exceto ele. "Eu vejo as coisas como elas são".

Se eu pudesse nomear um candidato ao "maior obstáculo à paz e à harmonia social", o escolhido seria o realismo ingênuo, porque ele se transpõe muito facilmente do nível individual ao coletivo: "meu grupo está certo porque nós vemos as coisas como elas são. Aqueles que discordam de nós estão obviamente sob a influência de sua religião, sua ideologia ou seu próprio interesse". O realismo ingênuo nos concede um mundo cheio de bem e mal, e isso nos conduz à implicação mais perturbadora do conselho dos sábios sobre a hipocrisia: o bem e o mal não existem, independentemente de nossas crenças sobre eles.

## O Diabo satisfaz

Um dia, em 1998, recebi uma carta manuscrita de uma mulher em minha cidade que eu não conhecia. Ela escreveu sobre como o crime, as drogas e a gravidez adolescente estavam saindo do controle. A sociedade seguia ladeira abaixo enquanto Satanás abria suas asas. A mulher me convidou a comparecer a sua igreja para encontrar abrigo espiritual. Ao ler a carta, tive de concordar com ela na parte em que dizia que Satanás abrira suas asas, mas só para voar para longe e nos deixar em paz. O fim dos anos 1990 constituiu uma era de ouro. A Guerra Fria findara, a democracia e os direitos humanos se alastravam, a África do Sul abolira o *Apartheid*, israelenses e palestinos colhiam os frutos dos acordos de Oslo e a Coreia do Norte mandava sinais positivos. Aqui, nos Estados Unidos da América, o crime e o desemprego haviam se estagnado, a bolsa de valores estava ascendendo e a prosperidade subsequente prometia acabar com a dívida nacional. Até as baratas estavam desaparecendo de nossas cidades, graças ao uso em larga escala do veneno Combat. Então, do que ela estava falando?

Quando a história moral dos anos 1990 for escrita, poderá se intitular *A Busca Desenfreada por Satã*. Com a paz e a harmonia em alta, os norte-americanos pareciam estar buscando por vilões substitutos. Levamos ao tribunal traficantes (então, a epidemia do *crack* se amansou) e sequestradores infantis (que costumam ser um dos pais da criança). A direita cultural vilificava os homossexuais; a esquerda vilificava os racistas e os homofóbicos. Enquanto pensava sobre esses vários vilões, incluindo os velhos algozes comunistas e o próprio Diabo, eu percebi que a maioria deles compartilha três características: eles são invisíveis (não se pode identificá-los somente pela aparência); seu mal se espalha por contágio, tornando crucial a proteção de jovens impressionáveis da infecção (de ideais comunistas, por exemplo, a professores homossexuais, ou estereótipos promovidos pela televisão); e os vilões podem ser derrotados se todos nos unirmos contra eles como um time. Ficou claro para mim que as pessoas querem acreditar que estão numa missão divina, ou que estão lutando por um bem mais secular (animais, fetos, direitos das mulheres), e não se pode executar uma missão sem boas alianças e um inimigo à altura.

O problema do mal atormenta muitas religiões desde seu nascimento. Se Deus é Todo-Poderoso e Bom, conclusivamente Ele permite que o mal se dissemine (o que significa que não é tão bom assim), ou Ele luta contra o mal (o que significa que não é todo poderoso). As religiões, de forma geral, escolhem uma de três possíveis soluções para tal paradoxo[139]. Uma delas é o simples e puro dualismo: há uma força boa e uma má, ambas são equivalentes e opostas, e lutam uma contra a outra eternamente. Os humanos fazem parte da batalha. Fomos criados parcialmente bons e parcialmente maus, e cabe a nós escolher de que lado ficaremos. Essa visão é muito clara em religiões que emanaram da Pérsia e da Babilônia, como o zoroastrismo, e influenciou o cristianismo enquanto uma longeva doutrina chamada maniqueísmo. A segunda resolução é puro monismo: há um Deus; Ele criou o

---

[139] HICK, J. "The problem of evil". *In*: EDWARDS, P. (Ed.). *The Encyclopedia of Philosophy*, Vols. 3 & 4. Nova York: Macmillan, 1967, p. 136-141.

mundo como deveria ser e o mal é uma ilusão — essa perspectiva dominou religiões desenvolvidas na Índia. Essas religiões garantem que o mundo todo — ou, ao menos, seu controle emocional sobre nós — é uma ilusão e a iluminação consiste em romper com esta. A terceira abordagem, tomada pelos cristãos, mistura o monismo e o dualismo de tal modo que, em última instância, reconcilia o bem e o poder de Deus com a existência de Satã. Esse argumento é tão complicado que não consigo entendê-lo. Tampouco, aparentemente, grande parte dos cristãos, a julgar pelo que escuto nas estações de rádio religiosas da Virgínia, que parecem manter uma visão de mundo tipicamente maniqueísta, de acordo com a qual Deus e o Diabo lutam em constante guerra. Na verdade, apesar da diversidade nos argumentos teológicos cultivado em diferentes religiões, representações concretas de Satanás, demônios e outras entidades malignas são surpreendentemente similares no decorrer de continentes e eras[140].

Numa perspectiva psicológica, o maniqueísmo faz total sentido. "Nossa vida é criação de nossa mente", conforme dissera Buda, e nossas mentes evoluíram para jogar um "toma lá, dá cá" maquiaveliano. Todos nós cometemos atos egoístas e tacanhos, mas nosso advogado interno nos assegura de que não culpemos a nós mesmos, ou a nossos aliados, por eles. Somos, portanto, convencidos de nossa própria virtude, porém rápidos ao enxergarmos parcialidade, ganância e duplicidade nos outros. Muitas vezes, estamos certos quanto às motivações alheias, mas à medida que qualquer conflito escala, começamos a exagerar grosseiramente, a tecer uma história na qual a mais pura virtude (o nosso lado) batalha contra o mais puro vício (o lado dos outros).

## O MITO DO PURO MAL

Nos dias que sucederam o recebimento daquela carta, eu pensei muito sobre a necessidade do mal. Decidi escrever um artigo sobre isso, usufruin-

---

[140] RUSSELL, J. B. *The prince of darkness: Radical evil and the power of good in history.* Ithaca: Cornell University Press, 1988. BOYER, P. *Religion explained: The evolutionary origins of religious thought.* Nova York: Basic Books, 2001.

do das ferramentas da psicologia moderna para entender o mal sob uma nova ótica. Assim que comecei minha pesquisa, porém, descobri que já estava atrasado. Um ano atrasado. Uma pergunta de três mil anos havia recebido uma explicação psicológica completa e convincente no ano anterior por Roy Baumeister, um dos psicólogos sociais mais criativos da atualidade. Em *Evil: Inside Human Cruelty and Aggression*[141], Baumeister examinou o mal sob as perspectivas tanto da vítima quanto do criminoso. Ao analisar a visão do criminoso, ele descobriu que aqueles que cometem atos que vemos como maus, desde abuso conjugal até genocídio, raramente acham que estão agindo errado. Eles quase sempre se enxergam como se estivessem respondendo a ataques e provocações de formas justificáveis. Frequentemente, eles se veem como vítimas da situação. É claro, no entanto, que você é capaz de perceber essa tática; você é bom em entender as parcialidades de que os outros se munem para proteger sua autoestima. A parte mais perturbadora é que Baumeister nos mostra nossas próprias distorções nas posições de vítimas e defensores vorazes de vítimas. Em quase todas as fontes literárias exploradas durante a pesquisa de Baumeister, ele percebeu que as vítimas costumam carregar parte da culpa. A maioria dos homicídios resulta de um ciclo gradual de provocação e retaliação; geralmente, o assassinado poderia facilmente ter sido o assassino. Em metade de todas as disputas domésticas, ambos os lados agiam com violência[142]. Baumeister aponta que, mesmo em casos de óbvia brutalidade policial, como o infame espancamento gravado em vídeo de Rodney King (1965-2012) em Los Angeles, no ano de 1991, em geral há muito mais história do que a mídia apresenta. (Noticiários ganham mais espectadores ao satisfazerem à necessidade alheia de acreditar que o mal está à espreita).

Baumeister é um psicólogo social extraordinário, em parte porque, em sua busca pela verdade, ele não se preocupa em ser politicamente correto. Às vezes, o mal cai de um céu azul e límpido na cabeça de uma vítima inocente, mas, na maior parte das vezes, o caso é bem mais complicado e Baumeister se dispõe a violar o tabu que vai contra "culpar a vítima" com

---

[141] BAUMEISTER, R. F. *Evil: Inside human cruelty and violence.* Nova York: W. H. Freeman, 1997.
[142] Ver a resenha no segundo capítulo em: BAUMEISTER, R. F. (1997), *ibidem.*

o intuito de compreender o que efetivamente aconteceu. As pessoas geralmente têm motivos para cometer atos violentos e tais motivos costumam envolver retaliação ao que foi percebido como uma injustiça, ou autodefesa. Isso não significa que ambos os lados sejam igualmente culpáveis: os criminosos normalmente reagem de forma muito exagerada e interpretam mal a situação (utilizando-se das parcialidades egoístas). A conclusão a que chegou Baumeister, no entanto, é a de que sentimos uma necessidade profunda de compreender a violência e a crueldade por intermédio do que ele chama de "o mito do puro mal". Dentre as muitas partes desse mito, a mais importante é a de que os malfeitores são puros em suas motivações maliciosas (eles não têm motivos para suas ações além de sadismo e avareza); as vítimas são puras em sua vitimidade (elas não fizeram nada que pudesse fazê-las serem vitimizadas); e o mal vem de fora e é associado a um grupo ou a uma força que ataca nosso grupo. Ademais, qualquer um que questione a aplicação do mito, que se atreva a turvar as águas da certeza moral, está na mesma liga do mal.

O mito representa a parcialidade egoísta suprema, o formato supremo do realismo ingênuo. Ele é a causa-mor da maioria dos ciclos de violência de longo prazo, já que os dois lados se utilizam dele numa batalha maniqueísta. Quando o presidente norte-americano George W. Bush disse que os terroristas do Onze de Setembro agiram daquela maneira porque "odeiam nossa liberdade", ele demonstrou uma carência inacreditável de discernimento psicológico. Nem os sequestradores dos aviões, nem Osama Bin Laden (1957-2011), estavam muito incomodados com o fato de que mulheres norte-americanas podem dirigir, votar e usar biquínis. Antes, muitos extremistas islâmicos desejam matar os norte-americanos porque eles empregam o mito do puro mal para interpretar a história árabe e eventos recentes. Eles veem os Estados Unidos da América como o Grande Satanás, o vilão atual num longo histórico de humilhação de povos e nações árabes por parte dos ocidentais. Eles fizeram aquilo em reação às ações norte-americanas e seu impacto no Oriente Médio, conforme as enxergam através das distorções do mito do puro mal. Não importa quão pavoroso seja para os terroristas amontoar todos os civis na categoria de "inimigos" e assassiná-los indiscriminadamente, tais ações pelo menos fazem sentido no escopo psicológico, enquanto matar devido a um ódio hipotético pela liberdade alheia não faz.

Em outra conclusão desconcertante, Baumeister descobriu que a violência e a crueldade apresentam quatro causas principais. As duas primeiras são atributos óbvios do mal: ganância/ambição (violência em troca de ganhos pessoais imediatos, como em roubos) e sadismo (o prazer em ferir pessoas). Todavia, ganância e ambição explicam apenas uma pequena porção da violência cometida na humanidade, e o sadismo praticamente não a explica. Fora do contexto dos desenhos infantis e filmes de terror, as pessoas quase nunca machucam umas às outras pelo puro prazer de machucar. As duas maiores causas do mal são aquelas que julgamos servirem ao bem e que tentamos encorajar em nossos filhos: autoestima elevada e idealismo moral. Ter uma autoestima elevada não provoca violência diretamente, mas quando essa autoestima é irreal ou narcisista, ela é facilmente ameaçada pela realidade; em reação a tais ameaças, as pessoas — especialmente homens jovens — agem violentamente[143]. Baumeister questiona a utilidade de programas que tentam aumentar a autoestima das crianças diretamente em vez de lhes ensinar habilidades das quais devam sentir orgulho. Um encorajamento muito direto detém o potencial de fomentar o narcisismo instável.

Autoestimas ameaçadas compreendem uma vasta porção da violência cometida em nível individual, mas, para se chegar a uma atrocidade em massa, precisa-se de idealismo — a crença de que a sua violência consiste num meio para se atingir um fim moral. As maiores atrocidades do sécu-

---

[143] Podemos encontrar mais em: Baumeister, Smart, & Boden (1996), Bushman & Baumeister (1998). Entretanto, evidências de que o comportamento antissocial é associado à *baixa* autoestima foram relatadas recentemente por Donnellan *et al.* (2005).
BAUMEISTER, R. F.; SMART, L.; BODEN, J. M. "Relation of threatened egotism to violence and aggression: The dark side of high self-esteem". *Psychological Review*, 103, 1996, p. 5-33.
BUSHMAN, B. J.; BAUMEISTER, R. F. "Threatened egotism, narcissism, self-esteem, and direct and displaced aggression: Does self-love or self- hate lead to violence?" *Journal of Personality and Social Psychology*, 75, 1998, p. 219-229.
DONNELLAN, M. B.; TRZESNIEWSKI, K. H.; ROBINS, R. W.; MOFFITT, T. E.; CASPI, A. "Low self-esteem is related to aggression, antisocial behavior, and delinquency". *Psychological Science*, 16, 2005, p. 328-335.

lo XX foram massivamente cometidas por homens que acreditavam estar criando uma utopia, ou por homens convictos de estarem defendendo sua terra ou sua tribo de ataques iminentes[144]. O idealismo pode facilmente se tornar perigoso, pois traz consigo, quase inevitavelmente, a crença de que os fins justificam os meios. Se você luta pelo bem ou por Deus, o que importa é o resultado, não o caminho percorrido. As pessoas demonstram pouco respeito por regras; nós meramente respeitamos os princípios moral que subjazem à maioria das regras. Contudo, quando uma missão de natureza moral e regras de natureza legal são incompatíveis, costumamos dar mais importância à missão. A psicóloga Linda Skitka[145] concluiu que, quando alguém nutre sentimentos morais intensos num assunto controverso — quando esse indivíduo detém um "mandato moral" —, ele se importa muito menos com a justiça processual em casos de tribunais. Ele quer que os "homens bons" sejam libertados a qualquer custo e que que os "homens maus" sejam condenados, também a qualquer custo. Portanto, não surpreende que a defesa constante de assassinatos extrajudiciais, aprisionamentos por tempo indefinido, sem um julgamento que os preceda, e os maus tratos a prisioneiros pela administração do presidente norte-americano George W. Bush consista em passos apropriados e legais a serem traçados na "guerra ao terror" maniqueísta.

### Encontrando o melhor caminho

Em aulas de filosofia, frequentemente me deparei com a ideia de o mundo é uma ilusão. Eu nunca entendi o que isso significava, embora soasse profundo. Após duas décadas estudando a psicologia moral, contudo, creio que finalmente entendi essa máxima. O antropólogo Clifford Geertz (1926-2006) escreveu que "o homem é um animal suspenso em teias de

---

[144] GLOVER, J. *Humanity: A moral history of the twentieth century.* New Haven: Yale University Press, 2000.
[145] SKITKA, L. J. "Do the means always justify the ends, or do the ends some- times justify the means? A value protection model of justice reasoning". *Personality and Social Psychology Bulletin*, 28, 2002, p. 588-597.

significância que ele mesmo teceu"[146]. Isto é, o mundo em que vivemos não é de fato feito de rochas, árvores e objetos físicos; é um mundo de insultos, oportunidades, símbolos de *status*, traições, santos e pecadores. Tudo isso é fruto da criação humana que, embora seja real à sua própria maneira, não é real como as árvores e as rochas o são. Tais criações humanas são como as fadas em *Peter Pan*, de J. M. Barrie (1860-1937): elas existem apenas se acreditarmos nelas. Elas são a Matriz (como no filme *Matrix*,1999); elas são uma alucinação consensual.

O advogado interior, o espelho cor-de-rosa, o realismo ingênuo e o mito do puro mal — todos esses mecanismos conspiram no ato de tecer para nós uma rede de significância pela qual anjos e demônios lutam. Nossas mentes, sempre julgando, fornecem-nos lampejos constantes de aprovação e desaprovação, juntamente com a certeza de que estamos ao lado dos anjos. Deste ponto de vantagem, tudo parece tão tolo, todo esse moralismo, esse senso de justiça, essa hipocrisia. Isso é mais do que tolo; é trágico, pois sugere que os seres humanos jamais atingirão um estado duradouro de paz e harmonia. Então, o que podemos fazer a respeito disso?

O primeiro passo consiste em ver o espectro como um jogo e parar de levá-lo tão a sério. A grande lição que advém da Índia antiga é a de que a vida como a experienciamos é um jogo chamado "samsara". Nele, cada indivíduo desempenha seu "dharma", seu papel numa peça gigantesca. No jogo do *samsara*, coisas boas nos acontecem e ficamos felizes. Em seguida, coisas ruins acontecem, e ficamos com raiva ou tristes. Assim segue até nossa morte. Renascemos, então, e tudo se repete. A mensagem do *Bhagavad Gita* (um texto central do hinduísmo) é a de que não se pode sair do jogo inteiramente; deve-se desempenhar um papel no funcionamento do universo — e temos de fazê-lo. No entanto, temos de fazê-lo do jeito certo, sem nos vincularmos aos "frutos", ou resultados, de nossas ações. O deus Krishna diz:

---

[146] Geertz parafraseando o sociólogo Max Weber, em:
GEERTZ, C. "Thick description: Toward an interpretive theory of culture". *In*: *The interpretation of cultures*. Nova York: Basic Books, 1973, p. 5.
GERSHON, M. D. *The second brain*. Nova York: Harper Collins, 1998.

Eu amo aquele que não odeia, nem exulta, que não lamenta, nem deseja [...], que é o mesmo ao amigo e ao inimigo, [o mesmo] quer seja respeitado ou desprezado, o mesmo no calor e no frio, no prazer e na dor, aquele que deixou o apego de lado e se mantém inerte pelo louvor e pela culpa [...], satisfeito com o que quer que venha a seu encontro[147].

Buda deu um passo além. Ele também aconselhou a indiferença frente aos altos e baixos da vida, mas suplicou que nos retirássemos do jogo por inteiro. O budismo é um conjunto de práticas com a finalidade de escapar do *samsara* e do ciclo infindável da reencarnação. Embora se vejam divididos diante do dilema de se retirarem do mundo ou dialogarem com ele, todos os budistas concordam com a importância do treinamento da mente para acabar com seu julgamento incessante. Seng-Ts'na (c. 529-606), um antigo mestre Zen chinês, encorajou o ato de não julgar como pré-requisito para seguirmos "o caminho perfeito" em seu poema do século VIII d. C.

> *O Caminho Perfeito só é difícil àqueles que escolhem;*
> *Não gostar, não desgostar; tudo então se fará claro.*
> *Faz uma diferença mínima, e o Céu e a Terra se dividem;*
> *Se quiseres que a verdade fique clara diante de ti, nunca sejas favorável ou contra.*
> *A luta entre o "favorável" e o "contra" é a pior doença da mente*[148].

O julgamentalismo é, de fato, uma doença da mente: ele conduz à raiva, ao tormento, ao conflito. Todavia, ele também consiste na condição natural da mente — o elefante está sempre avaliando, sempre dizendo "goste disso" ou "não goste disso". Então, como podemos modificar nossas reações automáticas? Já sabemos que não é possível simplesmente decidirmos parar de julgar os outros, ou parar de ser hipócrita. Entretanto, conforme o ensinamento de Buda, o condutor pode gradualmente aprender a domar o elefante e a meditação consiste num meio de fazê-lo. Já foi demonstrado que a meditação acalma as pessoas, tornando-as menos reativas aos altos

---

[147] BHAGAVAD GITA. *In: The Bhagavad-Gita.* Oxford: Clarendon, 1969, 12, p. 18-19.
[148] SENT-TS'AN. *Hsin hsin ming.* In: CONZE, E. (Ed.). *Buddhist texts through the ages.* Nova York: Philosophical Library, 1954.

e baixos e às provocações da vida[149]. A meditação é o jeito oriental de nos treinarmos a tratar as coisas de maneira filosófica.

A terapia cognitiva também funciona. Em *Feeling Good*[150], um guia popular da terapia cognitiva, David Burns escreveu um capítulo sobre a terapia cognitiva aplicada à raiva. Ele aconselha o uso de muitas das mesmas técnicas que Aaaron Beck utilizou para a depressão: escrever seus pensamentos, aprender a reconhecer as distorções neles e, então, pensar num pensamento mais apropriado. Burns focaliza mais nas afirmações envolvendo o *deveria* que carregamos — ideias sobre como o mundo *deveria* funcionar, como as pessoas *deveriam* nos tratar. Violações de tais assertivas constituem as maiores causas de raiva e ressentimento. Burns também aconselha a empatia: num conflito, olhe para o mundo pelo viés de seu oponente e você verá que ele não está totalmente desprovido de razão.

Não obstante eu concorde com a abordagem generalizada de Burns, o material que revisei neste capítulo sugere que, uma vez que a raiva entra em cena, as pessoas encontram extrema dificuldade para empatizar com outrem e entender sua perspectiva. Um ponto de partida melhor jaz, conforme aconselhado por Jesus, com você e a trava em seu próprio olho. (Batson e Loewenstein chegaram à conclusão de que o feito de retirar a parcialidade de alguém somente ocorria quando os sujeitos eram forçados a olharem para si mesmos). Você enxergará a trave apenas se partir numa missão deliberada e com muito esforço para procurar por ela. Agora, tente isto: pense num conflito interpessoal recente envolvendo alguém com quem você se importe; em seguida, encontre um modo segundo o qual seu comportamento não tenha sido exemplar. Talvez você tenha feito algo insensível (mesmo que estivesse no direito de fazê-lo), ou doloroso (mesmo que estivesse bem intencionado), ou inconsistente com seus princípios (embora você possa justificar tal atitude). Quando você perceber uma falha em si mesmo, provavelmente, escutará argumentos exaltados de seu advogado interior que o desculpem e culpem terceiros, mas tente não dar

---

[149] SHAPIRO, S.; SCHWARTZ, G. E. R.; SANTERRE, C. "Meditation and positive psychology". *In:* SNYDER, C.R.; LOPEZ, S. J. (Eds.). *Handbook of positive psychology*. Nova York: Oxford University Press, 2002, p. 632-645.

[150] BURNS, D. D. *Feeling Good*. Nova York: Avon, 1999.

ouvidos a ele. Você está numa missão para encontrar pelo menos uma coisa que tenha feito de errado. Extrair uma farpa dói brevemente e, então, vem o alívio, quiçá o prazer. Encontrar uma falha em nós mesmos também é dolorido, mas geralmente somos recompensados com um lampejo de prazer que, estranhamente, acompanha um quê de orgulho. É o prazer de assumirmos a responsabilidade por nosso próprio comportamento. É o sentimento de honra.

Encontrar seus erros também consiste na chave para superar a hipocrisia e o julgamentalismo que prejudicam tantos relacionamentos valorosos. No momento em que você vê uma contribuição que tenha feito ao início de um conflito, sua raiva se amolece — talvez só um pouco, mas o suficiente para que você possa reconhecer algum mérito no outro lado. Você ainda pode acreditar que está certo e a outra pessoa errada, mas, se conseguir atingir o ponto de crer que você está *majoritariamente* correto e o outro *majoritariamente* errado, terá a base necessária para um pedido de desculpas digno e efetivo. Você pode pegar um pequeno pedaço da discordância e dizer, "Eu não deveria ter feito X, e entendo por que você sentiu Y". Então, pelo poder da reciprocidade, o outro provavelmente sentirá o ímpeto de dizer: "Sim, eu fiquei muito frustrado com X. Mas acho que não deveria ter feito P, então, vejo por que você sentiu Q". A reciprocidade amplificada pelas parcialidades egoístas os separou antes, quando vocês estavam trocando insultos ou gestos hostis, mas você pode reverter o processo e utilizar a reciprocidade para pôr fim ao conflito e salvar o relacionamento.

A mente humana pode ter sido delineada por processos evolucionários para jogar o "toma-lá, dá-cá" maquiaveliano, e ela parece vir equipada com processos cognitivos que nos predispõem à hipocrisia, à presunção, ao conflito moralista. Às vezes, no entanto, se conhecermos a estrutura da mente e suas estratégias, podemos sair do antigo jogo de manipulação e entrar num jogo de nossa escolha. Ao vermos a trave em nosso olho, podemos nos tornar menos parciais, menos moralistas e, portanto, menos inclinados a discussões e conflitos. Podemos começar a seguir o caminho ideal, o caminho da felicidade que nos conduz à aceitação, que será o assunto do próximo capítulo.

# Capítulo 5

# Capítulo 5
# À Procura da Felicidade

> *Bons homens, em todas as épocas, desapegam a tudo. O virtuoso não faz conversa vã sobre desejos. Quando o prazer ou a dor vêm a eles, os sábios se sentem acima da felicidade e da tristeza.*
> — Buda[151]

> *Não queira que as coisas sejam como as deseja, ao invés disso, queira que elas sejam como devem ser, e sua vida será boa.*
> — Epiteto[152]

Se dinheiro ou poder pudessem comprar a felicidade, o autor do livro de Eclesiastes, do *Antigo Testamento*, haveria de estar em êxtase. O texto é atribuído a um rei em Jerusalém que pensa sobre a vida e sua busca pela felicidade e pela plenitude. Ele tentou, certa vez, "fazer um teste do prazer" por meio da procura da felicidade em meio a suas riquezas:

> Empreendi grandes trabalhos, construí para mim casas e plantei vinhas; fiz jardins e pomares, onde plantei árvores frutíferas de toda espécie; cavei reservatórios de água para regar o bosque. Comprei escravos e escravas; e possuí outros nascidos em casa. Possuí muito gado, bois e ovelhas, mais que todos os que me precederam em Jerusalém. Amontoei prata e

---
[151] MASCARO, J. *The Dhammapada*. Harmondsworth: Penguin, 1973, verso 83.
[152] EPÍTETO. *The manual*. Indianapolis: Hackett, 1983.

ouro, riquezas de reis e de províncias. Procurei cantores e cantoras, e que faz as delícias dos filhos dos homens: mulheres e mulheres. Fui maior que todos os que me precederam em Jerusalém; e, ainda assim, minha sabedoria permaneceu comigo. Tudo que meus olhos desejaram, não lhes recusei; não privei meu coração de nenhuma alegria. Meu coração encontrava sua alegria no meu trabalho; este é o fruto que dele tirei. Eclesiastes 2, 4-10.

No entanto, naquilo que pode ser considerado um dos mais antigos relatos de uma crise de meia-idade, o autor não vê sentido em nada disso:

Mas, quando me pus a considerar todas as obras de minhas mãos e o trabalho ao qual me tinha dado para fazê-las, eis: tudo é vaidade e vento que passa; não há nada de proveitoso debaixo do sol. (Eclesiastes 2, 11).

O autor nos conta sobre vários outros caminhos que percorreu — trabalho duro, aprendizado, vinho —, mas nada lhe trouxe satisfação; nada podia banir o sentimento de que sua vida não tinha mais valor intrínseco, ou propósito do que a vida de um animal. Das perspectivas de Buda e do filósofo estoico Epiteto (50-135), o problema do autor é óbvio: sua *procura* pela felicidade. O budismo e o estoicismo ensinam que lutar por bens exteriores, ou construir o mundo conforme seus desejos, implica sempre em uma luta pelo nada. A felicidade só pode ser encontrada dentro do ser, mediante a quebra dos vínculos com as coisas externas a ele e ao cultivo de uma atitude de aceitação. (Estoicos e budistas podem manter relacionamentos, empregos e posses materiais, mas, a fim de evitarem a chateação frente à possibilidade de perdê-los, eles não podem se apegar emocionalmente a essas coisas). Essa ideia é claramente uma extensão da verdade do *Capítulo 2*: a vida é o que interpretamos que ela é, e seu estado mental determina como você interpreta o mundo. Estudos recentes na psicologia, porém, sugerem que Buda e Epiteto podem ter levado o assunto longe demais. Vale a pena lutar por algumas coisas e a felicidade vem, em parte, de fora do ser, desde que se saiba onde procurá-la.

A hipótese da felicidade - JONATHAN HAIDT

## O PRINCÍPIO DO PROGRESSO

O autor do Eclesiastes não estava apenas batalhando contra o medo da insignificância; ele estava lutando contra o desapontamento ocasionado pelo sucesso. O prazer de conseguirmos o que queremos é frequentemente fugaz. Sonhamos em sermos promovidos, em sermos aceitos numa escola de prestígio, ou em terminarmos um grande projeto. Trabalhamos durante horas a fio, talvez imaginando quão felizes ficaremos se alcançarmos aquele objetivo. Então, conseguimos e, se tivermos sorte, teremos uma hora, quiçá um dia, de pura euforia, especialmente se o sucesso tiver sido inesperado e houver passado por um momento de revelação ("...o envelope, por favor"). Mais comumente, contudo, não há qualquer lampejo de euforia. Quando o prospecto do sucesso soa cada vez mais provável e algum evento final confirma aquilo de que já havíamos começado a suspeitar, o sentimento predominante é o de alívio — o prazer da conclusão de um ciclo e da libertação. Em tais circunstâncias, meu primeiro pensamento raramente é "Viva! Fantástico!"; e sim, "Está bem, o que farei agora"?

Minha reação de indiferença frente ao sucesso é, na verdade, normal. Do ponto de vista evolutivo, inclusive, ela é sensata. Animais recebem uma injeção de dopamina, o neurotransmissor do prazer, quando fazem algo que antecipa seus interesses evolucionários e os põe à frente no jogo da vida. Comida e sexo proveem prazer, e este reforça (em termos behavioristas) o que motiva esforços futuros para encontrar mais comida e mais sexo. Para seres humanos, todavia, o jogo é mais complexo. As pessoas ganham no jogo da vida quando alcançam um alto *status* e uma boa reputação, cultivando amizades, encontrando os melhores parceiros, acumulando recursos e educando seus filhos para que eles também sejam bem-sucedidos no jogo. As pessoas têm muitos objetivos e, portanto, muitas fontes de prazer. Poder-se-ia pensar que deveríamos receber uma dose gigantesca e duradoura de dopamina quando obtemos sucesso no cumprimento de uma meta importante. Entretanto, eis o truque do reforço: ele funciona melhor quando vem segundos — não minutos ou horas — após a execução do comportamento. Tente, por exemplo, treinar seu cachorro a pegar uma bola da seguinte maneira: dê-lhe um grande pedaço de bife dez minutos após ele trazê-la até você. Isso não funciona.

O elefante funciona do mesmo modo: *ele sente prazer quando dá um passo na direção correta*. O elefante aprende que o prazer (ou a dor) ocorre imediatamente após determinado comportamento, mas não é bom em atribuir o sucesso obtido numa sexta-feira a ações realizadas na segunda. Richard Davidson, o psicólogo que nos introduziu ao estilo afetivo e aos circuitos de aproximação da parte frontal do córtex esquerdo, escreveu sobre dois tipos de afeto positivo. O primeiro ele chama de "afeto positivo pré-alcance de um objetivo", que consiste na sensação prazerosa que temos aos fazermos progresso em relação ao cumprimento de uma meta. O segundo é chamado de "afeto positivo pós-alcance de um objetivo", o qual Davidson disse que emana após o alcance de algo que desejamos[153]. Experienciamos essa segunda sensação em forma de contentamento, como um sentimento efêmero de libertação, quando o córtex pré-frontal reduz sua atividade logo após um objetivo ser alcançado. Em outras palavras, tratando-se da busca de um propósito, é a jornada que conta, não o destino. Estabeleça para si mesmo qualquer meta que deseje. A maior parte do prazer será sentida ao longo do caminho, a cada passo que o leve adiante. O momento final de sucesso não costuma ser mais empolgante do que o alívio que sentimos ao tirarmos uma mochila pesada das costas ao fim de uma longa caminhada. Quem vai caminhar com intuito de sentir esse prazer é um tolo. Ainda assim, as pessoas às vezes fazem justamente isso. Elas trabalham duro numa tarefa e esperam uma euforia especial após seu cumprimento. Quando obtêm sucesso e não sentem nada além de um prazer moderado e fugaz, contudo, elas se perguntam — da mesma forma que a cantora Peggy Lee (1920-2002) o fez: "É só isso?" Então, elas desvalorizam suas conquistas como se elas representassem uma luta por nada.

Podemos chamar esse fenômeno de "o princípio do progresso": há mais prazer advindo do progresso realizado rumo a um objetivo do que aquele

---

[153] DAVIDSON, R. J. "Asymmetric brain function, affective style, and psychopathology: The role of early experience and plasticity". *Development and Psychopathology*, 6, 1994, p. 741-758.
BRIM, G. *Ambition*. Nova York: Basic Books, 1992.

advindo do cumprimento dele. Shakespeare (1564-1616) captou isso perfeitamente: "Fana-se a conquista, perdendo o encanto da primeira vista"[154].

## O PRINCÍPIO DA ADAPTAÇÃO

Se eu lhe desse dez segundos para que você nomeasse as melhores e as piores coisas que poderiam lhe acontecer, você poderia dizer isto: ganhar vinte milhões de dólares numa loteria e ficar paralisado do pescoço para baixo. O dinheiro significaria livrar-se de muitas preocupações e limitações; ele permitiria que você realizasse seus sonhos, ajudasse os outros e vivesse em conforto, de modo que isso traria uma felicidade duradoura em vez de uma dose de dopamina. A perda do uso de seu corpo, por outro lado, trazer-lhe-ia mais limitações do que uma vida na prisão. Você teria de desistir de todos os seus objetivos e sonhos, esquecer o sexo e depender da ajuda de terceiros para atividades como comer e ir ao banheiro. Muitos creem que prefeririam estar mortos a paraplégicos. Contudo, eles estão enganados.

Naturalmente, é muito melhor ganhar na loteria do que quebrar o pescoço, porém não tanto quanto você imagina. O que quer que aconteça, você tende a se adaptar às novas circunstâncias, mas não se dá conta disso de antemão. Somos ruins com "previsões afetivas"[155], isto é, não somos bons em prever como nos sentiremos no futuro. Superestimamos grosseiramente a intensidade e a duração de nossas reações emocionais. Dentro de um ano, ganhadores da loteria e paraplégicos (em média) retornam a seu estado normal de felicidade[156]. Uma ganhadora da loteria compra uma

---

[154] SHAKESPEARE. "Troilus and Cressida". *In:* BLAKEMORE, G. (Ed). *The Riverside Shakespeare.* Boston: Houghton Mifflin, 1974, I.ii.287.
[155] WILSON, T. D.; GILBERT, D. T. Affective forecasting. *In:* ZANNA, M. P. (Ed.), *Advances in experimental psychology,* vol. 35. San Diego: Academic, 2003, p. 345-411.
[156] Brickman, Coates & Janoff-Bulman (1978); ver também Schulz & Decker (1985), para acompanhamento de vítimas de lesões medulares. Nenhum estudo obteve resultados sobre a felicidade ou a satisfação com a vida nos primeiros dias após um sujeito ganhar na loteria ou se tornar paraplégico, mas as aparências sugerem que as reações são muito fortes. Podemos inferir, portanto, que os níveis de fe-

nova casa e um novo carro, sai de seu emprego tedioso e come melhor. Ela adora o contraste com sua vida anterior, mas, em alguns meses, esse contraste some e o prazer desvanece. A mente humana é extraordinariamente sensível a *mudanças* em condições de vida, no entanto, não em níveis absolutos. O prazer do vencedor vem da elevação de sua riqueza, não da estagnação numa excelente condição financeira e, no decorrer de alguns meses, os novos luxos se tornam padrão na vida cotidiana. O vencedor não mais dá valor a eles, e esgotaram suas possibilidades de ascensão. O que é ainda pior: o dinheiro pode danificar seus relacionamentos. Amigos, parentes, trambiqueiros e estranhos gemebundos formam um enxame ao redor dos ganhadores da loteria, arranjando motivos para processá-los, bajulando-os, exigindo uma parte do dinheiro. (Lembre-se da ubiquidade das parcialidades egoístas; todos são capazes de encontrar uma razão para que alguém lhes deva algo). Ganhadores da loteria são assediados com tanta frequência, que muitos têm de se mudar, esconder-se, acabar com relacionamentos e, finalmente, recorrer uns aos outros, o que culmina na formação de grupos de apoio a ganhadores da loteria para ajudá-los a lidarem com suas dificuldades[157]. (Note-se, entretanto, que quase todos eles continuam gratos por terem vencido).

No outro extremo, o tetraplégico sofre uma perda de felicidade imensa logo de início. Ele pensa que sua vida está acabada, e dói desistir de tudo que outrora lhe dera esperança. Porém, assim como o ganhador da loteria, sua mente é mais sensível a mudanças do que a níveis absolutos, de modo que, após alguns meses, ele começa a se adaptar à nova situação e estabelece para si mesmo objetivos mais modestos. Ele descobre que a fisioterapia

---

licidade surpreendentemente moderados demonstrados pelos dois grupos após alguns meses ilustram um retorno, em grande parte, ao ponto de partida.
BRICKMAN, P.; COATES, D.; JANOFF-BULMAN, R. "Lottery winners and accident victims: Is happiness relative?" *Journal of Personality and Social Psychology*, 36, 1978, p. 917-927.
SCHULZ, R., & DECKER, S. "Long-term adjustment to physical disability: The role of social support, perceived control, and self-blame". *Journal of Personality and Social Psychology*, 48, 1985, p. 1162-1172.

[157] KAPLAN, H. R. *Lottery winners: How they won and how winning changed their lives.* Nova York: Harper and Row, 1978.

pode aprimorar suas habilidades. Não há para onde ir se não para cima, e cada passo lhe confere o prazer do princípio do progresso. O físico Stephen Hawking (1942-2018) permaneceu preso na carcaça de seu próprio corpo desde os vinte e poucos anos de idade, quando foi diagnosticado com uma doença neuronal motora. Apesar disso, ele resolveu grandes problemas da cosmologia, ganhou inúmeros prêmios e escreveu o livro científico mais vendido de todos os tempos. Numa entrevista recente ao *New York Times*, perguntaram-lhe como ele mantinha sua disposição. Ele respondeu: "Minhas expectativas foram reduzidas a zero aos vinte e um anos de idade. Tudo o que consegui desde então foi um bônus"[158].

Eis o princípio da adaptação em ação: os julgamentos das pessoas sobre seu estado atual se baseiam na hipótese de ele ser melhor ou pior do que o estado aos quais foram acostumados[159]. A adaptação é, em parte, apenas uma propriedade dos neurônios: as células nervosas respondem vigorosamente a novos estímulos, mas gradualmente "se habituam" a eles, agindo cada vez menos quando esses estímulos se tornam comuns. É a *mudança* que contém a informação vital, não os estados consistentes. Seres humanos, não obstante, levam a adaptação a extremos cognitivos. Nós não apenas nos habituamos, nós nos recalibramos. Criamos para nós mesmos um mundo de metas, e cada meta cumprida é substituída por uma nova. Após uma sequência de sucessos, almejamos mais; após um contratempo massivo, tal como um pescoço quebrado, almejamos menos. Em vez de seguirmos o conselho budista e estoico da renúncia, cercamo-nos de objetivos, esperanças e expectativas e, então, sentimos prazer e dor em relação a nosso progresso[160].

---

[158] Entrevista com Deborah Solomon, *New York Times Magazine*, domingo, 12 de dezembro, 2004, p. 37. Deve-se notar, contudo, que a adaptação a deficiências severas é lenta e muitas vezes incompleta. Mesmo anos mais tarde, os paraplégicos, em média, não se recuperam totalmente.

[159] HELSON, H. *Adaptation level theory: An experimental and systematic approach to behavior.* Nova York: Harper & Row, 1964.

[160] Para uma exploração mais sensível sobre o esforço para atingir metas, sobre a ambição e a felicidade, ver Brim (1992). BRIM, G. *Ambition.* Nova York: Basic Books, 1992.

Quando combinamos o princípio da adaptação à descoberta de que a média de felicidade de um indivíduo é fortemente hereditária[161], chegamos a uma conclusão alarmante: no longo prazo, não importa o que lhe aconteça. Tenha boa ou má sorte, você sempre retornará à sua felicidade inicial — ao nível padrão de felicidade estabelecido por seu cérebro —, que foi amplamente determinado por seus genes. Em 1759, muito antes de alguém saber qualquer coisa sobre genética, Adam Smith (1723-1790) concluiu o mesmo:

> Em toda situação permanente, na qual não há expectativa de mudança, a mente de todo homem, mais cedo ou mais tarde, retorna a seu estado natural de tranquilidade. Em meio à prosperidade, após um certo tempo, ela recai de novo sobre tal estado; em meio à adversidade, ela ascende até ele[162].

Se essa ideia estiver correta, estamos todos presos no que já foi chamado de "esteira hedônica"[163]. Numa esteira para exercícios, podemos aumentar a velocidade o quanto quisermos, mas não sairemos do lugar. Na vida, podemos trabalhar o quanto quisermos, e acumular todas as riquezas, árvores frutíferas e concubinas que desejarmos, mas não sairemos à frente. Já que não é possível modificar nosso "estado natural de tranquilidade", as riquezas que acumularmos apenas aumentarão nossas expectativas, mas não nos deixarão em melhor posição do que aquela em que nos encontrávamos antes. Não obstante, sem perceber a futilidade de nossos esforços, continuamos buscando alguma coisa enquanto fazemos aquilo que nos ajuda a ganhar no jogo da vida. Sempre querendo mais do que temos, corremos incansavelmente como ratinhos numa roda.

---

[161] LYKKEN, D. T.; TELLEGEN, A. "Happiness is a stochastic phenomenon". *Psychological Science*, 7, 1996, p. 186-189.

[162] SMITH, A. *The theory of moral sentiments*. Oxford: Oxford University Press, 1976, p. 149.

[163] BRICKMAN, P.; CAMPBELL, D. T. "Hedonic relativism and planning the good society". *In*: APLEY, M. H. (Ed.), *Adaptation-level theory: A symposium*. Nova York: Academic Press, 1971, p. 287-302.

A hipótese da felicidade - JONATHAN HAIDT

## UMA HIPÓTESE DA FELICIDADE ANTIGA

Buda, Epiteto e muitos outros sábios enxergaram a futilidade da corrida e pediram que as pessoas desistissem dela. Eles propuseram uma hipótese da felicidade específica: *a felicidade vem de dentro e não pode ser encontrada fazendo o mundo se conformar a seus desejos.* O budismo ensina que o apego conduz, inevitavelmente, ao sofrimento, e oferece ferramentas para quebrar vínculos. Os filósofos estoicos da Grécia antiga, como Epiteto, ensinaram seus seguidores a concentrar seus esforços somente naquilo que podiam controlar por completo, o que consistia, primariamente, em seus pensamentos e suas ações. Todos os outros eventos — as dádivas e as maldições trazidas pela sorte — eram fatores externos, e o estoico genuíno não era afetado por eles.

Nem Buda, nem os estoicos pediram que as pessoas se recolhessem numa caverna. Na verdade, ambas as doutrinas são tão apelativas precisamente porque oferecem orientações sobre como podemos encontrar a paz e a felicidade enquanto tomamos parte num mundo social traiçoeiro e em constante mudança. As duas doutrinas se baseiam numa premissa empírica, uma hipótese da felicidade que defende que os esforços que fazemos para obtermos bens e alcançarmos objetivos no mundo externo não podem nos trazer nada além de lapsos de felicidade. Devemos trabalhar em nosso mundo interno. Se tal hipótese é verdadeira, ela apresenta implicações profundas sobre como devemos viver, criar nossos filhos e gastar nosso dinheiro. Contudo, isso é verdade? Tudo depende de que tipo de fatores externos estamos falando.

A segunda maior descoberta resultante do estudo da felicidade, precedida pela forte influência dos genes sobre o nível médio de felicidade de um indivíduo, é a de que a maioria dos fatores ambientais e demográficos exercem pouquíssima influência sobre ela. Tente imaginar a si mesmo no lugar de Bob ou Mary. Bob tem trinta e cinco anos, é solteiro, caucasiano, atraente e atlético. Ele ganha cem mil dólares ao ano e vive no ensolarado sul da Califórnia. Ele é altamente intelectualizado e passa seu tempo livre lendo e indo a museus. Mary e seu marido moram em meio à neve de Buffalo, Nova York, onde ganham uma renda conjunta de quarenta mil dólares ao ano. Mary tem sessenta e cinco anos, é negra, está acima do peso e não tem uma aparência marcante. Ela é muito sociável e passa a maior parte de seu tempo livre com atividades relacionadas à sua igreja. Ela faz diálise para problemas renais. Bob parece ter tudo, e poucos leitores deste livro haverão de preferir a vida de Mary à dele. No entanto, se fosse possível fazer uma aposta, você deveria apostar que Mary é mais feliz do que Bob.

O que Mary tem, e do que Bob carece, são vínculos fortes. Um bom casamento é um dos fatores da vida mais consistentemente associados à felicidade[164]. Parte desse aparente benefício advém de uma "correlação reversa": a felicidade ocasiona o casamento. Pessoas felizes se casam mais cedo e permanecem casadas por mais tempo do que indivíduos com um nível de felicidade mais baixo, tanto porque elas constituem parceiros mais atraentes e porque são de mais fácil convivência na condição de cônjuges[165]. Muito desse benefício aparente é, em realidade, um benefício real e duradouro de um companheirismo dependente, que é uma necessidade básica. Nós nunca nos adaptamos completamente ao companheirismo, ou à falta dele[166]. Mary também se apoia numa religião, e pessoas religiosas

---

[164] Diener *et al* (1999), Mastekaasa (1994), Waite & Gallagher (2000). No entanto, não há indicações claras de que pessoas casadas sejam, em média, mais felizes do que as que nunca se casaram, posto que cônjuges em casamentos ruins estão no grupo mais infeliz de todos, de modo a puxarem essa média para baixo; ver DePaulo & Morris (2005) para uma crítica das pesquisas sobre os benefícios do casamento.
DIENER, E.; SUH, E. M.; LUCAS, R. E.; SMITH, H. L. "Subjective well-being: Three decades of progress". *Psychological Bulletin*, 125, 1999, p. 276-302.
MASTEKAASA, A. "Marital status, distress, and well-being: An international comparison". *Journal of Comparative Family Studies*, 25, 1994, p. 183-205.
WAITE, L. J.; GALLAGHER, M. *The case for marriage: Why married people are happier, healthier, and better off financially.* New York: Doubleday, 2000.
DEPAULO, B. M.; MORRIS, W. L. "Singles in society and science". *Psychological Inquiry*, 16, 2005, p. 57-83.

[165] HARKER, L.; KELTNER, D. "Expressions of positive emotion in women's college yearbook pictures and their relationship to personality and life outcomes across adulthood". *Journal of Personality and Social Psychology*, 80, 2001, p. 112-124.
LYUBOMIRSKY, S.; KING, L.; DIENER, E. "The benefits of frequent positive affect: Does happiness lead to success?" *Psychological Bulletin* (no prelo).

[166] Baumeister and Leary (1995). Contudo, não é certo que o casamento seja mais benéfico do que outros tipos de relações de companheirismo. Muitas evidências

são, em média, mais felizes, do que as não religiosas[167]. Esse efeito emana das amarras sociais que vêm atreladas à participação numa comunidade religiosa, bem como do sentimento de conexão a algo externo ao "eu".

O que Bob tem a seu favor é uma série de vantagens objetivas em termos de poder, *status*, liberdade, saúde e luz solar — todos esses elementos estão sujeitos ao princípio da adaptação. Norte-americanos brancos estão libertos de muitos dos incômodos e das indignidades que afetam os negros — ainda assim, no geral, eles são apenas um pouco mais felizes[168]. Homens têm mais poder e liberdade do que mulheres, embora isso não os torne mais felizes. (Mulheres sofrem mais de depressão, mas também experienciam uma alegria mais intensa)[169]. Os jovens têm muito mais a esperar da

---

sugerem que sim, particularmente para a saúde, a riqueza e a longevidade (revisado em Waite & Gallagher, 2000); mas um grande estudo longitudinal falhou em sua tentativa de encontrar um benefício de longa duração do casamento, com base em relatos sobre o bem-estar (Lucas *et al.*, 2003).

BAUMEISTER, R. F.; LEARY, M. R. "The need to belong: Desire for inter-personal attachments as a fundamental human motivation. *Psychological Bulletin*, 117, 1995, p. 497-529.

WAITE, L. J.; GALLAGHER, M. *The case for marriage: Why married people are happier, healthier, and better off financially.* Nova York: Doubleday, 2000.

LUCAS, R. E.; CLARK, A. E.; GEORGELLIS, Y.; DIENER, E. "Reexamining adaptation and the set point model of happiness: Reactions to changes in marital status". *Journal of Personality and Social Psychology*, 84, 2003, p. 527-539.

[167] DIENER, E.; SUH, E. M.; LUCAS, R. E.; SMITH, H. L. "Subjective well-being: Three decades of progress". *Psychological Bulletin*, 125, 1999, p. 276-302.

MYERS, D. G. "The funds, friends, and faith of happy people". *American Psychologist*, 55, 2000, p. 56-67.

[168] Argyle (1999). Alguns estudos encontram uma diferença racial maior, mas, quando as distinções em termos de renda e emprego são controladas, essa diferença se torna pequena ou insignificante.

ARGYLE, M. "Causes and correlates of happiness". *In*: KAHNEMAN, D.; DIENER, E.; SCHWARTZ, N. (Eds.), *Well-being: The foundations of hedonic psychology*. Nova York: Russell Sage, 1999, p. 353-373.

[169] DIENER, E.; SUH, E. M.; LUCAS, R. E.; SMITH, H. L. "Subjective well-being: Three decades of progress". *Psychological Bulletin*, 125, 1999, p. 276-302.

LUCAS, R. E.; GOHM, C. L. (2000). "Age and sex differences in subjective well-being across cultures". *In*: DIENER, E.; SUH, E. M. (Eds.), *Culture and subjective well-being*. Cambridge: MIT press, 2000, p. 291-318.

vida do que os idosos, contudo, medidas de satisfação com a vida aumentam conforme a idade até a faixa dos sessenta e cinco anos e, em alguns estudos, ainda além disso[170]. Muitos se surpreendem ao ouvir que os velhos são mais felizes que os mais novos, posto que eles têm muito mais problemas de saúde. Todavia, as pessoas se adaptam à maior parte de suas doenças crônicas, como Mary[171] (embora enfermidades que pioram gradualmente reduzam o bem-estar e um estudo recente indique que a adaptação a uma deficiência não é, em média, completa)[172]. Aqueles que vivem em climas frios esperam que os moradores da Califórnia sejam mais felizes, mas eles estão enganados[173]. Também se acredita que pessoas atraentes são mais felizes do que os outros[174], mas esses indivíduos também estão errados[175].

---

[170] Carstensen *et al.* (2000); Diener & Suh (1998). Mroczek & Spiro (2005) encontraram um pico por volta dos sessenta e cinco anos de idade.
CARSTENSEN, L. L.; PASUPATHI, M.; MAYR, U.; NESSELROADE, J. R. "Emotional experience in everyday life across the adult life span". *Journal of Personality and Social Psychology*, 79, 2000, p. 644-655.
DIENER, E.; SUH, M. E. "Subjective well-being and age: An international analysis". *In*: K. SCHAIE, K.; LAWTON, M. (Eds.). *Annual review of gerontology and geriatrics*, Vol 17: *Focus on emotion and adult development, Annual review of gerontology and geriatrics*. Nova York: Springer, 1998, p. 304-324.
MROCZEK, D. K.; SPIRO, A. "Change in life satisfaction during adulthood: Findings from the veterans affairs normative aging study". *Journal of Personality and Social Psychology*, 88, 2005, p. 189-202.

[171] FREDERICK, S.; LOEWENSTEIN, G. "Hedonic adaptation". *In*: KAHNEMAN, D.; DIENER, E.; SCHWARTZ, N. (Eds.). *Well-being: The foundations of hedonic psychology*. Nova York: Russell Sage, 1999, p. 302-329.
RIIS, J.; LOEWENSTEIN, G.; BARON, J.; JEPSON, C.; FAGERLIN, A.; UBEL, P. A. "Ignorance of hedonic adaptation to hemodialysis: A study using ecological momentary assessment". *Journal of Experimental Psychology: General*, 134, 2005, p. 3-9.

[172] LUCAS, R. E. "Happiness can change: A longitudinal study of adaptation to disability". Manuscrito inédito. Michigan State University, 2005

[173] SCHKADE, D. A.; KAHNEMAN, D. "Does living in California make people happy? A focusing illusion in judgments of life satisfaction". *Psychological Science*, 9, 1998, p. 340-346.

[174] FEINGOLD, A. "Good looking people are not what we think". *Psychological Bulletin*, 111, 1992, p. 304-341.

[175] DIENER, E.; WOLSIC, B.; FUJITA, F. "Physical attractiveness and subjective well-being". *Journal of Personality and Social Psychology*, 69, 1995, p. 120-129.

Efetivamente, a única coisa que Bob tem a seu favor é a riqueza, mas aqui a história se complica. A conclusão mais vastamente relatada, advinda de pesquisas conduzidas pelo psicólogo Ed Diener[176], é a de que, em qualquer país, para a população mais pobre, o dinheiro compra sim a felicidade: aqueles que se preocupam diariamente com o pagamento de comida e moradia relatam um nível de bem-estar significativamente mais baixo do que os que não precisam se incomodar com isso. Contudo, quando nos vemos livres da preocupação com as necessidades básicas e entramos na categoria da classe média, a relação entre dinheiro e felicidade diminui. Os ricos costumam ser mais felizes do que os membros da classe média, mas por uma diferença pequena, e parte disso se dá pela correlação reversa: pessoas felizes enriquecem mais rapidamente porque, assim como no quesito casamento, elas são mais apresentáveis aos demais (como seus chefes) e também porque suas frequentes emoções positivas facilitam seu comprometimento com projetos, trabalho árduo e investimento em seu futuro[177]. A riqueza em si surte apenas um efeito direto mínimo sobre a felicidade, pois ela aumenta a velocidade da esteira hedônica com muita eficácia. A título de exemplo, à medida que o nível de riqueza dobrou ou triplicou nos últimos cinquenta anos em muitas nações industrializadas, os níveis de felicidade e satisfação com a vida relatados pela população não sofreram modificações, e a depressão se tornou mais comum[178]. Aumentos substanciais no produto interno bruto conduziram a melhorias no conforto de vida — casas maiores, mais carros, televisões, refeições em restaurantes,

---

[176] DIENER, E.; OISHI, S. "Money and happiness: Income and subjective well-being across nations". *In*: DIENER, E.; SUH, E. M. (Eds.). *Culture and subjective well-being*. Cambridge: MIT Press, 2000, p.185-218.

[177] LYUBOMIRSKY, S.; KING, L.; DIENER, E. "The benefits of frequent positive affect: Does happiness lead to success?" *Psychological Bulletin* (no prelo).
FREDRICKSON, B. L. "The role of positive emotions in positive psychology: The broaden-and-build theory of positive emotions". *American Psychologist*, 56, 2001, p. 218-226.

[178] DIENER, E.; OISHI, S. "Money and happiness: Income and subjective well-being across nations". *In*: DIENER, E.; SUH, E. M. (Eds.). *Culture and subjective well-being*. Cambridge: MIT Press, 2000, p. 185-218.
FRANK, R. H. *Luxury fever: Why money fails to satisfy in an era of excess*. Nova York: Free Press, 1999.

mais saúde e maior longevidade —, mas essas melhorias passaram a constituir as condições de vida normais; adaptamo-nos a todas elas, tornamo-las comuns, de modo que elas fizessem as pessoas se sentirem mais felizes ou satisfeitas.

Tais descobertas teriam agradado a Buda e a Epiteto — isto é, se eles sentissem prazer diante do prospecto de estarem corretos face a esses eventos externos. Bem como na época deles, as pessoas hoje se dedicam ao alcance de objetivos que não as tornarão mais felizes e ignoram, no processo, o crescimento interno e o desenvolvimento espiritual que poderiam lhes prover uma satisfação mais duradoura. Uma das lições mais consistentes que os sábios de antigamente ensinam é a de desapegar-se, parar de se esforçar com tanto afinco, traçar um novo caminho. Virar-se para dentro de si mesmo, ou para Deus, mas, por favor, pare de tentar fazer o mundo se conformar com sua vontade. O *Bhagavad Gita* é um ensinamento hindu sobre a arte de não se vincular. Numa seção sobre "demônios humanos", o Senhor Krishna descreve a natureza mais baixa da humanidade e os sujeitos que cedem a ela: "Aprisionados por centenas de grilhões forjados pela esperança, obcecados pela raiva e pelo desejo, eles procuram acumular riquezas com intuito de satisfazerem a sua luxúria"[179]. Krishna, então, faz uma paródia do pensamento do demônio:

> Isto eu adquiri hoje, este capricho hei de satisfazer; esta riqueza é minha e muitas mais serão minhas também no decorrer do tempo. Ele era meu inimigo, eu o matei, e muitos outros também matarei. Eu sou o mestre. Tomo meus prazeres como bem os desejo. Sou forte e feliz e bem-sucedido.

Substitua "matar" por "derrotar" e você terá uma boa descrição do ideal ocidental moderno, ao menos, em alguns campos do mundo dos negócios. Então, ainda que Bob fosse tão feliz quanto Mary, se ele tiver uma atitude arrogante e mimada e tratar mal aos outros, sua vida seria espiritual e esteticamente pior.

---

[179] ZAEHNER, R. C. *The Bhagavad-Gita*. Oxford: Clarendon, 1969.

## A Fórmula da felicidade

Na década de 1990, as duas grandes descobertas da pesquisa sobre a felicidade (sua forte relação com os genes e sua fraca relação com o ambiente) provocou grande impacto na comunidade psicológica, pois se aplicavam não somente à felicidade, mas também à maior parte dos aspectos da personalidade. Desde Freud, psicólogos partilhavam uma devoção quase religiosa à ideia de que a personalidade é primariamente moldada pelo ambiente em que a criança vive. Tal axioma foi traçado com base na fé: a evidência que o suportava consistia quase completamente em correlações — geralmente pequenas — entre a forma como os pais agiam e em quem as crianças se transformavam, e qualquer um, que sugerisse que tais correlações pudessem ser causadas pela genética, era desprezado e tomado como um reducionista. Não obstante, ao que estudos com gêmeos revelaram o incrível alcance dos genes e a relativa inutilidade do ambiente familiar que eles dividem[180], a antiga hipótese da felicidade se tornou cada vez mais plausível. Talvez haja mesmo um ponto de partida[181] fixado em cada cérebro, como um termostato que marca eternamente 14ºC (para depressivos) ou 24ºC (para pessoas felizes)? Talvez o único jeito de encontrar a felicidade seja, portanto, modificar a própria temperatura (por meio da prática de meditação, por exemplo, do uso de Prozac, ou da terapia cognitiva) e não o ambiente em que se vive?

À medida que psicólogos se viam às voltas com essas ideias, no entanto, e que biólogos trabalhavam no primeiro esboço do genoma humano, um entendimento de natureza e meio começou a aflorar. Sim, os genes explicam muito mais sobre nós do que qualquer um havia percebido, mas eles também são sensíveis às condições do ambiente[182]. E sim, cada pessoa

---

[180] Plomin & Daniels (1987). O ambiente *singular* que cada criança cria dentro do escopo familiar é importante, mas normalmente não tão importante quando sua genética única.
PLOMIN, R.; DANIELS, D. "Why are children in the same family so different from one another?" *Behavioral and Brain Sciences*, 10, 1987, p. 1-60.
[181] LYKKEN, D. T. *Happiness: What studies on twins show us about nature, nurture, and the happiness set-point.* Nova York: Golden Books, 1999.
[182] MARCUS, G. *The birth of the mind.* Nova York: Basic Books, 2004.

tem um nível característico de felicidade, mas agora parece que ele não constitui tanto um *ponto de partida* quanto um *potencial de alcance*, ou uma distribuição probabilística. Quer você opere na parte alta ou na parte baixa de seu potencial de alcance, isso é determinado por muitos fatores que Buda e Epiteto teriam considerado externos ao ser.

Quando Martin Seligman fundou a psicologia positiva no final da década de 1990, uma de suas primeiras cartadas foi a de juntar pequenos grupos de especialistas para lidarem com problemas específicos. Um grupo foi criado para estudar os fatores externos que são pertinentes à felicidade. Três psicólogos, Sonja Lyubomirsky, Ken Sheldon e David Schkade, revisaram as evidências disponíveis e se deram conta de que há dois tipos fundamentalmente distintos de tais fatores: as *condições* de sua vida e as *atividades voluntárias* que você pratica[183]. Condições incluem fatos sobre nossas vidas que não podemos mudar (raça, sexo, idade, deficiências), bem como elementos que podemos alterar (condição financeira, estado civil, residência). As condições são constantes ao longo do tempo, pelo menos, durante certo período da vida e, portanto, há determinadas coisas às quais devemos nos adaptar. Atividades voluntárias, por outro lado, são aquilo que *escolhemos* fazer, como meditar, fazer exercícios, aprender novas habilidades, ou tirar férias. Visto que tais atividades devem ser escolhidas, e porque a maioria delas requer esforço e atenção, elas não podem simplesmente fugir à sua percepção como ocorre com as condições. Atividades voluntárias, então, oferecem uma promessa muito maior de aumentar a felicidade, enquanto previnem os efeitos da adaptação.

Uma das ideias mais importantes na psicologia positiva é o que Lyubomirsky, Sheldon, Schkade e Seligman chamam de "a fórmula da felicidade":

$$F = P + C + A$$

O nível de felicidade que você experiencia (F) é determinado por seu ponto de partida biológico (P) somado às condições de sua vida (C) e às

---

[183] LYUBOMIRSKY, S.; SHELDON, K. M.; SCHKADE, D. (no prelo). "Pursuing happiness: The architecture of sustainable change". *Review of General Psychology*.

atividades voluntárias (A) que você pratica[184]. O desafio que a psicologia positiva enfrenta é o de aplicar o método científico para descobrir exatamente quais tipos de C e A podem impulsionar F ao ápice de seu alcance potencial. A versão biológica extrema da hipótese da felicidade diz que F = P e que C e A não importam. Porém, temos de dar crédito a Buda e a Epiteto por A, posto que Buda prescreveu o "nobre caminho óctuplo" (incluindo a meditação e a prudência), e Epiteto sugeriu métodos de pensamento que cultivassem a indiferença (*apatheia*) aos fatores externos. Para testar, então, a sabedoria dos sábios propriamente, devemos examinar esta hipótese: F = P + A, em que A = atividades voluntárias, ou intencionais, que promovem a aceitação e enfraquecem os vínculos emocionais. Se houver condições suficientes (C) que sejam importantes e se houver uma variedade de atividades voluntárias que vá além daquelas cujo objetivo seja o de desencorajar os vínculos, então, a hipótese da felicidade de Buda e Epiteto estará errada e o conselho de olhar para seu interior será equivocado.

Acontece que há, de fato, algumas condições externas (C) que fazem a diferença. Existem certas mudanças, que podemos ocasionar em nossas vidas, que não estão inteiramente sujeitas ao princípio da adaptação e que podem nos tornar felizes de forma duradoura. Pode ser que valha a pena lutarmos para consegui-las.

*Barulho.*

Quando morei na Filadélfia, aprendi uma lição valiosa sobre o mercado imobiliário: se for necessário comprar uma casa numa rua movimentada, não escolha uma localizada num raio de vinte e oito metros de um semáforo. A cada

---

[184] Ver Lyubomirsky *et al.* (no prelo) e Seligman (2002), *Capítulo 4*. Lyubomirsky *et al.* chama o último termo de "atividades"; Seligman os chama de "variáveis voluntárias." Escolhi combinar esses termos para fins de simplicidade em minha explicação ao me referir a "atividades voluntárias".
LYUBOMIRSKY, S.; KING, L.; DIENER, E. (no prelo). "The benefits of frequent positive affect: Does happiness lead to success?" *Psychological Bulletin*.
LYUBOMIRSKY, S.; SHELDON, K. M.; SCHKADE, D. (no prelo). "Pursuing happiness: The architecture of sustainable change". *Review of General Psychology*.
SELIGMAN, M. E. P. *Authentic happiness*. Nova York: Free Press, 2002.

noventa e cinco segundos, eu tinha de ouvir, por quarenta e dois segundos, as seleções musicais de várias pessoas, seguidas de doze segundos de motores acelerando, acompanhados de uma buzinada impaciente uma vez a cada quinze ciclos. Nunca me acostumei a isso e, enquanto eu e minha mulher procurávamos por uma casa em Charlottesville, eu disse a nosso corretor que, se uma mansão vitoriana estivesse disponível gratuitamente numa rua movimentada, eu não a aceitaria. Pesquisas demonstram que aqueles que precisam se adaptar a fontes de barulho novas e crônicas (tal como quando uma nova rodovia é construída), em realidade, nunca atingem uma adaptação completa. Mesmo os estudos, que apontam a ocorrência de algum grau de adaptação, apresentam evidências de debilitação em atividades cognitivas nesses casos. O barulho, especialmente o barulho variável ou intermitente, interfere na concentração e aumenta o nível de estresse[185]. Vale o esforço para remover fontes de barulho de nossas vidas.

## *Deslocamento.*

Muitos escolhem se mudar para lugares mais distantes de seus locais de trabalho em busca de uma casa maior. No entanto, embora as pessoas se adaptem rapidamente à disponibilidade de mais espaço[186], o mesmo não ocorre em relação ao maior deslocamento, especialmente se ele envolver dirigir em más condições de trânsito[187]. Mesmo após anos percorrendo o trajeto mais longo, os indivíduos cujo deslocamento engloba um trânsito ruim continuamente chegam ao trabalho com níveis mais elevados de hormônios de estres-

---

[185] Glass & Singer (1972) e outros revisados em Frederick & Loewenstein (1999).
GLASS, D. C.; SINGER, J. E. *Urban stress; Experiments on noise and social stressors.* Nova York: Academic Press, 1972.
FREDERICK, S.; LOEWENSTEIN, G. "Hedonic adaptation". *In*: KAHNEMAN, D.; DIENER, E.; SCHWARTZ, N. (Eds.). *Well-being: The foundations of hedonic psychology.* Nova York: Russell Sage, 1999, p. 302-329.
[186] Ver resenha em Frank (1999):
FRANK, R. H. *Luxury fever: Why money fails to satisfy in an era of excess.* Nova York: Free Press, 1999.
[187] KOSLOWSKY, M.; KLUGER, A. N. *Commuting stress.* Nova York: Plenum, 1995.

se. (Dirigir em condições ideais, todavia, costuma ser agradável e relaxante)[188]. Vale a pena buscar melhores condições de deslocamento.

*Falta de controle.*

Um dos ingredientes ativos do barulho e do tráfego ruim; o aspecto que os torna desagradáveis, é o fato de que não podemos controlá-los. Num estudo clássico, David Glass e Jerome Singer expuseram os sujeitos a eclosões em alto volume de barulhos aleatórios. Aos indivíduos de um grupo, foi dito que o barulho poderia cessar se eles apertassem um botão, então, pediu-se que eles não o fizessem a não ser que fosse absolutamente necessário. Ninguém apertou o botão, mas a ilusão de controle sobre o barulho fez dele um elemento menos estressante. Na segunda parte do experimento, os participantes que haviam pensado que poderiam controlar a situação foram mais persistentes na resolução de problemas complexos, enquanto aqueles que ouviram os barulhos sem qualquer perspectiva de controle sobre eles desistiram com maior facilidade[189].

Em outro estudo famoso, Ellen Langer e Judith Rodin concederam benefícios aos residentes de dois andares de um asilo — por exemplo, cultivar plantas em seus quartos e assistir a um filme por semana. Num desses andares, tais benefícios vinham acompanhados de uma sensação de controle: os residentes podiam escolher quais plantas cultivariam e assim, se tornam responsáveis por regá-las. Em grupo, eles podiam escolher qual seria a noite do filme. No outro andar, não houve tais possibilidades: as enfermeiras escolhiam as plantas e as regavam, bem como em que dia o filme seria exibido. Essa pequena manipulação surtiu grandes efeitos: no andar de maior controle por parte dos moradores, eles se mostraram mais felizes, mais ativos e mais alertas (após avaliados pelas enfermeiras, não apenas unos pelos outros), e tais resultados ainda estavam visíveis dezoito meses após a realização do estudo. Mais incrível é que, nessa reavaliação, passados os dezoito meses, é que os moradores que detiveram algum controle sobre as

---

[188] CSIKSZENTMIHALYI, M. *Finding flow.* Nova York: Basic Books, 1997.
[189] GLASS, D. C.; SINGER, J. E. *Urban stress; Experiments on noise and social stressors.* Nova York: Academic Press, 1972.

circunstâncias estavam mais sadios do que os outros e apresentaram metade do índice de fatalidade em relação ao outro grupo (15% e 30%, respectivamente)[190]. Numa resenha que eu e Rodin escrevemos, concluímos que modificar o ambiente de uma instituição no sentido de aprimorar o senso de controle de seus trabalhadores, pacientes e outros envolvidos consistia numa das maneiras mais eficazes de aprimorar também seu senso de engajamento, energia e felicidade[191].

*Vergonha.*

Em geral, pessoas atraentes não são mais felizes do que as outras. Não obstante, para nossa surpresa, algumas melhorias na aparência de um indivíduo conduzem, de fato, a um aumento duradouro de seu grau de felicidade[192]. Aqueles que passam por procedimentos cirúrgicos relatam (normalmente) altos níveis de satisfação com o processo e, até mesmo, aprimoramento em sua qualidade de vida e diminuição de sintomas psiquiátricos (tais como a depressão e a ansiedade) nos anos que sucedem a cirurgia. Os maiores ganhos advêm de relatos de cirurgias nos seios, tanto para aumento quanto para redução deles. Eu penso que o caminho para compreender os efeitos de longo prazo de modificações aparentemente tão rasas é o de compreender o poder da vergonha na vida cotidiana. Jovens mulheres, cujos seios são desproporcionalmente maiores ou menores em relação a seus ideais, cos-

---

[190] LANGER, E. J.; RODIN, J. "The effects of choice and enhanced personal responsibility for the aged: A field experiment in an institutional setting". *Journal of Personality and Social Psychology*, 34, 1976, p. 191-198.
RODIN, J.; LANGER, E. "Long-term effects of a control-relevant intervention with the institutionalized aged". *Journal of Personality and Social Psychology*, 35, 1977, p. 897-902, 1977.

[191] HAIDT, J.; RODIN, J. "Control and efficacy as interdisciplinary bridges". *Review of General Psychology*, 3, 1999, p. 317-337.

[192] Revisado em Lyubomirsky, King, & Diener (no prelo) Reis & Gable (2003).
LYUBOMIRSKY, S.; KING, L.; DIENER, E. (no prelo). "The benefits of frequent positive affect: Does happiness lead to success?" *Psychological Bulletin*.
REIS, H. T.; GABLE, S. L. "Toward a positive psychology of relationships". *In*: KEYES, C. L. M.; HAIDT, J. (Eds.). *Flourishing: Positive psychology and the life well-lived*. Washington: American Psychological Association, 2003, p. 129-159.

tumam relatar constrangimento diário no que tange a seus corpos. Muitas delas ajustam sua postura frente ao espelho a fim de esconder aquilo que consideram uma deficiência. A libertação de tamanho fardo pode levar a um aumento substancial e duradouro na autoconfiança e no bem-estar.

*Relacionamentos.*

A condição, dizem[193], que sobrepõe todas as outras em termos de importância é a força e o número de relacionamentos de um indivíduo. Relacionamentos bons fazem as pessoas felizes e elas desfrutam de relacionamentos melhores e mais abundantes do que as pessoas infelizes[194]. Esse efeito é tão importante e interessante que é digno de seu próprio capítulo — o próximo. Por ora, apenas mencionarei que os conflitos nos relacionamentos (como o de ter um colega de trabalho ou de quarto inconveniente, ou o de viver em

---

[193] Ver Argyle (1999), Baumeister & Leary (1995), Myers (2000), Seligman (2002). Entretanto, Lucas & Dyrenforth (no prelo) apresentam evidências de que o efeito causal direto do aprimoramento das relações sociais sobre a felicidade pode ser menor do que acredita a maioria dos psicólogos, quiçá não maior do que o efeito da renda sobre a felicidade. Esse debate acabou de começar; sua resolução há de esperar por pesquisas futuras.
ARGYLE, M. "Causes and correlates of happiness". *In*: KAHNEMAN, D.; DIENER, E.; SCHWARTZ, N. (Eds.), *Well-being: The foundations of hedonic psychology*. Nova York: Russell Sage, 1999, p. 353-373.
BAUMEISTER, R. F.; LEARY, M. R. "The need to belong: Desire for inter-personal attachments as a fundamental human motivation". *Psychological Bulletin*, 117, 1995, p. 497-529.
MYERS, D. G. "The funds, friends, and faith of happy people". *American Psychologist*, 55, 2000, p. 56-67.
SELIGMAN, M. E. P. *Authentic happiness*. Nova York: Free Press, 2002.
LUCAS, R. E.; DYRENFORTH, P. S. (no prelo). "Does the existence of social relationships matter for subjective well-being?" *In*: VOHS, K. D.; FINKEL, E. J. (Eds.), *Intrapersonal processes and interpersonal relationships: Two halves, one self*. Nova York: Guilford.

[194] LYUBOMIRSKY, S.; KING, L.; DIENER, E. (no prelo). "The benefits of frequent positive affect: Does happiness lead to success?" *Psychological Bulletin*.
REIS, H. T.; GABLE, S. L. "Toward a positive psychology of relationships". *In*: KEYES, C. L. M.; HAIDT, J. (Eds.). *Flourishing: Positive psychology and the life well-lived*. Washington: American Psychological Association, 2003, p. 129-159.

conflito com seu cônjuge), constituem uma das formas mais certeiras para que sua felicidade seja reduzida. Ninguém nunca se adapta aos conflitos interpessoais[195]; ele prejudica diariamente, mesmo naqueles dias em que não se vê a pessoa em questão, porque ainda assim ruminamos sobre o conflito.

Há muitas outras maneiras de aprimorar sua felicidade por meio do ajuste correto de suas condições de vida, especialmente no que tange aos relacionamentos, ao trabalho e ao grau de controle que você tem sobre fatores de estresse. Então, na fórmula da felicidade, o C é real e alguns fatores externos importam. Vale a pena lutar por certas coisas, e a psicologia positiva pode ajudar a identificá-las. É claro que Buda era facilmente adaptável a barulhos, tráfego intenso, falta de controle sobre as circunstâncias e deficiências físicas, mas sempre foi difícil para as pessoas comuns, mesmo na Índia antiga, serem como Buda. No mundo ocidental moderno, é ainda mais complicado seguir seu caminho de não agir e não se esforçar para conseguir as coisas. Alguns de nossos poetas e escritores, na verdade, incitam-nos a renegarmos esse caminho e acolhem nossas ações com gosto: "É, vão dizer que os seres humanos têm de ficar satisfeitos com a tranquilidade: eles precisam de ação; e eles hão de agir mesmo se não a encontrarem" (Charlotte Brontë [1816-1855], 1847)[196].

## Encontrando o fluxo

Nem toda ação, contudo, há de funcionar. A busca por riqueza e prestígio, por exemplo, provavelmente sairá pela culatra. Pessoas que relatam mais interesse em adquirir dinheiro, fama ou beleza costumam ser menos felizes, quiçá menos saudáveis, do que aquelas que procuram alcançar objeti-

---

[195] FREDERICK, S.; LOEWENSTEIN, G. "Hedonic adaptation". *In*: KAHNEMAN, D.; DIENER, E.; SCHWARTZ, N. (Eds.). *Well-being: The foundations of hedonic psychology*. Nova York: Russell Sage, 1999, p. 302-329.

[196] Bronte, 1973/1847, p.110, dito por Jane Eyre: BRONTE, C. *Jane Eyre*. Londres: Oxford University Press, 1973.

vos menos materialistas[197]. Então, quais são as atividades corretas? O que é o A na fórmula da felicidade?

A ferramenta que ajudou os psicólogos a responderem a tal pergunta é o "método de amostragem de experiência", criado por Mihalyi Cskiszentmihalyi, o húngaro cofundador da psicologia positiva. Nos estudos de Cskiszentmihalyi[198], as pessoas carregam consigo um *pager* que apita várias vezes por dia. A cada apito, a pessoa pega um caderno e relata o que está fazendo naquele momento e o quanto tal atividade lhe é prazerosa. Por meio desse sistema, aplicado a milhares de pessoas dezenas de milhares de vezes, Csikszentmihalyi descobriu que o que as pessoas efetivamente gostam de fazer, não apenas o que elas *se lembram* de terem gostado. Ele descobriu que há dois tipos diferentes de desfrute. Um é o prazer físico, ou corporal. Durante refeições, as pessoas, em média, relatam os maiores níveis de felicidade. Elas de fato gostam de comer, ainda mais na companhia de outros, e detestam ser interrompidas por ligações telefônicas (e, quem sabe, os apitos de Csikszentmihalyi) no meio de uma refeição, ou, pior ainda: durante o sexo. Não se pode, contudo, desfrutar do prazer físico o dia todo. Por sua natureza, comida e sexo satisfazem. Continuar comendo ou praticando relações sexuais após certo nível de satisfação pode conduzir ao nojo[199].

A grande descoberta de Csikszentmihalyi é a de que há um estado que muitos valorizam mais do que aquele ocasionado por comer chocolate após o sexo. Trata-se do estado de total imersão numa tarefa que é desafiadora, porém compatível com as habilidades do indivíduo. É o que às vezes é chamado de "estar na área". Csikszentmihalyi chamava isso de "fluxo", posto que, com frequência, tal estado se assemelha ao movimento desprovi-

---

[197] BELK, R. W. "Materialism: Trait aspects of living in the material world". *Journal of Consumer Research*, 12, 1985, p. 265-280. KASSER, T. *The high price of materialism*. Cambridge: MIT Press, 2002.
KASSER, T.; RYAN, R. M. "Further examining the American dream: Differential correlates of intrinsic and extrinsic goals". *Personality and Social Psychology Bulletin*, 22, 1996, p. 280-287.

[198] CSIKSZENTMIHALYI, M. *Flow: The psychology of optimal experience*. Nova York: Harper & Row, 1990.

[199] Ver Miller (1997) sobre "o asco do excesso": MILLER, W. I. *The anatomy of disgust*. Cambridge, MA: Harvard University Press, 1997.

do de esforço: o fluxo ocorre e você o segue. O fluxo ocorre com frequência durante movimentações físicas — esquiar, dirigir rápido numa estrada curvilínea, ou práticas esportivas em grupo. O fluxo é facilitado pela música, ou pela ação de terceiros, sendo ambos fatores que proveem uma estrutura temporal ao comportamento do sujeito (por exemplo, cantar num coro, dançar ou participar de uma conversa intensa com um amigo). O fluxo pode ocorrer durante a prática de atividades criativas solitárias, tais como pintar, escrever e fotografar. Eis as chaves para atingir o fluxo: há um desafio que envolve sua atenção por completo; você é dotado das habilidades para resolvê-lo; você recebe *feedback* imediato acerca de seu progresso a cada passo tomado (princípio do progresso). Você recebe um lampejo de sentimento positivo a cada negociação, a cada nota cantada corretamente, a cada pincelada feita no lugar certo. Na experiência do fluxo, o elefante e o condutor estão em perfeita harmonia. O elefante (os processos automáticos) realiza a maior parte do trabalho, correndo tranquilamente pela floresta, enquanto o condutor (o pensamento consciente) se vê completamente absorto na tarefa de buscar problemas e oportunidades, de modo a ajudar sempre que puder.

Com base no trabalho de Csikszentmihalyi, Seligman propõe uma distinção fundamental entre prazeres e gratificações. Prazeres são "deleites constituídos por componentes emocionais fortes e claros"[200], que podem se derivar de comida, sexo, massagens nas costas e brisas refrescantes. Gratificações são atividades que envolvem totalmente o indivíduo, exploram seus pontos fortes e o permitem se livrar de suas inseguranças. Gratificações podem conduzir ao fluxo. Seligman sugere que A (atividades voluntárias) consiste largamente em planejar seu dia e seu ambiente a fim de aprimorar tanto os prazeres quanto as gratificações. Os prazeres devem ser espaçados para que sua potência seja mantida. Comer um quarto de um pote de sorvete, ou escutar o mesmo CD dez vez seguidas configuram boas maneiras de atingir um estado de *overdose* e de anestesiar a si mesmo para a sensação de prazeres futuros. Eis onde o condutor tem um papel importante a desempenhar: já que o elefante tende ao exagero, o condutor precisa encorajá-lo a se levantar e praticar outras atividades.

---

[200] SELIGMAN, M. E. P. *Authentic happiness*. Nova York: Free Press, 2002, p. 102.

Os prazeres deveriam ser tanto saboreados quanto variados. Os franceses sabem como fazê-lo: eles consomem muitos alimentos engordativos, no entanto, continuam mais magros e mais saudáveis do que os norte-americanos, e extraem muito mais prazer de sua comida ao comer devagar e prestar mais atenção a ela enquanto comem[201]. Já que eles saboreiam, acabam consumindo menos. Os norte-americanos, por outro lado, empanturram-se com porções enormes de comida altamente calórica e repleta de carboidratos enquanto fazem outras coisas. Os franceses também variam o prazer alimentar ao servirem muitos pratos com pequenas porções de comidas; os norte-americanos são seduzidos por restaurantes que servem porções grandes. A variedade é o tempero da vida, pois é o inimigo natural da adaptação. Porções extragrandes, em contrapartida, maximizam a adaptação. Epicuro (341-270 a. C.), um dos poucos filósofos antigos a aderirem ao prazer sensual, endossou o método francês quando disse que o homem sábio "escolhe não a maior quantidade de comida e sim, a mais saborosa"[202].

Um motivo para a ampla disseminação da cautela filosófica quanto ao prazer sensual é o fato de que ele não provê benefícios duradouros. O prazer é bom naquele momento, mas as memórias sensuais desvanecem rapidamente e o indivíduo não se torna mais sábio ou mais forte no final das contas. Pior do que isso, o prazer convida as pessoas a buscarem mais prazer, afastando-as de atividades que podem ser melhores no longo prazo. Gratificações são diferentes. Elas pedem mais de nós; elas nos desafiam e nos levam a estender nossas capacidades. Geralmente, elas vêm da conquista de algo, de um aprendizado, ou da melhora de alguma coisa. Quando entramos num estado de fluxo, o trabalho duro vem sem esfor-

---

[201] Wrzesniewski, Rozin, & Bennett (2003); ver também Kass (1994).
WRZESNIEWSKI, A.; ROZIN, P.; BENNETT, G. "Working, playing, and eating: Making the most of most moments". In: KEYES, C. L. M.; HAIDT, J. (Eds.). *Flourishing: Positive psychology and the life well-lived*. Washington: American Psychological Association, 2003, p. 185-204.
KASS, L. R. *The hungry soul: Eating and the perfecting of our nature*. Chicago: University of Chicago, 1994.

[202] O'CONNOR, E. (Ed. & Trans.). *The essential Epicurus*. Amherst: Prometheus Books, 1993.

ço. Nós *queremos* continuar nos esforçando, aprimorando nossas aptidões, utilizando-nos de nossas forças. Seligman aponta que a chave para encontrar suas próprias gratificações é conhecer essas forças[203]. Uma das maiores conquistas da psicologia positiva foi o desenvolvimento de um catálogo de pontos fortes. Você pode descobri-los por meio de um teste *on-line*, em www.authentichappiness.org.

Recentemente, pedi que os trezentos e cinquenta estudantes em minha aula de introdução à psicologia fizessem esse teste e, uma semana mais tarde, participassem de quatro atividades ao longo de alguns dias. Umas delas foi a de satisfazer a seus sentidos, pausando o trabalho, por exemplo, para comer sorvete à tarde e, então, saboreando-o. Essa foi a atividade mais prazerosa na época; mas, como ocorre com todos os prazeres, ela cessou rápido. As outras três atividades consistiam em potenciais gratificações: assistir a uma aula que não é normalmente frequentada pelo estudante; fazer uma gentileza a um amigo que precise se alegrar; anotar as razões pelas quais é grato a alguém e depois visitar essa pessoa e expressar a gratidão. A atividade menos apreciada dentre as quatro foi a de comparecer a uma aula — exceto para aquelas cujos pontos fortes incluíam curiosidade e amor pelo aprendizado. Eles usufruíram muito mais disso. A grande descoberta foi a de que os indivíduos se beneficiaram com melhorias no humor mais duradouras a partir de suas práticas de gentileza e gratidão do que aquelas em que beneficiavam a si próprios. Não obstante as pessoas estivessem mais nervosas diante das atividades de gentileza e gratidão, que lhes demandavam a violação de normas sociais e corriam o risco de ser embaraçoso, após sua execução sentiam-se melhor pelo restante do dia. Muitos alunos disseram, inclusive, que esses sentimentos positivos perduraram até o dia seguinte — o que ninguém declarou sobre o sorvete. Ademais, tais benefícios se mostraram mais proeminentes naqueles cujos pontos fortes incluíam a gentileza e a gratidão.

Então, A (atividade voluntária) é real, não trata apenas de desapego. Você pode aumentar seu nível de felicidade se usar seus pontos fortes, es-

---

[203] PETERSON, C.; SELIGMAN, M. E. P. *Character strengths and virtues: A handbook and classification.* Washington: American Psychological Association e Oxford University Press, 2004.

pecialmente a serviço do fortalecimento de suas conexões — ajudar amigos, expressar gratidão a benfeitores etc. Praticar um gesto aleatório de bondade diariamente pode se tornar tedioso, mas se você conhecer suas forças e fizer uma lista de cinco atividades que as englobem, decerto poderá obter, no mínimo, uma gratificação por dia. Estudos que designaram que os sujeitos praticassem um ato aleatório de bondade toda semana, ou que eles agradecessem a tudo o que tinham regularmente durante várias semanas a fio, encontraram pequenas, mas sólidas, melhorias na felicidade[204]. Por isso, tome a iniciativa! Escolha suas próprias atividades gratificantes e as faça com regularidade (mas não ao ponto do tédio); levante seu nível de felicidade geral.

## Buscas equivocadas

Um dos axiomas da economia é sobre as pessoas que vão atrás de seus interesses de forma, mais ou menos, racional, e isso é o que permite que o mercado funcione — a "mão invisível" dos interesses próprios descrita por Adam Smith. Na década de 1980, contudo, alguns economistas começaram a estudar psicologia e modificar os modelos vigentes. Quem liderou essa passagem foi Robert Frank, um economista da universidade de Cornell, cujo livro *Passions Within Reason* (1987) analisou algumas coisas que as pessoas fazem que não se encaixam nos modelos econômicos de puro interesse próprio (tais como dar gorjetas em restaurantes longe de casa, vingar-se a altos custos e permanecer leal a amigos e cônjuges, mesmo quando oportunidades melhores surgem). Frank argumentou que tais comportamentos só fazem sentido enquanto produtos das emoções morais (como amor, vergonha, vingança ou culpa) e essas só fazem sentido enquanto produtos da evolução. A evolução parece nos ter tornado "estrategicamente irracionais", às vezes, para nosso próprio bem. Por exemplo, alguém que fica com

---

[204] LYUBOMIRSKY, S.; SHELDON, K. M.; SCHKADE, D. (no prelo). "Pursuing happiness: The architecture of sustainable change". *Review of General Psychology*. EMMONS, R. A.; MCCULLOUGH, M. E. (Eds.). *The psychology of gratitude*. Nova York: Oxford, 2004, p. 230-255.

raiva quando é traído e que busca vingança por isso, independentemente do preço a ser pago, adquire uma reputação que desencoraja outros potenciais traidores. Alguém que tenha se vingado, sem cometer grandes sacrifícios, pode ser traído com impunidade em diversas situações.

Em seu livro mais recente, *Luxury Fever*[205], Frank usou a mesma abordagem para compreender outro tipo de irracionalidade: o vigor com o qual as pessoas buscam atingir tantos objetivos que ajam em detrimento de sua felicidade. Frank começa questionando por quê, na medida em que nações emergem em riqueza, seus cidadãos não se tornam mais felizes; ele considera a possibilidade de que, uma vez que as necessidades básicas são supridas, dinheiro não pode comprar mais felicidade. Após uma revisão cautelosa das evidências, no entanto, Frank conclui que, aqueles que acham que dinheiro não compra felicidade, simplesmente não sabem onde fazer compras. Algumas compras são muito menos suscetíveis ao princípio da adaptação. Frank quer saber por que as pessoas se devotam tanto a gastar dinheiro com luxos e outros bens, aos quais se adaptam completamente, em vez de com coisas passíveis de fazê-las duradouramente mais felizes. A título de exemplo, as pessoas seriam mais felizes e saudáveis se tirassem mais folgas e "gastassem" mais tempo com seus familiares e amigos, mas os Estados Unidos da América caminham, há muito, no sentido oposto. As pessoas seriam mais felizes se reduzissem o tempo de deslocamento de casa até o trabalho e vice-versa, ainda que isso implicasse viver em casas menores, mas os norte-americanos tendem a procurar por casas cada vez maiores e, por conseguinte, mais tempo de deslocamento. Seriam mais felizes e saudáveis se tivessem férias maiores, ainda que ganhassem menos por conta disso, mas as férias são gradualmente reduzidas nos EUA, bem como na Europa. As pessoas seriam mais felizes — e, no longo prazo, mais ricas — se comprassem eletrodomésticos, veículos e relógios mais básicos e investissem o restante do dinheiro para consumos futuros; no entanto, os norte-americanos, em particular, gastam quase tudo o que têm — e às vezes mais — com bens para consumo imediato, muitas vezes, pagando extra por objetos de autoria de grandes nomes do *design* e por recursos supérfluos.

---

[205] FRANK, R. H. *Luxury fever: Why money fails to satisfy in an era of excess.* Nova York: Free Press, 1999.

A explicação de Frank é simples: os consumos conspícuo e inconspícuo seguem regras psicológicas distintas. O consumo conspícuo abrange coisas que são visíveis a terceiros e que são consideradas como marcas de sucesso de quem as detém. Tais bens são sujeitos a uma espécie de corrida armamentista na qual seu valor não emana tanto de suas propriedades objetivas quanto do que eles dizem sobre seus donos. Numa época em que todos usavam relógios Timex, o primeiro indivíduo a comprar um Rolex destacou-se. Quando todos migraram para o Rolex, tornou-se preciso ter um Patek Philippe de vinte mil dólares para se atingir um *status* elevado, e o Rolex deixou de prover tanta satisfação. O consumo conspícuo é um jogo de soma zero: cada movimento de ascensão de um indivíduo desvaloriza as posses dos outros. Ademais, é difícil persuadir um grupo, ou uma subcultura, a desacelerar o ritmo, embora seja verdade que a maioria de nós estaria melhor se voltasse a consumir relógios de pulso simples. O consumo inconspícuo, por outro lado, engloba bens e atividades que o próprio consumidor valoriza e que costumam ser consumidas de forma mais privada, portanto, não são adquiridos com o propósito de atingir determinado *status*. Visto que os norte-americanos não obtêm prestígio ao tirarem férias maiores, ou diminuírem seu tempo de deslocamento, esses bens de consumo invisíveis não são suscetíveis a nenhuma corrida armamentista.

Tente realizar o experimento a seguir. Qual emprego você escolheria: um no qual ganhasse noventa mil dólares por ano, enquanto seus colegas ganhassem uma média de setenta mil dólares, ou outro no qual você ganhasse cem mil dólares e seus colegas, em média, cento e cinquenta mil dólares? Muitos escolhem o primeiro emprego, revelando, portanto, que o posicionamento relativo vale pelo menos dez mil dólares para eles. Agora tente o seguinte: você preferiria trabalhar para uma empresa que lhe desse duas semanas de férias anuais, mas apenas uma semana aos demais funcionários, ou para uma empresa que lhe desse quatro semanas de férias, enquanto a média para os outros funcionários fosse de seis semanas? A maioria das pessoas opta pelo maior tempo em termos absolutos[206]. O tem-

---

[206] Adaptado de Solnick & Memenway (1998): SOLNICK, S. J.; MEMENWAY, D. "Is more always better? A survey on positional concerns". *Journal of Economic Behavior and Organization*, 37, 1998, p. 373-383.

po é um bem de consumo inconspícuo, embora muitos transformem suas férias num bem conspícuo ao gastarem altas quantias para impressionar os outros em vez de usarem esse tempo para descansar.

As conclusões de Frank são reforçadas por pesquisas recentes sobre os benefícios de "fazer *versus* ter". Os psicólogos Leaf van Boven e Tom Gilovich pediram aos sujeitos de um experimento que pensassem numa época em que gastavam mais de cem dólares com intuito de aprimorarem sua felicidade e seu prazer. Um grupo de participantes teve de escolher uma posse material; o outro, uma experiência ou atividade pela qual pagara. Após descreverem suas compras, os sujeitos preenchiam um questionário. Os que descreveram a compra de uma experiência (como uma viagem para esquiar, ingressos para um *show*, ou uma refeição elaborada) se mostraram mais felizes quando pensaram em sua aquisição e acreditaram que seu dinheiro fora mais bem gasto em comparação àqueles que compraram objetos materiais (roupas, joias ou eletrônicos)[207]. Depois de conduzir inúmeras variações do experimento, obtendo dados semelhantes a cada tentativa, van Boven e Gilovich concluíram que experiências trazem mais felicidade em parte porque têm maior valor social: a maioria das atividades que custam mais do que cem dólares consistem em coisas que fazemos *com* outras pessoas, mas posses materiais caras costumam ser adquiridas com a finalidade de *impressionar* outras pessoas. Atividades nos conectam a outros; objetos frequentemente nos separam.

Então, agora você sabe onde deve fazer compras. Pare de tentar competir com seus vizinhos. Pare de gastar dinheiro com consumo conspícuo. Como um primeiro passo, trabalhe menos, ganhe menos, acumule menos e "consuma" mais tempo com a família, férias e em outras atividades prazerosas. O sábio chinês Lao Tzu (571-531 a. C.) aconselhou as pessoas a fazerem suas próprias escolhas e não a buscarem objetos materiais visados também por todos os outros:

> Correr e caçar enlouquecem a mente.
> Os bens preciosos levam ao extravio.

---

[207] VAN BOVEN, L.; GILOVICH, T. "To do or to have? That is the question". *Journal of Personality and Social Psychology* 85, 2003, p. 1193-1202.

Por isso, o sábio é guiado pelo que sente e não pelo que vê. Ele afasta este e escolhe aquele.[208]

Infelizmente, desprender-se de uma coisa e escolher outra será difícil se o elefante enrolar sua tromba no "elemento precioso" e não o soltar. O elefante foi delineado pela seleção natural para ganhar no jogo da vida, e parte de sua estratégia é impressionar os outros, ganhar sua admiração e elevar sua posição relativa. *O elefante se importa com prestígio, não com a felicidade*[209], e ele vive olhando para os outros a fim de descobrir o que é prestigioso. O elefante irá atrás de seus objetivos evolucionários mesmo se a felicidade suprema puder ser encontrada noutro lugar. Se todos buscam a mesma quantidade limitada de prestígio, então, todos estão presos num jogo de soma zero, numa corrida eterna, num mundo em que a ascensão da riqueza não promove a ascensão da felicidade. A busca por luxos é uma armadilha; trata-se de um beco sem saída em direção ao qual as pessoas correm em sua concepção equivocada de que lá poderão ser felizes.

A vida moderna traz muitas outras armadilhas. Aqui uma isca; dentre as palavras a seguir, escolha a que mais apela a você: *restrição, limite, barreira, escolha*. Provavelmente, você optou por "escolha", porque os três primeiros termos remetem a um lampejo de afeto negativo (lembre-se do medidor de gostos). A possibilidade de "escolha", bem como a liberdade, frequentemente associada a ela, são bens inegáveis da vida moderna. A maior parte das pessoas preferiria fazer compras num supermercado que estoca dez itens em cada categoria de alimento do que numa loja pequena que estoca apenas dois. A maioria de nós preferiria investir o dinheiro de sua aposentadoria numa companhia que oferece quarenta fundos, do que uma de quatro fundos. Contudo, quando os indivíduos recebem um leque mais amplo de opções — como uma variedade de trinta tipos de bombons (em vez de seis), da qual apenas alguns deverão ser escolhidos —, a

---

[208] *Tao Te Ching*, 12, em Feng & English (1972): FENG, G. F.; ENGLISH, J. (Eds.). *Tao Te Ching*. Nova York: Random House, 1972.

[209] O mesmo argumento foi utilizado mediante as evidências neurocientíficas por Whybrow (2005).
WHYBROW, P. C. *American mania: When more is not enough*. Nova York: Norton, 2005.

probabilidade de escolherem é menor; e se escolherem, sentem-se menos satisfeitos com aquilo pelo qual optaram[210]. Quanto maior o número de opções, mais se espera encontrar a escolha perfeita; porém, ao mesmo tempo, quanto maior a variedade, menos provável é de se escolher o melhor item. Você sai da loja menos confiante perante sua escolha, mais passível de arrependimentos e com maior probabilidade de pensar nos itens que você não selecionou. Se for possível evitar escolher, você provavelmente o fará. O psicólogo Barry Schwartz chama isso de "paradoxo da escolha"[211]: nós prezamos pela escolha e nos colocamos em situações que nos permitam escolher, embora o ato de escolher tenda a minar nossa felicidade. Schwartz e seus colegas[212] concluem que o paradoxo se aplica majoritariamente àqueles que chamam de "amplificadores" — indivíduos que têm o hábito de avaliar todas as opções e buscar mais informações sobre o assunto a fim de tomarem a melhor decisão (ou "amplificar sua utilidade", como diriam os economistas). Outras pessoas — "satisfeitores" — são mais descontraídas no que tange a escolhas. Elas avaliam uma gama de possibilidades até encontrarem uma que seja boa o suficiente para, em seguida, pararem de procurar. Os satisfeitores não se afetam pelo excesso de opções. Em geral, amplificadores tendem a fazer escolhas um pouco melhores do que satisfeitores (toda essa preocupação e coleta de informações, no final das contas, ajuda), mas ficam menos felizes com suas decisões e são mais propensos à depressão e à ansiedade.

Num estudo sagaz sobre o assunto[213], amplificadores e satisfeitores tiveram de resolver anagramas sentados ao lado de outro sujeito (um pes-

---

[210] IYENGAR, S. S.; LEPPER, M. R. "When choice is demotivating: Can one desire too much of a good thing?" *Journal of Personality and Social Psychology*, 79, 2000, p. 995-1006.

[211] SCHWARTZ, B. *The paradox of choice*. Nova York: Harper Collins, 2004.

[212] SCHWARTZ, B.; WARD, A.; MONTEROSSO, J.; LYUBOMIRSKY, S.; WHITE, K.; LEHMAN,
D. R. "Maximizing versus satisficing: Happiness is a matter of choice". *Journal of Personality and Social Psychology*, 83, 2002, p. 1178-1197.

[213] SCHWARTZ, B.; WARD, A.; MONTEROSSO, J.; LYUBOMIRSKY, S.; WHITE, K.; LEHMAN,
D. R. "Maximizing versus satisficing: Happiness is a matter of choice". *Journal of Personality and Social Psychology*, 83, 2002, p. 1178-1197.

quisador, na verdade), que os resolvia muito mais rápido ou muito mais devagar. Os satisfeitores não se afetaram tanto com a experiência. A avaliação de suas próprias habilidades e do quanto eles gostaram do experimento mal se deixou afetar pelo que o outro estava fazendo. Os amplificadores, no entanto, entravam em desespero quando o outro sujeito trabalhava mais rápido do que eles. Mais tarde, eles declararam estimas mais baixas quanto a suas competências e níveis mais elevados de emoções negativas. (Ter um parceiro mais lento como dupla, contudo, não surtiu grande efeito — mais uma evidência de que eventos negativos nos atingem com mais força do que os positivos). O ponto aqui é que os amplificadores estão mais envolvidos numa comparação social e, portanto, mais facilmente levados a um consumo conspícuo. Paradoxalmente, amplificadores sentem menos prazer por cada dólar que gastam.

A vida moderna é cheia de armadilhas. Algumas delas são montadas por marqueteiros e publicitários que sabem exatamente o que o elefante quer — e não é felicidade.

## A HIPÓTESE DA FELICIDADE RECONSIDERADA

Quando comecei a escrever este livro, pensei que Buda seria um forte candidato ao prêmio de "Melhor Psicólogo dos Últimos Três Mil Anos". Seu diagnóstico de que o ato de lutar por algo é fútil soou tão correto e sua promessa de tranquilidade, tão apelativa. Não obstante, ao fazer minhas pesquisas para o livro, pus-me a pensar que talvez o budismo fosse baseado num exagero, quiçá até num erro. De acordo com o mito[214], Buda era filho de um rei no norte da Índia. Quando nasceu (com o nome de Siddhartha Gautama, em c. 563 a. C.), o rei ouviu uma profecia que dizia que o destino de seu filho era partir para os confins da floresta e virar as costas ao reino. Ao que o menino crescia, rumo à idade adulta, seu pai tentou persuadi-lo a permanecer em casa por meio do apelo de prazeres sensuais e escondendo dele qualquer coisa que pudesse perturbar sua mente. O jovem príncipe se casou com uma linda princesa e foi criado nos andares mais altos do palá-

---

[214] CONZE, E. (Ed.). *Buddhist Scriptures*. Londres: Penguin, 1959.

cio, cercado por um harém de outras lindas mulheres. Com o tempo, ele se entediou com isso (vide o princípio da adaptação) e desenvolveu uma crescente curiosidade sobre o mundo do lado de fora. Em dado momento, ele convenceu o pai a deixá-lo fazer um passeio de carruagem. Na manhã do passeio, o rei ordenou que todos os velhos, enfermos e deficientes se escondessem portas adentro. Ainda assim, um homem idoso ficou na estrada e foi visto pelo príncipe, que pediu ao cocheiro que explicasse a existência de tal estranha criatura. O cocheiro lhe disse que todos envelhecem. Chocado, o príncipe retornou ao palácio. Na excursão do dia seguinte, ele viu um homem enfermo, seu corpo assolado por doenças. Mais explicações, mais retornos ao palácio. No terceiro dia, o príncipe avistou um corpo sendo carregado pelas ruas. Essa foi a gota d'água. Ao descobrir que a velhice, a enfermidade e a morte eram o destino de todas as pessoas, o príncipe suplicou: "Leve a carruagem de volta! Não é a hora ou o lugar para excursões prazerosas. Como poderia um ser humano inteligente não atentar ao desastre iminente, sabendo de seu inevitável padecimento?"[215]. O príncipe, então, deixou sua esposa, seu harém e, conforme profetizado, seu futuro na nobreza. Ele fugiu para a floresta e deu início à sua jornada rumo ao esclarecimento. Ao obtê-lo, Buda[216] ("aquele que despertou") passou a pregar que viver é sofrimento e o único modo de escapar disso é destruir os laços que nos vinculam ao prazer, às conquistas, à reputação, à vida.

 O que aconteceria, porém, se o príncipe tivesse simplesmente descido da carruagem e conversado com aqueles que presumira que eram tão infelizes? E se ele tivesse dialogado com os pobres, os velhos, os deficientes e os enfermos? Um dos jovens psicólogos mais aventurosos, Robert Biswas--Diener (filho do pioneiro no quesito da felicidade, Ed Diener), estudou precisamente isso. Ele viajou pelo mundo questionando pessoas sobre suas vidas e seu nível de satisfação com elas. Por onde passou, da Groenlândia ao Quênia ao estado da Califórnia, ele constatou que a maior parte das pessoas (com exceção de indigentes) demonstra mais satisfação do que

---

[215] CONZE, E. (Ed.). *Buddhist Scriptures*. Londres: Penguin, 1959, p. 40.
[216] Alguns dizem "o Buda" (aquele que foi acordado), bem como "o Cristo" (aquele que foi ungido). No entanto, sigo o uso mais comum dos nomes ao me referir a Buda e Cristo.

insatisfação em relação à vida[217]. Ele chegou a entrevistar indivíduos que trabalhavam com sexo nas favelas de Calcutá, indivíduos forçados pela pobreza a vender seus corpos e a sacrificar seu futuro, deixando-o nas mãos das doenças. Embora as mulheres entrevistadas demonstrassem muito menos satisfação com suas vidas em comparação a um grupo de estudantes universitários em Calcutá, ainda assim, elas (em média) se julgavam mais satisfeitas do que insatisfeitas, ou neutras (nem satisfeitas, nem insatisfeitas). Sim, elas sofriam privações que soam a nós, habitantes do mundo ocidental, insuportáveis, mas também mantinham amizades íntimas com as pessoas com quem passavam a maior parte de seu tempo, e a maioria delas permanecia em contato com suas famílias. Biswas-Diener concluiu que, "ao passo que os pobres de Calcutá não levam vidas invejáveis, eles levam vidas significativas. Eles aproveitam os recursos imateriais disponíveis a eles e encontram satisfação em muitas áreas de suas vidas"[218]. Assim como ocorre com os tetraplégicos, os idosos e os pertencentes a qualquer outra classe de indivíduos de quem Buda teria sentido pena, as vidas dessas prostitutas são muito melhores do que parecem.

Outro motivo para a ênfase de Buda, quanto ao desprendimento das coisas, pode ter sido ditado pelos tempos turbulentos em que vivia: reis e cidades-estados guerreavam incessantemente, e as vidas dos indivíduos, bem como suas fortunas, poderiam desvanecer da noite para o dia. Quando a vida é imprevisível e perigosa (tal como fora para os filósofos estoicos, que viviam sob o regime de imperadores romanos caprichosos), pode ser tolo buscar a felicidade por meio do controle do mundo externo. As circunstâncias atuais, contudo, são outras. Pessoas que vivem em democracias prósperas podem, sim, estabelecer metas a serem cumpridas no longo prazo e esperar cumpri-las. Estamos imunizados contra boa parte das doenças, protegidos das tempestades e assegurados contra incêndios, roubos e acidentes de carro. Pela primeira vez na história, a maioria das pessoas

---

[217] BISWAS-DIENER, R.; DIENER, E. "Making the best of a bad situation: Satisfaction in the slums of Calcutta". *Social Indicators Research*, 55, 2001, p. 329-352.
DIENER, E.; DIENER, C. "Most people are happy". *Psychological Science*, 7, 1996, p. 181-185. Biswas-Diener & Diener, 2001; Diener & Diener, 1996.
[218] BISWAS-DIENER, R.; DIENER, E. "Making the best of a bad situation: Satisfaction in the slums of Calcutta". *Social Indicators Research*, 55, 2001, p. 329-352.

(em países de primeiro mundo) viverá além dos setenta anos e não verá seus filhos morrerem. Embora todos nós tenhamos de enfrentar surpresas desagradáveis ao longo do caminho, decerto nos adaptaremos e lidaremos com quase todas elas e, muitos de nós, acreditam que o sofrimento nos torna mais fortes. Nesse espectro, cortar todos os nossos vínculos e afastar os prazeres trazidos pela sensualidade e pelo triunfo, num esforço para escapar da dor, das perdas e da derrota parece uma resposta inapropriada à inevitável presença de *algum* sofrimento em qualquer vida.

Muitos pensadores ocidentais analisaram os mesmos males que Buda — doenças, envelhecimento e mortalidade — e chegaram a conclusões totalmente distintas: mediante aos vínculos às pessoas, às metas e aos prazeres, a vida deve ser aproveitada ao máximo. Uma vez ouvi um discurso do filósofo Robert Solomon (1942-2007) que denunciava a filosofia do desprendimento como uma afronta à natureza humana[219]. A vida de reflexões cerebrinas e indiferença emocional (em grego: *apatheia*), pregada por tantos filósofos gregos e romanos, e a vida de tranquilidade e falta de esforços pregada por Buda têm o propósito de driblar as paixões, e uma vida desprovida de paixão não é humana. Sim, vínculos trazem dor, mas também carregam consigo nossas maiores alegrias e a variação que os filósofos tentam evitar tem seu valor. Fiquei chocado ao escutar um filósofo rejeitar tanto da filosofia antiga, mas também me senti inspirado de um modo como nunca dantes me sentira enquanto estudante na graduação de Filosofia. Saí da sala de palestras com o sentimento de que queria fazer alguma coisa ali mesmo para abraçar a vida.

A mensagem de Solomon foi heterodoxa no campo da filosofia, mas é muito comum nas obras de poetas e escritores românticos e naturalistas:

> Não vivemos mais do que um quarto de nossas vidas — por que não deixar que venha a inundação — abrir os portões — e fazer as coisas cami-

---

[219] Posteriormente, encontrei uma versão publicada da conversa em Solomon (1999).
SOLOMON, R. C. *The joy of philosophy: Thinking thin versus the passionate life*. New York: Oxford University Press, 1999.

nharem — Aquele que tem ouvidos, deixe-o ouvir! Abrace seus sentidos. (Henry David Thoreau, 1851)[220]

Até mesmo um futuro judiciário da Suprema Corte dos Estados Unidos da América — uma entidade devota à razão — emitiu essa opinião:

> Penso que, posto que a vida é ação e paixão, é imprescindível que um homem compartilhe as ações e paixões de sua vida, sob penalidade de ser julgado por não ter vivido caso não o faça. (Oliver Wendell Holmes Junior, 1884)[221]

Buda, Lao Tzu e outros sábios do Oriente descobriram um caminho para alcançar a paz e a tranquilidade: o caminho do desvinculamento. Eles nos instruíram a seguir esse caminho por intermédio da prática da meditação e da calma. Milhões de orientais seguiram tais passos e, embora poucos tenham chegado ao *nirvana* (se é que alguém chegou), muitos deles encontraram algum grau de paz, felicidade e crescimento espiritual. Portanto, não tenho a intenção de questionar o valor ou a relevância do budismo no mundo moderno, ou a importância de trabalharmos em nós mesmos num esforço para atingir a felicidade. Antes, eu gostaria de sugerir que a hipótese da felicidade pode se estender — por ora — a uma fórmula *yin-yang*: *a felicidade vem de dentro e a felicidade vem de fora*. (No *Capítulo 10*, apresentarei um refinamento maior da hipótese). A fim de vivermos tanto o *yin* quanto o *yang*, precisamos de ajuda. Buda é o guia mais perceptivo da história no que tange à primeira parte; ele é um lembrete constante, porém sutil, do *yin* do trabalho interno. No entanto, eu acredito que o ideal ocidental de ação, luta e apegos passionais às coisas e às pessoas não é tão equivocado quanto sugere o budismo. Precisamos apenas estabelecer um equilíbrio (à parte oriental) e buscar orientações específicas (da psicologia moderna) acerca daquilo pelo que vale a pena lutar.

---

[220] BRODERICK, J. C. (Ed.). *Writings of Henry D. Thoreau: Journal, Volume 3: 1848–1851*. Princeton: Princeton University Press, 1990, p. 261.
[221] Memorial Day Address, entregue em 30 de maio, 1884. Em Holmes (1891). HOLMES, O. W., Jr. *Speeches*. Boston: Little, Brown, 1891, p. 3.

# Capítulo 6

# Capítulo 6
# Amor e Vínculos

*E ninguém pode viver feliz se só pensa em si próprio e transforma tudo em questão de sua própria utilidade; você deve viver para o seu vizinho, se você quiser viver para si mesmo.*
— Sêneca[222]

*Nenhum homem é uma ilha isolada; cada homem é uma partícula do continente, uma parte da terra.*
— John Donne[223]

Em 1931, aos quatro anos de idade, meu pai foi diagnosticado com poliomielite. Ele foi imediatamente posto num quarto de isolamento no hospital da área, no Brooklyn, Nova York. Não havia cura ou vacina para a pólio naquela época, e os moradores da cidade viviam com medo da disseminação da doença. Durante várias semanas, meu pai ficou sem contato humano, exceto por uma visita eventual de uma enfermeira usando máscara. Minha avó o via diariamente, mas não podia fazer nada além de acenar para ele e tentar conversar através da janela de vidro na porta do quarto. Meu pai se lembra de chamá-la, de implorar que

---

[222] SENECA, L. A. *Moral Epistles*. The Loeb Classical. Cambridge: Harvard University Press, 1925, epístola XLVIII, vol. 1, p. 315.
[223] "Meditation XVII". *In*: DONNE, J. *Devotions upon emergent occasions: A critical edition with introduction and commentary*. Salzburg: University of Salzburg, 1975.

ela entrasse. Isso deve ter partido o coração dela, e, um dia, minha avó ignorou as regras e entrou no quarto. Ela foi descoberta e rigidamente repreendida. Meu pai se recuperou sem qualquer grau de paralisia, mas a imagem permaneceu comigo: um menino pequeno sozinho num quarto, olhando para sua mãe através de uma chapa de vidro.

Meu pai teve a má sorte de nascer num ponto de confluência de três grandes ideias. A primeira delas foi a teoria dos germes, proposta em 1840 por Ignez Semmelweis (1818-1865) e incorporada nos lares e nos hospitais com crescente ferocidade durante o século seguinte. Quando começaram a coletar estatísticas de orfanatos na década de 1920, os pediatras passaram a temer os germes acima de qualquer outra coisa. Desde seu início, os relatórios mostravam que a maioria das crianças deixadas em orfanatos morriam dentro de um ano. Em 1915, um médico novaiorquino, Henry Chapin (1857-1942), relatou à Associação Pediátrica Americana que, dentre os dez orfanatos que ele examinara, em nove deles *todas* as crianças morreram antes de completarem dois anos[224]. Ao que os pediatras se depararam com os efeitos letais causados pelas instituições infantis, eles reagiram de maneira lógica ao iniciarem uma cruzada contra os germes. Tornou-se prioridade nos orfanatos e nos hospitais isolar as crianças tanto quanto fosse possível em cubículos esterilizados a fim de prevenir que umas infectassem às outras. As camas eram separadas, divisores eram colocados entre elas, enfermeiras se blindavam com máscaras e luvas e mães eram repreendidas se violassem a quarentena.

As duas outras grandes ideias foram a psicanálise e o behaviorismo. Essas teorias tinham pouco em comum, mas concordavam que o vínculo de um bebê com sua mãe se dava através do leite. Freud acreditava que a libido da criança (o desejo pelo prazer) era satisfeita, a princípio pelos seios, portanto seu primeiro apego (necessidade psicológica) se relacionava diretamente com eles. Gradualmente, a criança generaliza esse desejo à mulher a quem pertencem os seios. Os behavioristas não se importavam com a libido, mas também viam o seio como o primeiro reforço, a primeira recompensa (o leite) para o primeiro comportamento (mamar). O coração

---

[224] Os fatos neste parágrafo foram retirados de Blum (2002) Capítulo 2. BLUM, D. *Love at Goon Park*. Cambridge: Perseus, 2002.

do behaviorismo, se é que ele tinha um, jazia no condicionamento — a ideia de que o aprendizado ocorre quando as recompensas são *condicionais* ao comportamento. O amor incondicional — pegar o bebê no colo, embalá-lo e acariciá-lo, sem motivo aparente — era visto como uma forma certeira de tornar as crianças mimadas e fracas. Freudianos e behavioristas estavam juntos em sua crença de que uma maternidade provida de afeto excessivo era danosa aos filhos e de que princípios científicos poderiam aprimorar a qualidade da educação. Três anos antes de meu pai ser internado, John Watson (1878-1958), o principal behaviorista norte-americano da época (nos anos anteriores a B. F. Skinner), publicou o *bestseller Psychological Care of Infant and Child*[225]. Watson escreveu sobre seu sonho de que, um dia, os bebês seriam criados em fazendas infantis, longe das influências corruptivas dos pais. Até que esse dia chegasse, contudo, os pais deveriam ser encorajados a utilizarem técnicas behavioristas para criar filhos fortes: não pegue o bebê quando ele chorar, não o afague, apenas conceda benefícios e castigos para cada ação boa ou má.

  Como a ciência poderia ter errado tanto? Como poderiam médicos e psicólogos não ter enxergado que as crianças precisam de amor tanto quanto de leite? Este capítulo é sobre essa necessidade — a necessidade de outras pessoas, de toque e de relações íntimas. Nenhum homem, mulher ou criança é uma ilha. Os cientistas evoluíram muito desde John Watson, e agora há uma ciência muito mais humanizada no que tange ao amor. A história dessa ciência se inicia com órfãos e macacos-rhesus e termina com um desafio à visão lúgubre do amor cultivada por tantos de nossos ancestrais, tanto do Oriente quando do Ocidente. Os heróis desta história são dois psicólogos que rejeitaram os dogmas de seu treinamento: Harry Harlow (1905-1981) e John Bowlby (1907-1990). Esses homens sabiam que algo estava faltando no behaviorismo e na psicanálise, respectivamente. Contra todas as probabilidades, eles modificaram seus campos de atuação, humanizaram o tratamento das crianças e viabilizaram que a ciência se aprimorasse sobre a sabedoria dos antigos.

---

[225] WATSON, J. B. *Psychological care of infant and child.* Nova York: W. W. Norton, 1928.

## AMOR E VÍNCULOS

### PARA TER E CUIDAR

Harry Harlow[226] obteve seu grau de doutor em 1930, em Stanford, onde escreveu sua dissertação sobre o comportamento alimentar de filhotes de ratos. Ele aceitou um emprego na Universidade de Wisconsin e lá se viu sobrecarregado com o ensino e desprovido de sujeitos suficientes para fazer suas pesquisas — ele não tinha um laboratório, não tinha ratos, nenhum meio de realizar os experimentos que queria publicar. Em desespero, Harlow levou seus alunos ao pequeno zoológico em Madison, Wisconsin, que contava com um pequeno número de primatas. Harlow e seu primeiro estudante de pós-graduação, Abe Maslow (1908-1970), não tinham condições para praticar experimentos controlados com tão poucos animais. Eles foram forçados, então, a observar, a manter suas mentes abertas e a aprender com espécies próximas em parentesco aos seres humanos. Uma das primeiras coisas que notaram foi a curiosidade. Os símios e os macacos gostavam de resolver enigmas (os humanos lhes forneceram testes para medir a destreza física e a inteligência) e, aparentemente, trabalhavam em tarefas pelo simples prazer de fazê-lo. O behaviorismo, por outro lado, pregava que os animais só fariam aquilo que lhes trouxesse reforços positivos.

Harlow pressentiu que havia encontrado uma falha no behaviorismo, mas não podia prová-lo com anedotas do zoológico local. Ele queria muito um laboratório para estudar os primatas, não os ratos; para tanto, construiu um para si — literalmente o construiu, na carcaça de um edifício abandonado, com ajuda de seus estudantes. Nesse laboratório improvisado, pelos próximos trinta anos, Harlow e seus alunos enfureceram behavioristas ao demonstrarem com ainda mais precisão que os macacos são criaturas curiosas e inteligentes que gostam de desvendar as coisas. Eles seguem, até certo ponto, a lei do reforço, assim como os humanos, mas o que se passa no cérebro de um macaco vai muito além do que um behaviorista poderia imaginar. Por exemplo, dar uvas-passas aos macacos como recompensa por cada passo correto na solução de um problema (tal como

---

[226] Meu relato sobre a carreira de Harlow foi retirado de Blum (2002): BLUM, D. *Love at Goon Park*. Cambridge: Perseus, 2002.

o de abrir uma trava mecânica constituída por várias engrenagens móveis) de fato interfere nessa solução, pois distrai os macacos[227]. Eles simplesmente gostam da tarefa.

Na medida em que o laboratório de Harlow cresceu, ele enfrentou uma perene insuficiência de macacos. Eles eram de difícil importação e, quando conseguiam chegar, muitos vinham doentes, o que trouxe um leque de infecções desconhecidas ao laboratório. Em 1955, Harlow concebeu a ideia ousada de dar início à sua própria colônia de procriação de macacos-rhesus. Ninguém jamais havia criado uma colônia dessa natureza que fosse autossustentável nos Estados Unidos da América, especialmente no clima frio de Wisconsin, porém Harlow estava determinado. Ele permitiu que os macacos-rhesus acasalassem, depois tirou os filhotes das mães poucas horas após seu nascimento — a fim de salvaguardá-los de infecções presentes no laboratório lotado. Depois de muita experimentação, ele e seus estudantes criaram uma fórmula artificial para bebês repleta de nutrientes e antibióticos. Eles encontraram o padrão ótimo de alimentação, ciclos claros e escuros e temperatura. Cada filhote foi criado em sua própria jaula, livre de doenças. Harlow havia, de certo modo, realizado o sonho de Watson de criar uma fazenda de bebês, e a prole cresceu abundante e saudável. No entanto, quando os macacos criados na fazenda foram postos na companhia de outros, eles ficaram nervosos e atordoados. Eles jamais desenvolveram habilidades normais de socialização ou de solução de problemas, portanto, eram inúteis aos experimentos. Harlow e seus alunos ficaram perplexos. O que haviam esquecido?

A pista estava diante de seus olhos, agarrada pelas mãos dos macacos, até que, finalmente, um estudante de pós-graduação, Bill Mason, notou-a: fraldas. As jaulas no incubatório de bebês eram às vezes forradas com fraldas velhas com intuito de prover maior conforto para dormir e proteger os filhotes do chão frio. Os macacos as seguravam com afinco, especialmente quando estavam com medo, e as levavam consigo quando eram encaminhados para novas jaulas. Mason propôs um teste a Harlow: expor alguns jovens macacos a um amontoado de tecido e a um amontoado de madeira. Assim,

---

[227] HARLOW, H. F.; HARLOW, M. K.; MEYER, D. R. "Learning motivated by a manipulation drive". *Journal of Experimental Psychology*, 40, 1950, p. 228-234.

descobrir-se-ia se eles só precisavam se agarrar a alguma coisa, qualquer que seja, ou se havia algo especial na maciez do tecido. Harlow adorou a ideia e, ao pensar mais sobre ela, enxergou uma questão ainda maior: as fraldas serviam como substitutos para as mães? Os macacos têm uma necessidade inata de abraçarem e serem abraçados, uma necessidade que fora eliminada na fazenda de bebês? Se sim, como ele poderia prová-lo? A prova de Harlow se tornou um dos experimentos mais famosos da psicologia.

Harlow testou diretamente a hipótese do leite. Ele criou dois tipos de mães substitutas, cada uma um cilindro mais ou menos do tamanho de uma macaca-rhesus adulta, com uma cabeça de madeira provida de olhos e boca. Um dos tipos era feito de malha de arame e o outro coberto com uma camada de espuma por debaixo de um tecido felpudo macio. Oito filhotes de macacos-rhesus foram criados sozinhos em suas gaiolas com duas mães substitutas, uma de cada tipo. Para quatro deles, o leite era entregue por um tubo que passava pelo peito da mãe de arame. Para os outros quatro, o tubo vinha do peito da mãe de pano. Se Freud e Watson estivessem certos frente à hipótese de que o leite era a causa do apego, todos os macacos deveriam se apegar às mães substitutas. Não obstante, não foi isso o que aconteceu. Todos eles passaram quase todo o tempo agarrados com a mãe felpuda, escalando-a, aninhando-se nela. O experimento de Harlow[228] é tão elegante e convincente que não é preciso verificar estatísticas para que se compreendam os resultados. Só precisamos olhar para a famosa foto, agora incluída em todos os livros de introdução à psicologia, na qual um filhote de macaco se agarra a sua mãe feita de tecido com as patas traseiras enquanto se estica para se alimentar do leite trazido pelo tubo que provém da mãe de arame.

Harlow argumentou que o "conforto do contato" é uma necessidade básica que jovens mamíferos têm pelo contato físico com sua mãe. Na ausência de uma mãe verdadeira, eles buscam o que quer que se pareça mais com uma mãe. Harlow escolheu esse termo cuidadosamente, porque a mãe, mesmo uma de pano, provê conforto quando se precisa mais, e esse conforto advém, majoritariamente, do contato direto.

---

[228] HARLOW, H. F.; ZIMMERMAN, R. "Affectional responses in the infant monkey". *Science*, 130, 1959, p. 421-432.

Demonstrações de amor familiar costumam levar as pessoas às lágrimas, e a maravilhosa biografia de Harlow, *Love at Goon Park*[229], da autoria Deborah Blum, é cheia de expressões comoventes de amor familiar. Trata-se de uma história inspiradora em última instância, mas, ao longo do caminho, há muita tristeza e muito amor não correspondido. A capa do livro, por exemplo, mostra um jovem macaco-rhesus sozinho numa jaula, olhando para sua "mãe" de pano através de uma vidraça.

## O AMOR VENCE O MEDO

A vida de John Bowlby (1907-1990) seguiu um caminho inteiramente distinto daquele da vida de Harlow, embora tenha conduzido, no final, à mesma descoberta[230]. Bowlby era um aristocrata inglês que fora criado por uma babá e enviado a um internato. Ele estudou medicina e se tornou psicanalista, mas, durante seus primeiros anos de treinamento, ele participou de um trabalho voluntário que alterou o curso de sua carreira. Ele trabalhou em duas casas próprias para crianças desajustadas, muitas das quais não haviam tido real contato com seus pais. Algumas eram arredias e pouco comunicativas; outras eram irreparavelmente pegajosas, seguindo-o ansiosamente se ele prestasse um mínimo de atenção a elas. Após servir na Segunda Guerra Mundial, Bowlby retornou à Inglaterra para gerir a clínica infantil num hospital. Ele começou a pesquisar sobre como a separação dos pais afeta as crianças. A Europa, naquela época, acabara de sofrer mais separações entre pais e filhos do que qualquer outro lugar na história. A guerra havia gerado uma vasta quantidade de órfãos, refugiados e crianças enviadas ao interior para sua própria segurança. A nova Organização Mundial da Saúde encarregou Bowlby de escrever um relatório sobre a melhor

---

[229] BLUM, D. *Love at Goon Park*. Cambridge: Perseus, 2002.
[230] Para uma resenha sobre o desenvolvimento da vida e das ideias de Bowlby, ver Blum (2002) e Cassidy (1999).
BLUM, D. *Love at Goon Park*. Cambridge: Perseus, 2002.
CASSIDY, J. "The nature of the child's ties". *In*: CASSIDY, J.; SHAVER, P. R. (Eds.), *Handbook of attachment: Theory, research, and applications*. Nova York: Guilford, 1999, p. 3-20.

maneira de lidar com essas crianças. Bowlby visitou hospitais e orfanatos, e seu relatório, publicado em 1951, consistiu num argumento passional contra as noções prevalentes de que separação e isolamento são inócuos e que necessidades biológicas como a da nutrição são imprescindíveis. As crianças precisam de amor para que se desenvolvam propriamente, ele alegou; elas precisam de mães.

Ao longo da década de 1950, Bowlby desenvolveu suas ideias e enfrentou o escárnio de psicanalistas como Anna Freud (1895-1982) e Melanie Klein (1882-1960), cujas teorias (sobre a libido e os seios) contradisse. Ele teve a sorte de conhecer um etólogo notório da época, Robert Hinde (1923-2016), que lhe instruiu sobre as novas pesquisas no âmbito do comportamento animal. Konrad Lorenz (1903-1989), por exemplo, havia demonstrado que patos, entre dez e doze horas após eclodirem de seus ovos, prendiam-se a qualquer coisa do tamanho de um pato que se movesse em seu ambiente e então, a seguiam durante meses a fio[231]. Na natureza, essa "coisa" é sempre a mãe, mas, nas demonstrações de Lorenz, qualquer elemento que se movesse servia — mesmo suas botas (enquanto ele caminhava). Esse mecanismo de "impressão" visual é muito diferente do que acontece com as pessoas, mas assim que Bowlby começou a pensar sobre como a evolução cria mecanismos para garantir que as mães e seus filhos permaneçam juntos, um caminho se abriu para uma abordagem inteiramente nova acerca das relações entre pais e filhos na espécie humana. Não há necessidade de derivar essa ligação do leite, do reforço positivo, da libido ou nada do gênero. Antes, o apego entre mãe e filho é tão grandiosamente crucial à sobrevivência da criança, que um sistema dedicado é embutido na mãe e no filho em todas as espécies que dependem de cuidados maternos. Ao passo que Bowlby começou a prestar mais atenção ao comportamento animal, ele viu muitas semelhanças entre os comportamentos dos bebês e dos filhotes de macacos: apegar-se, mamar, chorar quando deixado para trás, seguir o progenitor sempre que possível. Todos esses comportamentos funcionaram em outros primatas com intuito de manter o filho perto

---

[231] LORENZ, K. J. "Der kumpan in der umvelt des vogels". *Journal für Ornithologie*, 83, 1935, p. 137-213.

da mãe, e todos se mostraram visíveis em crianças humanas, inclusive o sinal de "me pegue no colo" demonstrado pelos braços esticados.

Em 1957, Hinde aprendeu sobre os estudos, ainda não publicados, de Harlow da mãe de pano e contou tudo a Bowlby, que, por sua vez, escreveu para Harlow e, posteriormente, o visitou em Wisconsin. Os dois homens se tornaram grandes aliados e apoiadores um do outro. Bowlby, o grande teórico, criou a estrutura que unificou a maioria das pesquisas subsequentes sobre relações entre pais e filhos, e Harlow, o grande experimentador, forneceu as primeiras demonstrações laboratoriais irrefutáveis da teoria.

A grandiosa síntese de Bowlby é denominada teoria do apego[232]. Ela engloba conceitos da ciência da cibernética — o estudo de como sistemas mecânicos e biológicos podem regular a si mesmos a fim de alcançarem objetivos pré-definidos enquanto o ambiente ao redor e dentro deles se modifica. A primeira metáfora de Bowlby consistiu no sistema cibernético mais simples de todos: um termostato que liga um aquecedor quando a temperatura cai até certo ponto.

A teoria do apego começa com a ideia de dois objetivos básicos que guiam o comportamento das crianças: segurança e exploração. Uma criança segura sobrevive; uma que explora e brinca, desenvolve as habilidades e a inteligência requeridas para a vida adulta. (É por isso que os bebês de mamíferos brincam; e quanto maior é seu córtex frontal, mais eles precisam brincar)[233]. Essas duas necessidades são frequentemente opositoras, contudo, de modo que são reguladas por uma espécie de termostato que monitora o nível de segurança do ambiente. Quando esse nível é adequado, a criança brinca e explora. Logo que ele cai muito, é como se um alerta fosse acionado, e de repente a segurança se torna imperativa. A criança para de brincar e vai em direção à mãe. Se a mãe não estiver a seu alcance, ela chora grada-

---

[232] BOWLBY, J. *Attachment and loss*. Vol. 1, *Attachment*. Nova York: Basic Books, 1969.
CASSIDY, J. (1999). "The nature of the child's ties". *In*: CASSIDY, J.; SHAVER, P. R. (Eds.), *Handbook of attachment: Theory, research, and applications*. Nova York: Guilford, 1999, p. 3-20.

[233] Para uma revisão das funções da brincadeira, ver Fredrickson (1998).
FREDRICKSON, B. L. "What good are positive emotions?" *Review of General Psychology*, 2, 1998, p. 300-319.

tivamente com mais desespero; quando a mãe retorna, a criança busca seu toque, ou outra forma de reafirmação, antes que o sistema possa ser reiniciado e a brincadeira retomada. Esse é um exemplo do princípio do "projeto" que discuti no *Capítulo 2*: sistemas opositores se empurram mutuamente em direções opostas para que seja atingido um ponto de equilíbrio. (Pais constituem excelentes figuras de apego, mas Bowlby focou no apego mãe-filho, que costuma desencadear um começo mais rápido).

Caso você deseje ver esse sistema em ação, tente brincar com uma criança de dois anos. Se você for à casa de uma amiga e conhecer seu filho pela primeira vez, isso deve levar só uns minutos. A criança se sente segura num ambiente familiar, e sua mãe funciona como o que Bowlby chamou de uma "base segura" — uma figura de apego cuja presença garante a segurança, desativa o medo e, por conseguinte, viabiliza as explorações que conduzem ao desenvolvimento saudável. Porém, se sua amiga trouxer o filho à *sua* casa pela primeira vez, o processo há de demorar mais. Você provavelmente terá de cercar sua amiga só para ver de relance a cabecinha escondida no meio de suas pernas. A partir daí, se você for bem-sucedido em iniciar uma brincadeira — talvez fazer caretas para a criança e fazê-la rir —, observe o que acontece se a mãe for à cozinha buscar um copo d'água. O termostato liga, a brincadeira acaba, seu parceiro foge para a cozinha também. Harlow demonstrou o mesmo comportamento em macacos[234]. Filhotes de macacos postos na companhia de suas mães de pano, no centro de uma sala aberta e cheia de brinquedos, desprendiam-se da mãe em algum momento para explorar a área, mas voltavam a ela várias vezes para que pudessem tocá-la e se reconectarem. Se a mãe de pano fosse retirada da sala, toda a brincadeira cessava e gritos frenéticos sucediam essa ausência.

Quando as crianças são separadas de sua figura de apego por muito tempo, como ocorre numa internação no hospital, elas rapidamente caem num estado de desespero e passividade. Quando se nega a elas uma relação de apego estável e duradoura (por exemplo, se a criança for criada por uma sucessão de pais adotivos ou enfermeiras), as crianças provavelmente ficarão marcadas pelo resto da vida por isso, assegura Bowlby. Elas podem se tornar os indivíduos solitários e arredios, ou aqueles desesperados por atenção, que

---

[234] HARLOW, H. F. *Learning to love.* São Francisco: Albion, 1971.

Bowlby conhecera em seu trabalho voluntário. A sua teoria contradizia diretamente a de Watson e a dos Freud (Sigmund e Anna): se você quiser que seus filhos cresçam saudáveis e independentes, abrace-os, pegue-os no colo, ofereça-lhes carinho, ame-os. Dê a eles uma base segura e eles haverão de explorar e conquistar o mundo por conta própria. O poder do amor sobre o medo foi muito bem expressado no *Novo Testamento*: "No amor não há temor. Antes, o perfeito amor lança fora o temor" (São João 4,18).

## A EVIDÊNCIA JAZ NA SEPARAÇÃO

Se você contradisser a sabedoria prevalente de sua época, é bom que tenha evidências sólidas que sustentem seus argumentos. Os estudos de Harlow foram sólidos, mas os céticos alegaram que eles não se aplicavam às pessoas. Bowlby precisava de mais provas, e as conseguiu de uma canadense que, por acaso, respondeu a um anúncio que ele publicara em 1950, em busca de uma assistente de pesquisa. Mary Ainsworth (1913-1999), que havia se mudado para Londres com seu marido, passou três anos trabalhando com Bowlby em seus estudos iniciais de crianças hospitalizadas. Quando seu marido aceitou um emprego acadêmico em Uganda, Ainsworth o acompanhou e aproveitou a oportunidade para observar de perto as crianças dos vilarejos ugandenses. Mesmo numa cultura na qual as mulheres dividiam as responsabilidades maternas com as outras e cuidavam de todas as crianças nessa família estendida, Ainsworth notou que havia um vínculo especial entre uma criança e sua mãe verdadeira. Essa mãe servia como uma base segura muito mais efetiva do que as demais mulheres. Ainsworth, então, se mudou para Baltimore e foi para a Universidade Johns Hopkins, e depois para a Universidade de Virgínia, onde refletiu sobre como testar as ideias de Bowlby e suas próprias ideias acerca da relação entre mães e filhos.

Na teoria cibernética de Bowlby, a ação está nas mudanças. De nada adianta simplesmente ver uma criança brincar; é preciso observar de que modo seus objetivos de exploração e segurança sofrem modificações em resposta a mudanças nas condições em que ela se encontra. Ainsworth então criou uma encenação, mais tarde chamada de "situação estranha", e concedeu à criança o papel de protagonista[235]. Em suma, ela recriou os experimentos nos quais Harlow alocara macacos numa sala aberta cheia de brinquedos. Na primeira cena, a mãe e seu filho entram num cômodo confortável, também repleto de brinquedos. A maioria das crianças no experimento não tarda a sair engatinhando ou caminhando para explorar o ambiente. Na segunda cena, uma mulher amigável entra, conversa com a mãe por alguns minutos e se junta à criança na brincadeira. Na terceira cena, a mãe se levanta e deixa a criança sozinha por alguns minutos com a estranha. Na quarta cena, ela volta e a estranha vai embora. Na quinta cena, a mãe se ausenta de novo, e a criança se vê sozinha no cômodo. Na sexta cena, a estranha volta; e na sétima, a mãe retorna de vez. A peça é feita para aumentar o nível de estresse da criança com intuito de observar de que modo seu sistema de apego lida com as mudanças de cena. Ainsworth encontrou três padrões comumente repetidos nessa forma de lidar com a situação.

Em cerca de dois terços das crianças norte-americanas, o sistema age exatamente conforme Bowlby previra, ou seja, vai suavemente da brincadeira à busca pela segurança conforme as circunstâncias mudam. As crianças que seguem esse padrão, chamado de apego "seguro", reduzem ou cessam a brincadeira quando suas mães saem do recinto e, então, demonstram ansiedade, que a estranha não pode aliviar por completo. Nas duas cenas em que a mãe volta, essas crianças se deleitam e com frequência vão atrás dela e a tocam para reestabelecerem o contato com sua base segura; mas elas rapidamente se acalmam e voltam a brincar. No outro terço das crianças, as mudanças de cenário são mais estranhas; essas crianças apresentam dois tipos de apego inseguro. A maioria delas não parece se importar muito se a mãe vai ou volta, embora pesquisas fisiológicas subsequentes tenham mostrado que há algum estresse provocado pela separação. Em vez de agirem de acordo com o esperado, tais crianças parecem suprimir seu desconforto ao tentarem lidar com ele por conta própria no lugar de se apoiarem na mãe para se sentirem seguras. Ainsworth chamou esse padrão de "evitativo". As crianças restantes, cerca de 12% nos Estados Unidos da América, são as ansiosas e carentes apresentadas neste estudo. Elas ficam

---

[235] AINSWORTH, M. D. S.; BLEHAR, M.; WATERS, E.; WALL, S. *Patterns of attachment: A psychological study of the strange situation.* Hillsdale: Erlbaum, 1978.

extremamente aborrecidas quando separadas das mães, às vezes chegam a resistir aos esforços maternos de reconforto quando ela reaparece, e nunca se entregam totalmente à brincadeira num cômodo estranho. Ainsworth chama isso de padrão "resistente"[236].

De início, Ainsworth pensou que tais diferenças eram causadas inteiramente por boas ou más habilidades maternais. Ela observou mães que ficavam em casa e percebeu que os filhos daquelas que eram mais acolhedoras e responsivas às necessidades da criança apresentavam maior probabilidade de seguir o padrão de apego seguro na situação estranha. Essas crianças aprenderam que podiam contar com suas mães, e, portanto, eram as mais ousadas e autoconfiantes. Mães arredias e menos responsivas eram mais propensas a terem filhos evasivos, que aprenderam a não esperar muito conforto e auxílio por parte delas. As mães cujas respostas às necessidades das crianças eram imprevisíveis e erráticas eram as que tinham os filhos mais resistentes, posto que eles haviam aprendido que seus esforços para obter conforto às vezes compensavam, às vezes não.

Sempre que eu escuto sobre correlações entre mãe e filho, fico cético. Estudos com gêmeos quase sempre mostram que os traços de personalidade se devem muito mais à genética do que à criação[237]. O fato pode ser o de que as mulheres felizes, as que ganharam na loteria cortical, são acolhedoras e amorosas e, por consequência, transmitem esses genes a seus filhos, que se apegam com segurança. Talvez a correlação seja o oposto: as crianças têm temperamentos estáveis inatos[238] — podem ser alegres,

---

[236] Ver revisões sobre as pesquisas sobre o apego em Cassidy (1999) e Weinfield *et al.* (1999).
CASSIDY, J. (1999). "The nature of the child's ties". *In*: CASSIDY, J.; SHAVER, P. R. (Eds.), *Handbook of attachment: Theory, research, and applications*. Nova York: Guilford, 1999, p. 3-20.
WEINFIELD, N. S.; SROUFE, L. A.; EGELAND, B.; CARLSON, E. A. (1999). "The nature of individual differences in infant-caregiver attachment". *In*: CASSIDY, J.; SHAVER, P. R. (Eds.), *Handbook of attachment: Theory, research, and applications*. Nova York: Guilford, 1999, p. 68-88.

[237] HARRIS, J. R. "Where is the child's environment? A group socialization theory of development". *Psychological Review*, 102, 1995, p. 458-489.

[238] KAGAN, J. *Galen's prophecy: Temperament in human nature*. Nova York: Basic Books, 1994.

mal-humoradas ou ansiosas —, e as alegres são tão divertidas que as mães *querem* interagir mais com elas. Meu ceticismo é impulsionado pelo fato de que estudos realizados, após os feitos em residências por Ainsworth, demonstraram, em geral, que as correlações entre a atitude materna e o tipo de apego de seus filhos são escassas[239]. Por outro lado, estudos envolvendo gêmeos apontam que os genes desempenham um papel secundário na determinação do estilo de apego da criança[240]. Eis que nos vemos diante de um enigma: uma característica que apresenta uma correlação fraca tanto com a maternidade quanto com a genética. De onde ela vem?

A teoria cibernética de Bowlby nos força a pensar fora do escopo da clássica dicotomia entre ambiente de criação e natureza. Temos que ver o estilo de apego como uma propriedade que emerge gradualmente ao longo de milhares de interações. Uma criança com um temperamento específico (geneticamente motivado) realiza tentativas de obter proteção. A mãe, também com um temperamento específico (igualmente motivado por seus genes), responde ou não a essas tentativas com base em seu humor, ou em quanto está sobrecarregada com o trabalho, ou em que guru da arte de criar filhos influencia seu pensamento. Não há um evento único que seja particularmente importante, mas, no decorrer do tempo, a criança desenvolve o que Bowlby chamou de um "modelo de funcionamento interno" de si mesma, de sua mãe e do relacionamento entre os dois. Se o modelo diz que a mãe está sempre disponível, a criança será mais audaz em suas brincadeiras e explorações. Numa rodada após a outra, interações previsíveis e recíprocas consolidam a autoconfiança e fortalecem o relacionamento. Crianças alegres que têm mães felizes quase com certeza jogarão bem o jogo e desenvolverão um estilo de apego seguro, mas uma mãe dedicada pode superar tanto a sua menos agradável disposição quanto a do seu filho e cultivar um modelo de funcionamento interno seguro em seu

---

[239] DEWOLFF, M.; VAN IJZENDOORN, M. "Sensitivity and attachment: A meta-analysis on parental antecedents of infant attachment". *Child Development*, 68, 1997, p. 571-591.

[240] VAN IJZENDOORN, M. H.; MORAN, G.; BELSKY, J.; PEDERSON, D.; BAKERMANS-KRANENBURG, M. J.; KNEPPERS, K. "The similarity of siblings' attachments to their mother". *Child Development*, 71, 2000, p. 1086-1098.

relacionamento. (Tudo o que relatei acima vale para os pais também, mas, culturalmente, a maior parte das crianças passa mais tempo com sua mãe).

## Não vale só para as crianças

Quando comecei a escrever este capítulo, planejei resumir a teoria do apego em uma ou duas páginas e seguir para as coisas com as quais os adultos efetivamente se importam. Quando ouvimos a palavra "amor", pensamos em romance. Podemos até escutar, ocasionalmente, uma música que fale do amor entre pais e filhos numa rádio *country*, mas em qualquer outro lugar o amor é aquilo que faz o indivíduo se apaixonar e tentar segurar esse sentimento. Quanto mais eu mergulhava na pesquisa, contudo, fui percebendo com mais clareza que Harlow, Bowlby e Ainsworth podem nos ajudar a compreender o amor entre adultos. Veja por si mesmo. Qual das alternativas abaixo melhor o descreve em suas relações amorosas?

1. Eu julgo relativamente fácil me aproximar de outros e me sinto confortável ao depender deles e eles dependerem de mim. Não me preocupo muito com a possibilidade de ser abandonado, ou com a possibilidade de alguém se aproximar demais de mim;
2. Eu me sinto um pouco desconfortável ao me aproximar demais de outros; sinto dificuldade para confiar neles plenamente, dificuldade para me permitir depender deles. Fico nervoso quando alguém chega muito perto e meus parceiros costumam exigir que eu seja mais íntimo do que minha zona de conforto me permite;
3. Eu acho que os outros relutam para se aproximarem tanto de mim quanto eu gostaria. Costumo me preocupar com a possibilidade de meu parceiro não me amar genuinamente, ou não querer ficar comigo. Eu quero me entregar por inteiro ao outro e isso, às vezes, assusta as pessoas e as afasta de mim[241].

---

[241] Hazan & Shaver, 1987. *Copyright* © 1987 pela American Psychological Association. Adaptado com permissão.

Os pesquisadores de vínculos Cindy Hazan e Phil Shaver desenvolveram um teste simples para verificar se os três estilos de Ainsworth se aplicam a adultos quando eles tentam constituir relacionamentos. Sim, eles permanecem válidos. Algumas pessoas mudam de estilo quando crescem, mas a maioria dos adultos escolhe a alternativa que combina com a forma como agiam quando crianças[242]. (As três escolhas apresentadas acima correspondem aos padrões seguro, evitativo e resistente de Ainsworth). Modelos de funcionamento interno são razoavelmente estáveis (embora não imutáveis) e guiam as pessoas nos relacionamentos mais importantes de suas vidas. Assim como bebês seguros são mais felizes e bem ajustados, adultos seguros desfrutam de relacionamentos mais longos e felizes, além de taxas menos elevadas de divórcio[243].

A questão é: o amor romântico dos adultos de fato emerge do mesmo sistema psicológico que vincula as crianças às suas mães? A fim de descobrir isso, Hazan traçou o processo por meio do qual o apego da infância se modifica com a idade. Bowlby fora específico quanto às quatro características que definem os relacionamentos que envolvem vínculos[244]:

1. A manutenção da proximidade (a criança quer ficar perto do pai ou da mãe e se esforça para tanto);
2. O estresse da separação (autoexplicativo);
3. O porto seguro (a criança, quando se sente assustada ou aflita, recorre aos pais para obter consolo);
4. A base segura (a criança utiliza o pai ou a mãe como uma base a partir da qual inicia os processos de exploração do mundo e crescimento pessoal).

---

HAZAN, C.; SHAVER, P. "Romantic love conceptualized as an attachment process". *Journal of Personality and Social Psychology*, 52, 1987, p. 511-524.
[242] HAZAN, C.; ZEIFMAN, D. "Pair bonds as attachments". *In*: CASSIDY, J.; SHAVER, P. R. (Eds.), *Handbook of attachment: Theory, research, and applications*. Nova York: Guilford, 1999, p. 336-354.
[243] FEENEY, J. A.; NOLLER, P. Adult attachment. Thousand Oaks: Sage, 1996.
[244] BOWLBY, J. "Attachment and loss", vol. 1. *In*: _____. *Attachment*. Nova York: Basic Books, 1969.

Hazan e seus colegas[245] questionaram centenas de pessoas na faixa de idade dos seis aos oitenta e dois anos, perguntando quais indivíduos em suas vidas preenchiam cada uma das características definidoras do apego (por exemplo: "Com quem você gosta mais de passar o tempo?"; "A quem você recorre quando se está chateado?"). Se bebês pudessem responder às perguntas, eles nomeariam a mãe ou o pai como resposta a todas as perguntas, mas, ao completarem oito anos de idade, as crianças desejam passar mais tempo com seus amigos. (Quando as crianças relutam para deixar seus amigos a fim de irem para casa jantar, eis um exemplo de manutenção de proximidade). Entre os oito e os catorze anos, o porto seguro expande dos pais aos amigos, na medida em que os adolescentes começam a contar um com o outro para buscar apoio. Ao final da adolescência, entre os quinze e os dezessete anos, todos os componentes do apego podem ser satisfeitos por um companheiro, especificamente um companheiro romântico. O Novo Testamento relata essa transferência, que ocorre naturalmente:

> Por isso, deixará o homem pai e mãe e se unirá à sua mulher; e os dois não serão senão uma só carne. Assim, já não são dois, mas uma só carne. (São Marcos 10,7-9)

Evidências de que os parceiros românticos se tornam figuras de apego genuínas, assim como os pais, são providas pela resenha[246] de uma pesquisa sobre como as pessoas lidam com o falecimento de um cônjuge, ou com uma separação longa. A resenha constatou que os adultos passam pela mesma sequência que Bowlby observara em crianças hospitalizadas: ansiedade e pânico são os primeiros sinais, sucedidos por letargia e depressão e, em seguida, pela recuperação por meio do desprendimento emocional. Ademais, a resenha apontou que o contato com amigos próximos não se

---

[245] HAZAN, C.; ZEIFMAN, D. "Pair bonds as attachments". *In*: CASSIDY, J.; SHAVER, P. R. (Eds.), *Handbook of attachment: Theory, research, and applications.* Nova York: Guilford, 1999, p. 336-354.

[246] VORMBROCK, J. K. "Attachment theory as applied to war-time and job-related marital separation". *Psychological Bulletin*, 114, 1993, p. 122-144.

mostrava de grande ajuda na amenização da dor, ao passo que retomar o contato com os *pais* era muito mais efetivo.

Se pararmos para pensar nisso, as semelhanças entre relacionamentos românticos e relações entre pais e filhos são óbvias. Amantes que se encontram na fase inicial de um relacionamento passam incontáveis horas trocando olhares um com o outro, abraçando-se, aninhando-se no parceiro, acariciando-se mutuamente, beijando, falando em tom infantilizado e aproveitando a liberação do hormônio oxitocina, o mesmo que conecta mães e bebês numa espécie de vício. A oxitocina prepara as fêmeas de mamíferos para parir (ela desencadeia contrações e a produção de leite), mas também afeta seus cérebros, fomentando comportamentos acolhedores e reduzindo sentimentos de estresse quando as mães estão em contato com seus filhos[247].

Esse vínculo poderoso das mães com seus bebês — frequentemente chamado de "sistema cuidador" — consiste num sistema psicológico distinto do sistema de apego em crianças, mas ambos obviamente evoluíram paralelamente. Os sinais de perturbação de um bebê são efetivos apenas porque provocam o desejo de cuidar na mãe. A oxitocina é a cola que faz as duas partes permanecerem juntas. A oxitocina foi simplificada em excesso pela imprensa popular como um hormônio que faz as pessoas (inclusive homens geniosos) ficarem repentinamente doces e afetuosos. Entretanto, pesquisas mais recentes sugerem que ela também pode ser pensada como um hormônio que causa estresse em mulheres[248]: a oxitocina é secretada quando as mulheres se veem em situações de muito estresse e quando suas necessidades, no que tange aos vínculos, *não* estão sendo atendidas, causando a necessidade de contato com uma pessoa amada. Por outro lado, quando a oxitocina inunda o cérebro (masculino ou feminino) enquanto duas pessoas *mantêm* contato físico direto, o efeito é relaxante e tranquili-

---

[247] CARTER, C. "Neuroendocrine perspectives on social attachment and love". *Psychoneuroendocrinology*, 23, 1998, p. 779-818.
UVNAS-MOBERG, K. "Oxytocin may mediate the benefits of positive social interaction and emotions". *Psychoneuroimmunology*, 23, 1998, p. 819-835.
[248] TAYLOR, S. E.; KLEIN, L. C.; LEWIS, B. P.; GRUENEWALD, T. L.; GURUNG, R. A.; UP-DEGRAFF, J. A. "Biobehavioral responses to stress in females: Tend-and-befriend, not fight-or-flight". *Psychological Review*, 107, 2000, p. 411-429.

zador e fortalece a ligação entre elas. Para adultos, o maior pico na liberação de oxitocina — à parte dos atos de parir e dar de mamar — advém do sexo[249]. A atividade sexual, especialmente se incluir outras carícias, toques e orgasmos, põe em funcionamento muitos dos meios circuitos utilizados para conectar bebês a seus pais. Não é à toa que os estilos de apego da infância perduram na idade adulta: todo o sistema perdura.

## Amor e a cabeça inchada

Relacionamentos amorosos adultos são, portanto, fundados a partir de dois sistemas antigos que se entrelaçam: um sistema de apego, que vincula a criança à mãe, e um sistema cuidador, que vincula a mãe à criança. Tais sistemas são tão velhos quanto os mamíferos — talvez até mais, visto que os pássaros também os têm. Porém, ainda temos que adicionar outro elemento para explicar por que o sexo se relaciona ao amor. Problema nenhum aí; a natureza já motivava os animais a buscarem sexo com outros muito antes da existência das aves e dos mamíferos. O "sistema de acasalamento" é completamente separado dos outros dois sistemas e envolve áreas do cérebro e hormônios específicos[250]. Para alguns animais, como os ratos, o sistema de acasalamento mantém o macho e a fêmea unidos apenas por tempo suficiente para eles copularem. Em outras espécies, como os elefantes, o macho e a fêmea ficam ligados um ao outro durante vários dias — a duração do período fértil da fêmea —, durante os quais eles compartilham tenras carícias, brincam alegremente e demonstram vários outros sinais que remetem a uma paixão mútua[251]. Seja qual for a duração, para a maior parte dos mamíferos — que não os seres humanos — os três sistemas são costurados juntos com perfeita previsibilidade. Primeiramente, as mudanças hormonais que ocorrem na fêmea no período da ovulação

---

[249] Ver Fisher (2004) para uma resenha sobre o papel da oxitocina no amor e no sexo. FISHER, H. *Why we love: The nature and chemistry of romantic love*. Nova York: Henry Holt, 2004.
[250] *Ibidem*.
[251] MOSS, C. *Elephant Memories: Thirteen years in the life of an elephant family*. Nova York: William Morrow, 1998.

anunciam sua fertilidade: cães e gatos, por exemplo, liberam feromônios; fêmeas de chimpanzés e bonobos apresentam inchaços genitais avermelhados de grandes proporções. Em seguida, os machos se excitam e competem entre si — em algumas espécies — para ver quem será escolhido para acasalar. A fêmea faz uma espécie de escolha — de novo, na maioria das espécies —, que, em troca, ativa seu próprio sistema de acasalamento; então, alguns meses depois, o parto ativa o sistema cuidador da mãe e o sistema de apego do filhote. O pai é deixado de lado e passa seu tempo em busca de mais feromônios ou mais inchaços. O sexo serve ao propósito da reprodução; o amor duradouro é reservado para mães e filhos. Portanto, por que as pessoas são tão diferentes? Como as mulheres conseguiram esconder todos os sinais de ovulação e persuadir os homens a se apaixonarem por elas e por seus herdeiros?

Ninguém sabe a resposta, mas a teoria mais plausível[252], a meu ver, tem início na enorme expansão do cérebro humano sobre a qual falei nos *Capítulos 1* e *3*. Quando os primeiros hominídeos surgiram, derivados dos ancestrais dos chimpanzés modernos, seus cérebros não eram maiores do que os dos chimpanzés. Esses ancestrais humanos eram basicamente macacos bípedes. Então, cerca de três milhões de anos atrás, algo mudou. Alguma coisa no ambiente ou, quiçá, o aumento no uso de ferramentas, possibilitado por mãos dotadas de uma destreza cada vez mais crescente, tornou a existência de um cérebro muito maior, bem como uma inteligência muito maior. Todavia, o crescimento cerebral se deparou com um gargalo: o canal de parto. Havia limites físicos nas fêmeas dos hominídeos para o tamanho da cabeça dos filhos a que elas poderiam dar à luz, ademais da pélvis que deveria ajudá-los a andar eretos. Pelo menos, uma espécie de hominídeo — nosso ancestral — evoluiu uma técnica que driblava essa limitação ao expulsar o bebê do útero materno muito antes de que seu cérebro tivesse desenvoltura suficiente para controlar seu corpo. Em todas as outras espécies de primatas, o crescimento cerebral diminui drasticamente logo após o nascimento, posto que o cérebro está quase completo e pronto para

---

[252] TREVATHAN, W. *Human birth*. Nova York: Aldine de Gruyter, 1987.
BJORKLUND, D. F. "The role of immaturity in human development". *Psychological Bulletin*, 122, 1997, p.153-169.

agir nesse estágio; só alguns ajustes finos são requeridos durante alguns anos da infância, nos quais brincar e aprender é necessário. Nos humanos, contudo, o alto índice de crescimento cerebral no embrião perdura por aproximadamente dois anos após o nascimento, seguido por um ganho de peso na massa cerebral lento, porém contínuo, por mais vinte anos[253]. Os humanos são as únicas criaturas na Terra cujos filhotes permanecem impotentes durante vários anos, dependentes ao extremo dos cuidados de adultos por mais de uma década.

Dado o enorme fardo que um bebê representa, as mulheres não conseguem criá-lo sozinhas. Estudos de sociedades de caçadores e coletores demonstram que as mães de crianças pequenas são incapazes de coletar calorias suficientes com a fim de manterem a si mesmas e a seus filhos vivos[254]. Elas dependem da grande quantidade de comida, bem como da proteção provida pelos machos, em seus anos de pico de produtividade. Os cérebros grandes, portanto, tão úteis para fofocas e manipulações sociais (bem como para caçar e coletar), só poderiam ter evoluído com ajuda masculina. Contudo, no competitivo jogo da evolução, um homem que fornece recursos à sobrevivência de uma criança, que não seja a sua, está fazendo um movimento perdedor. Dessa forma, os vínculos entre macho e fêmea, o ciúme sexual masculino e os bebês com cabeças grandes evoluíram conjuntamente — isto é, afloraram gradualmente, mas juntos. Um homem, que tenha sentido o desejo de ficar com uma mulher, garantir sua fidelidade e contribuir com a criação de seus filhos, pode gerar herdeiros mais espertos do que seus concorrentes menos paternais. Em ambientes nos quais a inteligência consistia num recurso altamente favorável à adaptação — que podem muito bem ter sido os ambientes humanos, uma vez que começamos a fabricar ferramentas —, o investimento masculino nas crianças pode ter sido vantajoso aos próprios homens (em termos genéticos) e, portanto, se tornado cada vez mais comum com o passar das gerações.

Entretanto, de que matéria bruta poderia evoluir um laço entre homens e mulheres, se não havia nenhum antes? A evolução não pode criar nada do zero. Ela configura um processo no qual ossos, hormônios e pa-

---

[253] *Ibidem.*
[254] HILL, K.; HURTADO, A. M. *Ache life history.* Nova York: Aldine de Gruyter, 1996.

drões comportamentais que já estavam codificados pelos genes sofrem leves alterações — por meio de mutações aleatórias nesses genes — e são selecionados, caso confiram alguma vantagem ao indivíduo. Não foram necessárias grandes mudanças para que se modificasse o sistema de apego, que todo homem e toda mulher usara na infância para se vincular à mãe e agora o atrela ao sistema de acasalamento, o qual já começava a agir em cada jovem no período da puberdade.

É verdade que tal teoria é especulativa (os ossos fossilizados de um pai devoto não se distinguem dos ossos de um pai indiferente), mas ela conecta habilmente muitas das características distintas da vida humana, tais como o parto doloroso, a infância longa, os cérebros grandes e a inteligência elevada. A teoria vincula essas peculiaridades biológicas dos seres humanos a algumas das mais importantes excentricidades emocionais de nossa espécie: a existência de laços fortes e (frequentemente) duradouros entre homens e mulheres e entre homens e crianças. Como homens e mulheres que estejam num relacionamento apresentam muitos conflitos de interesses, a teoria evolucionária não enxerga as relações amorosas como parcerias harmoniosas para a criação de infantes[255]; contudo, uma característica universal das culturas humanas é a de que os homens e as mulheres constroem relacionamentos feitos para durarem anos (como o casamento) e constringem o comportamento sexual de ambas as partes de algum modo, além de institucionalizar seus vínculos com as crianças e um com o outro.

## Dois amores, dois erros

Pegue um sistema de apego antigo, misture-o em proporções iguais com um sistema cuidador, adicione um sistema de acasalamento modificado, e *voilà*! Eis o amor romântico. Acho que deixei algo passar aqui. O amor romântico é muito mais do que a soma de suas partes. Ele é um estado psicológico extraordinário que provocou a guerra de Tróia, inspirou muito do que há de melhor (e pior) na literatura e na música e concedeu

---

[255] BUSS, D. M. *Evolutionary psychology: The new science of the mind.* Boston: Allyn & Bacon, 2004.

a muitos de nós os melhores dias de nossas vidas. Eu acho, contudo, que o amor romântico é vastamente mal compreendido, e analisar seus subcomponentes psicológicos pode esclarecer alguns enigmas e guiar o caminho para driblarmos as armadilhas do amor.

Em alguns cantos das universidades, os professores dizem a seus alunos que o amor romântico é uma construção social inventada pelos trovadores franceses do século XII, com suas histórias de cavalheirismo, idealização das mulheres e a inspiradora dor causada pelo desejo não consumado. Decerto procede que cada cultura cria seu próprio entendimento dos fenômenos psicológicos, mas muitos desses fenômenos ocorrerão independentemente do que as pessoas pensam sobre ele. (Por exemplo, a morte é socialmente construída por cada grupo cultural, porém os corpos padecem sem que consultem tais construções). Um levantamento etnográfico de cento e sessenta e seis culturas humanas[256] encontrou provas de que o amor romântico se faz presente em 88% delas; quanto ao resto, os relatos são insuficientes para que se possa chegar a uma conclusão.

O que os trovadores nos deram foi um mito específico do amor "verdadeiro" — a ideia de que o amor genuíno arde com resplandescência e fervor e continua queimando até a morte e o além-túmulo, quando os amantes se reúnem no Paraíso. Tal mito parece ter crescido e se disseminado nos tempos modernos enquanto uma série de ideias interrelacionadas acerca de amor e casamento. Sob a minha ótica, o mito moderno do amor verdadeiro envolve estas crenças: o amor verdadeiro é passional e nunca desvanece; se você sente o amor verdadeiro por alguém, você deve se casar com essa pessoa; se o amor acabar, você deve deixar essa pessoa, porque então não terá sido amor verdadeiro; e se você encontrar a pessoa certa, você terá o amor verdadeiro para sempre. Pode ser que você não acredite nesse mito, especialmente se estiver acima da faixa dos trinta anos de idade, mas muitos jovens nas nações ocidentais são criados com base no mito e ele age como um ideal que a juventude carrega inconscientemente consigo, mesmo que deboche dele. (Não é só Hollywood que perpetua o mito; Bollywood, a indústria de filmes indiana, é ainda mais romantizada).

---

[256] JANKOWIAK, W. R.; FISCHER, E. F. "A cross-cultural perspective on romantic love" *Ethnology*, 31, 1992, p. 149-155.

Acontece que, se o amor verdadeiro se define como uma paixão eterna, ele se torna biologicamente impossível. A fim de enxergar isso e salvaguardar a dignidade do amor, é preciso entender a diferença entre os dois tipos de amor: o passional e o companheiro. De acordo com as pesquisadoras Ellen Berscheid e Elaine Walster, o amor passional consiste num "estado desenfreadamente emocional no qual os sentimentos ternos e sexuais, a euforia e a dor, a ansiedade e o alívio, o altruísmo e o ciúme coexistem numa confusão sentimental"[257]. O amor passional é aquele que o faz se apaixonar perdidamente. É o que ocorre quando o arco dourado de Cupido atinge seu coração e, num instante, o mundo ao seu redor se transforma. Você almeja a união com seu amado. Vocês querem, de algum modo, unificar-se. Esse é o ímpeto que Platão (428-348 a. C.) captou em *O Banquete*, no qual o brinde de Aristófanes (c. 447-c. 385 a. C.) ao amor constitui um mito sobre suas origens. Aristófanes diz que os seres humanos tinham, originalmente, quatro pernas, quatro braços e duas cabeças, mas um dia os deuses se sentiram ameaçados por seu poder e por sua arrogância e decidiram parti-los ao meio. Desde aquele dia, as pessoas andam pelo mundo à procura de suas metades. (Alguns indivíduos tinham duas cabeças masculinas, outros duas cabeças femininas ou uma masculina e uma feminina, o que explica a diversidade no âmbito das orientações sexuais). Como prova, Aristófanes nos pede para imaginar Hefesto (o deus do fogo e, por conseguinte, dos ferreiros) se deparando com dois amantes que se abraçavam, dizendo-lhes:

> Que é que quereis, ó homens, ter um do outro? [...] Porventura é isso que desejais — pois os dois, serem partes de um mesmo todo, próximos o bastante, de modo que nem de noite, nem de dia vos separeis um do outro? Pois se é isso que desejais, quero fundir-vos e forjar-vos numa mesma pessoa, de modo que de dois vos torneis um só. Portanto, compartilhardes uma só vida, enquanto viverdes; posto que possais viver ambos

---

[257] BERSCHEID, E.; WALSTER, E. H. *Interpersonal attraction*. Nova York: Freeman, 1978.
STERNBERG, R. J. "A triangular theory of love". *Psychological Review*, 93, 1986, p. 119-135.

como um ser e, pela mesma moeda, depois que morrerdes, lá no Hades, em vez de dois, sereis um só, mortos os dois numa morte comum. Vede se é isso o vosso amor, e se vos contentais se conseguirdes isso[258].

Aristófanes retruca que nenhum amante recusaria tal proposta.

Berscheid e Walster definem o amor companheiro, em contraste ao passional, como "a afeição que sentimos em relação àqueles com quem nossas vidas se entrelaçam profundamente"[259]. O amor companheiro cresce gradativamente ao longo dos anos, enquanto os amantes aplicam seus sistemas cuidador e de apego ao parceiro e começam a confiar, depender e cuidar um do outro. Se o símbolo do amor passional é o fogo, o do amor companheiro são videiras que crescem, entrelaçam-se e, aos poucos, unem duas pessoas. O contraste entre as formas calma e selvagem do amor se apresentou às pessoas em diversas culturas. Como uma mulher numa tribo de caçadores e coletores na Namíbia colocou: "Quando duas pessoas se juntam, seus corações pegam fogo e sua paixão é grandiosa. Após um tempo, o fogo diminui e assim permanece"[260].

O amor passional é uma droga. Seus sintomas coincidem com aqueles do uso da heroína (bem-estar eufórico, às vezes descrito em termos sexuais) e da cocaína (euforia combinada a vertigem e energia)[261]. Isso não é nenhuma surpresa: o amor passional altera a atividade de várias áreas do cérebro, incluindo aquelas envolvidas na liberação de dopamina[262]. Qualquer experiência que provoque uma sensação boa e intensa libera dopamina. A dopamina aqui é um elemento crucial, visto que drogas que aumen-

---

[258] PLATÃO. "Symposium" *In*: COOPER, J. M. (Ed.). *Plato: Complete works.* Indianapolis: Hackett, 1997, 192e.

[259] BERSCHEID, E.; WALSTER, E. H. *Interpersonal attraction.* Nova York: Freeman, 1978.

[260] Citado por Jankowiak & Fischer (1992).
JANKOWIAK, W. R.; FISCHER, E. F. "A cross-cultural perspective on romantic love". *Ethnology*, 31, 1992, p. 149-155.

[261] JULIEN, R. M. *A primer of drug action.* Nova York: W. H. Freeman, 1998.

[262] BARTELS, A.; ZEKI, S. "The neural basis of romantic love". *Neuroreport*, 11, 2000, p. 3829-3834.
FISHER, H. *Why we love: The nature and chemistry of romantic love.* Nova York: Henry Holt, 2004.

tam seu nível artificialmente, como fazem a heroína e a cocaína, deixam o usuário vulnerável ao vício. Se você usar cocaína uma vez por mês, não ficará viciado, mas se usá-la todo dia, sim. Nenhuma droga tem efeito ininterrupto. O cérebro reage ao excedente crônico de dopamina, desenvolve reações neuroquímicas que o combatem e restaura seu próprio equilíbrio. Nessa altura, a tolerância já está instaurada e, quando o usuário deixa de usar a droga, o cérebro se desequilibra no sentido oposto: dor, letargia e desespero acompanham a abstinência da cocaína ou do amor passional.

Então, se o amor passional é literalmente uma droga, seu efeito tem de cessar em algum momento. Ninguém fica dopado para sempre (embora experimentar o amor passional numa relação de longa distância seja como usar cocaína uma vez por mês; a droga pode reter sua potência por conta de seu sofrimento entre uma dose e outra). Já que o amor passional tem permissão para seguir seu prazeroso curso, há de chegar um dia quando seus efeitos diminuem. Um dos amantes sente a mudança primeiro. É como acordar de um sonho compartilhado e ver seu parceiro ainda dormindo e babando. Nesses momentos de gradativo retorno à sanidade, o amante pode enxergar várias falhas e defeitos no outro que não enxergava antes. O amado cai do pedestal e, porque nossas mentes são tão sensíveis a mudanças, a modificação dos sentimentos pode tomar proporções exageradas. "Meu Deus", a mulher pensa, "a mágica desapareceu — não estou mais apaixonada por ele". Se ela acreditar no mito do amor verdadeiro, pode até considerar terminar o relacionamento. Afinal, se a magia acabou, não é amor verdadeiro. Contudo, ao realizar o término, ela pode estar cometendo um erro.

O amor passional não se converte em amor companheiro. Os processos são separados e apresentam cronologias distintas. Seus caminhos divergentes geram dois pontos de perigo, dois pontos nos quais muitas pessoas cometem erros crassos. Na Figura 6.1, esbocei um gráfico que demonstra como a intensidade do amor passional e do companheiro podem variar no relacionamento de um indivíduo no decorrer de seis meses. O amor passional inflama, queima e atinge a temperatura máxima em alguns dias. Durante as semanas, ou meses de loucura, os amantes pensam sobre casamento e frequentemente conversam sobre isso. Às vezes, eles chegam a aceitar a oferta de Hefesto e se comprometem com o casamento. Isso costuma ser um erro. Ninguém pensa claramente quando está dopado de amor passional. O condutor se vê tão enlouquecido quanto o elefante. Não se permite que as pessoas assinem contratos se estiverem bêbadas e, de vez em quando, pego-me desejando que pudéssemos impedir que elas pedissem alguém em casamento quando estão apaixonadas, posto que, assim que o pedido é aceito, as famílias são notificadas, a data é marcada e é muito difícil parar o trem. O efeito da droga há de passar em algum ponto do planejamento da cerimônia e muitos se casam com dúvidas em seu coração e divórcios preditos em seu futuro.

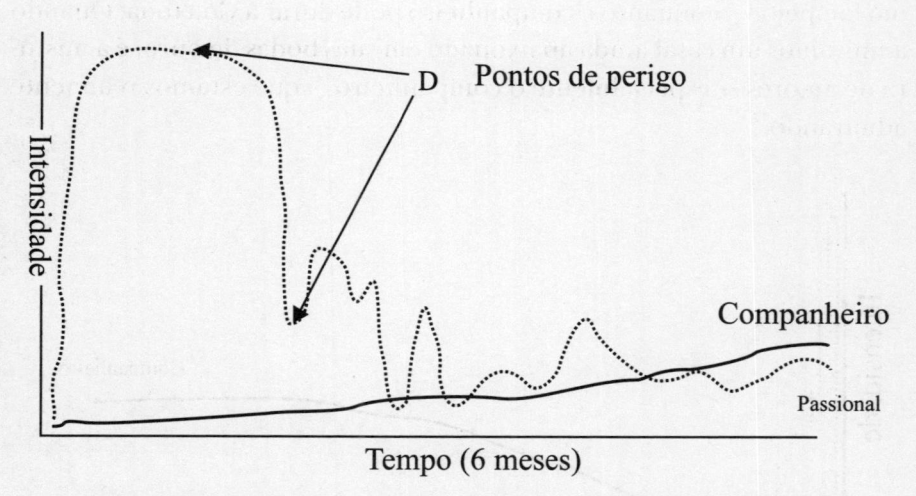

Fig. 6.1 O Curso do Tempo dos Dois Tipos de Amor (Curto Prazo)

O segundo ponto de perigo ocorre no dia em que o efeito da droga diminui. O amor passional não cessa nesse dia, mas o período eufórico, irrefreável e obsessivo termina. O condutor recupera os sentidos e pode, pela primeira vez, analisar para onde o elefante os levou. Términos ocorrem com frequência nesse ponto e, para muitos casais, isso é positivo. O Cupido costuma ser retratado como uma entidade arteira, já que gosta tanto de formar casais inapropriados e improváveis. Às vezes, contudo, o término é prematuro, posto que, se os amantes tivessem permanecido juntos, se tivessem dado uma chance para o amor companheiro crescer, poderiam ter de fato encontrado o amor verdadeiro.

Eu acredito que o amor verdadeiro existe, mas ele não é — nem pode ser — uma paixão que dure para sempre. O amor genuíno, aquele que sustenta casamentos sólidos, é nada mais do que um forte amor companheiro, com um toque de paixão, entre duas pessoas firmemente comprometidas uma com a outra[263]. O amor companheiro parece fraco no gráfico acima porque ele nunca poderá atingir a intensidade do amor passional. Por outro lado, se mudarmos a escala de seis meses para sessenta anos, como na figura a seguir, é o amor passional que parece raso — um lampejo —, enquanto o companheiro pode durar a vida toda. Quando admiramos um casal ainda apaixonado em suas bodas de ouro, é a mistura de amores — especialmente o companheiro — que estamos realmente admirando.

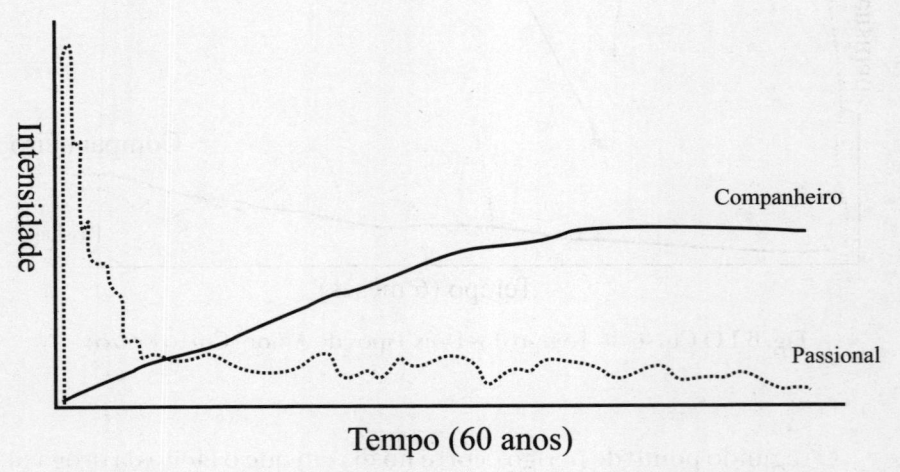

**Fig. 6.2** O Curso do Tempo dos Dois Tipos de Amor (Longo Prazo)

---

[263] Esses são os três componentes da teoria triangular do amor de Sternberg (1986). STERNBERG, R. J. "A triangular theory of love". *Psychological Review*, 93, 1986, p. 119-135.

## Por que os filósofos detestam o amor?

Se você se encontra no estado de amor passional e deseja celebrar essa paixão, leia poesia. Se seu ardor já tiver se acalmado e você desejar entender a evolução do seu relacionamento, leia sobre psicologia. Se você, no entanto, tiver acabado de sair de um relacionamento e acreditar que está melhor sem o amor, leia sobre filosofia. Há muitos trabalhos que exaltam as virtudes do amor, mas, ao olharmos de perto, encontraremos uma ambivalência profunda. O amor a Deus, o amor ao próximo, o amor à verdade, o amor à beleza — todos eles nos são encorajados, mas e quanto ao amor passional, erótico, sentido por uma pessoa de verdade? De jeito nenhum!

No antigo Oriente, o problema com o amor era óbvio: o amor *é* um vínculo. Os vínculos, particularmente os sensuais e sexuais, devem ser desfeitos para que se viabilize o progresso espiritual. Buda dizia: "Conquanto o desejo sexual, ainda que pequeno, de um homem para uma mulher não for controlado, a mente dele permanecerá cativa como um bezerro amarrado a uma vaca"[264]. *O Código de Manu*, um tratado hindu antigo sobre como os jovens brâmanes deveriam viver, demonstrava ainda maior negatividade em relação às mulheres: "É a própria natureza das mulheres que corrompe os homens na Terra"[265]. Até Confúcio (551-479 a. C.), que não tinha como foco a quebra de vínculos, via o amor romântico e a sexualidade como ameaças às grandes virtudes da devoção e da lealdade às figuras superiores: "Nunca vi ninguém que amasse tanto a virtude quanto o sexo"[266]. (É claro que há divergências entre o budismo e o hinduísmo, e ambos se modificaram de acordo com o tempo e o lugar onde foram praticados. Alguns líderes modernos, como o Dalai Lama, aceitam o amor romântico e a sexualidade como partes importantes da vida. No entanto, o espírito da religião e dos textos filosóficos de antigamente é muito mais negativo)[267].

---

[264] MASCARO, J. (Ed.). *The Dhammapada.* Harmondsworth: Penguin, 1973, verso 284.
[265] Capítulo 2, linha 213, em Doniger and Smith (1991): DONIGER, W.; SMITH, B. (Eds). *The laws of Manu.* London: Penguin, 1991.
[266] *Analects* 9.18, em Leys (1997): LEYS, S. (Ed.). *The analects of Confucius.* Nova York: Norton, 1997.
[267] Tradições tântricas podem parecer exceções antigas, mas seu objetivo era o de utilizar a energia advinda da luxúria e de outras paixões, frequentemente em

## AMOR E VÍNCULOS

No Ocidente, a história muda um pouco: o amor é amplamente celebrado pelos poetas a partir de Homero (928-898 a. C.). É o amor que desencadeia o drama em *A Ilíada* e *A Odisseia* termina com o retorno lascivo de Odisseu a Penélope. Quando os filósofos gregos e romanos tratam do amor romântico, eles costumam desprezá-lo ou tentam transformá-lo numa outra coisa. *O Banquete* de Platão, por exemplo, consiste num diálogo inteiramente dedicado à exaltação do amor. Contudo, nunca sabemos qual é posicionamento de Platão até que Sócrates toma a palavra e, quando chega seu momento de falar, ele critica os tributos ao amor que Aristófanes e outros haviam acabado de fazer. Ele descreve como amor dissemina uma "doença" entre os animais: "Primeiro, estão doentes no que concerne a união de um com o outro, depois no que diz respeito à criação do que nasceu"[268]? (Nota: o sistema de acasalamento aciona o sistema cuidador). Para Platão, quando o amor humano se assemelha ao amor animal, isso é degradante. O amor de um homem por uma mulher, na medida em que visa à procriação, é, portanto, um tipo de amor rebaixado. O Sócrates descrito por Platão, então, nos mostra como o amor pode transcender suas origens animalescas ao visar a algo mais grandioso. Quando um homem mais velho ama um homem jovem, seu amor pode ser edificante para ambos, porque o mais velho pode, entre rodadas de sexo, ensinar o mais novo sobre virtude e filosofia. Ainda assim, esse amor há de ser apenas um ponto de partida: quando um homem ama um belo corpo, ele deve aprender a amar a beleza em geral e não aquela de um corpo específico. Ele tem de encontrar a beleza na alma do homem, e então nas ideias e na filosofia. Em última instância, ele vem a reconhecer a forma da beleza em si:

> O resultado é que ele verá a beleza do conhecimento e olhando somente não para a beleza como um único exemplo — como um doméstico o faria, quem favorece a beleza individual de um criançola, de um homem ou de um só costume, [...] mas voltado ao vasto oceano do belo e,

---

[268] conjunção com o nojo, como uma forma de quebrar vínculos a prazeres carnais. Ver Dharmakirti: DHARMAKIRTI. *Mahayana tantra*. Nova Déli: Penguin, 2002.
PLATÃO. "Symposium" *In*: COOPER, J. M. (ed.). *Plato: Complete works*. Indianapolis: Hackett, 1997, 192e.

contemplando-o, ele dá a luz a mui gloriosas e belas ideias e teorias, em inesgotável amor à sabedoria[269].

A essência da natureza do amor, enquanto um vínculo entre duas pessoas, é rejeitada; o amor só pode ser digno quando for convertido numa apreciação da beleza em geral.

Os estoicos mais recentes também fazem objeção à particularidade do amor, à forma como ele concentra a fonte da felicidade do indivíduo nas mãos de outra pessoa, a quem não se pode controlar. Até os epicuristas, cuja filosofia se baseava na busca pelo prazer, valorizam a amizade, mas se opõem ao amor romântico. Em *Da Natureza das Coisas*, o poeta filosófico Lucrécio (c. 94-50 a. C.) expõe ao máximo a declaração da filosofia de Epicuro (341-270 a. C.). O fim do Livro 4 é amplamente conhecido como a "Tirada Contra o Amor", em que Lucrécio compara o amor a uma ferida, um câncer, uma doença. Os epicuristas eram mestres no desejo e na satisfação advinda dele; eles contestavam o amor passional precisamente porque ele não pode ser satisfeito:

> Quando dois seres desfrutam, lado a lado,
> do florescer da vida, quando a carne prenuncia o sabor do deleite,
> e Vênus está pronta para semear o campo feminino,
> sedentos eles tomam um ao outro, de boca a boca
> a saliva flui, eles arfam, pressionam dente e lábio —
> em vão, pois não podem arrancar nenhuma substância
> nem perfurar e sumir, diluindo um corpo no outro.
> Pois que esse, frequentemente, parece ser seu desejo, sua meta,
> tão avidamente eles se agarram, enlaçados pela paixão[270].

O cristianismo trouxe à tona muitos desses medos clássicos quanto ao amor. Jesus ordena que seus seguidores amem a Deus, utilizando-se das mes-

---

[269] PLATÃO. "Symposium" *In*: COOPER, J. M. (ed.). *Plato: Complete works*. Indianapolis: Hackett, 1997, 201d.
[270] LUCRETIUS. *The nature of things*. Nova York: Norton, 1977, vol. IV, linhas 1105-1113.

mas palavras proferidas por Moisés ("De todo o teu coração, e de toda a tua alma, e de todo o teu pensamento", São Mateus 22, 37, em referência a Deuteronômio 6, 5). O segundo mandamento de Jesus é o de amar ao próximo: "Amarás o teu próximo como a ti mesmo" (São Mateus, 22:39). E o que pode significar amar ao próximo como a si mesmo? As origens psicológicas do amor jazem no apego aos pais e aos parceiros sexuais. Não nos apegamos a nós mesmos; não buscamos segurança e satisfação em nós mesmos. O que Jesus parece querer dizer é que devemos *valorizar* os outros tanto quanto valorizamos a nós mesmos; devemos ser gentis e generosos mesmo com estranhos e nossos inimigos. Essa mensagem inspiradora é relevante às questões da reciprocidade e da hipocrisia, às quais me referi nos *Capítulos 3 e 4*, mas pouco tem a ver com os sistemas psicológicos que cobri neste capítulo. Antes, o amor cristão estabelece seu foco sobre duas palavras-chave: *caritas* e *agape*. *Caritas* (latim, a origem da palavra "caridade") é uma espécie de benevolência intensa e boa intenção; *agape* é uma palavra grega que se refere a um tipo de amor altruísta, espiritual, desprovido de sexualidade e apego a uma pessoa específica. (É claro que o cristianismo endossa o amor entre um homem e uma mulher no casamento, mas mesmo esse amor é idealizado como o amor de Cristo por sua igreja — Efésios, 5:25.) Bem como em Platão, o amor cristão é aquele despido de particularidade essencial, seu foco numa *específica* outra pessoa. O amor é remodelado a uma atitude generalizada rumo a uma classe de objetos muito mais vasta, quiçá infinita.

*Caritas* e *agape* são conceitos deveras belos, mas não se relacionam aos tipos de amor de que as pessoas *precisam*, tampouco derivam deles. Embora eu quisesse viver num mundo em que todos irradiam benevolência a todos os outros, prefiro viver num mundo no qual há pelo menos uma pessoa que amou a mim especificamente e a quem amei de volta. Suponhamos que Harlow tivesse criado os macacos-rhesus sob duas condições. No primeiro grupo, cada indivíduo cresceria em sua própria jaula, mas a cada dia Harlow colocaria nela uma fêmea adulta distinta, muito acolhedora, para servir de companhia ao filhote. No segundo grupo, cada indivíduo cresceria numa jaula com sua mãe biológica, e a cada dia Harlow introduziria uma fêmea distinta, porém não muito gentil. Os macacos do primeiro grupo teriam tido contato com algo como *caritas* — benevolência sem particularidades — e provavelmente teriam seu crescimento emocional prejudicado. Sem que tivessem desenvolvido um relacionamento de apego, eles decerto sentiriam medo frente a novas experiências e seriam incapazes de se importar com outros macacos. Já os sujeitos do segundo grupo teriam experienciado algo mais próximo à infância de um macaco-rhesus normal e, possivelmente, seriam saudáveis e capazes de amar. No *Capítulo 9*, farei uma proposição de que *agape* é real, embora de curta duração. *Agape* pode mudar e enriquecer nossas vidas, mas não substituir os tipos de amor baseados no apego.

Há vários motivos pelos quais o amor verdadeiro nos seres humanos pode deixar os filósofos tão desconfortáveis. Primeiramente, o amor passional é notório por deixar as pessoas irracionais e desprovidas de lógica, e os filósofos ocidentais perpetuam o pensamento de que a moralidade é o fundamento da racionalidade. (No *Capítulo 8*, argumentarei contra isso). O amor é uma espécie de insanidade e muitos indivíduos enlouquecidos de paixão arruinaram suas vidas e as de outrem. Grande parte da oposição filosófica ao amor pode, portanto, consistir em conselhos bem intencionados passados pelos sábios aos jovens: não dê ouvidos às canções enganosas das sereias.

Não obstante, penso que pelo menos duas motivações benevolentes permanecem em funcionamento. Em primeiro lugar, pode haver uma espécie de interesse próprio hipócrita na qual a geração mais velha diz: "Faça o que estamos dizendo, não o que fizemos". Buda e Santo Agostinho (354-430), por exemplo, tomaram suas porções de amor passional na juventude e, somente muito mais tarde, voltaram como oponentes dos vínculos sexuais. Códigos morais são feitos para manter a ordem na sociedade; eles nos impelem a conter nossos desejos e assumir nossos devidos papéis. O amor romântico é notório por fazer os jovens ignorarem as regras e convenções de sua sociedade, divisões de castas ou conflitos entre as famílias Capuleto e Montecchio. Portanto, as tentativas constantes dos sábios de redefinir o amor enquanto algo espiritual e pró-social soam a mim como o moralismo dos pais que, tendo desfrutado de inúmeros casos amorosos quando mais jovens, agora tentam explicar à sua filha por que ela deve se resguardar até o casamento.

A segunda motivação é o medo da morte. Jamie Goldenberg[271], na Universidade do Colorado, demonstrou que, quando pedimos que as pes-

---

[271] GOLDENBERG, J. L.; PYSZCZYNSKI, T.; GREENBERG, J.; MCCOY, S. K.; SOLOMON, S. "Death, sex, love, and neuroticism: Why is sex such a problem?"

soas reflitam sobre sua própria mortalidade, elas julgam os aspectos físicos da sexualidade mais asquerosos e são menos propensas a concordarem com um ensaio que argumente sobre a similaridade entre seres humanos e animais. Goldenberg e seus colegas acreditam que indivíduos em todas as culturas sentem um medo generalizado da morte. Os humanos sabem que vão morrer, por conseguinte, as culturas humanas se esforçam na construção de sistemas de atribuição de significância que dignifiquem a vida e convençam a população de que suas vidas têm mais significado do que as dos animais que morrem a seu redor. A regulamentação extensiva do sexo presente em muitas culturas, a tentativa de vincular o amor a Deus e assim tirar o sexo da equação, tudo isso é parte de uma defesa elaborada contra o prevalente medo da mortalidade[272].

Se isso proceder, se os sábios tiverem uma série de razões ocultas para nos afastarem do amor passional e de todos os tipos de apego, talvez devêssemos ser seletivos antes de seguirmos seus conselhos. Talvez precisemos olhar para nossas próprias vidas, viver num mundo muito distinto do deles e analisar o que as evidências a nosso dispor apontam: se os vínculos são bons ou maus para nós.

### A liberdade pode ser prejudicial a sua saúde

No final do século XIX, um dos fundadores da sociologia, Émile Durkheim (1858-1917), executou um milagre acadêmico. Ele reuniu dados de toda a Europa a fim de estudar os fatores que afetam as taxas de suicídio. Suas descobertas podem ser resumidas numa única palavra: restrições.

---

[272] *Journal of Personality and Social Psychology*, 77, 1999, p. 1173-1187. GOLDENBERG, J. L.; PYSZCZYNSKI, T.; GREENBERG, J.; SOLOMON, S.; KLUCK, B.; CORNWELL, R. "I am NOT an animal: Mortality salience, disgust, and the denial of human creatureliness". *Journal of Experimental Psychology: General*, 130, 2001, p. 427-435.
BECKER, E. *The Denial of Death*. Nova York: Free Press, 1973.
PYSZCSYNSKI, T., GREENBERG, J.; SOLOMON, S. "Why do we want what we want? A terror management perspective on the roots of human social motivation". *Psychological Inquiry*, 8, 1997, p. 1-20.

Pouco importa como ele coletou esses dados; pessoas com menos restrições sociais, deveres e obrigações eram mais suscetíveis a cometer suicídio. Durkheim observou o "grau de integração da sociedade religiosa" e constatou que os protestantes, que tinham as vidas religiosas menos exigentes na época, apresentavam maiores índices de suicídio do que os católicos; os judeus, com sua vasta gama de obrigações sociais e religiosas, apresentavam os menores índices. Durkheim examinou o "grau de integração na sociedade doméstica" — a família — e constatou o mesmo: os indivíduos que viviam sozinhos eram mais propensos ao suicídio; os casados, menos; os casados e com filhos, ainda menos. O sociólogo concluiu que as pessoas precisam de amarras e obrigações que provejam estrutura e significado a suas vidas: "Quando mais fracos forem os grupos aos quais [o homem] pertence, menos ele dependerá deles e, consequentemente, mais ele dependerá apenas de si mesmo e será incapaz de reconhecer regras de conduta que foram fundadas para servirem a seus interesses"[273].

Cem anos de estudos mais meticulosos sobre o assunto confirmaram o diagnóstico de Durkheim. Se você deseja fazer uma previsão do quão feliz alguém é, ou por quanto tempo esse indivíduo viverá (e se a você não for permitido examinar seus genes ou personalidade), comece explorando seus relacionamentos sociais. Manter relações sociais sólidas fortalece o sistema imunológico, prolonga a vida (mais do que o ato de parar de fumar), acelera a recuperação de uma cirurgia e reduz os riscos de distúrbios de depressão e ansiedade[274]. Não é que os extrovertidos sejam naturalmente

---

[273] DURKHEIM, E. *Suicide.* Nova York: Free Press, 1951, p. 209.
[274] Ver resenhas em Cohen & Herbert (1996), Waite & Gallagher (2000). Contudo, Lucas & Dyrenforth (no prelo) questionaram recentemente se os relacionamentos sociais são tão importantes quanto o restante da área julga que sejam.
COHEN, S.; HERBERT, T. B. (1996). "Health psychology: psychological factors and physical disease from the perspective of human psychoneuroimmunology". *Annual Reviews of Psychology,* 47, 1996, p. 113-142.
WAITE, L. J.; GALLAGHER, M. *The case for marriage: Why married people are happier, healthier, and better off financially.* Nova York: Doubleday, 2000.
LUCAS, R. E.; DYRENFORTH, P. S. (no prelo). "Does the existence of social relationships matter for subjective well-being?" *In:* VOHS, K. D.; FINKEL, E. J. (Eds.), *Intrapersonal processes and interpersonal relationships: Two halves, one self.* Nova York: Guilford.

mais felizes e saudáveis; quando os introvertidos são forçados a sair de sua zona de conforto, eles costumam desfrutar disso e descobrem que socializar melhora seu humor[275]. Mesmo aqueles que pensam que não querem manter muito contato social se beneficiam dele. Também não é que "todos nós precisemos de alguém com quem contar"; pesquisas recentes sobre o *oferecimento* de apoio demonstram que se importar com os outros é, com frequência, mais benéfico do que receber ajuda[276]. Precisamos interagir com outros; precisamos dar *e* receber; precisamos pertencer a algum lugar[277]. Uma ideologia de liberdade pessoal extrema pode ser perigosa, posto que encoraja as pessoas a deixarem sua casa, seu emprego, sua cidade e seu casamento para irem à procura de satisfação pessoal e profissional, desfazendo, portanto, os relacionamentos que constituíam sua melhor esperança de plenitude.

Sêneca (c. 4-65) estava correto: "Ninguém pode viver feliz se só pensa em si próprio e transforma tudo em questão de sua própria utilidade". John Donne (1572-1631) também estava certo: "Nenhum homem é uma ilha isolada". Aristófanes estava certo: precisamos de outros que nos completem. Somos uma espécie ultrassociável, cheia de emoções ajustadas para que amemos, façamos amizades, ajudemos uns aos outros, compartilhemos as coisas e entrelacemos nossas vidas com as de outrem. Apegos e relacionamentos podem nos trazer dor; como disse um personagem da peça *No Exit*, de Jean-Paul Sartre (1905-1980): "O inferno são os outros"[278]. Mas o paraíso também.

---

[275] FLEESON, W.; MALANOS, A. B.; ACHILLE, N. M. "An intraindividual process approach to the relationship between extraversion and positive affect: Is acting extraverted as 'good' as being extraverted?" *Journal of Personality and Social Psychology*, 83, 2002, p. 1409-1422.

[276] BROWN, S. L.; NESSE, R. M.; VINOKUR, A. D.; SMITH, D. M. Providing social support may be more beneficial than receiving it: Results from a prospective study of mortality. *Psychological Science*, 14, 2003, p. 320-327.

[277] AUMEISTER, R. F.; LEARY, M. R. "The need to belong: Desire for inter-personal attachments as a fundamental human motivation". *Psychological Bulletin*, 117, 1995, p. 497-529.

[278] SARTRE, J. P. *No exit and three other plays*. Nova York: Vintage International, 1989, p. 45.

# Capítulo 7

## Capítulo 7
## Os Usos da Adversidade

*Quando o Céu está prestes a conferir uma grande responsabilidade a qualquer homem, ele exercita sua mente com sofrimentos, sujeita seus tendões e seus ossos ao trabalho duro e expor seu corpo à fome, deixando-o na pobreza, colocando obstáculos no caminho de suas ações, para assim estimular sua mente, fortalecer sua natureza e melhorar onde quer que ele seja incompetente.*
— Mêncio,[279] (China, século III a. C.)

*O que não me mata me fortalece.*
— Nietzsche [280]

Muitas tradições carregam uma noção de destino, predestinação, ou uma presciência divina. Os hindus têm uma crença popular de que, no dia do nascimento, Deus escreve o destino de cada criança em sua testa. Suponha que, ao nascer de seu filho, você receba dois presentes: um par de óculos que lhe permite ler a predição e um lápis que lhe permite editá-la. (Suponha, ademais, que os presentes venham de Deus e que você seja livre para usá-los como quiser). O que você faria? Você lê a lista: aos nove anos de idade, o melhor amigo morre de câncer; aos dezoito anos, termi-

---
[279] Também conhecido como Mencius. De *The Book of Mencius*, seção 6 B:15, em Chan (1963): THE BOOK OF MENCIUS. *In:* CHAN, W. T. *A source book in Chinese philosophy.* Princeton: Princeton University Press, 1963, seção 6 B:15, p. 78.
[280] NIETZSCHE, F. *Twilight of the idols.* Indianapolis: Hackett, 1997, p. 6.

na a escola como o melhor aluno; aos vinte anos, sofre um acidente de carro enquanto dirige bêbado, o que resulta na amputação da perna esquerda; aos vinte e quatro anos, tem um filho; aos vinte nove anos, casa-se; aos trinta e dois anos, publica um romance de sucesso; aos trinta e três anos, divórcio; e daí em diante. Quão doloroso seria ler sobre o futuro sofrimento de seu filho! Que pai ou mãe seria capaz de resistir à tentação de apagar os traumas e corrigir as autoflagelações do filho?

Contudo, tome cuidado com esse lápis. Suas boas intenções podem piorar as coisas. Se Nietzsche (1844-1900) estiver correto quando diz que o que não mata fortalece, a extinção das adversidades que deveriam ocorrer no futuro de seu filho há de torná-lo fraco e subdesenvolvido. Este capítulo é sobre o que podemos chamar de "hipótese da adversidade", que prega que as pessoas precisam enfrentar situações adversas, obstáculos e quiçá traumas, a fim de atingirem os maiores níveis possíveis de força, satisfação e desenvolvimento pessoal.

A máxima de Nietzsche não pode ser literalmente verdadeira, pelo menos, não de todo. Aqueles que enfrentam a ameaça real e presente de sua própria morte, ou que testemunham a morte violenta de outrem, por vezes desenvolvem "transtorno de estresse pós-traumático" (TEPT), uma condição debilitante que deixa suas vítimas ansiosas e hiperreativas. Pacientes que sofrem de TEPT veem sua pessoa alterada, às vezes, permanentemente. Elas entram em pânico ou desmoronam com maior facilidade diante de adversidades. Ainda que interpretemos Nietzsche de maneira conotativa (o que ele certamente haveria de preferir), cinquenta anos de estudos sobre o estresse demonstram que os fatores estressantes costumam fazer mal[281], contribuindo para a depressão, transtornos de ansiedade e doenças cardíacas. Desse modo, sejamos cautelosos ao aceitarmos a hipótese da adversidade. Olhemos para as pesquisas científicas para descobrirmos quando a adversidade é benéfica e quando é prejudicial. A resposta não consiste apenas em "adversidade dentro de certos limites". A história é muito mais interessante e revela como os seres humanos crescem e prosperam, e como você (e seus filhos) podem tirar melhor proveito da adversidade que certamente virá no futuro.

---

[281] TAYLOR, S. E. *Health psychology*. Boston: McGraw-Hill, 2003.

## Desenvolvimento pós-traumático

A vida de Greg ruiu em 8 de abril de 1999. Naquele dia, sua esposa e seus dois filhos, de quatro e sete anos, desapareceram. Greg demorou três dias para descobrir que eles não haviam morrido num acidente de carro; Amy, a esposa, fugira com as crianças e um homem que havia conhecido no *shopping* algumas semanas antes do incidente. Os quatro estavam, então, dirigindo pelo país, e foram vistos em vários estados. O detetive particular contratado por Greg descobriu que esse homem misterioso ganhava a vida cometendo pequenos crimes e fazendo falcatruas. Como isso poderia ter acontecido? Greg se sentiu como Jó, privado num só dia de tudo o que mais amava. E, como Jó, ele não podia explicar o que lhe sucedera.

Greg[282], um velho amigo meu, ligou para mim para verificar se eu, enquanto psicólogo, poderia lhe oferecer alguma percepção acerca de como sua esposa teria caído na lábia de tamanha fraude. A única coisa que pude dizer é que, pelo que fora descrito, o homem se comportava como um psicopata. A maioria dos psicopatas não é violenta (não obstante, a maior parte dos assassinos e estupradores em série sejam psicopatas). Trata-se de indivíduos, majoritariamente homens, desprovidos de emoções morais, sistemas de apego e qualquer traço de preocupação com os outros[283]. Como não sentem vergonha, constrangimento ou culpa, é fácil para eles manipular outras pessoas para que elas lhes deem dinheiro, sexo e confiança. Eu disse a Greg que, se o homem fosse de fato um psicopata, ele era incapaz de amar e logo se cansaria de Amy e das crianças. Greg provavelmente reencontraria seus filhos em breve.

Dois meses mais tarde, Amy voltou. A polícia deixou as crianças sob a guarda de Greg. A fase do pânico havia terminado, assim como o seu casamento, e Greg iniciou o longo e doloroso processo de reconstruir sua vida. Ele era, então, um pai solteiro que sobrevivia com o salário de professor assistente e passou anos arcando com os custos da Justiça para conseguir a

---

[282] Essa história é verídica, mas nomes e detalhes que possam identificar os sujeitos foram alterados.
[283] CLECKLEY, H. *The mask of sanity*. St. Louis: Mosby, 1955.
HARE, R. D. *Without conscience*. Nova York: Pocket Books, 1993.

guarda dos filhos. Restou-lhe pouca esperança de terminar o livro do qual sua carreira acadêmica dependia, e ele se preocupava com a saúde mental das crianças, bem como de sua própria. O que ele faria?

Eu visitei Greg alguns meses depois. Era uma linda noite de agosto e, ao nos sentarmos em sua varanda, Greg me contou sobre como a crise o havia afetado. Ele ainda estava sofrendo, mas aprendera que muitas pessoas se importavam com ele e estavam disponíveis para ajudá-lo. Famílias da igreja que ele frequentava lhe traziam refeições e prestavam auxílio cuidando das crianças. Seus pais venderam sua casa em Utah e se mudaram para Charlottesville para que pudessem ajudá-lo a criar os netos. Além disso, Greg relatou que a experiência modificara radicalmente sua perspectiva sobre o que realmente importava na vida. Contanto que ele estivesse com seus filhos, o sucesso na carreira não era mais tão importante. Greg disse que passou a tratar as pessoas de forma diferente, uma mudança relacionada à alteração de seus valores: ele se viu interagindo com os outros com muito mais compaixão, amor e perdão. Ele também deixara de se irritar com pequenas coisas. Greg, então, me falou algo tão poderoso que cheguei a engasgar. Referindo-se ao solo triste e comovente que se protagoniza em muitas óperas, ele disse: "Este é meu momento de cantar a ária. Eu não quero fazê-lo, não quero ter essa oportunidade, mas ela está aqui, e o que posso fazer a respeito? Será que estarei à altura da canção?"

Só o fato de ele enxergar sua situação daquela maneira provava que sim, ele estava à altura do serviço. Com a ajuda de família, amigos e de uma fé profunda, Greg reconstruiu sua vida, terminou seu livro e, dois anos depois, encontrou um emprego melhor. Quando falei com ele, recentemente, ele me contou que ainda se sente ferido pelo que ocorreu. Contudo, ele também afirmou que muitas das mudanças positivas provocadas pelo incidente perduraram, e que se sentia mais feliz a cada dia com seus filhos agora do que antes da crise.

Durante décadas, pesquisas na área de saúde psicológica focalizaram no estresse e em seus efeitos prejudiciais. Uma grande preocupação na literatura dessas pesquisas sempre foi com a resiliência — as maneiras com as quais as pessoas lidam com a adversidade, combatem os danos e "se recuperam" ao ponto de um funcionamento normal. Entretanto, foi somente nos últimos quinze anos que os pesquisadores foram além da resiliência e começaram a prestar mais atenção aos *benefícios* trazidos por altos níveis de estresse. Esses benefícios são chamados, às vezes, de "desenvolvimento pós-traumático"[284], em contraste direto ao transtorno de estresse pós-traumático. Os pesquisadores já estudaram casos de indivíduos que lidaram com muitos tipos de adversidade, incluindo câncer, doenças cardíacas, HIV, estupro, agressão física, paralisia, infertilidade, incêndio em sua casa, acidentes aéreos e terremotos. Eles estudaram como as pessoas lidam com a perda daquilo a que são mais apegadas: filhos, cônjuges ou parceiros e pais. Esse amplo escopo de pesquisa mostra que, embora traumas, crises e tragédias possam vir de inúmeras formas, nós nos beneficiamos deles de três maneiras primárias — as mesmas de que Greg me falou.

O primeiro benefício que o enfrentamento bem-sucedido de um desafio revela são suas habilidades ocultas, e enxergá-las modifica seu conceito de si mesmo. Nenhum de nós sabe ao certo do que somos capazes de suportar. Você pode dizer a si mesmo: "Eu morreria se perdesse X", ou "Eu jamais sobreviveria ao que Y está passando", mas essas declarações são proferidas do nada pelo condutor. Se você perdesse X, ou tiver passado pelo que Y passou, seus batimentos cardíacos não cessariam. Você reagiria ao mundo como ele se apresenta, e maior parte dessas reações ocorreria automatica-

---

[284] Para resenhas sobe o crescimento pós-traumático, ver Nolen-Hoeksema & Davis (2002), Tedeschi, Park, & Calhoun, (1998), Tennen & Affleck (1998), Updegraff & Taylor (2000). Houve alguns pioneiros antes deles, tais como Frankl (1984).
NOLEN-HOEKSEMA, S.; DAVIS, C. G. "Positive responses to loss". *In*: SNYDER, C. R.; LOPEZ, S. J. (Eds.). *Handbook of positive psychology*. Nova York: Oxford, 2002, p. 598-607.
TEDESCHI, R. G.; PARK, C. L.; CALHOUN, L. G. "Posttraumatic growth: Conceptual issues". *In*: _____. *Posttraumatic growth: Positive changes in the aftermath of crisis*. Mahwah: Lawrence Erlbaum, 1998, p. 1-22.
TENNEN, H.; AFFLECK, G. (1998). "Personality and transformation in the face of adversity". *In*: TEDESCHI, R. G.; PARK, C. L.; CALHOUN, L. G. *Post-traumatic growth: Positive changes in the aftermath of crisis*. Mahwah: Lawrence Erlbaum, 1998, p. 65-98.
UPDEGRAFF, J. A.; TAYLOR, S. E. "From vulnerability to growth: Positive and negative effects of stressful life events". *In*: HARVEY, J.; MILLER, E. (Eds.). *Loss and trauma: General and close relationship perspectives*. Philadelphia: Brunner-Routledge, 2000, p. 3-28.
FRANKL, V. E. *Man's search for meaning*. Nova York: Pocket Books, 1984.

mente. As pessoas tendem a dizer que ficam entorpecidas ou no modo de piloto automático após uma perda ou um trauma terrível. A consciência é severamente alterada, mas, mesmo assim, o corpo continua funcionando. Ao longo das semanas seguintes, algum grau de normalidade retorna, enquanto o indivíduo tenta processar a perda e as novas circunstâncias. O que não o mata, por definição, torna-o um sobrevivente sobre o qual outros poderiam dizer: "Eu nunca seria capaz de sobreviver ao que Y está passando". Uma das lições mais comuns que as pessoas tiram do luto, ou do trauma, é a de que elas são muito mais fortes do que imaginavam, e essa nova apreciação de sua força lhes concede maior confiança para enfrentar futuros desafios. E não se trata simplesmente de confabular sobre uma luz no fim do túnel; aqueles que sofreram com batalhas, estupros, campos de concentração ou perdas pessoais traumáticas costumam parecer inoculados[285] contra estresses futuros: eles se recuperam mais rapidamente, em parte porque sabem com o que conseguem lidar. Líderes religiosos apontaram muitas vezes a esse benefício trazido pelo sofrimento. Como dissera São Paulo (c. 5-67) em Epístola aos Romanos (Romanos 5, 3-4): "[...] a tribulação produz a paciência, e a paciência prova a experiência, e a experiência produz a esperança". Mais recentemente, o Dalai Lama afirmou: "Creio que a pessoa que teve mais experiências de privações consegue enfrentar problemas com mais firmeza do que a pessoa que nunca passou por sofrimento. Portanto, visto por esse ângulo, um pouco de sofrimento pode ser uma boa lição para a vida"[286].

A segunda classe de benefícios tange aos relacionamentos. A adversidade é um filtro. Quando alguém é diagnosticado com câncer, ou quando um casal perde um filho, alguns amigos e familiares vêm à sua escolta e procuram por qualquer maneira possível de oferecer suporte e ajudá-los.

---

[285] Meichenbaum (1985) revisado em Updegraff & Taylor (2000).
MEICHENBAUM, D. *Stress innoculation training.* Nova York: Pergamon, 1985.
UPDEGRAFF, J. A.; TAYLOR, S. E. "From vulnerability to growth: Positive and negative effects of stressful life events". *In*: HARVEY, J.; MILLER, E. (Eds.). *Loss and trauma: General and close relationship perspectives.* Philadelphia: Brunner-Routledge, 2000, p. 3-28.

[286] DALAI LAMA. *The art of living: A guide to contentment, joy, and fulfillment.* Londres: Thorsons, 2001, p. 40.

Outros viram as costas, talvez incertos do que dizer ou fazer, ou inaptos a superarem seu próprio desconforto com a situação. Contudo, a adversidade faz mais do que separar os amigos oportunos dos amigos verdadeiros; ela fortalece relacionamentos e abre os corações das pessoas para as outras. É frequente desenvolvermos amor por quem nos importa e, geralmente, sentimos amor e gratidão para com quem esteve conosco em momentos de necessidade. Num amplo estudo sobre o luto, Susan Nolen-Hoeksema (1959-2013) e seus colegas da Universidade de Stanford descobriram que um dos efeitos provocados pela perda de alguém que se ama é o de que o indivíduo de luto toma maior apreciação pelas pessoas presentes em sua vida e demonstra maior tolerância em relação a elas. Uma participante do estudo, cujo marido havia morrido de câncer, explicou: "[A perda] melhorou minha relação com outras pessoas, pois percebi que o tempo é tão importante, e desperdiçamos tanto esforço com eventos e sentimentos pequenos e significantes"[287]. Como Greg, essa mulher passou a se relacionar com os outros de uma forma mais amorosa e menos mesquinha. O trauma parece desligar a motivação que nos faz jogar o jogo maquiaveliano do "toma lá, dá cá", que tem sua ênfase na autopromoção e na competição.

Essa mudança nas formas de nos relacionarmos com outros aponta ao terceiro benefício: o trauma modifica nossas prioridades e nossa filosofia acerca do presente ("Viva cada dia ao máximo") e de outras pessoas. Todos já ouvimos histórias sobre indivíduos ricos e poderosos que sofreram uma alteração em sua consciência moral após o enfrentamento da morte. Em 1993, eu vi uma das mais grandiosas histórias desse tipo escrita nas rochas localizadas do lado de fora da cidade indiana de Bubanesvar, onde passei três meses estudando cultura e moralidade. O rei Ashoka (304-232 a. C.), após assumir controle sobre o Império Máuria (na Índia Central), por volta de 272 a. C., partiu para expandir seu território por meio de conquistas. Ele foi bem-sucedido, exterminando muitos dos povos e reinos a seu redor. Porém, após uma vitória particularmente sangrenta sobre o povo kalinga, perto de onde hoje fica Bubanesvar, ele foi surpreendido por horror e re-

---

[287] NOLEN-HOEKSEMA, S.; DAVIS, C. G. "Positive responses to loss". *In*: SNYDER, C. R.; LOPEZ, S. J. (Eds.). *Handbook of positive psychology*. Nova York: Oxford, 2002, p. 602-603.

morso. Ele se converteu ao budismo, renunciou a qualquer conquista alcançada com uso de violência dali para frente e dedicou sua vida à criação de um reino fundado nos pilares da justiça e do respeito pelo *dharma* (a lei cósmica do hinduísmo e do budismo). Ele registrou sua visão de uma sociedade justa e de suas regras para um comportamento virtuoso e gravou seus éditos em paredes rochosas que cercavam seu reino. Ele enviou emissários até a Grécia para que eles disseminassem sua visão de paz, virtude e tolerância religiosa. A conversão de Ashoka foi desencadeada pela vitória, não pela adversidade, mas, frequentemente, as pessoas ficam traumatizadas ao matarem outras — conforme indicam pesquisas modernas sobre soldados[288] —, assim como o ficam ao enfrentarem a ameaça da morte. Como tantos que experienciam o desenvolvimento pós-traumático, Ashoka passou por uma profunda transformação. Em seus éditos, ele descreveu a si mesmo como alguém que se tornou mais piedoso, compassivo e tolerante em relação àqueles que divergiam dele.

Poucos têm a chance de deixarem o posto de assassinos em massa para assumirem a identidade de padroeiros da humanidade, mas muitas pessoas, ao lidarem com o prospecto da morte, relatam mudanças em seus valores e suas perspectivas. Um diagnóstico de câncer é frequentemente descrito, em retrospecto, como um alerta, um banho de realidade ou uma reviravolta. Muita gente considera mudar de carreira, ou reduzir o tempo que passa trabalhando. A realidade para a qual as pessoas costumam acordar, é uma vida vista como um presente, algo que assumiam como ordinário, e se importam mais com ela do que com o dinheiro. *Um Conto de Natal*, de Charles Dickens (1812-1870), captura uma verdade profunda sobre os efeitos de encarar a própria mortalidade: alguns minutos passados com o fantasma do "Natal Futuro" são suficientes para converter Scrooge, um grande avarento, num homem generoso que se deleita com sua família, com seus empregados e com os estranhos que passam pela rua.

---

[288] BAUM, D. "The price of valor". *The New Yorker*, 12 julho de 2004. TENNEN, H.; AFFLECK, G. "Personality and transformation in the face of adversity". *In*: TEDESCHI, R. G.; PARK, C. L.; CALHOUN, L. G. *Post-traumatic growth: Positive changes in the aftermath of crisis*. Mahwah: Lawrence Erlbaum, 1998, p. 65-98.

Não tenho a intenção de celebrar o sofrimento, nem de prescrevê-lo para todos, ou de minimizar o imperativo moral de o reduzirmos tanto quanto pudermos. Não desejo ignorar a dor que emana de cada diagnóstico de câncer, espalhando medo a amigos e parentes. O que quero apontar é que o sofrimento não é sempre de todo ruim. Costuma haver algum bem misturado ao mal, e aqueles que o encontram descobrem algo precioso: uma chave para o desenvolvimento moral e espiritual. Como escreveu Shakespeare:

> *Doces são os usos da adversidade,*
> *Que, como o sapo, feio e venenoso,*
> *Leva joia preciosa na cabeça*[289].

### Nós precisamos sofrer?

A hipótese da adversidade apresenta uma versão fraca e uma forte. Na versão fraca, a adversidade *pode* conduzir ao crescimento, à força, à alegria e ao autoaprimoramento por meio dos três mecanismos de desenvolvimento pós-traumático descritos acima. A versão fraca é fundamentada por pesquisas, mas oferece poucas implicações claras sobre como devemos viver nossas vidas. A versão forte da hipótese é mais perturbadora: ela atesta que as pessoas *têm* de suportar adversidades para que possam crescer e que os mais altos níveis de crescimento e desenvolvimento estão disponíveis *somente* àqueles que tenham enfrentado e superado grande adversidade. Se a versão forte da hipótese for válida, ela oferece profundas implicações sobre como devemos viver e estruturar nossa sociedade. Isso significa que deveríamos nos arriscar mais e sofrer mais derrotas; que podemos estar superprotegendo nossos filhos, concedendo-lhes vidas brandas e seguras e orientações em demasia, enquanto os privamos de "incidentes críticos"[290]

---

[289] SHAKESPEARE, W. "As You Like It". *In*: BLAKEMORE, G. (Ed). *The Riverside Shakespeare*. Boston: Houghton Mifflin, 1974, II.i.12-14.
[290] TOOBY, J.; COSMIDES, L. "Friendship and the banker's paradox: Other pathways to the evolution of adaptations for altruism". *Proceedings of the British Academy*, 88, 1996, p. 119-143.

que os ajudariam a crescer mais fortes e a desenvolver amizades mais intensas. Isso também significa que as sociedades heroicas, que temem mais a desonra do que a morte, ou sociedades que lutam juntas numa guerra, podem produzir seres humanos melhores do que um mundo de paz e prosperidade no qual as expectativas dos indivíduos sejam tão elevadas, que eles chegam a processar uns aos outros por "danos morais".

Será que a versão forte é válida? Muitos dizem que sofreram mudanças profundas por conta de adversidades. Não obstante, pesquisadores coletaram, até agora, poucas evidências de mudanças de personalidade induzidas por adversidades. O desempenho das pessoas em testes de personalidade permaneceu razoavelmente estável no decorrer de alguns anos, mesmo para aqueles que relatam que mudaram muito nesse ínterim[291]. Num dos poucos estudos que tentaram verificar os relatos de crescimento mediante ao ato de perguntar aos amigos dos sujeitos sobre eles, os amigos notaram muito menos mudanças do que o relatado[292].

Tais estudos, no entanto, têm buscado a mudança no lugar errado. Os psicólogos frequentemente abordam a personalidade medindo traços básicos tais como os "grande cinco": neurose, extroversão, receptividade para novas experiências, agradabilidade (afeto/generosidade) e consciência[293]. Esses traços dizem respeito ao elefante, às reações automáticas de uma pessoa a diversas situações. Eles são, mais ou menos, similares em gêmeos idênticos criados separados, o que indica que são, em parte, influenciados pela genética, embora também sofram influência das modificações nas condições da vida do indivíduo e do papel que ele exerce, tal como o

---

[291] COSTA, P. T. J.; MCCRAE, R. R. "Personality continuity and the changes of adult life". *In*: M. STORANDT, M.; VANDENBOS, G. R. (Eds.). *The adult years: Continuity and change*. Washington: American Psychological Association, 1989, p. 45-77.

[292] PARK, C. L.; COHEN, L.; MURCH, R. "Assessment and prediction of stress-related growth". *Journal of Personality*, 64, 1996, p. 71-105.

[293] COSTA, P. T. J.; MCCRAE, R. R. (1989). "Personality continuity and the changes of adult life". *In*: M. STORANDT, M.; VANDENBOS, G. R. (Eds.). *The adult years: Continuity and change*. Washington: American Psychological Association, 1989, p. 45-77.

de ser pai[294]. O psicólogo Dan McAdams sugeriu que a personalidade apresenta, de fato, três níveis[295], e prestou-se demasiada atenção ao nível mais baixo, o dos traços básicos. O segundo nível, "adaptações características", inclui metas pessoais, mecanismos de defesa e resiliência, valores, crenças e preocupações de acordo com os estágios da vida (como os da paternidade/maternidade e o da aposentadoria) que as pessoas desenvolvem para serem bem-sucedidas no desempenho de seus papéis e em seus nichos. Tais adaptações são, por sua vez, influenciadas pelos traços básicos: alguém com nível de neurose elevado terá um mecanismo de defesa mais desenvolvido; um extrovertido dependerá mais intensamente das relações sociais. Nesse nível intermediário, no entanto, os traços básicos servem para serem mesclados com os fatos no que tange ao ambiente em que vive o indivíduo e a seu estágio de vida. Quando esses fatos mudam — como ocorre com a perda de um cônjuge —, as adaptações características da pessoa também mudam. O elefante pode ser lento no quesito da modificação, mas, quando ele e o condutor trabalham juntos, eles encontram novas maneiras de sobreviverem àquele dia.

O terceiro nível da personalidade é o da "história de vida". Seres humanos em todas as culturas são fascinados por histórias; nós as criamos sempre que possível. ("Você está vendo aquelas sete estrelas lá em cima? Elas são sete irmãs que, uma vez..."). Não é diferente com nossas vidas. Não conseguimos conter a criação que McAdams descreve como uma "história em desenvolvimento que integra a reconstrução do passado, a percepção do presente e a antecipação do futuro num mito coerente e vivaz para ilus-

---

[294] SRIVASTAVA, S.; JOHN, O. P.; GOSLING, S. D.; POTTER, J. "Development of personality in early and middle addulthood: Set like plaster or persistent change?" *Journal of Personality and Social Psychology*, 84, 2003, p. 1041-1053.

[295] MCADAMS, D. P. "Can personality change? Levels of stability and growth in personality across the life span". *In*: HEATHERTON, T. F.; WEINBERGER, J. L. (Eds.). *Can personality change?* Washington: American Psychological Association, 1994, p. 299-313.
MCADAMS, D. P. "The psychology of life stories". *Review of General Psychology*, 5, 2001, p. 100-122.

trar a vida de alguém"[296]. Apesar de o nível mais baixo da personalidade dizer respeito, majoritariamente, ao elefante, a história de vida é escrita primariamente pelo condutor. Você cria sua história conscientemente ao interpretar seu próprio comportamento, e ao passo que escuta o que outros têm a dizer sobre você. A história de vida não é trabalho de um historiador — lembre-se de que o condutor não tem acesso às causas *reais* de seu comportamento; é mais uma ficção histórica que faz várias referências a fatos e os conecta por meio de dramatizações e interpretações que podem, ou não, ser verdadeiras ao espírito do que realmente ocorreu.

Sob essa perspectiva dos três níveis, torna-se nítido por que a adversidade pode ser necessária ao desenvolvimento humano otimizado. A maioria dos objetivos de vida buscados pelas pessoas no nível das "adaptações características" pode ser dividida — conforme concluído pelo psicólogo Robert Emmons[297] — em quatro categorias: trabalho e conquistas, relacionamentos e intimidade, religião e espiritualidade e generatividade (deixar um legado e contribuir de algum modo para a sociedade). Ainda que estabelecer metas seja, em geral, bom para você, nem todas as metas são iguais. Aqueles que se esforçam primariamente para a obtenção de conquistas e riqueza são, segundo as conclusões de Emmons, em média, menos felizes do que os que mantêm o foco sobre as outras três categorias[298]. O motivo para tal nos leva de volta às armadilhas da felicidade e ao consumo cons-

---

[296] MCADAMS, D. P. "Can personality change? Levels of stability and growth in personality across the life span". *In*: HEATHERTON, T. F.; WEINBERGER, J. L. (Eds.). *Can personality change?* Washington: American Psychological Association, 1994, p. 306.

[297] EMMONS, R. A. *The psychology of ultimate concerns: Motivation and spirituality in personality.* Nova York: Guilford, 1999.
EMMONS, R. A. (2003). "Personal goals, life meaning, and virtue: Wellsprings of a positive life". *In*: KEYES, C.L.M.; HAIDT, J. (Eds.). *Flourishing: Positive psychology and the life well-lived.* Washington: American Psychological Association, p. 105-128.

[298] Ver também a obra Tim Kasser: Kasserm (2002), Kasser & Ryan (1996).
KASSER, T. *The high price of materialism.* Cambridge: MIT Press, 2002.
KASSER, T.; RYAN, R. M. "Further examining the American dream: Differential correlates of intrinsic and extrinsic goals". *Personality and Social Psychology Bulletin*, 22, 1996, p. 280-287.

pícuo (vide *Capítulo 5*): posto que os seres humanos foram delineados por processos evolutivos para buscarem o sucesso, e não a felicidade, as pessoas correm entusiasticamente atrás de coisas que as ajudarão a adquirir prestígio em competições de soma zero. O sucesso nessas competições é prazeroso, mas não duradouro, e eleva a expectativa de um futuro sucesso.

Entretanto, quando ocorre uma tragédia, ela nos derruba e força uma decisão: levantarmo-nos e voltarmos à vida normal, ou tentarmos outra coisa? Há uma janela de tempo — algumas semanas, ou alguns meses após a tragédia — durante a qual nos vemos mais abertos a outras coisas. Um período no qual atingir objetivos perde seu brilho, podendo beirar a falta de sentido. Se modificarmos nossos objetivos — em direção à família, à religião ou ao ato de ajudar os outros —, tomamos o rumo do consumo inconspícuo, e os prazeres derivados dele ao longo do caminho não estão inteiramente sujeitos aos efeitos da adaptação (esteira). A busca desses objetivos, portanto, conduz a mais felicidade e a menos riqueza (em média). Muitos modificam seus objetivos em meio à adversidade; eles decidem trabalhar menos, amar e brincar mais. Se, nos primeiros meses, você reagir — fazer algo que mude seu cotidiano —, as mudanças que fizer podem perdurar. Se você não fizer nada além de uma resolução ("Não devo jamais me esquecer de meu novo olhar sobre a vida"), mais cedo ou mais tarde, recairá sobre seus velhos hábitos e voltará a buscar velhos objetivos. O condutor pode exercer alguma influência sobre que rumo tomar diante das bifurcações no meio do caminho, mas o elefante sabe lidar com as metas diárias, respondendo de forma automática ao ambiente. A adversidade pode ser necessária ao crescimento porque nos força a conter a pressa ao longo da estrada da vida, o que nos permite notar os caminhos alternativos que estavam ali o tempo todo e refletir sobre onde gostaríamos de chegar.

No terceiro nível de personalidade, a necessidade de adversidades é ainda mais óbvia: você precisa de um bom material para escrever uma boa história. McAdams diz que a histórias são "fundamentalmente sobre as vicissitudes da intenção humana organizadas no tempo"[299]. Sem as vicissitudes, você não pode ter uma boa história de vida e, se o melhor que

---

[299] MCADAMS, D. P. "The psychology of life stories". *Review of General Psychology*, 5, 2001, p. 103.

tiver a dizer for que seus pais se recusaram a lhe dar um carro esportivo no seu aniversário de dezesseis anos, ninguém há de se interessar pelas suas memórias. Nas milhares de histórias de vida que McAdams compilou, diversos gêneros são associados ao bem-estar. Por exemplo, na "história do compromisso", o protagonista vem de uma família acolhedora, é sensibilizado muito cedo aos sofrimentos dos outros, é guiado por uma ideologia pessoal nítida e envolvente e, em algum momento, redime-se de falhas, erros ou crises e tira deles algo positivo; um processo que envolve o estabelecimento de novas metas por meio das quais o indivíduo se compromete a ajudar outros. A vida de Buda é um exemplo clássico.

Em contraste, algumas histórias de vida demonstram uma sequência de "contaminação" na qual eventos positivos no escopo emocional se tornam negativos e tudo é estragado. Quem conta essas histórias não é, para nossa surpresa, mais suscetível à depressão[300]. É verdade que parte da patologia da depressão consiste no fato de que, enquanto rumina, o paciente depressivo remodela a narrativa de sua vida mediante ao uso da tríade de ferramentas negativas de Beck: "eu sou inútil", "o mundo é hostil" e "meu futuro é sombrio". Embora as adversidades, que não sejam superadas por ele, possam gerar uma história de desolação, as adversidades mais substanciais podem ser necessárias à construção de uma história mais significativa.

As ideias de McAdams são profundamente importantes para que se entenda o desenvolvimento pós-traumático. Seus três níveis de personalidade nos permitem pensar sobre a *coerência* entre um nível e outro. E se os três níveis não combinarem entre si? Imagine uma mulher cujos traços básicos sejam calorosos e gregários, mas ela luta pelo sucesso numa carreira que oferece poucas chances de contato com outras pessoas e sua história de vida é sobre uma artista que fora forçada pelos pais a buscar uma carreira mais prática. Ela é uma confusão de motivos e histórias que não combinam, e pode ser que somente através da adversidade ela se seja capaz de ocasionar as mudanças radicais de que precisa para atingir a coerência entre os níveis. Os psicólogos Ken Sheldon e Tim Kasser concluíram que

---

[300] ADLER, J. M.; KISSEL, E.; MCADAMS, D. P. (no prelo). "Emerging from the CAVE: Attributional style and the narrative study of identity in midlife adults". *Cognitive Therapy and Research*.

aqueles que são mentalmente saudáveis e felizes apresentam um grau mais elevado de "coerência vertical" entre seus objetivos — isto é, os objetivos do nível mais alto (os de longo prazo) e os do nível mais baixo (os imediatos) se encaixam tão bem que o alcance dos que estão abaixo impulsiona a luta pelo alcance dos que estão acima[301].

O trauma tende a abalar os sistemas de crenças pessoais e tira do indivíduo seu senso de significado. Dessa forma, ele força as pessoas a se recomporem e, muitas vezes, elas fazem isso mediante à fé em Deus ou num grande propósito que atue como um princípio de unificação[302]. Londres e Chicago aproveitaram a oportunidade concedida por seus grandes incêndios para se reconstruírem enquanto cidades mais grandiosas e mais coerentes. Por vezes, as pessoas fazem o mesmo, reconstruindo maravilhosamente partes de suas vidas e de suas histórias que elas jamais poderiam ter estilhaçado por vontade própria. Quando indivíduos relatam que cresceram após terem lidado com adversidades, eles podem estar tentando descrever um novo senso de coerência interna. Esta coerência não é necessariamente visível aos amigos do sujeito em questão, mas traz uma sensação de crescimento, de força, de maturidade e de sabedoria que afloram de dentro para fora[303].

### Abençoados são aqueles que tiram sentido das coisas

Quando coisas ruins acontecem a pessoas boas, vemo-nos diante de um problema. Temos a consciência de que a vida é injusta, mas, em nível

---

[301] SHELDON, K. M.; KASSER, T. "Coherence and congruence: Two aspects of personality integration". *Journal of Personality and Social Psychology*, 68, 1995, p. 531-543.

[302] Ver o *Capítulo 6* deste livro, Emmons (2003) e James (1961).
EMMONS, R. A. (2003). "Personal goals, life meaning, and virtue: Wellsprings of a positive life". *In*: KEYES, C. L. M.; HAIDT, J. (Eds.). *Flourishing: Positive psychology and the life well-lived*. Washington: American Psychological Association, p. 105-128.
JAMES, W. *The varieties of religious experience*. Nova York: Macmillan, 1961.

[303] Ver King (2001) sobre o "duro rumo à boa vida".
KING, L. A. "The hard road to the good life: The happy, mature person". *Journal of Humanistic Psychology*, 41, 2001, p. 51-72.

inconsciente, enxergamos o mundo através da lente da reciprocidade. A ruína de um homem mau (sob nossa ótica parcial e moralista) não constitui nenhum mistério: ele mereceu aquilo. Contudo, quando a vítima era virtuosa, sentimos dificuldade para tirarmos algum sentido de sua tragédia. Intuitivamente, todos acreditamos no *karma*, a noção hindu de que as pessoas colhem o que plantam. O psicólogo Mel Lerner demonstrou que somos tão motivados a crer que as pessoas recebem aquilo que merecem que acabamos, muitas vezes, culpando a vítima de uma tragédia, especialmente quando não conseguimos obter justiça por meio da punição do culpado, ou da compensação para essa vítima[304].

Nos experimentos de Lerner, o desespero da necessidade de tirar algum sentido dos eventos pode conduzir as pessoas a conclusões imprecisas (por exemplo, a de que uma mulher "instigou" seu estuprador); mas, em geral, a habilidade de derivar sentido de uma tragédia, seguida pelo encontro de algum benefício nela, constitui a chave para destravar o desenvolvimento pós-traumático[305]. Quando o trauma atinge, alguns encontram essa chave pendurada em seus pescoços, acompanhada de instruções sobre como usá-la. Outros têm de proteger a si mesmos, e esses indivíduos não fazem isso muito bem. Psicólogos dedicaram grandes esforços para descobrir quem se beneficia de um trauma e quem é esmagado por ele. A resposta engloba a já conhecida injustiça do mundo: os otimistas são mais passíveis dos benefícios do que os pessimistas[306]. Os otimistas são, em

---

[304] LERNER, M. J.; MILLER, D. T. "Just world research and the attribution process: Looking back and ahead". *Psychological Bulletin*, 85, 1978, p. 1030-1051.

[305] Para novas pesquisar sobre o "fazer sentido" como parte do "sistema imunológico psicológico", ver Wilson & Gilbert (2005).
WILSON, T. D.; GILBERT, D. T. "Making sense: A model of affective adaptation", 2005 (manuscrito inédito).

[306] Nolen-Hoeksema & Davis (2002), Ryff & Singer (2003), Tennen & Affleck (1998). Outros traços importantes, embora menos do que o otimismo, são a complexidade cognitiva e a abertura a novas experiências.
NOLEN-HOEKSEMA, S.; DAVIS, C. G. "Positive responses to loss". *In*: SNYDER, C. R.; LOPEZ, S. J. (Eds.). *Handbook of positive psychology* (p. 598-607). Nova York: Oxford, 2002.
RYFF, C. D.; SINGER, B. (2003). "Flourishing under fire: Resilience as a prototype of challenged thriving". *In*: KEYES, C. L. M.; HAIDT, J. (Eds.). *Flourishing:*

grande parte, ganhadores da loteria cortical: eles apresentam um ponto de partida de felicidade elevado, têm o hábito de olhar as coisas sob um prisma positivo e costumam enxergar a luz no fim do túnel. A vida tem seu jeito de tornar os ricos mais ricos e os felizes ainda mais felizes.

Quando surge uma crise, as pessoas lidam com ela de três maneiras primárias[307]: a ativa (tomar atitudes diretas para consertar o problema), a avaliativa (fazer o trabalho de dentro para fora — esclarecer os pensamentos e procurar por resultados positivos trazidos pela experiência) e o evasivo (fazer força para bloquear as reações emocionais mediante à negação, ou à evasão dos eventos, ou por meio do uso de álcool, drogas e outras distrações). Aqueles que apresentam o traço básico do otimismo (o primeiro nível de McAdams) tendem a desenvolver um modo de lidar com a situação (o segundo nível) que se alterna entre o ativo e o avaliativo. Posto que os otimistas esperam que seus esforços valham a pena, eles tentam de primeira consertar o problema. Se falharem, alimentarão a expectativa de que as coisas tendem a dar certo no final, portanto, não conseguem conter a busca por possíveis benefícios. Quando os encontram, eles escrevem um novo capítulo em sua história de vida (o terceiro nível), uma história de superação e crescimento contínuos. Em contrapartida, aqueles dotados de um estilo afetivo que penda mais à negatividade (composto com maior atividade no lado direito do córtex frontal do que no lado esquerdo) vivem num mundo repleto de ameaças e sentem menos confiança de que são capazes de lidar com elas. Eles desenvolvem um jeito de lidar com as coisas que se apoia fortemente na evasão e em outros mecanismos de defesa. Eles

---

[307] *Positive psychology and the life well-lived*. Washington: American Psychological Association, p. 15-36.
TENNEN, H.; AFFLECK, G. "Personality and transformation in the face of adversity". *In*: TEDESCHI, R. G.; PARK, C. L.; CALHOUN, L. G. *Post-traumatic growth: Positive changes in the aftermath of crisis*. Mahwah: Lawrence Erlbaum, 1998, p. 65-98.
CARVER, C. S.; SCHEIER, M. F.; WEINTRAUB, J. K. "Assessing coping strategies: A theoretically based approach". *Journal of Personality and Social Psychology*, 56, 1989, p. 267-283.
LAZARUS, R. S.; FOLKMAN, S. *Stress, appraisal, and coping*. Nova York: Springer, 1984.

trabalham mais duro para manejarem sua dor do que para consertarem o problema, de modo que eles se tornam ainda piores. Absorvendo a lição de que o mundo é injusto e incontrolável, e de que as coisas costumam dar errado, eles incluem tal aprendizado em sua história de vida e ela contamina a narrativa.

Se você for um pessimista, decerto está se sentindo melancólico agora, mas não se desespere! A chave para seu crescimento não é o otimismo *per se*; é tirar sentido daquilo que os otimistas fazem com tanta facilidade. Se você conseguir encontrar um jeito de fazer sentido da adversidade e aprender lições construtivas com ela, você também poderá se beneficiar. Você aprende a derivar sentido das coisas ao ler *Opening Up*[308], de Jamie Pennebaker. Pennebaker começou sua pesquisa estudando a relação entre o trauma (tal como o abuso sexual na infância) e os danos mentais provocados por ele. O trauma e o estresse são, em geral, ruins para as pessoas, e Pennebaker acreditava que o ato de se abrir — falar com amigos ou terapeutas — poderia ajudar o corpo e a mente ao mesmo tempo. Uma de suas hipóteses mais antigas é a de que os traumas que carregam mais constrangimento, tais como um estupro (ao contrário de uma agressão que não seja de natureza sexual), ou o suicídio de um cônjuge (em vez de sua morte num acidente de carro), provocariam uma maior enfermidade, porque é mais improvável que falemos sobre eventos desse tipo com os outros. A natureza do trauma, contudo, provou-se quase irrelevante. O que importava era como as vítimas agiam depois dele: aqueles que conversavam com amigos, ou com membros de um grupo de apoio, eram amplamente poupados dos danos à saúde decorrentes do trauma.

Uma vez que Pennebaker descobriu uma correlação entre a transparência e a saúde, ele deu o próximo passo no processo científico e tentou *criar* benefícios à saúde, ao tentar fazer as pessoas relevarem seus segredos. Pennebaker pediu que elas relatassem por escrito "a experiência mais perturbadora ou traumática de suas vidas", de preferência uma sobre a qual não tivessem contado a ninguém em grandes detalhes. Ele lhes forneceu muitas folhas de papel em branco e lhes pediu que continuassem escreven-

---

[308] PENNEBAKER, J. *Opening up: The healing power of expressing emotions* (Rev. ed.). Nova York: Guilford, 1997.

do por quinze minutos ao longo de quatro dias consecutivos. Sujeitos do grupo de controle tinham de escrever sobre outro tópico (por exemplo, suas casas ou um dia típico no trabalho) pela mesma quantidade de tempo. Em ambos os estudos, Pennebaker obteve a permissão dos sujeitos para olhar seus relatórios médicos em algum ponto no futuro. Então, ele aguardou um ano e observou com que frequência os membros dos dois grupos ficavam doentes. Os que escreveram sobre seus traumas haviam ido ao hospital ou a algum médico poucas vezes no ano seguinte. Eu não acreditei nesse resultado na primeira vez em que ouvi falar dele. Como uma hora de escrita poderia poupar alguém de uma gripe seis meses depois? Os resultados de Pennebaker pareciam sustentar uma noção freudiana obsoleta de catarse: quem expressa suas emoções, "desabafa", é mais saudável. Já tendo revisado a literatura sobre a hipótese da catarse, eu sabia que não havia evidências que servissem como fundamento para sua validez[309]. Desabafar tende a deixar as pessoas com raiva, não calmas.

Pennebaker descobriu que não se trata do desabafo e sim de fazer sentido daquilo. Os sujeitos em seus experimentos que utilizaram o tempo de escrita para ventilar não obtiveram benefícios. Os que demonstraram um discernimento profundo acerca das causas e das consequências do evento traumático em seu primeiro dia de escrita também não se beneficiaram: eles já haviam feito sentido do que lhes acontecera. Foram aqueles que *progrediram* ao longo dos quatro dias que demonstraram uma percepção gradualmente mais aguçada; foram eles que apresentaram melhora na saúde no ano seguinte. Em estudos posteriores, Pennebaker pediu às pessoas que dançassem ou cantassem com intuito de expressarem seus sentimentos, mas essas atividades expressivas não concederam nenhum benefício à saúde[310]. É preciso usar palavras, e as palavras devem ajudá-lo a criar uma história significativa. Se você conseguir escrever uma história, poderá colher os benefícios da avaliação (um dos dois jeitos de lidar com a vida que são de fato saudáveis), mesmo anos após o trauma. Você poderá, então, encerrar

---

[309] TAVRIS, C. *Anger: The misunderstood emotion*. Nova York: Simon & Schuster, 1982.

[310] PENNEBAKER, J. *Opening up: The healing power of expressing emotions* (Rev. ed.). Nova York: Guilford, 1997, p. 99-100.

um capítulo de sua vida que ainda estava inacabado, que ainda afetava seus pensamentos e o impedia de seguir em frente com a narrativa primária.

Qualquer um, portanto, pode se beneficiar da adversidade, embora um pessimista tenha de percorrer alguns passos a mais, conscientes e iniciados pelo condutor, a fim de gentilmente guiar o elefante na direção certa. O primeiro passo é fazer o possível, antes que venha a adversidade, para modificar seu estilo cognitivo. Se você for um pessimista, considere a meditação, a terapia cognitiva, ou mesmo o Prozac. Os três haverão de torná-lo menos sujeito a ruminações negativas, mais apto a guiar seus pensamentos numa direção positiva e, por conseguinte, mais passível de resistir às adversidades futuras, de encontrar nelas significado, de crescer com elas. O segundo passo consiste em construir e valorizar suas conexões sociais de apoio. Ter um ou dois bons relacionamentos de apego auxiliam os adultos, bem como as crianças (e os macacos-rhesus) a enfrentarem ameaças. Amigos confiáveis que sejam bons ouvintes podem ser de grande ajuda ao dar sentido e encontrar significado. Terceiro, fé e prática religiosas podem ajudar no desenvolvimento, tanto ao amparar diretamente o ato de fazer sentido (religiões oferecem histórias e esquemas interpretativos para perdas e crises) quanto ao aumentar o apoio social (pessoas religiosas mantêm relacionamentos dentro de suas comunidades, e muitos deles são com Deus). Uma parcela dos benefícios trazidos pela religiosidade[311] poderia também ser resultado da confissão e da revelação de conflitos internos, tanto a Deus quanto a uma autoridade religiosa que muitas religiões encorajam.

Por fim, esteja você bem ou mal preparado quando se vir com problemas, em algum momento dos meses seguintes, tente pegar um pedaço de papel e começar a escrever. Pennebaker sugere[312] que se escreva continuamente durante quinze minutos por dia, durante vários dias. Não edite seu texto, ou censure suas palavras; não se preocupe com a estrutura grama-

---

[311] MYERS, D. G. "The funds, friends, and faith of happy people". *American Psychologist*, 55, 2000, p. 56-67.
MCCULLOUGH, M. E.; HOYT, W. T.; LARSON, D. B.; KOENIG, H. G.; THORESEN, C. "Religious involvement and mortality: A meta-analytic review". *Health Psychology*, 1, 2000, p. 211-222.

[312] PENNEBAKER, J. *Opening up: The healing power of expressing emotions* (Rev. ed.). Nova York: Guilford, 1997.

tical; apenas escreva. Escreva sobre o que aconteceu, como você se sente sobre isso e *por que* seu sentimento é esse. Se você detesta escrever, tente gravar uma fita de áudio. O ponto crucial é externalizar seus pensamentos e sentimentos, sem impor nenhuma ordem sobre eles — mas de tal maneira que, depois de alguns dias, essa ordem surja de forma natural. Antes de concluir sua última sessão, certifique-se de fazer seu melhor para responder a estas duas perguntas: "Por que isso aconteceu?"; "O que posso tirar de bom disso?"

### HÁ UMA ÉPOCA PARA TUDO

Se a hipótese da adversidade for verdadeira e se o mecanismo do benefício tiver algo a ver com os atos de dar sentido às coisas e tornar os três níveis da personalidade coerentes entre si, então, deve haver épocas em sua vida quando a adversidade se mostra mais ou menos benéfica. Talvez a versão forte da hipótese proceda somente durante uma parte do curso da vida?

Há muitos motivos para pensar que as crianças são particularmente vulneráveis a adversidade. Os genes guiam o desenvolvimento cerebral ao longo da infância, mas esse desenvolvimento também é afetado pelo contexto do ambiente e um dos fatores contextuais mais importantes é o nível geral de segurança contra ameaça. Uma boa criação por parte dos pais pode ajudar a refinar o sistema de apego para tornar uma criança mais aventureira; ainda assim, no que concerne ao que vai além desses efeitos, se o ambiente da criança é seguro e confortável, ela desenvolverá (em média) um estilo de afeto mais positivo e será menos ansiosa na idade adulta[313]. Contudo, se o ambiente oferecer ameaças cotidianas incontroláveis (de predadores, agressores, ou atos aleatórios de violência), o cérebro da criança sofrerá alterações e será programado para confiar menos e permanecer em constante estado de vigilância[314]. Dado que a maioria das pes-

---

[313] CHORPITA, B. F.; BARLOW, D. H. "The development of anxiety: The role of control in the early environment". *Psychological Bulletin*, 124, 1998, p. 3-21.

[314] Ver Belsky, Steinberg, & Draper (1991) para uma variedade de mudanças biológicas e psicológicas forjadas por ambientes estressantes desde cedo.

soas nas civilizações ocidentais modernas vivem em mundos seguros, onde o otimismo e as motivações de aproximação geralmente valem a pena, e dado que a maioria dos pacientes de psicoterapia precisam se soltar, não se constringir, provavelmente é melhor para as crianças que elas desenvolvam um estilo afetivo positivo, ou tenham o maior ponto de partida que sua genética permitir. Grandes adversidades apresentarão baixa probabilidade de trazer muitos benefícios — quiçá nenhum — às crianças. (Por outro lado, as crianças são incrivelmente resilientes e não sofrem danos com tanta facilidade em decorrência de eventos únicos, mesmo o abuso sexual, ao contrário do que a maioria das pessoas pensa[315]. Condições crônicas são muito mais importantes). É claro que as crianças necessitam de limites para aprenderem sobre o autocontrole, assim como necessitam fracassar muito até que aprendam que o sucesso requer trabalho duro e persistência. As crianças devem ser protegidas, não mimadas.

O cenário é distinto no que tange os adolescentes. Crianças mais jovens conhecem algumas histórias sobre si mesmas, mas o esforço efetivo para integrar o passado, o presente e o futuro numa narrativa coerente só começa do meio para o final da adolescência[316]. Isso é fundamentado por um fato curioso sobre a memória autobiográfica, denominado "colisão de memórias". Quando as pessoas ultrapassam a faixa dos trinta anos e alguém lhes pede que recordem os eventos mais importante ou vívidos de suas vidas, elas apresentam uma tendência desproporcional a recordarem de eventos que ocorreram entre os quinze e os vinte e cinco anos de idade[317]. Essa é a faixa etária em que a vida floresce — o primeiro amor, a faculdade e o crescimento intelectual, talvez viver ou viajar sem

---

BELSKY, J.; STEINBERG, L.; DRAPER, P. "Childhood experience, interpersonal development, and reproductive strategy: An evolutionary theory of socialization". *Child Development*, 62, 1991, p. 647-670.

[315] RIND, B.; TROMOVITCH, P.; BAUSERMAN, R. "A meta-analytic examination of assumed properties of child sexual abuse using college samples". *Psychological Bulletin*, 124, 1998, p. 22-53.

[316] MCADAMS, D. P. "The psychology of life stories". *Review of General Psychology*, 5, 2001, p. 100-122.

[317] FITZGERALD, J. M. "Vivid memories and the reminiscence phenomenon: The role of a self-narrative". *Human Development*, 31, 1988, p. 261-273.

acompanhamento — e é a época na qual os jovens (ao menos, nos países ocidentais) fazem muitas das escolhas que definirão suas vidas. Se há um período especial para a formação da identidade, uma época em que a os eventos da vida exercem maior influência sobre o resto da história, essa é ela. Portanto, a adversidade, especialmente se superada por completo, é provavelmente mais benéfica no final da adolescência e aos vinte e poucos anos de idade.

Não podemos, por razões éticas, conduzir experimentos que induzam o trauma em idades distintas, porém, de certo modo, a vida os conduz para nós. Os grandes eventos do século XX — a Grande Depressão, a Segunda Guerra Mundial — atingiram pessoas de idades diversas e o sociólogo Glen Elder[318] produziu análises elegantes de dados longitudinais (coletados dos mesmos indivíduos ao longo de muitas décadas) com intuito de descobrir por que alguns foram bem-sucedidos e outros sucumbiram diante de tais eventos. Elder resumiu suas conclusões da seguinte maneira: "Há uma linha narrativa que percorre todo o trabalho que fiz. Os eventos não apresentam significância em si. Essa significância é derivada das interações entre pessoas, grupos e experiências. Crianças que tenham sobrevivido a circunstâncias difíceis, em geral, saíram-se bem no final das contas"[319]. Elder constatou que muito se articulava à família e ao grau de integração social da pessoa: crianças, assim como adultos que sobreviveram a crises enquanto estavam imersos em grupos sociais fortes, obtiveram um desempenho muito melhor; eles apresentaram maior probabilidade de saírem da situação mais fortes e mentalmente mais saudáveis do que aqueles que lidaram com a adversidade sem nenhum apoio. As redes sociais não apenas reduziram o sofrimento, também ofereceram caminhos para que se pudessem encontrar significado e propósito nas coisas (conforme Durkheim concluíra em seu estudo do suicídio)[320]. A título de exemplo, a gran-

---

[318] ELDER, G. H., Jr. *Children of the great depression*. Chicago: University of Chicago Press, 1974.
ELDER, G. H. "The life course and human development". *In*: DAMON, W.; LERNER, R. M. (Eds.). *Handbook of child psychology, Theoretical models of human development*, vol. 1. Nova York: Wiley, 1998, p. 939-991.
[319] Eu entrevistei Elder em 1994 para um relatório para a MacArthur Foundation.
[320] DURKHEIM, E. *Suicide*. Nova York: Free Press, 1951.

de adversidade compartilhada por muitos da Grande Depressão ofereceu a muitos jovens a chance de contribuírem com suas famílias por meio de empregos que lhes pagavam alguns dólares semanais. A necessidade de os povos unirem suas nações para lutarem juntos na Segunda Guerra Mundial parece ter tornado aqueles que sobreviveram a ela mais responsáveis e cívicos, pelo menos nos Estados Unidos da América, mesmo que esses sobreviventes não tenham participado diretamente das batalhas[321].

Há, entretanto, um limite de tempo para a primeira adversidade. Elder diz que a vida começa a "se cristalizar" no final dos vintes anos. Mesmo homens jovens que não estavam bem antes de servirem na guerra, mudaram suas vidas em seguida, mas aqueles que enfrentarem seu grande teste após os trinta anos de idade (por exemplo, as batalhas durante a guerra, ou a ruína financeira na Grande Depressão) se mostraram menos resilientes e menos passíveis ao crescimento em decorrência de suas experiências. Então, a adversidade pode, de fato, ser mais benéfica a pessoas no final da adolescência e durante os vinte e tantos anos.

O trabalho de Elder é cheio de lembretes de que a ação está nas interações — ou seja, o modo como a personalidade única de um indivíduo interage com detalhes sobre um evento e seu contexto social a fim de produzir um resultado imprevisível. Na área de pesquisa conhecida como "desenvolvimento da longevidade"[322], há poucas regras simples no formato "X causa Y". Ninguém, pois, pode propor um curso de vida ideal equipado com adversidades meticulosamente programadas que sejam benéficas a todos os envolvidos. Podemos dizer, porém, que para muitas pessoas, especialmente as que superaram a adversidade na casa dos vinte anos, tornaram-se mais fortes, melhores e até mais felizes do que se não tivessem passado por ela.

---

[321] PUTNAM, R. D. *Bowling alone: The collapse and revival of American community*. Nova York: Simon & Schuster, 2000.
[322] BALTES, P. B.; LINDENBERGER, U.; STAUDINGER, U. M. (1998). "Life-span theory in developmental psychology". *In*: DAMON, W.; LERNER, R. M. (Eds.). *Handbook of child psychology, Theoretical models of human development*, vol. 1. Nova York: Wiley, 1998, p. 1029-1143.

## Erro e sabedoria

Minha expectativa para quando eu tiver filhos é a de que eu não serei diferente de outros pais que desejam editar a história já escrita de seus filhos e remover todas as adversidades. Mesmo se eu pudesse ser convencido de que a experiência de um trauma aos vinte e quatro anos de idade ensinaria lições importantes à minha filha e faria dela uma pessoa melhor, eu pensaria: "Bem, por que eu mesmo não posso ensinar a ela essas lições? Não há alguma forma de ela colher os benefícios sem pagar por eles?" No entanto, um fragmento comum da sabedoria mundana prega que as lições mais importantes da vida não podem ser ensinadas diretamente. Marcel Proust (1871-1922) disse:

> Nós não recebemos sabedoria, precisamos descobri-la por nós mesmos, após uma caminhada pelos campos que ninguém pode fazer em nosso lugar e que ninguém pode nos poupar, porque a nossa sabedoria é um ponto de vista com o qual nós, por fim, observamos o mundo[323].

Pesquisas recentes sobre a sabedoria apontam que Proust está correto. O conhecimento vem a nós, majoritariamente, em dois formatos: o explícito e o tácito. O conhecimento explícito engloba todos os fatos que você conhece e pode relatar de forma consciente, independentemente do contexto. Onde quer que eu esteja, sei que a capital da Bulgária é Sofia. Os conhecimentos explícitos são ensinados nas escolas. O condutor os acumula e os arquiva, deixando-os prontos para uso posterior. A sabedoria, contudo, baseia-se — segundo Robert Sternberg[324], um dos principais pesquisadores

---

[323] PROUST, M. *In search of lost time. Within a budding grove*, vol. 2. Londres: Chatto and Windus, 1992, p. 513.

[324] Sternberg (1998) e ver também Baltes & Freund (2003).
Sternberg, R. J. (1998). "A balance theory of wisdom". *Review of General Psychology*, 2, p. 347-365.
BALTES, P. B.; FREUND, A. M. "The intermarriage of wisdom and selective optimization with compensation: Two meta-heuristics guiding the conduct of life". *In:* KEYES, C. L. M.; HAIDT, J. (Eds.). *Flourishing: Positive psychology and the life well-lived*. Washington: American Psychological Association, 2003, p. 249-273.

da sabedoria — no "conhecimento tácito". O conhecimento tácito é procedural (ele consiste em "saber como" em vez de "saber que"), adquirido sem o auxílio direto de outros e se relaciona aos objetivos valorizados por um indivíduo. O conhecimento tácito reside no elefante. São as habilidades que o elefante adquire, gradualmente, a partir de sua experiência de vida. Ele depende do contexto: não há um conjunto universal que inclua as melhores maneiras de se terminar um relacionamento, consolar um amigo ou resolver uma discórdia moral.

A sabedoria, diz Sternberg, é o conhecimento tácito que permite que alguém equilibre dois conjuntos de coisas. Primeiramente, os sábios conseguem equilibrar suas próprias necessidades, as necessidades de outrem e as de elementos que jazem além da interação imediata (e.g., instituições, o ambiente, ou pessoas que podem ser afetadas de forma negativa mais para frente). Os ignorantes enxergam tudo em preto e branco — eles confiam plenamente no mito do puro mal — e são fortemente influenciados por seus próprios interesses. Os sábios são capazes de enxergar as coisas sob outros ângulos, apreciar as tonalidades acinzentadas e, então, escolher ou aconselhar um curso de ação que funcione melhor para todos no longo prazo. Em segundo lugar, os sábios equilibram três respostas a diversas situações: adaptação (modificar o "eu" para se encaixar no ambiente), moldagem (modificar o ambiente) e seleção (escolher se mudar para um novo ambiente). Esse segundo equilíbrio corresponde, a rigor, à célebre "oração da serenidade": "Deus, conceda-me a serenidade para aceitar aquilo que não posso mudar, a coragem para mudar o que me for possível e a sabedoria para saber discernir entre as duas"[325]. Se você já conhece essa oração, seu condutor a conhece (explicitamente). Se você vive segundo essa oração, seu elefante também a conhece (tacitamente) e você é sábio.

As ideias de Sternberg mostram por que os pais não podem ensinar a sabedoria diretamente a seus filhos. O melhor que podem fazer é lhes prover uma gama de experiências de vida que ajudarão os filhos a adquirir conhecimento tácito numa grande variedade de domínios da vida. Os pais

---

[325] O teólogo Reinhold Niebuhr empregou uma variante dessa prece num sermão em 1943, e alguns pensam que ele é a fonte da versão empregada aqui, que foi popularizada pelos Alcoólicos Anônimos.

também podem servir como modelos de sabedoria em suas próprias vidas e gentilmente encorajar os filhos a pensar sobre as situações, enxergar outros pontos de vista e atingir o equilíbrio em tempos difíceis. Proteja suas crianças, mas, se essa proteção extravasar à adolescência e à idade adulta, ela pode bloquear o ganho de sabedoria e o crescimento, bem como a dor. O sofrimento tende a tornar as pessoas mais compassivas, ajudando-as a encontrar o equilíbrio entre o "eu" e os outros. O sofrimento frequentemente conduz ao estilo ativo de lidar com as coisas (a moldagem, segundo Sternberg), ao estilo avaliativo (a adaptação, segundo Sternberg) ou a modificações em planos e rumos (a seleção, segundo Sternberg). O desenvolvimento pós-traumático, então, normalmente envolve o crescimento da sabedoria.

A versão forte da hipótese da adversidade pode ser verdadeira, mas só se adicionarmos ressalvas: para que a adversidade seja benéfica ao máximo, ela deve ocorrer na época certa (a faixa etária dos jovens adultos), às pessoas certas (aqueles dotados de recursos sociais e psicológicos que lhes permitam ascender à altura dos desafios e extrair benefícios deles) e no grau certo (não de maneira severa o suficiente para provocar TEPT). Cada curso de vida é tão imprevisível, que jamais saberemos se um obstáculo em particular será benéfico a determinada pessoa no longo prazo. Talvez nós saibamos o suficiente para viabilizar alguma edição na escritura da vida de um filho: vá em frente e apague alguns dos traumas que ele sofrerá ainda com pouca idade, contudo, pense duas vezes antes de fazê-lo, ou aguarde pesquisas futuras antes de apagar o resto.

# Capítulo 8

## Capítulo 8
# A felicidade da Virtude

> *É impossível viver prazerosamente sem viver*
> *prudentemente, belamente e justamente, nem viver*
> *prudentemente, belamente e justamente sem viver*
> *prazerosamente.*
> — Epicuro [326]

> *Mantenha em seu coração fazer o bem. Faça-o*
> *repetidamente, e você será preenchido pela felicidade.*
> *Um tolo é feliz até que o engano se volta contra ele. E um*
> *bom homem pode sofrer até que sua bondade floresça.*
> — Buda [327]

Quando sábios e anciões incitam a virtude nos mais jovens, eles podem soar como vendedores de banha de cobra. Em muitas culturas, a literatura da sabedoria diz essencialmente: "Aproximem-se! Eu tenho um tônico que o tornará feliz, saudável, rico e sábio! Eu o levarei ao Céu e lhe trarei alegria na Terra ao longo do caminho! Apenas seja virtuoso!" Os jovens são extremamente bons, no entanto, em revirarem os olhos e manterem os ouvidos fechados. Seus interesses e desejos costumam

---

[326] EPICURUS. "Principle Doctrines". *The philosophy of Epicurus*. Chicago: Northwestern University Press, 1963, p. 297.
[327] *Dhammapada*, seção 9, estrofe 118. Esta tradução é de Byrom, 1993. Ela apresenta o mesmo sentido que a tradução de Mascaro, mas flui muito melhor.
BYROM, T. (Ed. and Trans.). *Dhammapada: The sayings of the Buddha*. Boston: Shambhala, 1993.

divergir daqueles dos adultos; eles encontram rapidamente maneiras de correr atrás de seus objetivos e se encrencar, o que, frequentemente, constitui uma aventura que molda o caráter. Huck Finn foge de sua mãe adotiva para descer o rio Mississipi com um escravo foragido; o jovem Buda deixa o palácio de seu pai para iniciar sua jornada espiritual na floresta; Luke Skywalker deixa seu planeta para se juntar à rebelião galáctica. Os três embarcam em jornadas épicas que os conduzem à idade adulta, completas com um novo conjunto de virtudes. Tais virtudes, adquiridas mediante a muita dificuldade, são particularmente admiráveis para nós, leitores, porque revelam uma profundidade e uma autenticidade de caráter que não vemos na criança obediente que simplesmente aceita as virtudes com as quais fora criada.

Tendo isso em vista, Benjamin Franklin (1706-1790) é formidavelmente admirável. Nascido em Boston, em 1706, ele foi aprendiz de seu irmão mais velho James, dono de uma gráfica, aos doze anos de idade. Após disputar muito com o irmão (e apanhar muito dele), ele ansiou pela liberdade, mas James não estava disposto a liberá-lo do contrato legal de sua condição de aprendiz. Então, aos dezessete anos, Ben desobedeceu a lei e fugiu da cidade. Ele entrou num barco para Nova York e, não conseguindo trabalho lá, seguiu para a Filadélfia, onde encontrou uma oportunidade para trabalhar como aprendiz de impressor e, por meio de suas habilidades e de sua diligência, chegou a abrir, mais tarde, sua própria gráfica e publicar seu próprio jornal. Ele prosperou em seu negócio (*Poor Richard's Almanack* — um compêndio de ditos e máximas — foi um sucesso em sua época); na ciência (Ben Franklin provou que a luz é eletricidade, então, a domou ao inventar o para-raios); na política (ele ocupou vários cargos públicos); e na diplomacia (ele persuadiu a França a se aliar às colônias americanas na guerra contra a Grã-Bretanha, embora os franceses pouco tivessem a ganhar com tal empreitada). Ele viveu até os oitenta e quatro anos e aproveitou a vida. Franklin se orgulhou de suas descobertas científicas e de suas criações cívicas; ele gozou do amor e da boa estima da França e da América; mesmo na velhice, ele atraía a atenção das mulheres.

Qual era o seu segredo? A virtude. Não no sentido do puritanismo rígido, antagônico ao prazer, hoje muitas vezes associado ao termo "puritano"; mas numa forma mais ampla que remete à Grécia antiga. A palavra grega *areté* significava excelência, virtude ou bondade, especialmente num sentindo funcional. *Areté* de uma faca é cortar bem; *areté* de um olho é enxergar bem; *areté* de uma pessoa é... Bem, eis uma das questões mais antigas da filosofia: qual é a real natureza, a função, o objetivo de uma pessoa, em relação ao qual podemos afirmar que ela está vivendo bem ou mal? Ao constatar que o bem-estar, ou a felicidade (*eudaimonia*), consiste "numa atividade da alma em conformidade com a excelência ou com a virtude"[328], Aristóteles (384-322 a. C.) não estava sugerindo que a felicidade vem dos atos de doar aos pobres e suprimir sua sexualidade. Ele quis dizer que uma boa vida é uma em que você desenvolve suas forças, realiza seu potencial e se torna aquilo que fora ditado por sua natureza. (Aristóteles acreditava que todas as coisas no universo tinham um *telos*, ou propósito, ao qual visavam, embora ele não acreditasse que os deuses haviam criado tudo).

Um dos muitos dons de Franklin era sua habilidade extraordinária de enxergar potencial em algo e realizá-lo. Ele viu o potencial da existência de ruas pavimentadas e iluminadas, de departamentos de bombeiros voluntários e de bibliotecas públicas, e trabalhou para que tudo isso passasse a figurar na Filadélfia. Ele viu o potencial da jovem república norte-americana e participou de muitas maneiras de sua criação. Ele também viu o potencial de melhora em si mesmo e tratou de desenvolvê-lo. Ao fim de seus vinte anos, na posição de empresário e jovem impressor, Ben embarcou no que chamou de um "projeto ousado e árduo para atingir a perfeição moral"[329]. Ele escolheu algumas virtudes que gostaria de cultivar e tentou viver de acordo com elas. Assim, descobriu de imediato as limitações do condutor:

> Ao passo que concentrei meus cuidados no ato de me resguardar de uma falha, frequentemente me surpreendi com a aparição de outra; o hábito tirou vantagem da desatenção; a inclinação foi, às vezes, demasiada forte para a razão. Concluí, com o passar do tempo, que a mera convicção especulativa de que seria de nosso interesse sermos completamente virtuosos não foi suficiente para evitar nossos deslizes, e que os hábitos con-

---

[328] ARISTOTLE. *Nichomachean ethics* (M. Oswald, Trans.). Indianapolis: Bobbs-Merrill, 1962, 1098a.
[329] FRANKLIN, B. *Autobiography of Benjamin Franklin*. Nova York: MacMillan, 1962, p. 82.

trários devem ser rompidos e os bons hábitos adquiridos e solidificados, antes que dependamos de uma retidão firme e uniforme de conduta[330].

Franklin era um psicólogo intuitivo brilhante. Ele percebeu que o condutor só pode ser bem-sucedido até o ponto de treinar o elefante (embora não tenha utilizado esses termos), então, criou um regime de treinamento. Ele escreveu uma lista de treze virtudes, cada uma ligada a comportamentos específicos que ele poderia ter ou não. (Por exemplo: "Temperança: não comer sem necessidade"; "Frugalidade: gastar somente para o bem dos outros ou de si mesmo"; "Castidade: raramente usufruir dos prazeres sexuais, a não ser para proliferar e manter a boa saúde"). Em seguida, ele imprimiu uma tabela constituída por sete colunas (uma para cada dia da semana) e treze linhas (uma para cada virtude) e desenhou um ponto preto no local adequado a cada vez que não conseguiu viver um dia inteiro de acordo com determinada virtude. Ele se concentrou em uma virtude por semana, na esperança de manter a linha correspondente livre de pontos pretos, enquanto não atentou muito, naquela semana, às demais virtudes — embora ele fizesse marcações em suas respectivas linhas a cada violação cometida. No decorrer de treze semanas, ele percorreu a tabela toda. A seguir, repetiu o processo, descobrindo que, mediante à repetição, a tabela se tornava cada vez menos manchada de preto. Franklin escreveu em sua autobiografia que, não obstante ele estivesse longe de ser perfeito, "tornei-me, em minha empreitada, um homem melhor e mais feliz do que teria sido se não a tivesse realizado". E continuou:

> Meus descendentes devem ser informados de que, a este pequeno artifício, com a bênção de Deus, seu ancestral devia a felicidade constante de vida, até seu septuagésimo nono ano, no qual foi escrito este texto[331].

Não há como sabermos se, sem sua tabela de virtudes, Franklin teria sido menos feliz, ou menos bem-sucedido, mas podemos procurar por outras

---

[330] *Ibidem.*
[331] FRANKLIN, B. *Autobiography of Benjamin Franklin*. Nova York: MacMillan, 1962, p. 88.

evidências a fim de testarmos sua principal alegação psicológica. Tal alegação, que eu chamo de "hipótese da virtude", é a mesma feita por Epicuro e Buda nas epígrafes que iniciam este capítulo: o cultivo da virtude o fará feliz. Há muitos motivos para duvidar da hipótese da virtude. O próprio Franklin admitiu que falhou miseravelmente no desenvolvimento da virtude da humildade, porém adquiriu grandes ganhos sociais ao aprender a forjá-la. Talvez a hipótese da virtude se mostre verdadeira somente de uma forma cínica, maquiaveliana: o cultivo da *aparência* da virtude pode torná-lo bem-sucedido e, por extensão, feliz, independentemente de seu real caráter.

## AS VIRTUDES DOS ANTIGOS

Ideias têm patentes, ideias carregam bagagem. Quando nós, ocidentais, refletimos sobre a moralidade, utilizamo-nos de conceitos milenares, mas isso mudou substancialmente nos últimos duzentos anos. Não percebemos que nossa abordagem à moralidade parece estranha sob a perspectiva de outras culturas, ou que ela se baseia num conjunto específicos de suposições psicológicas — um conjunto que, agora, parece estar errado.

Toda cultura se preocupa com o desenvolvimento moral de suas crianças e, em todas aquelas que nos deixaram registros de mais do que algumas páginas escritas, encontramos textos que revelam sua abordagem à moralidade. Regras específicas e proibições variam, mas as linhas gerais de tais abordagens têm muito em comum. A maior parte das culturas escreveu sobre virtudes que deveriam ser cultivadas e muitas dessas eram, e ainda são, valorizadas por muitas culturas distintas[332] (por exemplo, a honestidade, a justiça, a coragem, a benevolência, a capacidade de se conter e o respeito pela autoridade). A maioria das abordagens de outrora especificava ações boas e ruins no que concerne a tais virtudes. A maior parte delas era prática e lutava para motivar virtudes que haveriam de beneficiar aqueles que as cultivavam.

---

[332] PETERSON, C.; SELIGMAN, M. E. P. *Character strengths and virtues: A handbook and classification.* Washington: American Psychological Association e Oxford University Press, 2004.

Um dos trabalhos mais antigos sobre instrução moral direta é o texto egípcio *As Instruções de Amenemope*, que parece datar, aproximadamente, de 1300 a. C. Ele começa se descrevendo como "uma instrução sobre a vida" e como um "guia para o bem-estar", prometendo que, quem seguir devotamente suas lições, haverá de "descobrir [...] a casa do tesouro da vida, e [seu] corpo florescerá sobre a Terra". Amenemope, então, fornece-nos trinta capítulos de conselhos sobre como tratar os outros, desenvolver o comedimento e encontrar sucesso e contentamento no processo. Por exemplo, depois de incitar a honestidade repetidas vezes, especialmente no que concerne o respeito às fronteiras de outros fazendeiros, o texto prega:

> *Ara teus campos e encontrarás o que necessitas,*
> *Receberás pão de teu chão de debulha.*
> *Mais vale um alqueire dado por Deus*
> *Do que cinco mil adquiridos mediante a delitos [...]*
> *Melhor gosto tem o pão a um coração satisfeito*
> *Do que a riqueza obtida com vexação*[333].

Se a última linha lhe parecer familiar, é porque o livro bíblico de Provérbios tomou muito emprestado de Amenemope. A título de exemplo: "Melhor é o pouco com o temor do Senhor, do que um grande tesouro onde há inquietação" (Provérbios 15, 16).

Outro aspecto em comum entre esses textos antigos é o de que eles se apoiam fortemente em máximas e modelos a serem seguidos, em vez de em provas e lógica. Máximas são cuidadosamente fraseadas a fim de produzirem um lampejo de clareza e aprovação. Os indivíduos que servem como modelos são apresentados para que elicitem admiração e deslumbramento. Quando a instrução moral desencadeia emoções, ela fala com o elefante e com o condutor. A sabedoria de Confúcio e Buda, por exemplo, vem a nós no formato de listas de aforismos tão atemporais e evocativos, que até

---

[333] LICHTHEIM, M. *Ancient egyptial literature: A book of readings. The new kingdom*, vol 2. Berkeley: University of California, 1976, p. 152.

hoje as pessoas os leem como guia, ou por prazer, referem-se a eles como "as leis globais da vida"[334] e escrevem livros sobre sua validade científica.

Uma terceira características de muitos textos antigos é a de que eles enfatizam a prática e o hábito, não o conhecimento factual. Confúcio comparou o desenvolvimento moral ao ato de aprender a tocar música[335]. Ambos requerem o estudo textual, a observação de figuras de exemplo e muitos anos de prática até que se atinja a "virtuosidade". Aristóteles usou uma metáfora semelhante:

> Os homens se tornam construtores ao construir casas, e se tornam citaristas tocando cítara. Da mesma forma, tornamo-nos justos praticando atos justos, moderados agindo moderadamente e corajosos agindo corajosamente[336].

Buda ofereceu a seus seguidores o "óctuplo caminho nobre", um conjunto de atividades que irão, mediante à prática, tornar um indivíduo ético (a partir dos esforços certos, dos cuidados acertados e do estado de concentração correto).

Em todos esses sentidos, os antigos revelam um entendimento sofisticado da psicologia moral, semelhante ao de Franklin. Todos eles sabiam que a virtude reside num elefante bem treinado. Eles também sabiam que o treinamento exige prática diária e muita repetição. O condutor deve participar do treinamento, contudo, se a instrução moral conferir apenas o conhecimento *explícito* (fatos que o condutor pode constatar), ela não surtirá efeito sobre o elefante e, por conseguinte, pouco efeito sobre o comportamento. A educação moral deve incluir também o conhecimento *tácito* — habilidades de percepção social e emoções tão bem ajustadas, que o indivíduo *sente* o que é certo em cada situação, *sabe* o que deve ser feito e *quer* fazê-lo. A moralidade, segundo os anciãos, era uma espécie de sabedoria prática.

---

[334] TEMPLETON, J. M. *Worldwide laws of life: 200 eternal spiritual principles*. Filadélfia: Templeton Foundation Press, 1997.
[335] HANSEN, C. "Classical Chinese Ethics". *In*: SINGER, P. (Ed.). *A companion to ethics*. Oxford: Basil Blackwell, 1991, p. 69-81.
[336] ARISTOTLE. *Nichomachean ethics*. Indianapolis: Bobbs-Merrill, 1962, 1103b.

A FELICIDADE DA VIRTUDE

## Como o Ocidente se perdeu

A abordagem ocidental à moralidade começou muito bem. Como em outras culturas antigas, seu foco jazia sobre as virtudes. O Antigo Testamento, o Novo Testamento, Homero (928-898 a. C.) e Esopo (620-564 a. C.) demonstram que as culturas sobre as quais nos fundamos se baseavam muito em provérbios, máximas, fábulas e modelos a serem seguidos, com intuito de ilustrar e ensinar as virtudes a nós. A *República*, de Platão, e a *Ética a Nicômaco*, de Aristóteles, duas das maiores obras da filosofia grega, em essência, são tratados sobre as virtudes e o seu cultivo. Mesmo os epicuristas, que julgavam que o prazer era o objetivo da vida, acreditavam que as pessoas precisam de virtudes para que possam, então, cultivar os prazeres.

Não obstante, as sementes de um fracasso posterior estão contidas nesses triunfos da filosofia grega. Primeiro, a mente dos gregos, que nos forneceu o questionamento moral, também nos forneceu o princípio do julgamento científico, cujo objetivo é procurar pelo menor conjunto possível de leis que possam explicar a enorme variedade de eventos mundanos. A ciência valoriza a parcimônia, mas as teorias da virtude, com suas longas listas de virtudes, jamais foram parcimoniosas. Quão mais satisfatório seria à mente científica ter uma virtude, um princípio, uma regra a partir da qual todas as outras pudessem se derivar? Em segundo lugar, a disseminada idolatria à razão deixou muitos filósofos desconfortáveis com o posicionamento da virtude em hábitos e sentimentos. Embora Platão encontrasse a grande parte da virtude na racionalidade de seu cocheiro, mesmo ele se viu obrigado a admitir que a virtude requer as paixões corretas; desse modo, ele criou a complicada metáfora segundo a qual, de dois cavalos, um é dotado de alguma virtude, enquanto o segundo não tem nenhuma. Para Platão e muitos pensadores depois dele, a racionalidade foi um presente dos deuses, uma ferramenta para controlar nossa luxúria animalesca. A racionalidade tinha de estar no comando.

Essas duas sementes — a busca pela parcimônia e a idolatria da razão — permaneceram dormentes nos séculos que sucederam a queda de Roma, porém elas brotaram e floresceram no Iluminismo europeu do século XVIII. Ao passo que avanços tecnológicos e comerciais começaram a criar um novo mundo, algumas pessoas começaram a lutar por acordos sociais e políticos dotados de justificativas racionais. O filósofo francês René Descartes (1596-1650), tendo escrito no século XVII, viu-se muito satisfeito ao apoiar seu sistema ético sobre a benevolência de Deus, porém os pensadores iluministas buscavam uma base para a ética que não dependesse da revelação divina ou da supremacia de Deus. Era como se alguém houvesse oferecido um prêmio, como aqueles que compeliam jovens aviadores a realizarem jornadas perigosas: dez mil libras esterlinas ao primeiro filósofo que provesse uma única regra moral a ser aplicada a todo o poder da razão e que fosse capaz de separar, com nitidez, o bom do mau.

Se tal prêmio existisse, ele teria sido concedido ao filósofo alemão Immanuel Kant (1724-1804)[337]. Assim como Platão, Kant acreditava que os seres humanos apresentam uma natureza dual: parte animal e parte racional. A parte animal dentro de nós segue as leis da natureza, assim como uma pedra que cai ou um leão que mata sua presa. Não há moralidade na natureza; apenas casualidade. A porção racional dentro de nós, no entanto, pode seguir uma espécie de lei diferente, segundo Kant: ela pode respeitar as regras de conduta, de modo que as pessoas (não os leões) possam ser julgadas moralmente de acordo com até que grau elas respeitaram as regras adequadas. E quais seriam essas regras? Aqui Kant concebeu o truque mais engenhoso de toda a filosofia moral. Ele argumentou que, para que as regras morais se tornassem *leis*, elas tinham de ser aplicáveis universalmente. Se a gravidade funcionasse de maneiras distintas para homens e mulheres, ou para italianos e egípcios, não poderíamos tratá-la como lei. Contudo, em vez de procurar por regras com as quais todas as pessoas concordassem (uma tarefa difícil, suscetível à mera produção de algumas generalizações insossas), Kant ofereceu outra perspectiva sobre o problema e sugeriu que as pessoas pensassem sobre as regras que guiavam sua própria conduta, se elas poderiam ser razoavelmente *propostas* enquanto leis universais. Se você planeja quebrar uma promessa que se tornou inconveniente, é viável propor uma lei universal que imponha que todos *têm* de quebrar promessas que se tornaram inconvenientes? Endossar tal regra implicaria constatar que todas as promessas são insignificantes. Você tampouco poderia com-

---

[337] KANT, I. *Foundation of the metaphysics of morals*. Indianapolis: Bobbs-Merrill, 1959.

pelir as pessoas a trapacearem, mentirem, roubarem ou privarem outros de seus direitos ou propriedades, posto que tais males decerto voltariam para assombrá-lo. Um teste simples, que Kant chamou de "imperativo categórico", foi extraordinariamente eficaz. Ele propôs tratar a ética como uma ramificação da lógica aplicada, concedendo-lhe, pois, o tipo de rigor que a ética secular sempre julgara inatingível, sem que se recorresse a um livro sagrado.

No decorrer das décadas seguintes, o filósofo inglês Jeremy Bentham (1748-1832) desafiou Kant na disputa por esse (hipotético) prêmio. Quando Bentham se tornou advogado, em 1767, ele se viu indignado pelas complexidades e pelas ineficiências da lei inglesa. Então, procurou, com a típica audácia iluminista, recriar todo o sistema legislativo por meio da fixação de objetivos claros e da proposição de meios mais racionais para alcançá-los. O objetivo-mor de toda a legislação, ele concluiu, consistia em zelar pelo bem do povo; e quanto maior esse bem, melhor. Bentham foi o pai do utilitarismo, a doutrina segundo a qual, em todo o processo de tomada de decisões (legais e pessoais), nossa meta deveria ser uma que conferisse o máximo possível de benefício total (utilidade), mas quem haveria de receber tal benefício pouco importava[338].

A discussão sobre Kant e Bentham perdurou desde então. Descendentes de Kant (conhecidos como "deontologistas", do termo grego *deon*, "obrigação") tentam elaborar os deveres e as obrigações que os éticos devem respeitar, mesmo quando suas ações conduzem a maus resultados (por exemplo: você jamais deverá matar um inocente, ainda que isso implique salvar cem vidas). Descendentes de Bentham (conhecidos como "consequencialistas", pois avaliam as ações a partir das consequências geradas por elas) tentam pôr em prática as regras e políticas que trarão o maior benefício, mesmo que isso custe a violação ocasional de princípios éticos ("Vá em frente e mate aquele indivíduo para salvar os outros cem", eles diriam, a não ser que tal ato constitua um mau exemplo que conduza a problemas posteriores).

---

[338] BENTHAM, J. *An introduction to the principles of morals and legislation.* Oxford: Clarendon, 1996

Apesar de suas muitas diferenças, contudo, os dois lados concordam em pontos importantes. Ambos acreditam na parcimônia: as decisões devem se basear, em última instância, num só princípio, seja ele o do imperativo categórico, ou o da maximização da utilidade. Ambos insistem que somente o condutor pode tomar tais decisões, posto que a decisão moral requer o raciocínio lógico e, por vezes, cálculos matemáticos. Ambos desconfiam da intuição e do instinto, a qual veem como obstáculos ao bom raciocínio. Ademais, ambos rejeitam o particular em prol do abstrato: não precisamos de uma descrição rica e densa das pessoas envolvidas, ou de suas crenças e tradições culturais. Necessitamos apenas de alguns fatos e de uma listagem ordenada dos gostos e desgostos dos envolvidos (se formos utilitaristas). Não importa o país ou a era histórica na qual nos encontramos; não importa se os envolvidos são nossos amigos, inimigos ou completos estranhos. A lei moral, como as leis da física, funciona do mesmo modo para todos a todo momento.

Essas duas abordagens filosóficas contribuíram enormemente às teorias e práticas legais e políticas; de fato, elas ajudaram a criar as sociedades que respeitam os direitos individuais (Kant) enquanto lutam com eficiência pelo bem das pessoas (Bentham). Todavia, essas ideias também permearam a cultura ocidental de forma mais generalizada, de maneira a resultarem em consequências não intencionais. O filósofo Edmund Pincoffs (1919-1993)[339] alegou que os consequencialistas e os deontologistas trabalhavam em conjunto com intuito de convencerem os ocidentais do século XX de que a moralidade é o estudo dos dilemas morais. Enquanto os gregos se concentravam no *caráter* de um indivíduo e perguntavam que tipo de pessoa deveríamos buscar ser, a ética moderna mantém o foco sobre *ações*, perguntando se uma ação específica é certa ou errada. Os filósofos lutam com dilemas de vida ou morte: matar um para salvar cinco? Permitir que fetos abortados sejam utilizados como fonte de células-tronco? Remover o tubo de alimentação de uma mulher que esteja inconsciente pelos últimos quinze anos? Quem não é filósofo lida com dilemas menores: pagar meus impostos enquanto outros os estão sonegando? Devolver uma cartei-

---

[339] PINCOFFS, E. L. *Quandaries and virtues: Against reductivism in ethics.* Lawrence: University of Kansas, 1986.

ra cheia de dinheiro que parece pertencer a um traficante? Contar a meu cônjuge sobre uma indiscrição sexual?

Essa virada da ética do caráter à ética do dilema conduziu a educação moral para longe das virtudes e em direção ao raciocínio moral. Se a moralidade trata de dilemas, a educação moral há de consistir em treinamento para a solução de problemas. As crianças devem ser ensinadas a pensar sobre os problemas morais, especialmente no que tange a como superar seu egoísmo inato e levar em conta as necessidades dos outros. Ao passo que os Estados Unidos da América se tornaram mais etnicamente diversificados nas décadas de 1970 e 1980, também mais avessos a métodos de educação autoritários, a ideia de ensinar fatos e valores morais específicos saiu de moda. Antes, o legado racionalista da ética dos dilemas nos concedeu professores e muitos pais que endossavam com entusiasmo esse discurso, proveniente de um livro recente sobre criação de filhos:

> Minha abordagem não ensina as crianças sobre o que elas devem ou não fazer e o porquê disso. Ao contrário, ela as ensina a pensarem para que, então, possam decidir por conta própria o que fazer, o que não fazer e o por quê[340].

Eu acredito que essa reviravolta do caráter ao dilema tenha sido um grande erro por dois motivos. Primeiramente, ela fortalece a moralidade e limita seu escopo. Enquanto os antigos enxergavam virtude e caráter em tudo que uma pessoa faz, nossa concepção moderna confina a moralidade a um conjunto de situações que surgem na vida de alguém apenas algumas vezes por semana: trocas entre os interesses próprios e os interesses de outrem. Em nossa concepção moderna, tênue e restrita, um indivíduo moral é aquele que doa a instituições de caridade, ajuda os outros, segue as regras e, em geral, não coloca seus interesses muito à frente dos de outros. A maioria das atividades e das decisões de vida dele são, portanto, insuladas da preocupação moral. Quando a moralidade é reduzida ao oposto do interesse próprio, em contrapartida, a hipótese da virtude se torna paradoxal: em termos modernos, a hipótese da virtude diz que agir contra

---

[340] SURE, M. B. "Raising a Thinking Child Workbook", Thinking Child. Disponível em: < www.thinkingchild.com.>. Acesso em: 15 de abril de 2005.

seus interesses figura em seus interesses. É difícil convencer as pessoas da veracidade de tal constatação, e isso não pode ser verdade para todas as circunstâncias. Em seu tempo, Ben Franklin teve uma tarefa muito mais fácil quando exaltou a hipótese da virtude. Como os antigos, ele tinha uma noção mais firme e mais rica das virtudes enquanto um jardim de excelências que um indivíduo cultiva a fim de se tornar mais efetivo e atraente aos outros. Vista sob essa ótica, a virtude constitui, obviamente, sua própria recompensa. O exemplo de Franklin impôs implicitamente esta questão a seus contemporâneos e a seus descendentes: você está disposto a trabalhar agora em prol de seu bem-estar no futuro, ou você é tão preguiçoso e limitado que sequer fará esse esforço?

O segundo problema com a reviravolta do raciocínio moral é o de que ele se apoia em maus fundamentos psicológicos. Muitos esforços da educação moral desde os anos 1970 tiram o condutor das costas do elefante e o treinam para que ele resolva seus próprios problemas. Após ser exposta a horas de estudos de caso, discussões sobre dilemas morais em sala de aula e vídeos sobre pessoas que enfrentaram dilemas e tomaram as decisões corretas, a criança aprende sobre como (e não em quê) pensar. Então a aula acaba, o condutor sobe de novo no elefante e nada muda durante o recesso. A tentativa de fazer crianças se comportarem de maneira ética mediante ao ensinamento de como raciocinar bem é como tentar fazer um cachorro feliz ao balançar seu rabo com as mãos. Tal tentativa não inclui a causalidade.

Durante meu primeiro ano de pós-graduação na Universidade da Pensilvânia, eu descobri a fraqueza do raciocínio moral em mim mesmo. Li um livro maravilhoso — *Practical Ethics* —, do filósofo de Princeton, Peter Singer[341]. Singer, um consequencialista humanizado, mostra como podemos aplicar uma preocupação constante com o bem-estar de outrem a fim de resolvermos vários problemas éticos da vida cotidiana. A abordagem de Singer à ética de matar animais modificou para sempre meu pensamento sobre minhas escolhas alimentares. Singer propõe e justifica alguns princípios-base: primeiro, é errado causar dor e sofrimento a qualquer criatura senciente, logo os métodos vigentes de criação de animais para consumo humano são antiéticos. Em segundo lugar, é errado tirar a vida de um ser

---

[341] SINGER, P. *Practical ethics*. Cambridge: Cambridge University Press, 1979.

senciente que detenha algum senso de identidade e vínculos, portanto, matar animais com cérebros grandes e vidas sociais altamente desenvolvidas (tais como outros primatas e a maioria dos mamíferos) é errado, mesmo se eles tiverem sido criados num ambiente agradável e mortos de maneira indolor. Os argumentos claros e convincentes de Singer me convenceram na hora e, desde aquele dia, eu me oponho moralmente a todas as formas de pecuária industrial. Oponho-me a isso no escopo moral, mas não no comportamental. Adoro o gosto da carne e a única coisa que mudou, nos primeiros seis meses após a leitura de Singer, é o fato de que passei a refletir sobre minha própria hipocrisia sempre que pedia um hambúrguer.

Mais tarde, durante meu segundo ano na pós-graduação, comecei a estudar o sentimento de nojo e trabalhei com Paul Rozin, uma das maiores autoridades na psicologia alimentar. Eu e Rozin estávamos tentando encontrar videoclipes que provocassem nojo nos experimentos que planejávamos e nos encontramos numa manhã com um assistente de pesquisa que nos mostrou alguns vídeos que ele havia encontrado. Um deles era *Faces da Morte*, uma compilação de filmagens verdadeiras e falsas de pessoas sendo mortas. (As cenas eram tão perturbadoras, que não podíamos utilizá-las eticamente). Junto aos suicídios e às execuções, havia uma sequência longa filmada dentro de um matadouro. Eu assisti em choque às imagens de vacas sendo violentadas, fisgadas e desmembradas. Depois disso, eu e Rozin fomos almoçar e conversar sobre o projeto. Ambos pedimos refeições vegetarianas. Durante os vários dias que sucederam àquele, o simples ato de ver carne vermelha me deixava enjoado. Meus sentimentos viscerais enfim combinavam com o que Singer dissera. O elefante agora concordava com o condutor e tornei-me vegetariano — por aproximadamente três semanas. Gradativamente, ao que o nojo cessava, peixe e frango voltaram a figurar em minha dieta. O mesmo ocorreu com a carne vermelha, embora até hoje, dezoito anos mais tarde, eu coma menos do que antes e escolha carnes que não venham da pecuária quando estão disponíveis.

Aquela experiência me ensinou uma lição importante. Penso em mim mesmo enquanto uma pessoa bastante racional. Eu julguei os argumentos de Singer persuasivos. No entanto, parafraseando o lamento de Medeia (do *Capítulo 1*): eu enxerguei o caminho correto e o aprovei, mas segui o caminho errado até que uma emoção surgisse para me dar forças a fim de fazer o correto.

## As virtudes da psicologia positiva

O clamor de que perdemos nosso rumo ressona de algum canto em toda nação e em toda era, mas ele foi particularmente elevado nos Estados Unidos da América desde a turbulência social dos anos 1960 e o mal-estar econômico aliado ao aumento do índice de crimes da década de 1970. Conservadores políticos, especialmente aqueles que têm fortes crenças religiosas, reprimiram a abordagem à educação moral "livre de valores" e o "empoderamento" das crianças para que pensassem por conta própria em vez de serem ensinadas sobre fatos e valores. Na década de 1980, esses conservadores desafiaram o estabelecimento educacional ao empurrarem programas para educação de caráter nas escolas e ao ensinarem as crianças em casa.

Também nos anos 1980, diversos filósofos ajudaram a reviver as teorias da virtude. Mais notavelmente, Alasdair MacIntyre constatou, em *Depois da Virtude*[342], que o "projeto de esclarecimento" de criar uma moralidade universal, livre de contextos, estava fadado ao desastre desde o princípio. As culturas que compartilham valores e tradições invariavelmente criam uma estrutura na qual as pessoas podem valorizar e avaliar umas às outras. Pode-se facilmente falar das virtudes de um padre, de um soldado, de uma mãe ou de um mercador no contexto de Atenas do século IV a. C. Retire todo o contexto e toda a identidade, entretanto, e haverá pouco a que se prender. Quanto se pode falar sobre as virtudes do *homo sapiens* em geral, flutuando no espaço, desprovido de sexo, idade, ocupação ou cultura? O requerimento moderno de que a ética ignora as particularidades é o que enfraqueceu nossa moralidade — aplicável a tudo e a todos, mas não englobando nada. MacIntyre alega que a perda de uma linguagem da virtude, enraizada numa tradição específica, torna difícil encontrarmos significado, coerência e um propósito na vida[343].

Nos últimos anos, até a psicologia se envolveu no assunto. Em 1998, Martin Seligman fundou a psicologia positiva quando alegou que a psico-

---

[342] MACINTYRE, A. *After virtue.* Notre Dame: University of Notre Dame Press, 1981.
[343] Ver também Taylor (1989).
TAYLOR, C. *Sources of the self: The making of the modern identity.* Cambridge: Harvard University Press, 1989.

logia havia se perdido. A psicologia havia se tornado obsessiva com a patologia e o lado obscuro da natureza humana, cega a tudo que fosse bom e nobre nas pessoas. Seligman apontou que os psicólogos tinham criado um extenso manual, conhecido como o "DSM" (o *Manual Diagnóstico e Estatístico de Transtornos Mentais*), com intuito de diagnosticar todas as possíveis doenças mentais e perturbações de comportamento, porém a psicologia não tinha sequer uma linguagem com a qual dialogar sobre os alcances mais altos da saúde humana, do talento e da gama de possibilidades. Quando Seligman fundou a psicologia positiva, um de seus primeiros objetivos foi o de criar um manual diagnóstico para os pontos fortes e as virtudes de um indivíduo. Ele e outro psicólogo, Chris Peterson, da Universidade de Michigan, buscaram construir uma lista desses pontos fortes e dessas virtudes, algo que valesse para qualquer cultura. Eu argumentei com eles que a lista *não* precisava ser universalmente válida para ser útil; eles deveriam manter o foco apenas nas sociedades industrializadas em larga escala. Vários antropólogos lhe disseram que uma lista universal jamais poderia ser criada. Felizmente, no entanto, eles perseveraram.

Como primeiro passo, Peterson e Seligman analisaram todas as listas de virtudes que puderam encontrar, desde livros sagrados de grandes religiões até os mandamentos do menino escoteiro ("confiável, leal, prestativo, amigável..."). Eles fizeram grandes tabelas de virtudes e tentaram ver quantos pontos em comum elas apresentavam. Embora nenhuma virtude figurasse em todas as listas, seis delas, ou derivadas, apareciam em quase todas as listas: sabedoria, coragem, humanidade, justiça, temperança e transcendência (a habilidade de forjar conexões com algo maior que o "eu"). Tais virtudes são vastamente endossadas porque são abstratas. Há muitas maneiras de um indivíduo ser sábio, corajoso ou humanista, e é impossível encontrar uma cultura que rejeite todos os formatos de qualquer uma dessas virtudes. (Será que conseguimos imaginar uma cultura na qual os pais esperam que seus filhos cresçam e se tornem tolos, covardes e cruéis?). Contudo, o real valor dessa lista de seis virtudes é o de que ela serve como uma estrutura organizadora para *forças de caráter* mais específicas. Peterson e Seligman definem as forças de caráter como maneiras específicas de demonstrar, praticar e cultivar essas virtudes. Vários caminhos conduzem a cada virtude. As pessoas, bem como culturas inteiras, variam em termos de a que nível valorizam cada caminho. Esse é o real poder da classificação: apontar meios específicos de crescimento com finalidades amplamente valorizadas, sem insistir que um meio é mandatório para todos e a qualquer hora. A classificação consiste numa ferramenta para diagnosticar os diversos pontos fortes das pessoas e para ajudá-las a encontrar caminhos que as ajudem a cultivar a excelência.

Peterson e Seligman sugerem que há vinte e quatro forças de caráter principais, cada qual conduzindo a uma das seis virtudes localizadas nos níveis mais altos[344]. Você pode diagnosticar a si mesmo ao ler a lista abaixo, ou ao fazer o teste de forças (disponível em www.authenticahappiness.org).

1. Sabedoria:
   - Curiosidade;
   - Amor ao aprendizado;
   - Julgamento;
   - Engenhosidade;
   - Inteligência emocional;
   - Perspectiva.

2. Coragem:
   - Bravura;
   - Perseverança;
   - Integridade.

3. Humanidade:
   - Gentileza;
   - Afetuosidade.

4. Justiça:
   - Cidadania;

---

[344] PETERSON, C.; SELIGMAN, M. E. P. *Character strengths and virtues: A handbook and classification*. Washington: American Psychological Association e Oxford University Press, 2004.

- ❖ Equidade;
- ❖ Liderança,

5. Temperança:
- ❖ Autocontrole;
- ❖ Prudência;
- ❖ Humildade.

6. Transcendência:
- ❖ Apreciação da beleza e da excelência;
- ❖ Gratidão;
- ❖ Esperança;
- ❖ Espiritualidade;
- ❖ Perdão;
- ❖ Humor;
- ❖ Entusiasmo.

É provável que você não sinta dificuldades com a lista das seis famílias de virtudes, mas que faça objeções à lista mais longa de forças de caráter. Por que o humor constitui um meio para alcançar a transcendência? Por que a liderança está na lista, porém não as virtudes de seguidores e subordinados — senso de dever, respeito e obediência? Por favor, vá em frente e discuta. O que há de mais genial na classificação de Peterson e Seligman é a capacidade de gerar o diálogo, de propor uma lista específica de forças e virtudes e, então, deixar as comunidades científica e terapêutica lidarem com os detalhes. Assim como o DSM é meticulosamente revisado a cada dez ou quinze anos, a classificação das forças e das virtudes (conhecida no meio da psicologia positiva como o "des-DSM") decerto será revisada e aprimorada dentro de alguns anos. Mediante à audácia de correrem o risco de serem específicos e de estarem errados, Peterson e Seligman demonstraram engenhosidade, liderança e esperança.

Essa classificação já está gerando pesquisas interessantes e ideias libertadoras. Eis minha ideia favorita: trabalhe em suas forças, não em suas fraquezas. Quantas de suas resoluções de Ano Novo trataram de consertar uma falha? E quantas delas você fez em vários anos seguidos? É difícil mudar qualquer aspecto da sua personalidade por pura força de vontade, e se você escolher trabalhar numa fraqueza, certamente, o processo não será prazeroso. Se você não encontrar prazer ou reforços positivos ao longo do caminho, portanto — a não ser que você tenha a força de vontade de Ben Franklin —, você logo desistirá. Contudo, não é preciso ser bom em tudo. A vida nos oferece muitas chances de utilizarmos uma ferramenta em vez de outra e, frequentemente, podemos usar uma força de caráter para contornar uma fraqueza.

Na aula de psicologia positiva que eu ministro na Universidade da Virgínia, o projeto final consiste em se tornar uma pessoa melhor, usando todas as ferramentas da psicologia e assim, provar que você o fez de fato. Aproximadamente metade dos estudantes são bem-sucedidos a cada ano, e os melhores costumam aplicar a terapia cognitiva a si mesmos (ela realmente funciona!), ou empregar um ponto forte, ou ambos. Por exemplo, uma aluna lamentou sua incapacidade de perdoar. Sua vida mental era dominada por ruminações acerca de como aqueles mais próximos a ela a haviam ferido. Para seu projeto, ela trabalhou em sua força afetuosa: a cada vez em que se via em declínio por conta de pensamentos sobre sua condição de vítima, ela trazia à tona uma memória positiva sobre a pessoa em questão, o que desencadeava lampejos de afeição. Cada lampejo diminuía a sua raiva e a libertava, temporariamente, das ruminações. Com o tempo, esse processo mental se tornou um hábito e ela passou a perdoar mais (conforme demonstrou com os relatórios que preencheu todos os dias para avaliar seu progresso). O condutor treinara o elefante, obtendo recompensas a cada passo.

Outro projeto extraordinário foi realizado por uma mulher que acabara de passar por uma cirurgia para retirar um câncer cerebral. Aos vinte e um anos de idade, Julia enfrentara cerca de 50% de chances de sobrevivência. A fim de lidar com seus medos, ela cultivou um de seus pontos fortes — o entusiasmo. Ela fez listas das atividades praticadas na universidade e de seus belos passeios pela Montanhas Blue Ridge, que ficavam próximas. Ela compartilhou essas listas com o resto da classe, tirou um tempo dos estudos para fazer essas caminhadas e convidou amigos e colegas a se juntarem a ela. As pessoas costumam dizer que a adversidade as faz querer viver com mais intensidade e aproveitar o dia ao máximo, e quando Julia fez um esforço consciente para cultivar sua força natural de entusiasmo, ela conseguiu obter os resultados desejados. (Ela continua cheia de entusiasmo hoje).

A virtude soa como um trabalho árduo e, muitas vezes, o é. Porém, quando as virtudes são repensadas enquanto excelências, cada uma das quais podendo ser alcançada por meio da prática de diversas forças de caráter, e quando a prática dessas forças costuma ser intrinsecamente gratificante, de repente, o trabalho soa mais como o fluxo de Csikszentmihalyi e menos como um fardo. É um trabalho que — como a descrição de Seligman das gratificações sugere — envolve você por completo, traz à tona seus pontos fortes e lhe permite perder a insegurança e imergir naquilo que está fazendo. Franklin ficaria grato: a hipótese da virtude está viva e sadia, firmemente integrada à psicologia positiva.

### Pergunta difícil, respostas fáceis

A virtude pode ser sua própria recompensa, mas isso é óbvio apenas em relação às virtudes que o indivíduo julga gratificantes. Se seus pontos fortes incluem a curiosidade ou o amor ao aprendizado, você sentirá prazer ao cultivar a sabedoria por meio de viagens, visitas a museus e idas a palestras. Se seus pontos fortes incluírem gratidão e apreciação da beleza, os sentimentos de transcendência que você captar ao contemplar o Grand Canyon também lhe trarão prazer. Contudo, seria ingênuo pensar que fazer a coisa certa sempre é prazeroso. O teste real da hipótese da virtude consiste em verificar se ela é verdadeira, mesmo em nosso entendimento moderno restrito de moralidade enquanto altruísmo. Esqueça tudo sobre crescimento e excelência. É verdade que agir contra meus interesses próprios, em prol do bem alheio, mesmo quando eu não queira fazê-lo, continua sendo bom para mim? Sábios e moralistas sempre responderam que "sim", sem nenhuma qualificação para tanto, mas o desafio para a ciência é o de apontar: quando isso é verdadeiro, e por quê?

Religião e ciência começam com uma resposta fácil e insatisfatória e, então, seguem rumo a explicações mais sutis e interessantes. Para sábios religiosos, a saída fácil é a de invocar a reciprocidade na vida após a morte.

Faça o bem, pois Deus punirá os perversos e recompensará os virtuosos. Para os cristãos, há o Céu e o Inferno. Os hindus acreditam nas ações impessoais do *karma*: o universo há de recompensá-lo em sua próxima vida mediante a um renascimento mais elevado, ou mais rebaixado, que dependerá de sua virtuosidade nesta vida.

Não me encontro em posição para avaliar se Deus, o Céu ou a vida após a morte existem, no entanto, enquanto psicólogo, tenho o direito de apontar que a crença na justiça pós-morte demonstra dois sinais de um pensamento moral primitivo. Na década de 1920, o grande psicólogo do desenvolvimento Jean Piaget (1896-1980)[345] se ajoelhou no chão para brincar com bolinhas de gude e valetes com crianças, e, no processo, mapeou como a moralidade se desenvolve. Ele descobriu que, ao passo que as crianças desenvolvem uma compreensão sofisticada de certo e errado, elas passam por uma fase na qual várias regras se tornam, de certo modo, sagradas e imutáveis. Durante essa fase, as crianças acreditam numa "justiça imanente" — uma justiça que é inerente ao ato em si. Nesse estágio, elas pensam que, se quebrarem as regras, mesmo que por acidente, algo ruim haverá de lhes acontecer, ainda que ninguém saiba de suas transgressões. A noção de justiça imanente também se apresenta em adultos, especialmente quando se trata de explicar doenças e má sorte. Uma análise[346] das crenças acerca das causas de doenças em várias culturas demonstra que as três explicações mais comuns são biomédicas (referindo-se às causas físicas das doenças), interpessoais (a doença é causada por atos de bruxaria relacionados à inveja e aos conflitos) e morais (a doença é causada pelas ações passadas do indivíduo, especialmente as violações de tabus sexuais e alimentares). A maioria dos ocidentais inconscientemente emprega a explicação biomédica e rejeita as outras duas, mas, quando a enfermidade atinge e os ocidentais se perguntam: "Por que eu?", um dos lugares aos quais eles tendem a recorrer para a obtenção de respostas é aquele que diz respeito a suas

---

[345] PIAGET, J. *The moral judgment of the child*. Nova York: Free Press, 1965.
[346] SHWEDER, R. A.; MUCH, N. C.; MAHAPATRA, M.; PARK, L. "The 'big three' of morality (autonomy, community, and divinity), and the 'big three' explanations of suffering". *In*: BRANDT, A.; ROZIN, P. (Eds.). *Morality and Health*. Nova York: Routledge, 1997, p. 119-169.

transgressões passadas. A crença de que Deus, ou o destino, distribuirá recompensas e punições para o bom, ou o mau, comportamento parece ser uma extensão cósmica de nossa crença infantil na justiça imanente, que constitui uma parte da nossa obsessão com a reciprocidade.

O segundo problema com a justiça pós-morte é o de que ela se apoia no mito do puro mal[347]. Cada um de nós pode facilmente dividir o mundo em bem e mal, mas, presumivelmente, Deus não haveria de sofrer com as muitas parcialidades e motivações maquiavelianas que nos levam a fazê-lo. As motivações morais (justiça, honra, lealdade, patriotismo) incorporam a maior parte dos atos de violência, incluindo terrorismo e guerra. A maioria das pessoas acredita que suas ações são moralmente justificáveis. Alguns modelos de maldade se destacam como candidatos ao Inferno, porém quase todo mundo acabaria no limbo. Não adianta transformar Deus em Papai Noel, um contador moral que acompanha seis bilhões de contas, porque a maioria das vidas não pode ser colocada definitivamente na coluna do bem ou na do mal.

A abordagem científica à questão também se inicia com uma resposta fácil e insatisfatória: a virtude é boa para seus genes sob determinadas circunstâncias. Quando a "sobrevivência do mais apto" passou a significar a "sobrevivência do gene mais apto", tornou-se fácil entender que os genes mais aptos haveriam de motivar comportamentos gentis e cooperativos em dois cenários: quando eles fossem benéficos àqueles que carregavam uma cópia desses genes (ou seja, parentes), ou quando fossem benéficos àqueles que carregavam os genes, ajudando-os a colher o excedente dos jogos de não soma zero por meio do uso da estratégia do "toma lá, dá cá". Esses dois processos — o altruísmo por afinidade e o altruísmo recíproco — de fato explicam quase todas as instâncias de altruísmo entre os animais e boa parte do altruísmo humano também. Essa resposta é insatisfatória, contudo, porque nossos genes são, até certo ponto, manipuladores de fantoches que nos fazem querer coisas que são, por vezes, boas para eles e ruins para nós (tais como casos extraconjugais, ou o prestígio comprado a custo da

---

[347] Baumeister (1997), discutido no *Capítulo 4*.
BAUMEISTER, R. F. *Evil: Inside human cruelty and violence*. Nova York: W. H. Freeman, 1997.

felicidade). Não podemos olhar para os interesses próprios geneticamente ditados como guias para a virtuosidade ou para a felicidade. Ademais, qualquer um que aceite o altruísmo recíproco como uma *justificativa* ao altruísmo (em vez de como uma mera causa dele) deve ser livre para escolher: ser gentil com aqueles que podem ajudá-lo, mas não desperdiçar tempo ou dinheiro com mais ninguém (por exemplo, nunca deixe gorjetas aos garçons em restaurantes aos quais você não pretende retornar). Portanto, para avaliarmos a ideia de que o altruísmo recompensa o altruísta, precisamos pressionar mais os sábios e os cientistas: ele também nos compensa quando não há retorno pós-morte ou recíproco?

## Pergunta difícil, respostas difíceis

São Paulo cita Jesus Cristo ao exclamar: "Há maior felicidade em dar do que em receber!" (Atos dos Apóstolos, 20:35). Em inglês, um dos sentidos de "abençoar" (*bless*) é o de "conferir felicidade ou prosperidade"[348]. Ajudar os outros confere felicidade ou prosperidade a quem está ajudando? Não sei de nenhuma evidência que mostre que os altruístas recebam dinheiro por seu altruísmo, mas essa evidência sugere que eles frequentemente adquirem felicidade. Pessoas que fazem trabalhos voluntários são mais felizes e mais saudáveis do que pessoas que não os fazem; mas, como sempre, temos de competir com o argumento da correlação reversa: indivíduos congenitamente felizes são mais gentis, para início de conversa[349], portanto, seu trabalho voluntário pode ser apenas uma consequência de sua felicidade, não uma causa. A hipótese da felicidade como causa recebeu apoio direto quando a psicóloga Alice Isen[350] percorreu a Filadélfia deixan-

---

[348] WEBSTER'S NEW COLLEGIATE DICTIONARY, Springfield: Merriam-Webster's, 1976.
[349] LYUBOMIRSKY, S.; KING, L.; DIENER, E. (no prelo). "The benefits of frequent positive affect: Does happiness lead to success?" *Psychological Bulletin*.
LYUBOMIRSKY, S.; KING, L.; DIENER, E. (no prelo). "The benefits of frequent positive affect: Does happiness lead to success?" *Psychological Bulletin*.
[350] Isen & Levin (1972). Há limites para esse efeito, tais como quando a ajuda arruína a felicidade momentânea, Isen & Simmonds (1978).

do moedas em orelhões. Os indivíduos que usaram os orelhões e encontraram as moedas se mostraram mais propensos a ajudarem uma pessoa que tivesse deixado cair uma pilha de papéis (cuidadosamente em sincronia com a saída da cabine telefônica), em comparação aos indivíduos que usaram os orelhões e não encontraram moedas neles. Isen realizou mais atos aleatórios de gentileza do que qualquer outro psicólogo: ela distribuiu biscoitos, sacos de doces e pacotes contendo artigos de papelaria; manipulou o final de jogos de videogame (a fim de deixar os jogadores vencerem); também mostrou fotos que remetiam à felicidade às pessoas, sempre obtendo o mesmo resultado — pessoas felizes são mais gentis e mais prestativas do que aquelas dos grupos de controle.

O que precisamos encontrar, no entanto, é o efeito reverso: o de que atos altruístas ocasionam a felicidade diretamente, além de outros benefícios de longo prazo. Com seu apelo "Doe sangue; tudo o que você sentirá é satisfação", a Cruz Vermelha norte-americana está dizendo a verdade? A psicóloga Jane Piliavin estudou detalhadamente os doadores de sangue e concluiu que sim, doar sangue de fato faz com que se sinta bem e traz satisfação a si próprio. Piliavin[351] revisou a vasta literatura sobre todos os tipos de trabalhos voluntários e chegou à conclusão de que ajudar os outros de fato ajuda o "eu", mas de maneiras complexas que dependem do estágio de vida do indivíduo em questão. Pesquisas sobre o "aprendizado em serviços comunitários", no qual estudantes do ensino médio (na maior parte) realizam trabalhos voluntários e participam de uma reflexão coletiva sobre o que estão fazendo enquanto parte do currículo, provê, em geral, resultados encorajadores: redução de atos de delinquência e de problemas de comportamento, aumento na participação cívica e aprimoramento do compromisso com valores sociais positivos. Todavia, esses programas não parecem surtir grande efeito sobre a autoestima ou a felicidade dos ado-

---

ISEN, A. M.; LEVIN, P. F. "Effect of feeling good on helping: Cookies and kindness". *Journal of Personality and Social Psychology*, 21, 1972, p. 384-388.
ISEN, A. M.; SIMMONDS, S. "The effect of feeling good on a helping task that is incompatible with good mood". *Social Psychology*, 41, 1978, p. 346-349.
[351] PILIAVIN, J. A. "Doing well by doing good: Benefits for the benefactor". *In:* KEYES, C. L. M.; HAIDT, J. (Eds.). *Flourishing: Positive psychology and the life well-lived.* Washington: American Psychological Association, 2003, p. 227-247.

lescentes envolvidos. Para adultos, a história é um pouco diferente. Um estudo longitudinal[352], que acompanhou os atos voluntários e o bem-estar ao longo de vários anos em milhares de pessoas, conseguiu demonstrar um efeito causal: quando um indivíduo participava de mais trabalhos voluntários, todas as medidas de sua felicidade e de seu bem-estar aumentavam depois (em média), por enquanto durasse o tempo em que o trabalho voluntário figurou em sua vida. Os idosos se beneficiaram ainda mais do que outros adultos, especialmente quando seu trabalho voluntário envolvia o auxílio direto a outras pessoas, ou quando era realizado por intermédio de uma instituição religiosa. Os benefícios do trabalho voluntário aos mais velhos são tão significativos, que chegam a suscitar uma melhoria de saúde e uma maior expectativa de vida. Stephanie Brown e seus colegas da Universidade de Michigan encontraram evidências notáveis de tais efeitos quando examinaram dados advindos de um grande estudo longitudinal de casais de mais idade[353]. Aqueles que relataram *dar* mais ajuda e apoio a seus cônjuges, amigos e parentes, viveram por mais tempo do que os outros (mesmo com a pré-existência de outros fatores, tais como a saúde do sujeito no início do período de estudo), enquanto a quantidade de ajuda que os participantes relataram ter *recebido* não apresentou correlação com sua longevidade. A descoberta de Brown demonstra diretamente que, ao menos para pessoas mais velhas, é realmente melhor dar do que receber.

Esse padrão de mudanças relativas à idade sugere que dois dos grandes benefícios do trabalho voluntário são os de que ele une as pessoas e as ajuda a construir uma história de vida no estilo de McAdams[354]. Adolescentes já estão imersos numa densa rede de relacionamentos sociais, além de estarem começando a construir suas histórias de vida, portanto, eles não precisam muito de nenhum desses benefícios. Conforme a idade avança,

---

[352] THOITS, P. A.; HEWITT, L. N. "Volunteer work and well-being". *Journal of Health and Social Behavior*, 42, 2001, p. 115-131.
[353] BROWN, S. L.; NESSE, R. M.; VINOKUR, A. D.; SMITH, D. M. "Providing social support may be more beneficial than receiving it: Results from a prospective study of mortality". *Psychological Science*, 14, 2003, p. 320-327.
[354] McAdams (2001), discutido no *Capítulo 7*.
MCADAMS, D. P. "The psychology of life stories". *Review of General Psychology*, 5, 2001, p. 100-122.

contudo, a história de vida começa tomar forma e atividades altruístas adicionam profundidade e virtude ao caráter do indivíduo. Na velhice, quando os laços sociais são estreitados pelo falecimento de amigos e família, os benefícios sociais do trabalho voluntários são maximizados (e, de fato, os idosos mais socialmente isolados são que os que tiram maior proveito dele)[355]. Ademais, na velhice, a generatividade, os relacionamentos e os desejos espirituais se tornam mais importantes, mas a ânsia pelo alcance de objetivos deixa de fazer tanto sentido[356], sendo mais apropriada aos capítulos do meio da história da vida; dessarte, uma atividade que permite que o indivíduo "dê algo a alguém" se encaixa muito bem na história e o ajuda a desenvolver uma conclusão satisfatória.

## O Futuro da virtude

Pesquisas científicas sustentam a hipótese da virtude, mesmo quando ela se reduz à afirmação de que o altruísmo faz bem. Não obstante, quando ela é avaliada de acordo com o significado que lhe fora atribuído por Benjamin Franklin, como uma afirmação mais ampla sobre a virtude, ela se torna tão profundamente verdadeira, que levanta a questão se os conservadores culturais estão corretos em sua crítica da vida moderna e em sua moralidade restrita e permissiva. Nós, ocidentais, deveríamos tentar retornar a uma moralidade mais fundada nas virtudes?

Eu acredito que efetivamente perdemos algo importante — um *ethos* comum meticulosamente texturizado com virtudes e valores amplamente compartilhados. Apenas assista a filmes realizados entre os anos 1930 e 1940, e você verá os personagens agindo em conformidade com uma densa rede de fibras morais: eles se preocupam mais com sua honra, sua reputa-

---

[355] PILIAVIN, J. A. "Doing well by doing good: Benefits for the benefactor". *In:* KEYES, C.L.M.; HAIDT, J. (Eds.). *Flourishing: Positive psychology and the life well-lived.* Washington: American Psychological Association, 2003, p. 227-247.

[356] EMMONS, R. A. (2003). "Personal goals, life meaning, and virtue: Wellsprings of a positive life". *In:* KEYES, C. L. M.; HAIDT, J. (Eds.). *Flourishing: Positive psychology and the life well-lived.* Washington: American Psychological Association, p. 105-128.

ção e a aparência de propriedade. Crianças são frequentemente disciplinadas por adultos que não sejam seus pais. Os mocinhos sempre vencem e o crime nunca compensa. Isso pode soar abafado e restritivo a nós agora, mas essa é a questão: algum grau e constrição é bom para nós; a liberdade absoluta não é. Durkheim, o sociólogo que chegou à conclusão de que a liberdade das amarras sociais se relaciona diretamente ao suicídio[357], também nos proveu a palavra "anomia" (ausência de normas). Anomia é a condição de uma sociedade na qual não há regras, normas ou padrões claros em relação aos valores. Numa sociedade anômica, as pessoas podem fazer o que bem entenderem; porém, sem padrões de conduta nítidos, ou instituições sociais que os reforcem, é mais difícil para as pessoas encontrarem coisas que queiram fazer. A anomia prolifera sentimentos de não-pertencimento e ansiedade, e conduz a um aumento nos comportamentos amoral e antissocial. Pesquisas sociológicas modernas sustentam Durkheim fervorosamente: um dos melhores preditores da saúde de uma vizinhança norte-americana é o grau até o qual adultos reagem aos delitos cometidos pelos filhos dos outros[358]. Quando os padrões da comunidade são reforçados, há constrição e cooperação. Quando cada um se preocupa apenas com sua própria vida e faz vista grossa às ações alheias, há liberdade e anomia.

Meu colega da Universidade da Virgínia, o sociólogo James Hunter, leva adiante as ideias de Durkheim e as inclui no atual debate sobre educação do caráter. Em sua obra provocativa *The Death of Character*[359], Hunter examina de que modo os EUA se perderam de seus antigos ideais sobre virtude e caráter. Antes da Revolução Industrial, os norte-americanos honravam as virtudes dos "produtores" — trabalho duro, autocontenção, sacrifícios feitos em prol do futuro e sacrifícios feitos para o bem comum. Durante o século XX, no entanto, na medida em que as pessoas enriqueceram e a sociedade produtora se tornou gradualmente uma sociedade de

---

[357] Durkheim (1951), discutido no *Capítulo 6*.
DURKHEIM, E. *Suicide*. Nova York: Free Press, 1951.
[358] SAMPSON, R. J. "Family management and child development: Insights from social disorganization theory". *In*: MCCORD, J. (Ed.). *Advances in criminological theory, vol.6*. New Brunswick: Transaction Press, 1993, p. 63-93.
[359] HUNTER, J. D. *The death of character: Moral education in an age without good and evil*. Nova York: Basic Books, 2000.

consumo em massa, uma visão alternativa do "eu" aflorou — uma visão centrada na ideia das preferências individuais e da satisfação pessoal. O termo "caráter", intrinsecamente moral, caiu em desuso e foi substituído pelo termo amoral "personalidade".

Hunter aponta uma segunda causa para a morte do caráter: a inclusão. Os primeiros colonizadores norte-americanos criaram enclaves de homogeneidade étnica, religiosa e moral, mas a história norte-americana, desde então, tem sido sobre crescente diversidade. Em resposta, educadores lutam para identificar o conjunto de ideias morais com as quais todos deveriam concordar, pois ele diminui gradativamente. Esse encolhimento atingiu sua conclusão lógica na década de 1960, com o movimento popular de "clarificação de valores", que não ensinou nenhum grau de moralidade. A clarificação ensinou às crianças a encontrarem seus próprios valores e isso compeliu os professores a se absterem da imposição de valores sobre os alunos. Embora o objetivo da inclusão fosse louvável, ela apresentou efeitos colaterais imprevisíveis: removeu as crianças do solo da tradição, da história e da religião que nutria as concepções de virtude mais antigas. Você pode cultivar vegetais de maneira hidropônica, mas, mesmo assim, devem-se adicionar nutrientes à água. Pedir que as crianças façam o mesmo com as virtudes, olhando apenas para dentro de si mesmas enquanto guias, é como pedir que cada um invente sua própria língua — uma tarefa sem sentido e isoladora se não houve uma comunidade com quem compartilhar essa língua. (Para uma análise mais sensível sob uma perspectiva mais progressista da necessidade de "recursos culturais" para a criação de uma identidade, ler *The Ethics of Identity*, de Anthony Appiah)[360].

Eu julgo a análise de Hunter correta, mas não estou convencido de que estamos numa situação pior, de modo geral, com nossa moralidade moderna restrita. Uma coisa que me incomoda nos filmes e programas de televisão antigos, até a década de 1960, é como as vidas das mulheres e dos afro-americanos eram limitadas. Pagamos um preço pela inclusão, porém,

---

[360] Appiah (2005). Ver também Taylor (1989).
APPIAH, K. A. *The ethics of identity*. Princeton: Princeton University Press, 2005.
TAYLOR, C. *Sources of the self: The making of the modern identity*. Cambridge: Harvard University Press, 1989.

construímos uma sociedade mais humanizada, com mais oportunidades para minorias raciais, mulheres, homossexuais, deficientes físicos etc. — ou seja, para a maior parte da população. Mesmo que alguns pensem que o preço pago foi muito alto, não há como retornar para onde estávamos, tanto uma sociedade pré-consumidora ou a enclaves etnicamente homogêneos. O que podemos fazer é buscar maneiras de reduzir nossa anomia, sem a exclusão de grandes classes de pessoas.

Não sendo um sociólogo, nem um perito em políticas de educação, não tentarei projetar uma nova abordagem radical à educação moral. Em vez disso, apresentarei uma descoberta proveniente de minha própria pesquisa sobre a diversidade. A palavra "diversidade" assumiu seu papel atual no discurso norte-americano após um veredicto dado pela Suprema Corte, em 1978 (U. C. Regents contra Bakke) de que o uso de preferências raciais, a fim de atingir cotas raciais nas universidades, era inconstitucional, mas que era permissível utilizar essas preferências com intuito de aumentar a diversidade no corpo discente. Desde então, a diversidade tem sido amplamente celebrada em adesivos para carros, em dias de diversidade nos *campi* universitários e nas propagandas. Para muitos progressistas, a diversidade se tornou um bem inquestionável — como a justiça, a liberdade e a felicidade, quanto mais diversidade, melhor.

Minha pesquisa sobre a moralidade, no entanto, levou-me a questionar isso. Considerando-se quão fácil é separar as pessoas em grupos hostis com base em diferenças triviais[361], eu me perguntei se celebrar a diversidade não poderia, também, encorajar a divisão, uma vez que a celebração dos pontos que temos em comum forma grupos e comunidades coesos. Rapidamente me dei conta de há dois tipos principais de diversidade — a demográfica e a moral. A diversidade demográfica trata de categorias sociodemográficas tais como raça, etnia, sexo, orientação sexual, idade e *status* de deficiência. Clamar pela diversidade demográfica é, em larga escala, clamar por justiça, pela inclusão de grupos anteriormente excluídos. A diversidade moral, por outro lado, consiste essencialmente no que Durkheim descreveu como anomia: uma falta de consenso sobre as normas

---

[361] TAJFEL, H. "Social psychology of intergroup relations". *Annual Review of Psychology*, 33, 1982, p. 1-39.

e os valores morais. Uma vez feita essa distinção, é possível enxergar que ninguém pode, de forma coerente, sequer *querer* a diversidade moral. Supondo que você seja a favor do aborto, você *preferiria* que houvesse uma grande variedade de opiniões, sendo nenhuma dominante sobre as outras, ou que todos concordassem com você e as leis do estado estivessem em conformidade com isso? Se você prefere a diversidade de opiniões sobre determinado assunto, esse assunto não é de natureza moral para você; trata-se de uma questão de gosto.

Junto a meus alunos Holly Hom e Evan Rosenberg, eu conduzi um estudo envolvendo vários grupos na Universidade da Virgínia[362]. Concluímos que os estudantes, de modo geral, apoiavam fortemente o aumento da diversidade em categorias demográficas (raça, religião e classe social), mesmo aqueles que se julgavam politicamente conservadores. A diversidade moral (opiniões sobre questões políticas controversas), entretanto, mostrou-se muito menos apelativa na maioria dos contextos, com a interessante exceção das aulas de seminário. Os estudantes queriam ser expostos à diversidade moral em sala de aula, mas não com as pessoas com quem conviviam e socializavam. Nossa conclusão do estudo foi a de que a diversidade é como o colesterol: há o tipo bom e o tipo ruim, e talvez não devêssemos tentar maximizar ambos. Os progressistas estão certos em sua luta por uma sociedade aberta a pessoas de todos os grupos demográficos, mas os conservadores podem estar certos em sua crença de que, ao mesmo tempo, deveríamos trabalhar com muito mais afinco a fim de criarmos uma identidade comum, compartilhada. Embora eu seja um progressista no âmbito político, acredito que os conservadores apresentam um melhor entendimento do desenvolvimento moral (embora não da *psicologia* moral — eles são muito devotos ao mito do puro mal). Conservadores querem que as escolas ensinem lições que criem uma identidade norte-americana positiva e singular, incluindo uma alta dose da história norte-americana e da história cívica, utilizando o inglês como língua nacional única. Os progressistas têm ressalvas, compreensivelmente, quanto ao jingoísmo, o nacionalismo e o foco em livros escritos por "homens brancos já falecidos",

---

[362] HAIDT, J.; ROSENBERG, E.; HOM, H. "Differentiating diversities: Moral diversity is not like other kinds". *Journal of Applied Social Psychology*, 33, 2003, p. 1-36.

porém eu acho que todos que se importam com a educação devem se lembrar de que o lema norte-americano do *e pluribus, unum* ("de muitos, um") é constituído de duas partes. A celebração do *pluribus* deveria ser equilibrada por políticas que fortaleçam o *unum*.

    Talvez seja tarde demais. Talvez, na hostilidade da vigente guerra cultural, ninguém possa encontrar nenhum valor nas ideias apresentadas pelo outro lado. Ou talvez possamos nos instruir com aquele grande exemplo de moralidade, Benjamin Franklin. Refletindo sobre o modo como a história é levada adiante pela população e pelos partidos em constante luta um com outro, em busca de seus próprios interesses, Franklin propôs a criação de um "partido unificado para a virtude". Esse partido, composto por pessoas que haviam cultivado a virtude em si mesmas, atuaria apenas "sob um viés em prol do bem da humanidade". Talvez isso tenha sido ingênuo até mesmo para a época de Franklin, e parece improvável que esses homens "bons e sábios" julgassem fácil a tarefa de concordar sobre uma plataforma, como Franklin sugerira. Não obstante, Franklin pode estar certo acerca da suposição de que a liderança sobre a virtude jamais haverá de vir dos grandes agentes políticos; ela terá de vir de um movimento promovido pela população, tal como o das pessoas de uma cidade que se unem e concordam em criar uma coerência moral ao longo de várias áreas nas vidas das crianças. Estes movimentos estão ocorrendo agora. O psicólogo de desenvolvimento William Damon[363] os chama de "movimentos em prol do estatuto da juventude", pois eles englobam a cooperação de todos os envolvidos pela criação das crianças — pais, professores, treinadores, líderes religiosos e as próprias crianças —, que devem chegar a um consenso sobre um "estatuto" que descreva os entendimentos, as obrigações e os valores comuns à comunidade. Esses envolvidos devem se comprometer com os altos padrões de comportamento e mantê-los em todos os sentidos. Talvez as comunidades dotadas de um estatuto da juventude não possam rivalizar com a riqueza moral da antiga cidade de Atenas, contudo, pelo menos, elas estão fazendo alguma coisa para reduzir sua própria anomia enquanto excedem Atenas em termos de justiça.

---

[363] DAMON, W. *The youth charter: How communities can work together to raise standards for all our children.* Nova York: Free Press, 1997.

# Capítulo 9

# Capítulo 9
# Divindade com ou sem Deus

> *Não se pode permitir que o ignóbil fira o nobre, ou que o menor fira o maior. Aqueles que nutrem as coisas pequenas hão de se tornar homens pequenos. Aqueles que nutrem as coisas grandes hão de se tornar grandes homens.*
> — Meng Tzu[364], século III a. C.

> *Deus criou os anjos com intelecto e sem sensualidade, animais com sensualidade e sem intelecto e a humanidade com ambos. Assim, quando o intelecto de uma pessoa supera sua sensualidade, ela é melhor do que os anjos, mas quando a sua sensualidade supera o seu intelecto, ela é pior do que os animais.*
> — Maomé[365]

Nossa vida é criação de nossas mentes e fazemos boa parte dessa criação com metáforas. Enxergamos coisas novas a partir de coisas que já compreendemos: a vida é uma jornada, uma discussão é uma guerra, a mente é um condutor em cima de um elefante. Com a metáfora errada, ficamos iludidos; desprovidos de metáforas, ficamos cegos.

---

[364] Também conhecido como Mencius. Citado em Chan (1963).
CHAN, W. T. *A source book in Chinese philosophy.* Princeton: Princeton University Press, 1963, p. 59.

[365] Do *Hadith*, citado em Fadiman & Frager (1997).
FADIMAN, J.; FRAGER, R. (Eds.). *Essential Sufism.* São Francisco: Harper San Francisco, 1997, p. 6.

A metáfora que mais me ajudou a entender a moralidade, a religião e a busca humana por significado é *Planolândia*, um livrinho adorável escrito em 1884 pelo romancista e matemático inglês Edwin Abbot[366] (1838-1926). A Planolândia é um mundo bidimensional cujos habitantes são figuras geométricas. O protagonista é um quadrado. Um dia, o quadrado recebe a visita de uma esfera advinda de um mundo tridimensional chamado Espaçolândia. Quando a esfera visita a Planolândia, contudo, os habitantes de lá só conseguem enxergar a parte dela que jaz em seu plano — em outras palavras, um círculo. O quadrado fica atônito diante da capacidade do círculo de aumentar e diminuir a seu bel-prazer (ao imergir no plano e emergir do plano da Planolândia) e até mesmo a de desaparecer e reaparecer em lugares distintos (quando a esfera deixa o plano e retorna a ele). A esfera tenta explicar o conceito da terceira dimensão ao quadrado bidimensional, mas ele, embora habilidoso na geometria de duas dimensões, não consegue compreender a explicação. Ele não consegue entender o que significa ter profundidade, além de altura e de largura, nem que a esfera veio de um lugar localizado acima da Planolândia, sem que "acima" signifique "do norte". A esfera apresenta analogias e demonstrações geométricas sobre como se desenvolver a partir de uma dimensão para duas e, então, de duas para três, mas o quadrado continua achando a ideia de ir "acima" da Planolândia ridícula.

Desesperada, a esfera tira o quadrado de seu plano e o leva à terceira dimensão, a fim de que ele possa olhar para seu mundo e vê-lo todo de uma vez. Ele então consegue ver o que há dentro de todas as casas e de todos os habitantes (suas vísceras). O quadrado relembra a experiência:

> Um horror inominável tomou conta de mim. Estava escuro; então, veio uma vertiginosa sensação de ver que não era como a de enxergar. Eu vi que o espaço, que não era o espaço: eu era eu mesmo, mas também não era. Quando encontrei minha voz, gritei bem alto em agonia: "Isto só pode ser loucura ou o Inferno". "Não é nenhum dos dois", a esfera retrucou calmamente, "é o conhecimento; são as três dimensões. Abra seus olhos novamente e tente olhar com clareza". Eu olhei e, pasme, um mundo novo!

---

[366] ABBOTT, E. A. *Flatland: A romance of many dimensions*. Nova York: Dover, 1952, p. 80.

O quadrado fica boquiaberto. Ele se prostra diante da esfera e se torna seu discípulo. Ao retornar à Planolândia, ele luta para pregar o "Evangelho das Três Dimensões" aos seus companheiros bidimensionais — em vão.

Somos todos, de certo modo, o quadrado diante de sua elucidação. Todos já nos deparamos com algo que não conseguimos entender, mas que achávamos que entendíamos, pois não éramos capazes de conceber a dimensão diante da qual éramos cegos. Então, um dia, alguma coisa acontece que não faz sentido em nosso mundo bidimensional e assim vemos de relance uma outra dimensão.

Em todas as culturas humanas, o espectro social apresenta duas dimensões claras: a horizontal, de proximidade e afinidade, e a vertical, de hierarquia e *status*. As pessoas fazem distinções ao longo da dimensão horizontal, naturalmente e sem esforço, entre os parentes mais próximos e os mais distantes, e entre os amigos e os estranhos. Muitos idiomas têm uma forma de tratamento para quem é próximo a nós ("*tu*", em francês) e para quem é distante de nós ("*vous*"). Também somos equipados de uma grande estrutura mental inata que nos prepara para interações hierárquicas. Mesmo em culturas de caçador e coletor que são, de muitas maneiras, igualitárias, a igualdade só se mantém mediante à supressão ativa das tendências pré-existentes à hierarquia[367]. Muitas línguas utilizam os mesmos métodos verbais que marcam o grau de proximidade ao marcarem a hierarquia (em francês, "*tu*" serve para amigos e subordinados, e "*vous*" para estranhos e superiores). Mesmo em línguas como o inglês, que não tem formas verbais distintas para relações sociais distintas, encontram-se maneiras de marcar as diferenças: referimo-nos a indivíduos distantes de nós, ou superiores a nós, por meio do emprego de seu título acompanhado de seu sobrenome (Sr. Smith, Juiz Brown etc.), enquanto o primeiro nome serve para amigos/parentes ou subordinados[368]. Nossas mentes acompanham essas duas dimensões de forma automática. Pense no quão estranha foi a última vez em que alguém que você mal conhecia, mas admirava muito, pediu para

---

[367] BOEHM, C. *Hierarchy in the forest: The evolution of egalitarian behavior.* Cambridge: Harvard University Press, 1999.
[368] BROWN, R.; GILMAN, A. "The pronouns of power and solidarity". *In*: Sebeok, T. A. (Ed.). *Style in language.* Cambridge: MIT Press, 1960, p. 253-276

## DIVINDADE COM OU SEM DEUS

chamá-lo por seu primeiro nome. Esse nome prendeu na garganta? E em circunstâncias reversas, quando um atendente de loja o chama pelo seu primeiro nome sem expressa permissão, você se sente ofendido?

Agora imagine a si mesmo passeando satisfeito por seu mundo social de duas dimensões, um plano no qual o eixo X representa a proximidade e o Y a hierarquia (ver Figura 9.1). Um dia, você vê uma pessoa fazer algo extraordinário, ou passa por uma experiência impressionante de beleza natural, e com isso você sente a si mesmo flutuar. Contudo, isso é diferente de subir na escala da hierarquia, é outro tipo de elevação. Este capítulo trata desse movimento vertical. Minha constatação é a de que a mente humana é capaz de perceber uma terceira dimensão, uma dimensão especificamente moral, a qual chamarei de "divindade". (Ver o eixo Z, que sai do plano da página e sobe, na Figura 9.1). Ao escolher o rótulo de "divindade", não estou pressupondo a existência de Deus e que deve ser percebido. (Eu, particularmente, sou um judeu ateu). Antes, minha pesquisa sobre as emoções morais me conduziu à conclusão de que a mente humana simplesmente *percebe* a divindade e o sagrado, quer Deus exista ou não. Ao concluir isso, perdi o desprezo presunçoso que sentia pela religião aos vinte anos de idade.

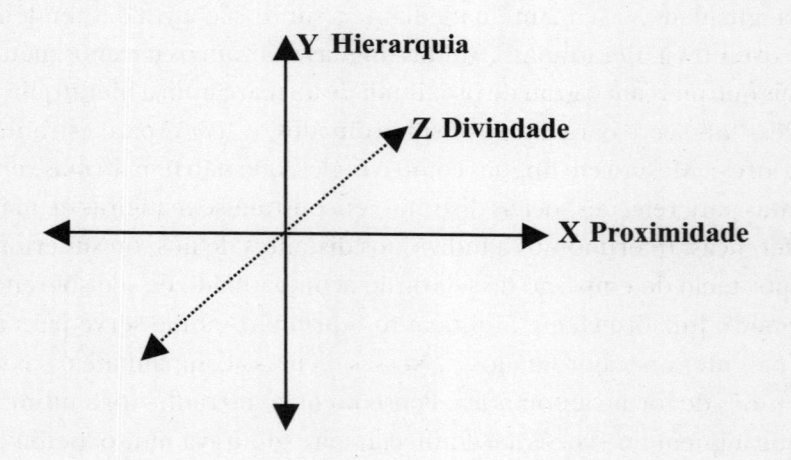

Fig. 9.1 As Três Dimensões do Espaço Social

Este capítulo trata da verdade antiga que pessoas devotas à religião captam, enquanto os pensadores seculares frequentemente não alcançam:

por meio de nossas ações e de nossos pensamentos, nós nos movemos para cima ou para baixo numa dimensão vertical. Na epígrafe deste capítulo, Meng Tzu (372-289 a. C.) chamou a de uma "dimensão nobre", em oposição a uma "dimensão ignóbil". Maomé, bem como os cristãos e os judeus que vieram antes dele, transformou-a numa dimensão de divindade, com anjos acima e animais abaixo. Uma implicação dessa verdade é a de que nós somos empobrecidos, enquanto seres humanos, quando perdemos essa dimensão de vista e deixamos nosso mundo desmoronar em duas dimensões. No outro extremo, o esforço para criar uma sociedade tridimensional e impô-la sobre todos os seus membros é a marca característica do fundamentalismo religioso. Os fundamentalistas, sejam eles cristão, judeus, hindus ou muçulmanos, desejam viver em nações cujas leis estejam em harmonia com — ou sejam retiradas de — um livro sagrado. Há muitas razões para as sociedades ocidentais democráticas se oporem a esse fundamentalismo, mas eu acredito que o primeiro ponto dessa oposição deva ser um entendimento honesto e respeitoso de seus motivos morais. Espero que este capítulo contribua para tal entendimento.

## Nós não somos animais?

Na primeira vez em que me deparei com a divindade, senti nojo. Quando comecei a estudar a moralidade, li os códigos morais de várias culturas e a primeira coisa que aprendi é que a maioria das culturas se preocupa muito com comida, sexo, menstruação e como lidar com cadáveres. Como sempre julguei que a moralidade abordava como as pessoas tratam umas às outras, dispensei toda essa ladainha sobre "pureza" e "poluição" (segundo as denominações dos antropólogos) enquanto algo alheio à moralidade genuína. Por que as mulheres de tantas culturas são proibidas de entrarem em templos, ou de tocarem artefatos religiosos, em seu período menstrual, ou algumas semanas após darem à luz[369]? Isso deve configurar uma espécie

---

[369] Ver Levíticos 12 e Buckley & Gottlieb (1988).
BUCKLEY, T.; GOTTLIEB, A. (Eds.). *Blood magic: The anthropology of menstruation*. Berkeley: University of California Press, 1988.

de esforço machista para controlar as mulheres. Por que comer porco é uma abominação para judeus e muçulmanos? Isso deve ser uma tentativa relacionada à saúde de evitar a triquinose. Contudo, à medida que continuei lendo, comecei a discernir uma lógica subjacente a tudo aquilo: a lógica do nojo. Segundo a principal teoria do nojo na década de 1980, de Paul Rozin[370], o nojo trata amplamente dos animais e dos produtos de seus corpos (poucas plantas e poucos materiais inorgânicos são asquerosos) e coisas nojentas são contagiosas pelo toque. O nojo, portanto, parecia de algum modo relacionado às preocupações com os animais e os produtos de seus corpos (sangue, excrementos etc.), à limpeza e ao toque, preocupações tão presentes no Antigo Testamento, no *Corão*, nas escrituras hinduístas e em muitas outras etnografias das sociedades tradicionais. Quando conversei com Rozin sobre o possível papel do nojo na moralidade e na religião, descobri que ele estava pensando sobre a mesma questão. Junto o professor Clark McCauley, da Faculdade de Bryn Mawr, começamos a estudar o nojo e o papel que ele desempenha na vida social.

As origens evolutivas do nojo estão no ímpeto de ajudar as pessoas a decidirem o que comer[371]. Durante a transição evolutiva na qual os cérebros de nossos ancestrais se expandiram imensamente, o mesmo ocorreu com sua produção de ferramentas e armas e com seu consumo de carne[372]. (Muitos cientistas acreditam que essas mudanças eram todas relacionadas entre si, junto à crescente interdependência entre macho e fêmea, o que discuti no *Capítulo 6*). Contudo, quando os humanos de antigamente iam atrás de carne, inclusive vasculhando carcaças deixadas por outros predadores, eles se expuseram a uma galáxia de novos micróbios e parasitas, a maioria dos quais é contagiosa de um modo que as toxinas das plantas não são: se uma fruta venenosa encostar na sua batata cozida, a batata não se tornará tóxica ou asquerosa. O nojo foi originalmente formatado pela seleção natural como um guardião da boca: ele concedeu uma vantagem

---

[370] ROZIN, P.; FALLON, A. "A perspective on disgust". *Psychological Review*, 94, 1987, p. 23-41.

[371] ROZIN, P.; HAIDT, J.; MCCAULEY, C.; IMADA, S. "Disgust: Preadaptation and the evolution of a food-based emotion". *In*: MACBETH, H. (Ed.). *Food preferences and taste*. Providence: Berghahn, 1997, p. 65-82.

[372] LEAKEY, R. *The origin of humankind*. Nova York: Basic Books, 1994.

aos indivíduos que iam além das propriedades sensoriais de um elemento potencialmente comestível (ele cheira bem?) e pensavam de onde ele viera e se fora tocado. Animais que se alimentam ou andam sobre cadáveres, excrementos ou lixo (ratos, larvas, urubus, baratas) nos causam nojo: não os comemos e tudo que eles tiverem tocado fica contaminado. Também sentimos asco em relação à maior parte dos produtos corporais de outras pessoas, especialmente excrementos, muco e sangue, que podem transmitir doenças às pessoas. O nojo extingue o desejo (a fome) e motiva comportamentos purificadores como o de se lavar ou, se for muito tarde, vomitar.

No entanto, não é só a boca que o nojo resguarda; seus eliciadores se expandiram durante a evolução biológica e cultural, de modo a hoje preservar o corpo de maneira mais geral[373]. O nojo desempenha um papel análogo àquele da seleção de alimentos no âmbito da sexualidade, ao guiar os indivíduos à classe estreita de parceiros e atos sexuais culturalmente aceitáveis. De novo, o nojo extingue o desejo e motiva preocupações com purificação, separação e higienização. Ele também nos prova uma sensação de embrulho quando vemos pessoas com lesões na pele, deformidades, amputação, obesidade mórbida, raquitismo e outras violações da imagem culturalmente aceitável do corpo humano. É o exterior que importa: câncer nos pulmões ou um rim faltando não provocam nojo; um tumor no rosto ou um dedo amputado, por outro lado, sim.

Essa expansão de guardião da boca a guardião do corpo faz sentido sob uma perspectiva puramente biológica: nós, humanos, sempre vivemos em grupos maiores e mais densos, logo sempre fomos mais expostos ao assolamento de micróbios e parasitas que se espalham pelo contato físico. O nojo nos torna cautelosos quanto a esse contato. A coisa mais fascinante sobre o nojo, contudo, é o fato de que ele é acionado para sustentar grande parte das normas, dos rituais e das crenças que as culturas utilizam para se definir[374].

---

[373] Para uma resenha sobre nossa pesquisa sobre o nojo, ver Rozin, Haidt, & McCauley (2000).
ROZIN, P.; HAIDT, J.; MCCAULEY, C. "Disgust". *In*: LEWIS, M.; HAVILAND-JONES, J. M. (Eds.). *Handbook of emotions*. Nova York: Guilford Press, 2000, p. 637-653.
[374] ROZIN, P.; HAIDT, J.; MCCAULEY, C.; IMADA, S. "Disgust: Preadaptation and the evolution of a food-based emotion". *In*: MACBETH, H. (Ed.). *Food preferences and taste*. Providence: Berghahn, 1997, p. 65-82.

Por exemplo, muitas culturas separam os humanos dos animais, insistindo que os humanos são, de algum modo, superiores, mais divinos que os outros animais. Pensa-se muito no corpo humano como um templo que abriga a divindade: "Ou não sabeis que o vosso corpo é templo do Espírito Santo, que habita em vós, proveniente de Deus e que não sois de vós mesmos? [...] Glorificai, pois, a Deus no vosso corpo [...]" I Coríntios 6, 19-20.

A cultura que diz, contudo, que humanos não são animais, ou que o corpo é um templo, enfrenta um grande problema: nossos corpos fazem as mesmas coisas que os corpos dos animais fazem, incluindo comer, defecar, copular, sangrar e padecer. A evidência esmagadora é a de que nós *somos* animais, logo, uma cultura que rejeita nossa animalidade tem de se esforçar muito para esconder essa evidência. Processos biológicos devem ocorrer de determinada maneira e o nojo é seu guardião. Imagine-se visitando uma cidade onde as pessoas não usam roupas, nunca tomam banho, fazem sexo "de quatro" em público e comem carne crua, mordendo os pedaços direto das carcaças. Talvez você pagasse para ver esse festival de horrores, mas emergiria dele despedaçado (literalmente: *abatido*). Você sentiria nojo ante a esse comportamento "selvagem" e saberia, no fundo, que havia algo errado com esses indivíduos. O nojo é guardião do templo do corpo. Nessa cidade imaginária, os guardiães foram assassinados e os templos jogados aos cachorros.

A ideia de que a terceira dimensão — a divindade — parte dos animais, que ficam embaixo, aos deuses, em cima, com pessoas no meio, foi perfeitamente capturada no século XVII pelo puritano da Nova Inglaterra, Cotton Mather (1663-1728), que observou um cão urinar ao mesmo tempo em que ele urinava. Tomado por nojo à vileza de sua própria urina, Mather escreveu esta resolução em seu diário: "Ainda serei uma criatura mais nobre; e no momento em que minhas necessidades naturais me rebaixarem à condição de bicho, meu espírito há de (direi isto quando chegar a hora!) ascender e elevar-se"[375].

---

[375] Relatado em Thomas (1983).
THOMAS, K. *Man and the Natural World*. Nova York: Pantheon, 1983, p. 83.

Se o corpo humano é um templo que, às vezes, fica sujo, faz sentido a máxima de que "a limpeza está próxima à santidade"[376]. Se você não tiver a percepção dessa terceira dimensão, não ficará claro por que Deus se importaria com a sujeira da sua pele ou da sua casa. Porém, se você viver num mundo tridimensional, o nojo será para você como a escada de Jacó: ela está enraizada na Terra, em nossas necessidades biológicas, mas conduz ou guia as pessoas ao Céu — ou, no mínimo, a algum lugar que parece se encontrar "acima" de nós.

## A ÉTICA DA DIVINDADE

Depois da minha pós-graduação, passei dois anos trabalhando com Richard Shweder, um antropólogo psicológico na Universidade de Chicago, que é o principal pensador no campo da psicologia cultural. Shweder pesquisa bastante na cidade indiana de Bubanesvar, no estado de Orissa, na Baía de Bengala. Bubanesvar é um santuário antigo — a velha cidade cresceu ao redor do gigantesco e ornamentado templo de Lingaraj, construído no século VII, e ainda um grande centro de peregrinação para os hindus. A pesquisa de Shweder sobre a moralidade[377] em Bubanesvar e em outros lugares demonstra que, quando as pessoas pensam sobre a moralidade, seus conceitos morais se agrupam em três conjuntos, os quais chama de "ética da autonomia", "ética da comunidade" e "ética de divindade". Quando as pessoas pensam e agem conforme a ética da autonomia, seu objeto é o de proteger os indivíduos do mal e lhes conceder o mais alto grau de autonomia que eles podem utilizar, a fim de buscarem alcançar seus próprios objetivos. Quando as pessoas se utilizam da ética da comunidade, seu objetivo é o de proteger a integridade de grupos, famílias, companhias ou nações,

---

[376] John Wesley (1984) sermão 88, "On Dress".
WESLEY, J. *Works of John Wesley*. Nashville: Abingdon Press, 1986, sermão 88, p. 249.
[377] SHWEDER, R. A.; MUCH, N. C.; MAHAPATRA, M.; PARK, L. "The 'big three' of morality (autonomy, community, and divinity), and the 'big three' explanations of suffering". *In*: BRANDT, A.; ROZIN, P. (Eds.). *Morality and Health*. Nova York: Routledge, 1997, p. 119-169.

e elas valorizam virtudes como a obediência, a lealdade e a liderança com sabedoria. Ao aplicarem a ética da divindade, seu objetivo é o de proteger a divindade que existe em cada indivíduo da degradação e valoriza-se o ato de viver da maneira mais pura e sagrada possível, livre de poluentes morais como a luxúria, a ganância e o ódio. As culturas variam no que concerne a sua relativa confiança nessas três éticas, que correspondem, em realidade, aos eixos X, Y e Z da *Figura 9.1*. Em minha pesquisa de dissertação[378] sobre os julgamentos morais no Brasil e nos Estados Unidos da América, concluí que norte-americanos escolarizados de classes sociais elevadas se apoiavam fortemente na ética da autonomia em seu discurso moral, enquanto os brasileiros e as pessoas de classes mais baixas (em ambos os países) fizeram uso muito maior das éticas da comunidade e da divindade.

Para aprender mais sobre a ética da divindade, fiquei em Bubanesvar por três meses, em 1993, e entrevistei padres, monges e outros peritos nas práticas e nas idolatrias dos hindus. Para me preparar, li tudo o que pude sobre o hinduísmo e a antropologia da pureza e da poluição, inclusive *O Código de Manu*[379], um guia para os brâmanes (a casta sacerdotal) escrito no século I ou século II. Manu aconselha os brâmanes sobre como devem viver, comer, rezar e interagir com outras pessoas enquanto obedecem ao que Cotton Mather chamou de suas "necessidades naturais". Numa passagem específica, Manu lista os momentos nos quais um padre não deve "nem pensar sobre" recitar os vedas sagrados (escrituras):

> [...] enquanto expele urina ou excremento, quando a comida ainda está em sua boca e em suas mãos, enquanto come em uma cerimônia para os mortos, [...] quando come carne ou o alimento da mulher que acabou de dar à luz, [...] quando os chacais uivam, [...] em solo de cremação, [...] enquanto usa vestimentas que utilizara em união sexual, enquanto aceita de tudo na cerimônia aos mortos, quando acaba de comer ou não

---

[378] HAIDT, J.; KOLLER, S.; DIAS, M. "Affect, culture, and morality, or is it wrong to eat your dog?" *Journal of Personality and Social Psychology*, 65, 1993, p. 613-628.

[379] Doniger & Smith (1991), a citação longa advém do Capítulo 4, estrofes 109-122. DONIGER, W.; SMITH, B. (Eds. & Trans.). *The laws of Manu*. Londres: Penguin, 1991.

digere (seu alimento) ou vomita ou regurgita, [...] quando o sangue jorra de seus membros, ou quando é ferido por uma arma.

Essa passagem é extraordinária, pois lista cada categoria de nojo que Rozin, McCauley e eu estudamos: comida, produtos do corpo, animais, sexo, morte, violações corporais e higiene. Manu está dizendo que a presença da *mente* nos vedas sagrados não é compatível com a contaminação do *corpo* por qualquer fonte de repulsa[380]. Divindade e nojo devem ser mantidos separados durante todo o tempo.

Quando cheguei a Bubanesvar, rapidamente entendi que a ética da divindade não concerne apenas a um passado remoto. Ainda que Bubanesvar seja plana, ela é dotada de uma topografia espiritual amplamente variada, com picos em cada um de seus templos. Na condição de alguém que não seja hindu, obtive permissão para visitar os pátios dos templos; se eu retirasse meus sapatos e quaisquer itens de couro (o couro é poluente), geralmente, eu podia entrar na antessala do templo. Podia olhar para o santuário interno que o deus habitava, mas, se tivesse cruzado o limiar a fim de me juntar ao padre brâmane dentro dele, eu o teria poluído e ofendido a todos. No mais alto pico da divindade – o templo de Lingaraj *per se* –, não me era permitido sequer entrar no complexo, embora estrangeiros fossem convidados a olhar para seu interior de uma plataforma de observação localizada do lado externo às paredes. Não era uma questão de sigilo e sim de contaminação do ambiente por indivíduos como eu, que não haviam seguido os procedimentos apropriados de higienização, dieta e rezas, a fim de manter a pureza religiosa.

Os lares hindus em Bubanesvar apresentam a mesma estrutura concêntrica que os templos: deixe os sapatos do lado de fora, socialize nos cômodos mais externos, mas nunca vá à cozinha, ou ao cômodo em que se fazem oferendas às deidades. Essas duas áreas são cultivadas como zonas do mais alto nível de pureza. Até o corpo humano tem picos e vales, sendo

---

[380] Ver Bloom (2004) sobre como as pessoas são "dualistas inatas", mantendo o corpo e a alma separados.
BLOOM, P. *Descartes' baby: How the science of child development explains what makes us human*. Nova York: Basic Books, 2004.

a cabeça e a mão direita puras, a mão esquerda e os pés poluídos. Tive que tomar muito cuidado para evitar que meus pés encostassem em alguém e para evitar entregar algo a outra pessoa com minha mão esquerda. Quando andei por Bubanesvar, senti-me como um quadrado na Espaçolândia tentando navegar por um mundo tridimensional, dotado de noções muito vagas sobre essa terceira dimensão.

As entrevistas que conduzi me ajudaram a enxergar um pouco melhor. Meu objetivo era o de descobrir se a pureza e a poluição realmente tratavam apenas de manter as "necessidades" biológicas separadas da divindade, ou se tais práticas advinham de um relacionamento mais profundo com a virtude e a moralidade. Deparei-me com opiniões diversas. Alguns dos padres menos instruídos de vilarejos viam os rituais relativos à pureza e à poluição como regras básicas do jogo, coisas que simplesmente devem ser feitas porque a tradição religiosa assim exige. Por outro lado, muitas das pessoas que entrevistei adotavam uma perspectiva mais ampla e enxergavam as práticas de pureza e poluição como um meio para determinada finalidade: avanço espiritual e moral, ou ascender na terceira dimensão. Por exemplo, quando perguntei se era importante resguardar a pureza de um indivíduo, o diretor de uma escola sânscrita (uma escola que treina acadêmicos religiosos) respondeu da seguinte maneira:

> Nós podemos ser deuses ou demônios. Tudo depende do *karma*. Se uma pessoa se comporta como um demônio, por exemplo, ao matar alguém, ela de fato é um demônio. Uma pessoa que se comporta de forma divina, porque a divindade está dentro do ser, é como um deus [...]. Deveríamos saber que somos deuses. Se pensarmos como deuses, seremos como deuses; se pensarmos como demônios, seremos demônios. E o que há de errado em ser um demônio? O que acontece hoje em dia é de natureza demoníaca. O comportamento divino implica não enganar os outros, não matar os outros. Caráter completo. Se você tem divindade, você é um deus.

O diretor, que evidentemente não tinha lido Shweder, forneceu uma declaração perfeita sobre a ética da divindade. A pureza não se trata meramente do corpo, mas da alma. Se você está ciente de que a divindade está em seu interior, você agirá de acordo com isso: tratará bem as pessoas e tratará seu corpo como um templo. Ao fazê-lo, você acumulará bom *karma* e voltará na próxima vida num nível mais elevado — literalmente mais elevado na dimensão vertical da divindade. Se você perder sua divindade de vista, sucumbirá a seus motivos mais básicos. Ao fazê-lo, você acumulará mau *karma* e sua próxima encarnação ocorrerá num nível mais baixo, na pele de um animal ou de um demônio. Essa correlação entre virtude, pureza e divindade não é exclusivamente indiana; Ralph Waldo Emerson (1803-1882) disse o mesmo:

> Aquele que pratica uma boa ação é instantaneamente enobrecido. Aquele que pratica uma ação maliciosa, se contagia por ela. O indivíduo que afasta a impureza, portanto, aproxima de si a pureza. Se um homem é justo em seu coração, eis que ele é Deus[381].

### Intrusões sagradas

Quando retornei à Planolândia (os Estados Unidos da América), não tive mais que pensar sobre pureza e poluição. Não precisei, também, pensar muito sobre a segunda dimensão (a hierarquia). A cultura universitária norte-americana apresenta uma estrutura hierárquica moderada (os alunos costumam chamar os professores pelo primeiro nome) em comparação à configuração social indiana. Então, de certo modo, minha vida se reduziu a uma dimensão — a da proximidade —, e meu comportamento se restringiu somente pela ética da autonomia, que me permitiu fazer o que quisesse, contanto que não ferisse ninguém no processo.

Entretanto, uma vez que aprendi a enxergar as três dimensões, vislumbrei lapsos de divindade espalhados por aí. Comecei a sentir repúdio pelo costume norte-americano de andar pela própria casa — inclusive no quarto — com os mesmos sapatos que, minutos antes, caminhavam pelas ruas da

---

[381] De "The Divinity School Address", em Emerson (1960).
EMERSON, R. W. "The divinity school address". *In*: WHICHER, S. (Ed.). *Selections from Ralph Waldo Emerson*. Boston: Houghton Mifflin, 1960, p. 102.

cidade. Adotei a prática indiana de retirar os sapatos na porta e de pedir que visitantes fizessem o mesmo, o que fez meu apartamento se assemelhar mais a um santuário, um espaço limpo e pacífico separado mais inteiramente do que antes do mundo do lado de fora. Percebi que parecia errado levar determinados livros ao banheiro. Reparei que as pessoas frequentemente falam sobre a moralidade por meio de um linguajar de "mais elevado" e "menos elevado". Tornei-me ciente de meus sutis sentimentos ao testemunhar outros se comportando de maneiras sujas ou "degradantes", sentimentos esses que consistiam em mais do que desaprovação, tratava-se de sentimentos de que eu mesmo, de alguma forma, fora "rebaixado".

Em meus trabalhos acadêmicos, descobri que a ética da divindade fora crucial ao discurso público nos Estados Unidos da América até o período da Primeira Guerra Mundial, depois da qual ele começou a cessar (exceto em alguns locais, tais como o Sul norte-americano — que também cultivava práticas de segregação racial com base em noções de pureza física). Por exemplo, conselhos direcionados aos jovens na Era Vitoriana falavam rotineiramente de pureza e poluição. Em um livro de 1897, reimpresso diversas vezes, intitulado *O que um Rapaz deve Saber*[382], Sylvanus Stall (1847-1915) dedicou um capítulo inteiro à "pureza pessoal", no qual apontou que:

> Deus não concedeu ao homem uma forte natureza sexual por engano, mas qualquer jovem que permita que o sexual o domine e o degrade, destruindo o que há de mais altivo e mais nobre em sua natureza, está cometendo um erro fatal.

A fim de resguardar sua pureza, Stall aconselhou que os jovens evitassem comer porco, praticar atos masturbatórios e ler romances. Na edição de 1936, esse capítulo inteiro fora removido.

A dimensão vertical da divindade era tão óbvia às pessoas que viviam na Era Vitoriana, que até os cientistas se referiam a ela. Em um livro de química de 1867, após descrever métodos de sintetização de álcool etílico, o autor se sentiu compelido a avisar aos jovens leitores de que o álcool surtia o efeito de "insensibilizar as operações intelectuais e os instintos morais,

---

[382] STALL, S. *What a young man ought to know*. Londres: Vir Publishing, 1904, p. 35.

aparentemente pervertendo e destruindo tudo o que há de puro e sagrado no homem, enquanto retira dele seu maior atributo — a razão"[383]. Em seu livro de 1892, que promovia a teoria evolucionista de Darwin, Joseph LeConte (1823-1901), professor de geologia na Universidade da Califórnia, em Berkeley, praticamente citou Meng Tzu e Maomé: "O homem é possuído por duas naturezas — uma mais rebaixada, comum aos animais, e outra mais elevada, singular a ele. O significado do pecado é o laço humilhante que liga a de baixo à de cima"[384].

Contudo, ao passo que a ciência, a tecnologia e a era industrial progrediram, o mundo ocidental se tornou "dessacralizado". Esse, pelo menos, é o argumento adotado pelo grande historiador da religião Mircea Eliade (1907-1986). Em *O Sagrado e o Profano*[385], Eliade demonstra que a percepção do sacro é uma constante humana. Independentemente de suas divergências, todas as religiões possuem lugares (templos, santuários, árvores sagradas), momentos (dias sagrados, o nascer do sol, solstícios) e atividades (rezas, danças específicas) que permitem o contato e a comunicação com algo puro de outro mundo. A fim de marcar essa santidade, todos os outros momentos, lugares e atividades são definidos como profanos (ordinários, não sagrados). As fronteiras que separam o sacro do profano devem ser guardadas com cuidado e é disso que tratam as regras da pureza e da poluição. Eliade prega que o Ocidente moderno é a primeira cultura na história da humanidade que conseguiu privar o tempo e o espaço de toda a sua sacralidade e produzir um mundo inteiramente prático, eficiente e profano. Este é o mundo que os fundamentalistas julgam insuportável e contra o qual, por vezes, lutam por meio do uso da força bruta.

O argumento mais convincente de Eliade, para mim, é o de que a sacralidade é tão irreprimível, que ela invade repetidamente no mundo moderno profano em forma de comportamentos "cripto-religiosos". Eliade apontou que mesmo uma pessoa devota a uma existência profana usufrui de:

---

[383] STEELE, J. D. *Fourteen weeks in chemistry.* Nova York: A. S. Barnes, 1867, p. 191.
[384] LE CONTE, J. *Evolution: Its nature, its evidences, and its relation to religious thought.* Nova York: D. Appleton, 1892, p. 330.
[385] ELIADE, M. *The sacred and the profane: The nature of religion.* San Diego: Harcourt Brace, 1959, p. 24.

[...] lugares privilegiados, qualitativamente distintos de todos os outros — o local de nascimento de um homem, ou das cenas de seu primeiro amor, ou determinados lugares da primeira cidade que ele visitou em sua juventude. Mesmo para os homens mais francamente não-religiosos, todos esses lugares conservam uma qualidade excepcional, singular; eles consistem em "locais sagrados" em seu universo privado, como se neles tivesse recebido a revelação de uma realidade alternativa àquela na qual ele toma parte ao longo de sua vida banalmente cotidiana.

Quando li isso, arfei. Eliade captara perfeitamente minha débil espiritualidade, limitada a lugares, livros, pessoas e eventos que me proveram momentos de altivez e esclarecimento. Até os ateus gozam de alguma sacralidade, especialmente quando estão apaixonados ou em contato com a natureza. Nós apenas não inferimos que Deus possa ter provocado tais sentimentos.

## Elevação e Ágape

O tempo que passei na Índia não me tornou religioso, mas me conduziu a um despertar intelectual. Pouco depois de me realocar na Universidade da Virgínia, em 1995, eu estava escrevendo outro artigo sobre como o nojo social é desencadeado quando vemos pessoas se "rebaixando" na dimensão vertical da divindade. De repente, ocorreu-me que eu nunca havia pensado sobre a reação emocional causada pelo vislumbre de pessoas em "ascensão". Eu fizera breve referência ao sentimento de "ascender", mas nunca me perguntara se essa "ascensão" consistia numa emoção real e boa. Comecei a questionar amigos, familiares e estudantes: "Quando você vê alguém praticando uma ação muito boa, você sente algo? O quê? Em que parte do seu corpo você sente isso? Esse sentimento o faz querer fazer alguma coisa?" Descobri que a maioria das pessoas tinha as mesmas sensações que eu e a mesma dificuldade para articular no que elas consistiam exatamente. Falavam sobre um sentimento caloroso, livre ou radiante. Algumas mencionavam o coração; outras atestavam que não sabiam dizer em que parte do corpo essa sensação se manifestava e, embora negassem um local específico, suas mãos às vezes faziam um movimento circular à frente do peito, os dedos apontando para dentro como se indicassem a presença de algo se movendo no coração. Alguns mencionavam calafrios ou sensações de sufocamento. A maior parte dos indivíduos constatou que esse sentimento os compelia a quererem praticar boas ações ou a se tornarem, de algum modo, melhores. O que quer que fosse esse sentimento, ele começou a parecer uma emoção digna de estudo. No entanto, não havia pesquisas de qualquer espécie sobre ela na literatura psicológica, que mantinha seu foco, na época, sobre as seis emoções "básicas"[386] notórias por se apresentarem em expressões faciais distintas: alegria, tristeza, medo, raiva, nojo e surpresa.

  Se eu acreditasse em Deus, acreditaria que ele me enviara à Universidade da Virgínia por um motivo. Lá, grande parte das atividades cripto-religiosas gira em torno de Thomas Jefferson (1743-1826), nosso fundador, cujo lar permanece como um templo no topo de uma pequena montanha (Monticello) a alguns quilômetros dali. Jefferson escreveu o texto mais sagrado da história norte-americana — a *Declaração da Independência*. Ele também redigiu milhares de cartas, muitas das quais revelam sua perspectiva sobre a psicologia, a educação e a religião. Após minha chegada à Universidade da Virgínia, tendo vivenciado uma experiência cripto-religiosa *à la* Eliade em Monticello e me comprometido ao culto a Jefferson, eu li uma coleção dessas cartas. Nelas, encontrei uma descrição completa e perfeita da emoção sobre a qual estava pensando.

  Em 1771, o parente de Jefferson, Robert Skipwith, lhe pediu conselhos sobre quais livros comprar para a biblioteca privada que ele queria construir. Jefferson, que adorava dar conselhos tanto quanto adorava livros, aceitou com satisfação. Ele enviou a Skipwith um catálogo de obras célebres de História e Filosofia, mas também obras de ficção. Em sua época (como na época de Sylvanus Stall), peças e romances não eram tomados como valorosos ao tempo de um homem digno, mas Jefferson justificou seu conselho heterodoxo ao apontar que uma excelente escrita pode desencadear emoções benéficas:

---

[386] Baseado no trabalho influente de Ekman, Sorensen, & Friesen (1969).
EKMAN, P.; SORENSEN, E.; FRIESEN, W. V. "Pan-cultural elements in the facial displays of emotion". *Science*, 164, p. 86-88, 1969.

> Quando qualquer [...] ato de caridade ou de gratidão, por exemplo, apresenta-se a nossa vista ou a nossa imaginação, ficamos profundamente marcados por sua beleza e sentimos um forte desejo dentro de nós mesmos de também praticar atos de caridade e gratidão. Por outro lado, quando vemos ou lemos sobre atos atrozes, vemo-nos enojados diante de sua deformidade e concebemos uma aversão ao vício. Cada emoção desse tipo é um exercício de nossas disposições virtuosas e disposições da mente, bem como membros do corpo, adquirem força por meio da prática de exercícios[387].

Jefferson prosseguiu e disse que as sensações físicas e os efeitos motivacionais provocados pela grande literatura são tão poderosos quanto aqueles desencadeados por eventos reais. Ele considerou o exemplo de uma peça teatral francesa contemporânea, indagando se a fidelidade e a generosidade do herói não:

> [...] dilatava o peito [do leitor] e elevava seus sentimentos tanto quanto qualquer incidente similar que a história pode prover? Ele [o leitor] não se sentia, de fato, um homem melhor enquanto lia sobre isso e não cobiçava, secretamente, copiar o bom exemplo?

Essa assertiva extraordinária consiste em mais do que uma descrição poética dos prazeres da leitura. Ela é também uma definição científica precisa de uma emoção. Em pesquisas sobre emoções, nós tendemos a estudá-las por intermédio da especificação de seus componentes, e Jefferson nos provê a maioria desses grandes componentes: uma condição motivadora (demonstrações de caridade, gratidão, ou outras virtudes); mudanças físicas ("dilatação" no peito); uma motivação (um desejo de "também praticar atos de caridade e gratidão"); e um sentimento característico que vá além das sensações corporais (sentimentos elevados). Jefferson descrevera exatamente a emoção que eu havia acabado de "descobrir". Ele chegou a dizer que ela era o oposto do nojo. Como um ato de glorificação cripto-

---

[387] JEFFERSON, T. "Letter to Robert Skipwith". *In*: PETERSON, M. D. (Ed.), *The portable Thomas Jefferson*. Nova York: Penguin, 1975, p. 349-351.

-religiosa, considerei denominar tal emoção de "a emoção de Jefferson", mas pensei melhor e escolhi o termo "elevação", que o próprio Jefferson empregara para capturar a sensação de se elevar numa dimensão vertical para longe do nojo.

Pelos últimos sete anos, estudei sobre a elevação no laboratório. Meus alunos e eu utilizamos uma variedade de meios para induzi-la e constatamos que clipes de vídeo retirados de documentários sobre heróis e altruístas e de seleções do programa de Oprah Winfrey, o que funciona bem. Na maioria de nossos estudos, mostramos aos sujeitos de um grupo um vídeo que ocasione a elevação, enquanto os sujeitos do grupo de controle veem um vídeo feito somente para diverti-los, tal como um monólogo de Jerry Seinfeld. Sabemos (a partir das moedas de Alice Isen e dos estudos com biscoitos)[388] que o sentimento de felicidade traz consigo uma série de efeitos positivos, de modo que, em nossa pesquisa, sempre tentamos demonstrar que a elevação é mais do que uma mera forma de felicidade. Em nosso estudo mais abrangente[389], Sara Algoe e eu mostramos vídeos aos sujeitos no laboratório e pedimos que eles preenchessem uma folha de relatório sobre que tratava do que haviam sentido e do que gostariam de fazer. Sara então lhes forneceu papéis em branco e lhes disse para prestarem atenção, pelas próximas três semanas, no âmbito de alguém fazendo algo bom para outra pessoa (na condição de elevação), ou no âmbito de alguém contando uma piada (na condição de controle/diversão). Adicionamos ainda uma terceira condição, a fim de estudarmos a admiração de natureza não-moral: os sujeitos incluídos nela assistiram a um vídeo sobre as habilidades sobre-humanas da estrela do basquete Michael Jordan. Em seguida, pediu-se que eles registrassem momentos em que testemunhassem alguém demonstrando habilidades acima do considerado normal.

Ambas as partes do estudo de Sara apontam que Jefferson acertou. De fato, as pessoas respondem emocionalmente a atos de beleza moral e tais

---

[388] Isen & Levin (1972) e ver discussão no *Capítulo 8*.
ISEN, A. M.; LEVIN, P. F. "Effect of feeling good on helping: Cookies and kindness". *Journal of Personality and Social Psychology*, 21, 1972, p. 384-388.
[389] ALGOE, S.; HAIDT, J. (2005). "Witnessing excellence in action: The 'other-praising' emotions of elevation, gratitude, and admiration". Manuscrito inédito, University of Virginia, 2005.

reações ocasionam sentimentos calorosos, ou agradáveis no peito desses indivíduos, e seus desejos conscientes de ajudarem terceiros ou de se tornarem seres humanos melhores. Uma nova descoberta no estudo de Sara é a de que a elevação moral parece diferir da admiração pela excelência de caráter não-moral. Os sujeitos na condição da admiração eram mais passíveis de relatar calafrios ou formigamentos na pele e sensações enérgicas ou de "entusiasmo". Observar ações extraordinariamente habilidosas concede às pessoas a vontade e a energia para tentarem copiar essas ações[390]. Em contrapartida, a elevação é um sentimento mais calmo e não se associa a sinais de excitação psicológica. Essa distinção pode ajudar a explicar o enigma da elevação. Embora as pessoas digam, em todos os nossos estudos, que *desejam* praticar boas ações, em dois deles, quando demos aos sujeitos a oportunidade de eles participarem de trabalhos voluntários ou de oferecerem ajuda a um experimentador pegando papéis que ele deixara cair no chão, constatamos que a elevação não fez os indivíduos se comportarem de forma muito diferente.

    O que está havendo? Como pode uma emoção que faz as pessoas ascenderem na dimensão da divindade não desencadear um comportamento mais altruísta por parte delas? É muito cedo para saber ao certo, mas descobertas recentes sugerem que a resposta pode ser o amor. Três estudantes de graduação de destaque trabalharam comigo na fisiologia da elevação — Chris Oveis, Gary Sherman e Jen Silvers. Todos ficamos intrigados perante a frequência com a qual as pessoas, que se sentem elevadas, apontam para o coração. Acreditamos que isso não seja somente uma representação metafórica. Chris e Gary encontraram pistas de que o nervo vago pode ser ativado durante a elevação. O nervo vago é o nervo principal do sistema nervoso parassimpático, que acalma as pessoas e desfaz a excitação provocada pelo sistema simpático (lutar ou fugir). O nervo vago também é o nervo principal a controlar a taxa de batimentos cardíacos e promove uma variedade de outros efeitos sobre o coração e os pulmões. Então, se os indivíduos alegam sentir algo no peito, o nervo vago é o maior suspeito, e ele já

---

[390] THRASH, T. M.; ELLIOT, A. J. "Inspiration: Core characteristics, component processes, antecedents, and function". *Journal of Personality and Social Psychology*, 87, 2004, p. 957.

foi implicado em pesquisas sobre os sentimentos de gratidão e "apreço"[391]. No entanto, é difícil medir diretamente a atividade do nervo vago, e, até agora, Chris e Gary encontraram somente pistas, não provas concretas.

Entretanto, os nervos têm cúmplices. Às vezes, eles trabalham junto aos hormônios para produzirem efeitos de longa duração e o nervo vago trabalha com a oxitocina para gerar sentimentos de calma, amor e desejo por contato que encoraje a criação de vínculos e o apego[392]. Jen Silvers se interessou no possível papel da oxitocina na elevação, mas, posto que não tínhamos recursos suficientes para retirar sangue dos sujeitos antes e depois de eles assistirem aos vídeos (o que precisaríamos fazer a fim de detectarmos uma mudança em seus níveis de oxitocina), eu disse a Jen que explorasse a literatura relativa a essa pesquisa para tentar encontrar uma medida indireta — algo que a oxitocina faça com as pessoas que possamos medir sem o uso de uma agulha hipodérmica. Jen encontrou uma: a lactação. Um dos principais deveres da oxitocina na regulação do apego entre filhos e mães é o de ocasionar a liberação de leite em mães que amamentam.

Em uma das teses notórias de graduação mais audazes já escritas na história do Departamento de Psicologia da Universidade da Virgínia, Jen trouxe quarenta e cinco lactantes a nosso laboratório (uma de cada vez) com seus bebês e lhes pediu que inserissem absorventes de seios em seus sutiãs. Metade dessas mulheres assistiu a um clipe inspirador de um programa de Oprah Winfrey (sobre um músico que, após expressar sua gratidão pelo professor de música que o salvou de uma vida de violência urbana e gangues, descobre que Oprah recrutou um de *seus* alunos para expressarem a ele sua gratidão). As outras mães assistiram a um clipe contendo a apresentação de vários comediantes. As mulheres assistiram aos vídeos numa sala privada com uma tela e uma câmera de vídeo (não escondida) gravando os seus comportamentos. Quando os vídeos acabaram, as mães ficaram sozinhas com seus filhos por cinco minutos. Ao final do estudo,

---

[391] MCCRATY, R.; CHILDRE, D. "The grateful heart: The psychophysiology of appreciation". *In*: EMMONS, R.A.; MCCULLOUGH, M.E. (Eds.). *The psychology of gratitude*. Nova York: Oxford, 2004, p. 230-255.

[392] Carter (1998) e ver *Capítulo 6*.
CARTER, C. "Neuroendocrine perspectives on social attachment and love". *Psychoneuroendocrinology*, 23, 1998, p. 779-818.

Jen pesou os absorventes para medir a liberação do leite e codificou os vídeos para definir se as mães amamentaram seus bebês, ou brincaram com eles durante os cinco minutos. O efeito foi um dos maiores que já encontrei em qualquer estudo: quase metade das mães na condição de elevação apresentou vazamento de leite, ou amamentou a prole; apenas algumas na condição da comédia vazaram ou amamentaram. Ademais, as mães elevadas demonstraram mais afago no modo como tocaram e seguraram seus bebês. Tudo isso sugere que a oxitocina pode ser liberada em momentos de elevação. Se isso for verdade, talvez tenha sido ingênuo de minha parte esperar que a elevação efetivamente fizesse as pessoas ajudarem estranhos (embora elas costumassem dizer que gostariam de fazê-lo). A oxitocina desencadeia o vínculo, não a ação. A elevação pode encher as pessoas com sentimento de amor, confiança[393] e franqueza, tornando-as mais receptivas a novos relacionamentos; no entanto, dados seus sentimentos de relaxamento e passividade, elas podem ser menos passíveis de tomarem parte em ações de altruísmo no que concerne a estranhos.

A relação da elevação ao amor e à confiança foi belamente expressada numa carta que recebi uma de um homem de Massachusetts, David Whitford, que havia lido sobre meu trabalho no que tange à elevação. A igreja de Whitford pediu que cada um de seus membros escrevesse uma autobiografia espiritual — um relato de como cada um se tornara uma pessoa espiritualizada. Numa seção de sua autobiografia, Whitford ruminou sobre o porquê de ele, com tanta frequência, sentir-se comovido a ponto de derramar lágrimas durante as missas. Ele reparou que havia derramado dois tipos de lágrimas na igreja. Ele chamou o primeiro de "lágrimas de compaixão", como quando ele chorou durante um sermão dado no Dia das Mães sobre crianças abandonadas ou negligenciadas. Esses casos o fizeram sentir "alfinetadas na alma", após as quais "o amor jorrava" por aqueles que sofriam. Ele chamou o segundo tipo de "lágrimas de celebração" — ele poderia tê-lo chamado de "lágrimas de elevação":

---

[393] Ver uma descoberta recente de que a oxitocina aumenta a confiança, Kosfeld *et al.* (2005).
KOSFELD, M.; HEINRICHS, M.; ZAK, P. J.; FISCHBACHER, U.; FEHR, E. "Oxytocin increases trust in humans". *Nature*, 435, 2005, p. 673-676.

Há outro tipo de lágrima. Trata-se menos de oferecer amor e mais da alegria ocasionada pelo recebimento do amor, ou quiçá apenas pela detecção do amor (quer ele se dirija a mim ou a outrem). É o tipo de lágrima que escorre em resposta a expressões de coragem, ou compaixão, ou gentileza por parte dos outros. Algumas semanas após o Dia das Mães, encontramo-nos aqui no santuário, depois da missa, e consideramos a possibilidade de nos tornarmos uma "congregação inclusiva" [uma congregação receptiva a homossexuais]. Quando John apoiou tal resolução e falou sobre como, até onde sabia, ele era o primeiro homem *gay* a assumir sua sexualidade frente à igreja, no início da década de 1970, eu chorei por sua coragem. Mais tarde, quando todas as mãos se ergueram e a resolução foi unanimemente aprovada, chorei pelo amor expressão por nossa congregação mediante a tal ato. Essas foram lágrimas de celebração, de receptividade a tudo o que havia de bom no mundo, lágrimas que diziam que está tudo bem, relaxe, baixe sua guarda, há boas pessoas no mundo, há bondade nas pessoas, o amor é real e está em nossa natureza. Esse tipo de lágrima também é como ser alfinetado, mas agora o amor despeja para dentro de nós[394].

Tendo crescido judeu num país devotamente cristão, com frequência me vi confuso sobre todas as referências ao amor de Cristo e o ao amor mediante a Cristo. Agora que compreendo a elevação e a terceira dimensão, acho que estou começando a entender tudo isso. Para muitos, um dos prazeres de ir à igreja é o de experimentar a elevação coletiva. As pessoas saem do dia a dia de sua existência profana, o que por vezes lhes oferece a oportunidade de visitarem a terceira dimensão e fazerem parte de uma comunidade de indivíduos dotados de corações similares, que também esperam sentir uma "elevação" a partir das histórias sobre Cristo, personagens virtuosos da Bíblia, santos ou membros exemplares de sua própria comunidade. Quando isso acontece, as pessoas se encontram transbordando amor, mas não é exatamente o amor que floresce dos relacionamentos de apego[395]. Aquele amor tem um objeto específico e se converte em dor na

---

[394] David Whitford, comunicação pessoal, 1999. Utilizado com permissão.
[395] Ver discussão sobre apego e ágape no *Capítulo 6*.

ausência desse objeto. Esse amor não tem um objeto específico; é *ágape*. É como um amor por toda a humanidade e, posto que os humanos julgam difícil crer em algo que venha do nada, parece natural atribuir tal amor a Cristo, ou ao Espírito Santo, que jaz no coração das pessoas. Tais experiências proveem evidências diretas e convincentes de que Deus reside em cada um de nós. Quando alguém entende essa "verdade", a ética da dignidade se torna evidente. Algumas maneiras de viver são compatíveis com a divindade — elas trazem à tona o "eu" mais altivo, mais nobre; outras não. A divisão entre a esquerda cristã e a direita cristã poderia consistir, em parte, no fato de que alguns veem a tolerância e a aceitação como parte de seu "eu" mais nobre; outros sentem que podem honrar melhor a Deus se trabalharem para modificar a sociedade e suas leis, a fim de que elas entrem em conformidade com a ética da divindade, ainda que isso implique impor leis religiosas sobre pessoas de outros credos.

## Fascinação e transcendência

A virtude não é a única causa do movimento à terceira dimensão. A vastidão e a beleza naturais fomentam a alma de forma semelhante. Immanuel Kant (1724-1804) explicitamente vinculou a moralidade à natureza quando declarou que as duas causas da fascinação genuína são "o céu estrelado acima de nós e as leis morais dentro de nós"[396]. Darwin sentiu ascensão espiritual enquanto explorava a América do Sul:

> Em meu diário escrevi que, quando se está no meio da grandiosidade de uma floresta brasileira, "não é possível passar uma ideia adequada de sentimentos maiores de maravilha, admiração e devoção, que enchem e

---

[396] A *Critque of Practical Reason* é citada em Guyer (1992).
GUYER, P. (Ed.). *The Cambridge companion to Kant*. Cambridge: Cambridge University Press, 1992.

elevam a mente". Bem me lembro de minha convicção de que há mais no homem do que a respiração de seu corpo[397].

O movimento transcendentalista inglês se baseou diretamente na ideia de que Deus pode ser encontrado em cada ser humano e na natureza, de modo que passar um tempo sozinho na floresta consiste num meio de conhecer e idolatrar Deus. Ralph Waldo Emerson, um fundador do movimento, escreveu:

> De pés descalços na terra — minha cabeça banhada pelo ar despreocupado e em ascensão rumo ao espaço infinito —, todo o vil egoísmo se esvai. Transformo-me num globo ocular transparente; não sou nada; vejo tudo; as correntes do Ser Universal circulam a meu redor; sou um pedaço ou uma parcela de Deus. O nome do meu amigo mais próximo soa então estranho e acidental; sermos irmãos, conhecidos, mestres ou servos se torna, pois, uma trivialidade e um incômodo. Eu sou o amante da beleza imortal e incontida[398].

Há algo tão vasto e belo na natureza que faz o "eu" se sentir pequeno e insignificante, e tudo o que o encolhe cria uma oportunidade de experiência espiritual. No *Capítulo 1*, escrevi sobre o "eu" dividido" — as muitas maneiras segundo as quais as pessoas se sentem como se tivessem múltiplos "eus", múltiplas inteligências que às vezes conflituam entre si. A divisão é frequentemente explicada a partir do postulado da alma — um "eu" mais elevado, nobre e espiritual que é vinculado a um corpo — uma base mais rebaixada, um "eu" carnal. A alma só escapa do corpo na morte; mas antes disso, práticas espirituais, grandes sermões e a fascinação frente à natureza podem conceder à alma um gosto da liberdade que está por vir.

Há muitas outras formas de sentir esse gosto. As pessoas costumam se referir aos atos de admirar grandes obras de arte, escutar uma sinfonia, ou

---

[397] "Autobiography" de Darwin é citada em Wright (1994).
WRIGHT, R. *The moral animal*. Nova York: Pantheon, 1994, p. 364.
[398] EMERSON, R. W. "Nature". *In*: WHICHER, S. (Ed.). *Selections from Ralph Waldo Emerson*. Boston: Houghton Mifflin, 1960, p. 24.

ouvir um discurso edificante como experiências (cripto) religiosas. Algumas coisas dão mais do que esse gosto: elas fornecem um escape completo, embora temporário. Quando drogas alucinógenas como o LSD se tornaram amplamente conhecidas no Ocidente, pesquisadores da área médica as chamaram de drogas "psicotomiméticas" porque elas imitavam alguns dos sintomas de distúrbios psicológicos como a esquizofrenia. Aqueles que as experimentaram, normalmente rejeitavam esse rótulo e inventavam termos como "psicodélico" (manifestar a mente) e "enteógeno" (gerar Deus de dentro de si). O termo asteca para o conhecido cogumelo mágico era *teonanacatl*, que significa, literalmente, "a carne de Deus"; quando ele era ingerido em cerimônias religiosas, provia a muitos a experiência de um encontro direto com Deus[399].

As drogas que criam um estado mental alterado são obviamente úteis na delimitação entre as experiências sagradas e as profanas, portanto, muitas drogas, incluindo o álcool e a maconha, desempenham um papel importante em ritos religiosos de algumas culturas. Contudo, há algo especial nas fenetilaminas — a classe de drogas que inclui o LSD e a psilocibina. As drogas contidas nessa classe, sejam naturais (como a psilocibina, a mescalina e a *ayahuasca*) ou sintéticas (LSD, *ecstasy*, DMT), são imbatíveis em sua habilidade de induzir alterações massivas na emoção e na percepção que, às vezes, se assemelham, mesmo para usuários correntes, ao contato com o divino, e isso faz as pessoas se sentirem transformadas depois que o efeito passa[400]. Os efeitos de tais drogas dependem vastamente do que Timothy Leary (1920-1996) e outros exploradores psicodélicos das antigas chamavam de "estado e circunstâncias", em referência ao estado mental do usuário e às circunstâncias sob as quais ele tomava as drogas. Quando as pessoas estão imersas num estado mental reverente e tomam a droga em circunstâncias seguras que lhes forneçam apoio, conforme é feito em ritos

---

[399] WASSON, R. G. *Persephone's quest: Entheogens and the origins of religion*. New Haven: Yale University Press, 1986.
[400] SHULGIN, A. *PIHKAL: A chemical love story*. Berkeley: Transform Press, 1991.

de iniciação de algumas culturas tradicionais[401], essas drogas podem servir como catalisadores ao crescimento pessoal e espiritual.

No teste mais direto dessa hipótese catalisadora, Walter Pahnke[402] (1931-1971), um médico que trabalhava numa dissertação de teologia, levou vinte alunos de pós-graduação em Teologia a uma sala localizada abaixo da capela da Universidade de Boston, na Sexta-Feira Santa de 1962. Ele deu para metade deles trinta miligramas de psilocibina; os outros receberam pílulas idênticas contendo vitamina B5 (ácido nicotínico), que provoca sensações de formigamento e enrubescimento da pele. A vitamina B5 é conhecida como um placebo ativo: ela desencadeia sensações físicas genuínas, de modo que, se os efeitos benéficos da psilocibina fossem apenas consequências do placebo, o grupo de controle haveria de ter boas razões para apresentá-los. No decorrer das horas seguintes, o grupo inteiro escutou (por meio de alto-falantes) a missa de Sexta-Feira Santa ministrada na capela. Ninguém, nem mesmo Pahnke, sabia quem tinha tomado qual pílula. Contudo, duas horas após as pílulas terem sido ingeridas, não poderia restar dúvida. Aqueles que tomaram o placebo foram os primeiros a sentir algo diferente, e presumiram que haviam tomado a psilocibina. Todavia, nada aconteceu. Meia hora depois, os outros estudantes iniciaram uma experiência que muitos descreveram, posteriormente, como uma das mais importantes de suas vidas. Pahnke os entrevistou após o efeito cessar, novamente uma semana mais tarde e de novo seis meses depois do experimento. Ele concluiu que a maioria dos indivíduos do grupo da psilocibina relataram grande parte das nove características da experiência mística que ele estava tentando medir. Os efeitos mais fortes e consistentes incluíam sensações de unicidade com o universo, transcendência no tempo e no espaço, alegria, dificuldade de descrever a experiência com palavras e uma sensação de que o indivíduo havia mudado para melhor. Muitos relataram

---

[401] GROB, C. S.; DE RIOS, M. D. "Hallucinogens, managed states of consciousness, and adolescents: Cross-cultural perspectives". *In*: BOCK, P. K. (Ed.). *Psychological Anthropology*. Westport: Praeger, 1994, p. 315-329.

[402] PAHNKE, W. N. "Drugs and mysticism". *International Journal of Parapsychology*, 8, 1966, p. 295-313.

o vislumbre de belas cores e padrões e sentimentos profundos de êxtase, medo e fascínio.

O fascínio é *a* emoção da autotranscendência. Meu amigo Dacher Keltner, um especialista em emoções na Universidade da Califórnia em Berkeley, alguns anos atrás, propôs que revisássemos a literatura sobre o fascínio e tentássemos fazer sentido dela. Constatamos[403] a psicologia científica não tinha quase nada a dizer sobre o fenômeno da fascinação. Ele não pode ser estudado em outros animais, ou facilmente replicado em laboratórios, portanto, não deixa muito espaço a pesquisas experimentais. No entanto, filósofos, sociólogos e teólogos tinham muito a dizer sobre o assunto. Ao rastrearmos o uso da palavra "fascinação" na história, descobrimos que o termo sempre se relacionou ao medo e à submissão na presença de algo muito mais grandioso do que nós. Somente nos tempos modernos — em nosso mundo dessacralizado, talvez — a fascinação foi reduzida a um misto de surpresa e aprovação, e a palavra "fascinante", muito utilizada por adolescentes norte-americanos, passou a significar pouco mais do que algo "duplamente muito bom" ("*double-plus good*", em inglês, é um termo de *1984*, de George Orwell [1903-1950]). Keltner e eu concluímos que a emoção do fascínio ocorre quando duas condições se juntam: um indivíduo tem a percepção de algo vasto (geralmente no contexto físico, mas às vezes no quesito conceitual, como uma grande teoria; ou socialmente vasto, como fama ou poder); e o elemento vasto não pode se acomodar às estruturas mentais pré-existentes naquela pessoa. Uma coisa de tamanha grandiosidade não pode ser processada e, quando as pessoas estão perplexas, presas ao mesmo estado cognitivo na presença de algo vasto, elas se sentem pequenas, impotentes, passivas e receptivas. Com frequência (embora não sempre) elas sentem medo, admiração, elevação e um senso de beleza. Ao estagnar as pessoas e torná-las receptivas, o fascínio cria uma abertura para mudanças, e por isso desempenha um papel na maioria das histórias de conversão religiosa.

Nós encontramos um protótipo de fascinação — um caso perfeito, porém extremo — no clímax dramático do *Bhagavad Gita*. O *Gita* consiste

---

[403] KELTNER, D.; HAIDT, J. "Approaching awe, a moral, spiritual, and aesthetic emotion". *Cognition and Emotion*, 17, 2003, p. 297-314.

num episódio contido na história muito mais longa do *Mahabharata*, uma obra épica sobre uma guerra travada entre duas ramificações de uma família real indiana. Arjuna, herói da história, está prestes a conduzir suas tropas à batalha, então, perde a coragem e se recusa a lutar. Ele não quer levar as pessoas ao assassinato de seus parentes. O *Gita* é a história de como Krishna (uma manifestação do deus Vishnu) convence Arjuna de que ele tem de levar as tropas à guerra. No meio do campo de batalha, com tropas arranjadas nos dois lados, Krishna oferece uma lição teológica detalhada e abstrata sobre o *dharma* — a lei moral do universo. O *dharma* de Arjuna requer que ele lute e ganhe a guerra. Não é de surpreender (dada a fraqueza da razão no que tange a motivar ações) que Arjuna permaneça estático. Arjuna pede a Krishna que lhe mostre o universo do qual fala. Krishna atende seu desejo e lhe concede um olho cósmico que lhe permite enxergar Deus e o universo como realmente são. Arjuna tem uma experiência que soa, aos leitores modernos, como uma viagem de LSD. Ele vê sóis, deuses e a infinidade do tempo e se enche de estupefação. Seus cabelos eriçam, ele fica desorientado e confuso, incapaz de compreender as maravilhas que contempla. Eu não sei se Edwin Abbot leu o *Bhagavad Gita*, nas a experiência do quadrado na Espaçoçândia é exatamente como a de Arjuna. Arjuna se encontra em claro estado de fascínio quando diz: "Coisas jamais vistas eu vi, e extasiada é minha alegria; porém o medo e o tremor perturbam minha mente"[404]. Quando o olho cósmico é removido e Arjuna "desce" de sua viagem, ele faz exatamente o que o quadrado fez: ele se prostra perante o deus responsável por seu esclarecimento e implora para servi-lo. Krishna demanda que Arjuna seja leal a ele e que se desfaça de todos os seus outros vínculos. Arjuna obedece e, dali em diante, passa a honrar os comandos de Krishna.

A experiência de Arjuna é extrema — coisas de escrituras; no entanto, muitas pessoas passaram por uma experiência espiritual transformadora que incluía muitos dos mesmos elementos. No que ainda figura como a maior obra da psicologia da religião, William James (1842-1910) analisou as

---

[404] *Bhagavad Gita*, 2.45, em Zaehner (1969).
ZAEHNER, R. C. (Ed. and Trans.). *The Bhagavad-Gita*. Oxford: Clarendon, 1969.

"variedades da experiência religiosa"[405], incluindo as conversões religiosas rápidas e graduais e as experiências com drogas e a natureza. James encontrou similaridades tão extraordinárias entre os relatos dessas experiências, que chegou a pensar que elas revelavam verdades psicológicas profundas. Uma das verdades mais profundas, James afirmou, era a de que experienciamos a vida como o "eu" dividido, despedaçado por desejos conflitantes. As experiências religiosas são reais e comuns, quer Deus exista ou não, e elas frequentemente fazem as pessoas se sentirem completas e em paz. No tipo rápido de experiência de conversão (tal como aquelas de Arjuna e do quadrado), o velho "eu", repleto de preocupações fúteis, dúvidas e apegos gananciosos, se desvanece num instante — geralmente um instante de profundo fascínio. As pessoas se sentem renascidas e costumam se lembrar do local e do momento exato desse renascimento, o momento em que cederam sua vontade a um poder maior e a elas foi concedida uma experiência de profunda verdade. Após o renascimento, o medo e as preocupações decaem em grande parte e o mundo parece limpo, novo e brilhante. O "eu" é modificado de maneiras que qualquer padre, rabino ou psicoterapeuta chamaria de miraculosas. James descreveu tais modificações:

> O homem que vive em seu centro religioso de energia pessoal, que é motivado pelo entusiasmo espiritual, difere de seu "eu" anterior, carnal, de maneiras perfeitamente definidas. O novo ardor que acende o peito dessas pessoas consome, com seu fulgor, as inibições inferiores que antes as perseguiam e imuniza-as da porção vil de suas naturezas. A magnanimidade, antes impossível, agora parece fácil; os convencionalismos insignificantes e os vis incentivos, antes tirânicos, agora não mais as subjugam. O muro de pedra ruiu dentro dele, a rijeza de seu coração se quebrou. O restante de nós pode imaginar isso, creio, ao recordar nosso estado de sentimento durante esses "estados fundentes" aos quais nos atiram as provações da vida, ou o teatro, quiçá um romance. Especialmente se chorarmos! Pois é como se nossas lágrimas irrompessem numa represa interna inveterada e permitisse que as estagnações morais e pecamino-

---

[405] JAMES, W. *The varieties of religious experience*. Nova York: Macmillan, 1961.

sidades antigas de todos os tipos fossem drenadas, deixando-nos, então, lavados, limpos, de coração leve e abertos aos caminhos mais nobres[406].

Os "estados fundentes" de James são notavelmente semelhantes às sensações de elevação descritas por Jefferson e David Whitford.

Os ateístas podem contestar que eles, também, podem passar pelas mesmas experiências sem Deus. O psicólogo que estudou seriamente essas experiências seculares foi Abraham Maslow, o primeiro estudante de pós-graduação de Harry Harlow e fundador da psicologia humanista. Maslow coletou relatos do que chamava de "experiências de pico" — aqueles momentos extraordinários de autotranscendência que são, qualitativamente, tão distintos da vida cotidiana. Em sua obra preciosa *Religions, Values, and Peak Experiences*[407], Maslow listou vinte e cinco características comuns às experiências de pico, dentre as quais quase todas podem ser encontradas em algum escrito de William James. Eis algumas: o universo é percebido como um todo unificado onde tudo é aceito e nada é julgado ou classificado; o egocentrismo e o esforço para atingir metas desparecem quando o indivíduo se sente fundido ao universo (e frequentemente a Deus); percepções de tempo e espaço se alteram; o indivíduo é inundado por sentimentos de maravilha, fascínio, alegria, amor e gratidão.

O objetivo de Maslow era o de demonstrar que a vida espiritual tem um significado naturalista, que as experiências de pico consistem num fato básico no que concerne à mente humana. Em todas as eras, em todas as culturas, muitos passaram por tais experiências, e Maslow sugeriu que todas as religiões se baseiam nas percepções de alguém quanto às experiências de pico. Elas enobrecem as pessoas, como James dissera, e as religiões foram criadas como métodos que as promovam e maximizem seu poder de enobrecimento. As religiões às vezes perdem contato com suas origens, contudo; ocasionalmente, elas são assumidas por pessoas que não tiveram experiências de pico — os burocratas e os homens de negócios que querem

---

[406] JAMES, W. *The varieties of religious experience*. Nova York: Macmillan, 1961, p. 216-217.
[407] MASLOW, A. H. *Religions, values, and peak-experiences*. Columbus: Ohio State University Press, 1964.

tornar procedimentos rotineiros e resguardar a ortodoxia em prol dela mesma. É por isso, Maslow afirmou, que muitos jovens se desencantaram com a religião organizada em meados do século XX, buscando, em seu lugar, experiências de pico nas drogas psicodélicas, nas religiões orientais e em novas maneiras de idolatria cristã.

A análise de Maslow provavelmente não o chocará. Ela faz sentido enquanto uma explicação psicológica secular da religião. Contudo, o que surpreende mais em *Religions, Values, and Peak Experiences* é o ataque de Maslow à ciência, sob a alegação de que ela se tornou tão estéril quanto a religião organizada. As historiadoras científicas Lorraine Daston e Katharine Park[408] documentaram, posteriormente, essa mudança. Elas demonstraram que cientistas e filósofos haviam tradicionalmente mantido uma atitude de maravilhamento frente ao mundo natural e aos objetos de sua pesquisa. Todavia, no final do século XVI, cientistas europeus começaram a desdenhar desse sentimento de maravilhamento; eles começaram a vê-lo como a marca de uma mente infantil, ao passo que os cientistas mais maduros continuaram catalogando as leis do mundo friamente. Cientistas podem nos contar, em suas memórias, sobre seu senso privado de maravilhamento, mas o mundo cotidiano do cientista separa rigidamente fatos de valores e emoções. Maslow refletiu Eliade ao alegar que a ciência ajudou a dessacralizar o mundo, que ela se compromete a documentar somente o que *é*, em vez de o que é *bom* e o que é *belo*. Poder-se-ia objetar a isso, alegando que há uma divisão acadêmica de trabalhos; o bom e o belo são assuntos das ciências humanas, não das ciências naturais. Maslow rebateu, entretanto, que as ciências humanas abdicaram de sua responsabilidade por meio de seu retrocesso ao relativismo, seu ceticismo quanto à possibilidade da verdade e suas preferências pela inovação e pela iconoclastia em detrimento da beleza. Ele fundou a psicologia humanista, em parte, para alimentar a disseminada fome por conhecimento sobre valores e para investigar o tipo de verdade que as pessoas veem de relance em suas experiências de pico. Maslow não acreditava que as religiões eram verdadeiras no sentido literal (enquanto relatos concretos da existência de Deus e da Criação),

---

[408] DASTON, L.; PARK, C. *Wonders and the order of nature, 1150-1750*. Nova York: Zone, 1998.

mas achava que elas se baseavam nas verdades mais importantes da vida, e ele queria uni-las às verdades científicas. Seu objetivo não era nada menos do que a reforma da educação e, por conseguinte, da sociedade: "A educação deve ser vista, no mínimo, parcialmente como um esforço para moldar um bom ser humano, para fomentar a boa vida e a boa sociedade"[409].

## O "EU" SATÂNICO

O "eu" consiste num dos grandes paradoxos da evolução humana. Bem como o fogo roubado por Prometeu, ele nos tornou poderosos, mas a determinado custo. Em *The Curse of the Self*[410], o psicólogo social Mark Leary aponta que muitos outros animais são capazes de pensar, porém nenhum, até onde sabemos, passa tanto tempo pensando sobre si mesmo. Apenas alguns outros primatas (e quiçá golfinhos) conseguem sequer aprender que a imagem no espelho pertence a eles[411]. Somente uma criatura dotada da faculdade da linguagem goza do aparato mental que lhe permite focar a atenção no "eu", pensar nos atributos invisíveis do "eu" e, em seus objetivos de longo prazo, criar uma narrativa sobre o "eu", para então reagir emocionalmente a pensamentos que envolvem tal narrativa. Leary sugere que a habilidade de criar um "eu" concedeu a nossos ancestrais muitas outras habilidades úteis, como as de planejamentos de longo prazo, tomadas de decisão e autocontrole e a capacidade de enxergar as coisas sob a ótica de outrem. Posto que essas habilidades são importantes para viabilizar que os seres humanos trabalhem juntos em grandes projetos, o desenvolvimento do "eu" pode ter sido crucial ao desenvolvimento da ultrassociabilidade humana. Contudo, ao fornecer a cada um de nós um mundo interno, cheio de simulações, comparações sociais e preocupações no que tange a nossa reputação, o "eu" também nos deu um algoz. Todos nós vivemos em meio

---

[409] MASLOW, A. H. *Religions, values, and peak-experiences*. Columbus: Ohio State University Press, 1964, p. 58.
[410] LEARY, M. *The curse of the self: Self-awareness, egotism, and the quality of human life*. Oxford: Oxford University Press, 2004.
[411] GALLUP, G. "Self-awareness and the emergence of mind in primates". *American Journal of Primatology*, 2, 1982, p. 237-248.

a um redemoinho de tagarelices internas, boa parte das quais é negativa (as ameaças nos impactam mais do que as oportunidades) e a maioria das quais é inútil. É importante notar que o "eu" não é exatamente o condutor — muito do "eu" é inconsciente e automático —, mas, porque o "eu" emerge do pensamento verbal consciente e da narrativa, ele só pode ser construído pelo condutor.

A análise de Leary mostra por que o "eu" consiste num problema para todas as grandes religiões: o "eu" é o principal obstáculo ao avanço espiritual de três modos distintos. Primeiramente, o fluxo constante de preocupações triviais e pensamentos egocêntricos mantém as pessoas trancafiadas no mundo material e profano, incapazes de perceber a sacralidade e a divindade. É por isso que as religiões orientais se pautam fortemente na meditação, um meio eficaz para aquietar as ladainhas do "eu". Em segundo lugar, a transformação espiritual é, essencialmente, a transformação do "eu", enfraquecendo-o, podando-o — de certo modo, matando-o — e, frequentemente, os objetos relacionados a ele. "Abrir mão de minhas posses e do prestígio que elas carregam? De jeito nenhum! Amar meus inimigos, depois do que eles me fizeram? Pode esquecer isso!" Terceiro, seguir um caminho espiritual implica, invariavelmente, trabalho duro, o que requer anos de meditação, rezas, autocontrole e, às vezes, a autonegação. O "eu" não gosta de ser negado e ele é adepto a encontrar motivos para distorcer as regras ou trapacear. Muitas religiões ensinam que os apegos egoístas ao prazer e à reputação são tentações constantes que nos levam a deixar o caminho da virtude. De certa maneira, o "eu" é Satã, ou, pelo menos, o portal de Satã.

Por essas razões, o "eu" configura um problema para a ética da divindade. O grande e avarento "eu" é como um tijolo que impede que a alma ascenda. Somente ao enxergar o "eu" sob tal ótica, acredito, o indivíduo poderá entender e até respeitar as motivações morais daqueles que desejam fazer sua sociedade entrar em maior conformidade com a religião que seguem.

### A planolândia e a guerra de culturas

O humor ajuda as pessoas a lidarem com a adversidade e, depois que George W. Bush recebeu a maioria dos votos nos Estados Unidos da América nas eleições presidenciais de 2004, 49% dos americanos tiveram muito com o que lidar. Muitos residentes dos "estados azuis" (aqueles em que a maioria votara no candidato democrata John Kerry, representado nos mapas eleitorais na cor azul) não conseguiam entender por que os indivíduos dos "estados vermelhos" apoiavam Bush e sua política. Progressistas expuseram na *Internet* mapas dos Estados Unidos da América que mostravam os estados azuis (todos os do Nordeste, a parte de cima do Meio-Oeste e ao longo da Costa Oeste), rotulados de "Estados Unidos da América"; os estados vermelhos (quase todos do interior e do sul da nação) foram chamados de "Jesuslândia". Conservadores responderam a isso com seu próprio mapa, no qual os estados azuis eram denominados "Nova França", mas eu acho que uma paródia mais precisa, do ponto de vista da direita, poderia ter sido a de chamá-los de "Eulândia".

Não estou sugerindo que quem votou em John Kerry é mais egoísta do que quem votou em George Bush — de fato, a tributação e as políticas sociais dos dois candidatos apontam o contrário. Só estou tentando entender a incompreensão mútua dos dois lados da guerra cultural, e acredito que as três éticas de Shweder — particularmente a ética da divindade — são a chave para essa compreensão.

Qual destas citações o inspira mais: 1. "A autoestima é a base de qualquer democracia; 2. "Não se trata só de você". A primeira é atribuída a Gloria Steinem[412], fundadora do movimento feminista na década de 1970. Ele defende que o sexismo, o racismo e a opressão fazem grupos específicos se sentirem indignos e, portanto, boicotam sua participação na democracia. Essa citação também reflete a ideia central da ética da autonomia: os indivíduos são o que realmente importa na vida, de modo que uma sociedade ideal protege todos eles e respeita sua autonomia e sua liberdade de escolha. A ética da autonomia serve muito bem para ajudar pessoas advindas de meios e valores distintos a se entrosarem umas com as outras, pois permite que cada indivíduo siga a vida que escolher, contanto que suas escolhas não interfiram nos direitos dos outros.

---

[412] CRUIKSHANK, B. *Will to empower: Democratic citizens and other subjects*. Ithaca: Cornell University Press, 1999, p. 95.

A segunda citação é a abertura do livro mais vendido no mundo em 2003 e 2004, *Uma Vida com Propósitos: você não está aqui por acaso*, de Rick Warren[413], um guia para encontrar propósito e significado através da fé em Jesus Cristo e da revelação da Bíblia. Sob a perspectiva de Warren, o "eu" é a causa de nossos problemas, logo seus esforços para elevar a autoestima das crianças diretamente com elogios, prêmios e exercícios que as façam se sentirem "especiais" são definitivamente maliciosos. A ideia principal da ética da divindade é a de cada indivíduo a possui dentro de si, de modo que a sociedade ideal ajudaria as pessoas de forma consistente com essa divindade. O que o indivíduo deseja não é de grande importância — muitos desejos vêm do "eu" carnal. Escolas, famílias e a mídia deveriam trabalhar em conjunto para ajudar as crianças a superarem seu senso do "eu" e dos seus direitos e viver, em vez disso, como Cristo planejou.

Muitas das batalhas culturais americanas são essencialmente sobre se algum aspecto da vida deve ser regido pela ética da autonomia ou pela ética da divindade[414]. (A ética da comunidade, que enfatiza a importância do grupo sobre a do indivíduo, tende a se aliar à ética da divindade). Deveria haver rezas nas escolas? Os Dez Mandamentos deveriam ser exibidos em escolas e tribunais? A frase "sob os olhos de Deus" deveria estar contida no juramento norte-americano de lealdade? Os progressistas normalmente querem manter a religião fora da vida pública com intuito de que as pessoas não sejam forçadas a participar dela contra sua vontade, mas os conservadores religiosos querem que as escolas e os tribunais sejam "ressacralizados". Eles querem que seus filhos vivam num mundo tridimensional

---

[413] WARREN, R. *The purpose driven life: What on earth am I here for?* Grand Rapids: Zondervan, 2002.

[414] Eu estendi as três éticas de Shweder numa teoria de cinco fundações da ética intuitiva, que uso utilizo a analisar a guerra cultural. Ver Haidt & Bjorklund (no prelo) e Haidt & Joseph (2004).
HAIDT, J.; BJORKLUND, F. (no prelo). "Social intuitionists answer six questions about morality". *In*: SINNOTT-ARMSTRONG, W. (Ed.). *Moral psychology. The cognitive science of morality*, vol. 2.
HAIDT, J.; JOSEPH, C. "Intuitive ethics: How innately prepared intuitions generate culturally variable virtues". *Daedalus* (Fall), 2004, p. 55-66.

(específico) e, se as escolas não oferecerem isso, por vezes, eles educam as crianças em casa.

As pessoas deveriam ter a liberdade de usar métodos contraceptivos, fazer abortos, usufruir de tecnologias reprodutivas e de suicídio assistido a seu bel-prazer? Tudo depende se seu objetivo é empoderar as pessoas para que elas possam manejar algumas das escolhas mais importantes de suas vidas, ou se você acha que todas essas decisões devam ser tomadas por Deus. Se o título do livro *Our Bodies, Ourselves* [*Nossos Corpos, Nós Mesmos*, em português] soa a você como um ato nobre de resistência, você há de defender os direitos das pessoas de escolherem suas próprias atividades sexuais e de modificarem seus corpos conforme desejem. Contudo, se você acredita que "Deus desenhou cada detalhes de seu corpo",[415] como Warren diz em *Uma Vida com Propósitos,* você provavelmente se sentirá ofendido frente à diversidade sexual e às modificações corporais como *piercings* e cirurgias plásticas. Meus alunos e eu entrevistamos progressistas e conservadores políticos sobre a moralidade sexual[416] e as modificações corporais[417] e, em ambos os estudos, constatamos que os progressistas são muito mais permissivos e se pautam massivamente na ética da autonomia; os conservadores, muito mais críticos, empregaram as três éticas em seu discurso. Por exemplo, um conservador justificou sua condenação de uma história sobre uma forma incomum de masturbação da seguinte maneira:

> É pecado, porque nos distancia de Deus. Trata-se de um prazer do qual Deus não quis que usufruíssemos, pois os prazeres sexuais entre dois cônjuges foram feitos por Deus para a finalidade da proliferação[418].

---

[415] WARREN, R. *The purpose driven life: What on earth am I here for?* Grand Rapids: Zondervan, 2002, p. 22.
[416] HAIDT, J.; HERSH, M. A. "Sexual morality: The cultures and reasons of liberals and conservatives". *Journal of Applied Social Psychology*, 31, 2001, p. 191-221.
[417] GROSS, J.; HAIDT, J. "The morality and politics of self-change". Manuscrito inédito, University of Virginia, 2005.
[418] HAIDT, J.; HERSH, M. A. "Sexual morality: The cultures and reasons of liberals and conservatives". *Journal of Applied Social Psychology*, 31, 2001, p. 208.

## DIVINDADE COM OU SEM DEUS

Num assunto após o outro, os progressistas desejam maximizar a autonomia por meio da remoção de limites, barreiras e restrições. A direita religiosa, por outro lado, deseja estruturar os relacionamentos pessoais, sociais e políticos em três dimensões e, então, criar um cenário de pureza e poluição no qual as restrições mantêm a separação entre o sagrado e o profano. Para essa direita religiosa, o inferno na terra é uma Planolândia de liberdades ilimitadas, segundo as quais o "eu" de cada um ronda por aí sem propósito que não o de se expressar e se desenvolver.

***

Enquanto progressista, eu valorizo a tolerância e a abertura a novas ideias. Fiz o melhor que pude neste capítulo para ser tolerante em relação àqueles cuja visão política se contrapõe à minha e para encontrar mérito nas ideias religiosas que não me dizem respeito. Embora eu tenha começado a enxergar a riqueza que a divindade acrescenta à experiência humana, entretanto, não lamento por completo a "planificação" da vida no Ocidente no decorrer dos últimos cem anos. Uma tendência infeliz das sociedades tridimensionais é a de que elas costumam incluir um ou mais grupos que são empurrados na terceira dimensão e maltratados, ou pior. Veja as condições dos "intocáveis" na Índia até recentemente, ou o sofrimento dos judeus na Europa medieval e na Alemanha nazista, obcecada com a pureza, ou a humilhação de afro-americanos no sul segregacionista dos Estados Unidos da América. Os religiosos norte-americanos, neste momento, parecem estar tentando empurrar os homossexuais de modo semelhante. O liberalismo[419] e a ética da autonomia são grandes protetores contra tais injustiças. Eu acredito que seja perigoso para a ética da divindade desbancar a ética da autonomia no governo de uma democracia moderna diversificada. Contudo, também acredito que a vida numa sociedade que ignorou por completo a ética da divindade seja desagradável e insatisfatória.

---

[419] Seguindo a lógica retórica que precede este ponto do texto, podemos concluir que o "liberalismo" acima exposto pelo autor se trata do "liberalismo progressista", ou tão somente: "progressismo". (N. E.)

Como a guerra cultural é ideológica, os dois lados empregam o mito do puro mal. Reconhecer que o outro lado pode estar certo sobre *alguma* coisa consiste num ato de traição. Minha pesquisa sobre a terceira dimensão, contudo, libertou-me do mito e tornou fácil alimentar pensamentos traidores. Eis um deles: se a terceira dimensão e a percepção da sacralidade constituem uma parte importante da natureza humana, a comunidade científica deveria aceitar a religiosidade como um aspecto normal e saudável dessa natureza — um aspecto que é tão profundo, importante e interessante quanto a sexualidade ou a linguagem (que estudamos com afinco). Eis outro pensamento traidor: se os indivíduos religiosos estão corretos ao crerem que a religião é a fonte da felicidade-mor, talvez o restante de nós que esteja procurando por felicidade e significância possa aprender alguma coisa com eles, quer acreditemos ou não em Deus. Este é o assunto do capítulo final.

# Capítulo 10

# Capítulo 10
# A Felicidade vem do Meio-termo

> *Aquele que vê todos os seres no Eu, e o Eu em todos os seres, perde todo o seu medo [...]. Quando um sábio vê essa grande Unicidade e seu Eu se tornou todos os seres, que ilusão e que tristeza haverão de chegar perto dele?*
> — UPANISHADS [420]

> *Estava perfeitamente feliz. Talvez a gente se sinta assim quando morre e se torna uma parte de algo inteiro, seja sol e ar, ou bondade e conhecimento. De qualquer maneira, isso é felicidade: dissolver-se em algo completo e intenso.*
> — WILLA CATHER [421]

Provérbios, ditados e palavras de sabedoria dignificam eventos, portanto os empregamos com frequência para marcarmos as transições importantes da vida. Para a classe de formandos de 1981 no colégio de Scarsdale, em Scarsdale, Nova York, escolher uma citação foi um rito de passagem, uma oportunidade para o indivíduo refletir sua identidade emergente e expressar algum aspecto dela. Quando contemplo o anuário daquela turma, as citações abaixo de cada foto, identifico dois tipos principais. Muitas são tributos ao amor e à amizade, apropriados

---

[420] MASCARO, J. (Ed). *The Upanishads*. Londres: Penguin, 1965, p. 49-50, versos 6-7.
[421] Dito por Jim, em *My Antonia*, de Cather (1987).
CATHER, W. *My Antonia*. Nova York: Library of America, 1987, p. 14.

ao momento de separação dos amigos ("Você nunca deixa os amigos que ama. Parte deles você carrega consigo, deixando uma parte sua para trás", anônimo). O outro tipo expressa otimismo, às vezes misturado com receio perante a estrada que está à nossa frente. De fato, é difícil pensarmos na formatura do colégio sem utilizarmos a metáfora de que a vida é uma jornada. Por exemplo, quatro estudante citaram a música de Cat Stevens "On the Road to Find Out"[422]. Dois citaram George Washington (1732-1799): "Estou embarcado num oceano vasto, ilimitado em seu prospecto e no qual, talvez, não haja porto seguro a ser encontrado"[423]. Um estudante citou Bruce Springsteen: "Bem, eu tenho cerveja, a viagem é gratuita / E eu tenho você, amor, e você tem a mim"[424].

Aninhada junto a essas afirmações sobre as possibilidades infindáveis da vida, jaz uma de um tom mais obscuro: "Aquele que não sucumbir à espada ou à fome há de cair pela pestilência. Então, para que se barbear?", Woody Allen[425]. Acima dessas palavras há uma foto minha.

Eu estava brincando apenas em parte. Durante o ano anterior, havia escrito um ensaio sobre a peça *Esperando Godot*, a meditação existencialista de Samuel Beckett (1906-1989) sobre o absurdo da vida num mundo sem Deus, e isso me fez parar para pensar. Eu já era ateu, e, no decorrer do último ano escolar, estava obcecado com a pergunta: "Qual é o sentido da vida?" Escrevi um texto para admissão em universidades sobre a insignificância da vida. Passei o inverno de meu último ano numa espécie de depressão filosófica — não uma depressão clínica, apenas uma sensação pervasiva de que nada fazia sentido. No grande esquema das coisas, pensei, não importava realmente se eu fosse aceito na universidade, ou se a Terra fosse destruída por um asteroide ou por uma guerra nuclear.

---

[422] "On the Road to Find Out", por Cat Stevens, do álbum "Tea for the Tillerman", de 1970, A&M.
[423] Carta a John Augustine Washington, em Irving (1976).
IRVING, W. *George Washington: A biography*. Charles Neider (Ed.). Garden City: Doubleday, 1976.
[424] "Sherry Darling" por Bruce Springsteen. *Copyright* © 1980 Bruce Springsteen (ASCAP). Reimpresso mediante a permissão. Direitos autorais internacionais assegurados. Todos os direitos reservados.
[425] ALLEN, W. *Without feathers*. Nova York: Random House, 1975.

Meu desespero era especialmente estranho porque, pela primeira vez desde os quatro anos de idade, minha vida era perfeita. Eu tinha uma namorada maravilhosa, ótimos amigos e pais amorosos. Eu era capitão do time de corrida e, talvez o aspecto mais importante para um jovem de dezessete anos, podia dirigir por aí no conversível Thunderbird 1966 de meu pai. Ainda assim, não parava de me perguntar por que qualquer uma dessas coisas importava. Como o autor dos Eclesiastes, pensei que "tudo é inútil, é correr atrás do vento" (Eclesiastes 1,14).

Finalmente escapei disso quando, após passar uma semana pensando sobre suicídio (de forma abstrata, não como um plano), virei o problema do avesso. Não existe Deus e nenhum significado externo à vida, pensei, então, sob essa perspectiva, não faz diferença se eu me matar amanhã. Muito bem, então tudo o que vier depois do amanhã será um presente livre de amarras e expectativas. Não há teste a ser entregue no fim da vida, logo não há como falhar. Se for verdade que isso é tudo o que há, por que não abraçar a vida em vez de jogá-la fora? Não sei se essa conclusão melhorou meu humor, ou se uma melhora no humor me fez repensar a questão sob um viés mais esperançoso; mas minha depressão existencial me deixou e eu aproveitei os últimos meses no ensino médio.

Meu interesse no sentido da vida perdurou, contudo, assim, na faculdade, cursei Filosofia, o que me deu algumas respostas. Os filósofos modernos se especializam na análise dos significados das palavras, mas, à parte dos existencialistas (que foram os que criaram aquele problema para mim), eles pouco tinham a dizer sobre o sentido da vida. Foi somente após meu ingresso na pós-graduação em psicologia que me dei conta do porquê de a filosofia moderna parecer tão estéril: faltava nela um entendimento profundo da natureza humana. Os filósofos antigos eram, muitas vezes, bons psicólogos, conforme demonstrei neste livro, mas quando a filosofia moderna começou a se dedicar ao estudo da lógica e da racionalidade, ela perdeu gradualmente o interesse pela psicologia e o contato com a natureza da vida humana, passional e contextualizada. É impossível analisar "o sentido da vida" sob uma ótica abstrata, ou em geral, ou aplicada a um ser mítico perfeitamente racional[426]. É apenas conhecendo o tipo de ser que somos, com nossa arquitetura mental e emocional complexa, que podemos começar a pensar no que contaria como uma vida significativa. (A filosofia, para seu crédito, tem se tornado mais psicológica e mais passional nos últimos anos)[427].

Ao que mergulhei na psicologia e em minha pesquisa sobre a moralidade, descobri que a psicologia e as ciências relacionadas a ela já revelaram tanto sobre a natureza humana, que uma resposta agora se torna possível. Na verdade, sabemos bastante da resposta há cem anos, e muitas das peças que faltavam apareceram na última década. Este capítulo consiste na minha versão da resposta psicológica à pergunta-mor.

## Qual era a pergunta?

A pergunta "Qual é o sentido da vida?" pode ser chamada de "pergunta sagrada", em analogia ao Santo Graal: a procura por ele é nobre e todos deveriam querer encontrar uma resposta, mas poucas pessoas têm a expectativa de que é possível, de fato, encontrá-la. É por isso que livros e filmes que se propõem a nos dar a resposta à pergunta sagrada costumam fazê-lo em deboche. Em *O Guia do Mochileiro das Galáxias*, um computador gigante construído para responder à pergunta surge com a solução depois de sete

---

[426] Ver Klemke (2000) para um volume de ensaios filosóficos sobre o sentido da vida. A maior parte dos ensaios não-teístas tentam fazer exatamente isso.
KLEMKE, E. D. (Ed.). *The meaning of life*. Nova York: Oxford University Press, 2000.

[427] Para exemplos, ver Appiah (2005), Churchland (1998), Flanagan (1991), Gibbard (1990), Nussbaum (2001), Solomon (1999).
APPIAH, K. A. *The ethics of identity*. Princeton: Princeton University Press, 2005.
CHURCHLAND, P. M. "Toward a cognitive neurobiology of the moral virtues". *Topoi*, 17, 1998, p. 83-96.
FLANAGAN, O. *Varieties of moral personality: Ethics and psychological realism*. Cambridge: Harvard University Press, 1991.
GIBBARD, A. *Wise choices, apt feelings*. Cambridge: Harvard University Press, 1990.
NUSSBAUM, M. C. *Upheavals of thought*. Cambridge: Cambridge University Press, 2001.
SOLOMON, R. C. *The joy of philosophy: Thinking thin versus the passionate life*. Nova York: Oxford University Press, 1999.

milhões e quinhentos mil anos computando: "quarenta e dois"[428]. Na última cena de *O Sentido da Vida*, de Monty Python, a resposta é entregue ao ator Michael Palin (vestindo roupas femininas), que a lê em voz alta: "Tente ser gentil com as pessoas, evite comer gordura, leia um bom livro de vez em quando, dê umas caminhadas e tente viver em harmonia com povos de todos os credos e nações"[429]. Tais respostas são engraçadas precisamente porque assumem o *formato* de respostas legítimas, embora seu *conteúdo* seja vazio ou mundano. Essas paródias nos convidam a rir de nós mesmos e a perguntar: "O que eu estava esperando? Que tipo de resposta *poderia* me satisfazer?"

Uma coisa que a filosofia me ensinou é como analisar perguntas, como esclarecer exatamente o que está sendo perguntado antes de dar uma resposta. A pergunta sagrada clama por clareza. Quando perguntamos "qual é o significado de X?", que *tipo* de resposta haverá de nos satisfazer?

O tipo mais comum de sentido é a definição. "Qual é o significado de 'anagrama'?" significa "Defina a palavra 'anagrama' para mim, a fim de que eu possa entendê-la quando a ler". Eu vou ao dicionário[430], procuro pela palavra e descubro que o termo significa "reorganização das letras de uma palavra a fim de criar um novo significado". Pois bem, qual é o sentido de "vida"? Volto ao dicionário e encontro vinte e uma definições em inglês, incluindo "a qualidade que distingue um ser vital e funcional de um cadáver ou de pura matéria química" e "o período que vai desde o nascimento até a morte". Beco sem saída. Esse não é o tipo correto de resposta. Não estamos perguntando sobre a *palavra* "vida" e sim sobre a vida em si.

Um segundo tipo de significado trata de simbolismo ou substituição. Se você sonha que está explorando um porão e encontra uma porta para um subporão, pode se perguntar: "Qual é o sentido do subporão?" O psicólogo Carl Gustav Jung (1875-1961) teve esse sonho[431] e concluiu que o significado do subporão — aquilo que ele simbolizava ou representava — era o inconsciente coletivo, um conjunto profundo de ideias compartilhadas

---

[428] ADAMS, D. *The hitchhiker's guide to the galaxy*. Nova York: Harmony Books, 1980.
[429] *Monty Python's the Meaning of Life*, dirigido por Terry Gilliam. EUA: Universal Studios, 1983.
[430] JUNG, C. G. *Memories, dreams, reflections*. Nova York: Pantheon, 1963.
[431] ARISTÓTELES. *Nichomachean ethics*. Indianapolis: Bobbs-Merrill, 1962, vol. 1, 1094a.

por todas as pessoas. Ainda assim, entramos em outro beco sem saída. A vida não simboliza, representa ou aponta para nada. É a própria vida que queremos compreender.

Uma terceira forma de indagarmos sobre o sentido de alguma coisa é a de pedir ajuda a alguém para tirar sentido de algo, geralmente em referência às intenções e às crenças do indivíduo. Suponha que você entre no cinema meia hora atrasado e tenha de sair meia hora mais cedo. Mais tarde, naquela noite, você conversa com um amigo que viu o filme e lhe pergunta: "O que significou aquele sujeito de cabelo cacheado piscando o olho para aquela criança?" Você está ciente de que o ato apresenta alguma significância ao roteiro do filme e suspeita que precisa saber de certos fatos para compreendê-lo. Talvez um relacionamento prévio entre os dois personagens tenha sido revelado na cena de abertura. Perguntar sobre o sentido da piscada de olho significa, na verdade, "o que eu preciso saber para entender a piscada?" Agora estamos progredindo, pois a vida é muito parecida com um filme no qual entramos logo após a cena de abertura, e teremos de sair antes das tramas chegarem aos seus desfechos. Estamos cientes de que precisamos saber muitas coisas para compreender os poucos minutos confusos a que assistimos. É claro que não sabemos exatamente o que não sabemos, portanto não podemos formular a pergunta de forma apropriada. Perguntamos: "Qual é o sentido da vida?" sem esperarmos uma resposta direta (como "quarenta e dois"), mas na esperança de alguma espécie de esclarecimento, algo que nos forneça uma experiência na qual, de repente, coisas que não entendíamos ou reconhecíamos como importantes começam a fazer sentido (assim como ocorreu com o quadrado levado à terceira dimensão).

Quando ressignificamos a pergunta sagrada como "conte-me algo elucidativo sobre a vida", a resposta há de envolver os tipos de revelações que os seres humanos julgam esclarecedoras. Parece haver duas subquestões específicas para as quais as pessoas buscam respostas, e cujas respostas elas consideram elucidativas. A primeira pode ser chamada de questão sobre o propósito *da* vida: "Qual é o propósito *segundo o qual* os seres humanos foram colocados na Terra? *Por que* estamos aqui?" Há duas grandes classes de respostas a essa pergunta: ou você acredita em um deus/espírito/tipo de inteligência que tenha alguma ideia, intenção ou algum desejo de criar o mundo, ou você acredita num mundo puramente material no qual você não foi criado *por* motivo nenhum; tudo simplesmente aconteceu num turbilhão de matéria e energia que interagiram de acordo com as leis da natureza (que, quando a vida começou, passaram a incluir os princípios darwinistas da evolução). A religião costuma ser vista como uma resposta à pergunta sagrada porque muitas religiões oferecem respostas muito claras à subquestão do propósito *da* vida. A ciência e a religião são frequentemente contempladas como antagonistas e, de fato, elas batalham sobre o ensino da evolução nos Estados Unidos da América precisamente porque oferecem respostas conflitantes entre si.

A segunda subquestão é a do propósito *na* vida: "Como eu devo viver? O que devo fazer para ter uma vida boa, feliz, satisfatória e *significativa*?" Quando as pessoas fazem a pergunta sagrada, uma das coisas que esperam é um conjunto de princípios ou objetivos que possa guiar suas ações e conceder às suas escolhas significado ou valor. (É por isso que o formato da resposta no filme de Monty Python está correto: "Tente ser gentil com as pessoas, evite comer gordura..."). Aristóteles indagou sobre *areté* (excelência/virtude) e *telos* (propósito/objetivo), e empregou a metáfora de que as pessoas são como arqueiros e precisam de um alvo no qual mirar[432]. Sem um alvo ou um objetivo, o indivíduo se vê somente como um animal: deixe o elefante passear por onde quiser. E porque os elefantes vivem em hordas, esse indivíduo acaba fazendo o que todos os outros fazem. No entanto, a mente humana tem um condutor e, ao que ele começa a pensar de forma mais abstrata na adolescência, pode chegar um momento em que ele olhe em volta, além dos limites da horda, e pergunte: "Para onde estamos indo? E por quê?" Foi exatamente isso que aconteceu comigo em meu último ano do ensino médio.

Em meio a meu existencialismo adolescente, misturei as duas subquestões. Como abracei a resposta científica à pergunta sobre o propósito *da* vida, pensei que ele excluía a procura por um propósito *na* vida. Este é um erro fácil de ser cometido, posto que muitas religiões ensinam que as duas questões são inseparáveis. Se você acredita que Deus o criou como

---

[432] WARREN, R. *The purpose driven life: What on earth am I here for?* Grand Rapids: Zondervan, 2002.

parte de Seu plano, você pode descobrir como viver se desempenhar seu papel propriamente. *A Vida Com Propósitos*[433] consiste num curso de quarenta dias que ensina aos leitores a encontrarem propósito *na* vida a partir da resposta teológica à questão do propósito *da* vida.

As duas questões podem, contudo, ser separadas. A primeira pergunta sobre a vida de acordo com quem está do lado de fora; ela contempla as pessoas, a Terra e as estrelas como *objetos* — "Por que todos *eles* existem?" — e é propriamente abordada por teólogos, físicos e biólogos. A segunda questão trata da vida pelo viés de quem vive enquanto *sujeito* — "Como *eu* posso encontrar um senso de significado e propósito?" — e é propriamente abordada por teólogos, filósofos e psicólogos. A segunda pergunta é essencialmente empírica — uma questão factual que pode ser examinada por meios científicos. Por que alguns vivem com tanto entusiasmo, comprometimento e significância, mas outros sentem que suas vidas são vazias e sem sentido? Pelo resto do capítulo, ignorarei o propósito *da* vida e buscarei fatores que deem sentido a um propósito *na* vida.

## AMOR E TRABALHO

Quando um computador quebra, ele não conserta a si mesmo. É preciso abri-lo e fazer algo com ele, ou chamar um técnico para consertá-lo. A metáfora do computador permeou tão profundamente em nossos pensamentos, que às vezes pensamos nas pessoas como computadores e na psicoterapia como a loja de consertos, ou uma espécie de reprogramação. Contudo, pessoas não são computadores e elas costumam se recuperar por conta própria de quase tudo o que lhes acontece[434]. Penso que uma metáfora melhor é a de que as pessoas são como plantas. Durante a graduação, eu cultivava um pequeno jardim em frente à minha casa, na Filadélfia. Não era um bom jar-

---

[433] Bonanno (2004) e ver *Capítulo 7*.
BONANNO, G. "Loss, trauma, and human resilience: Have we underestimated the human capacity to thrive after extremely aversive events?" *American Psychologist*, 59, 2004, p. 20-28.
[434] GARDNER, H.; CSIKSZENTMIHALYI, M.; DAMON, W. *Good work: When excellence and ethics meet.* Nova York: Basic Books, 2001.

dineiro e viajava muito nos verões, por isso, às vezes minhas plantas murchavam e quase morriam. Um aprendizado incrível que tive sobre as plantas é o de que, contanto que elas não estejam mortas, haverão de retornar a uma vida completa e gloriosa, desde que você as cultive em condições adequadas. Não se pode consertar uma planta; pode-se apenas prover boas condições de vida — água, sol e solo — e esperar. Ela fará o resto.

Se as pessoas são como plantas, em que condições nós podemos florescer? Na fórmula da felicidade do *Capítulo 5*, F(elicidade) = P(onto de partida) + C(ondições) + A(tividades voluntárias), e em que consiste C exatamente? A maior parte de C, como eu disse no *Capítulo 6*, é o amor. Nenhum homem, mulher ou criança é uma ilha. Somos criaturas ultrassociáveis e não podemos ser felizes sem amigos e apego a outras pessoas. A segunda parte mais importante de C é a de ter e buscar atingir os objetivos corretos com o intuito de criar estados de fluxo e engajamento. No mundo moderno, as pessoas podem encontrar metas e fluxo em muitos contextos, mas a maior parte delas encontra o fluxo no trabalho[435]. (Defino o trabalho em amplo escopo, a fim de incluir a resposta de qualquer um à pergunta "Então, o que você faz?" "Estudante" e "pai/mãe em tempo integral" constituem boas respostas). Para as pessoas em geral, o amor e o trabalho são analogias óbvias à água e à luz solar para as plantas[436]. Quando perguntaram a Freud sobre o que uma pessoa normal deveria saber fazer bem, ele é renomado por ter respondido: "Amar e trabalhar"[437]. Se a terapia pode

---

[435] Uma teoria respeitada diz que as necessidades psicológicas fundamentais são a competência (incluindo o trabalho), a habilidade de se relacionar (amor) e a autonomia. Concordo que a autonomia é importante, mas não acho que seja tão importante, universal ou consistentemente boa como as outras duas. Ver Ryan & Deci (2000).
RYAN, R. M.; DECI, E. L. "Self-determination theory and the facilitation of intrinsic motivation, social development, and well-being". *American Psychologist*, 55, 2000, p. 68-78.

[436] Esta frase *"lieben und arbeiten"* não figura nos escritos de Freud. Costuma-se dizer que ela trata de algo que Freud disse uma vez numa conversa. Erik Erikson a relata dessa forma em Erikson, 1963/1950, p. 265:
ERIKSON, E. H. *Childhood and society*. Nova York: Norton, 1963, p. 265.

[437] Leon Tolstói, citado em Troyat (1967).
TROYAT, H. *Tolstoy*. Nova York: Doubleday, 1967, p. 158.

ajudar um indivíduo a se sair bem nesses quesitos, ela é bem-sucedida. Na célebre hierarquia das necessidades de Abraham Maslow (1908-1970), uma vez que as pessoas tenham satisfeito a suas necessidades físicas (tais como alimento e segurança), elas passam adiante para as necessidades de amor e autovalorização, que é obtida majoritariamente por intermédio do trabalho. Mesmo antes de Freud, Leon Tolstoi (1828-1910) escreveu: "Um indivíduo pode viver magnificamente neste mundo, se souber como trabalhar e como amar; trabalhar pela pessoa que ama e amar seu trabalho"[438]. Tendo dito anteriormente tudo o que queria sobre o amor, não direi mais aqui. Contudo, devo dizer muito mais sobre o trabalho.

Quando Harry Harlow levou seus alunos ao zoológico, eles se surpreenderam ao verem que os símios e os macacos resolviam problemas só por diversão. O behaviorismo não tinha meios de explicar esse comportamento, posto que não era um comportamento reforçado. Em 1959, o psicólogo de Harvard, Robert White[439] (1904-2001) concluiu, após analisar pesquisas nos campos do behaviorismo e da psicanálise, que nenhuma das teorias havia se dado conta do que Harlow percebera: a evidência esmagadora de que as pessoas e muitos outros mamíferos são guiados por uma vontade básica de *fazer as coisas acontecerem*. Pode-se perceber isso na alegria das crianças ao brincarem com "caixas educativas", os centros de atividade que lhes permitem converter movimentos braçais aleatórios em tocar sinos e girar rodas. Também é possível observar tal fenômeno nos brinquedos ao redor dos quais gravitam as crianças mais velhas. Aqueles que eu mais cobiçava quando criança eram os que desencadeavam movimentos ou ações à distância: carrinhos de controle remoto, armas que atiram dardos de plástico e foguetes ou aviões de qualquer tipo. É possível, ainda, contemplar isso na letargia que frequentemente toma conta dos indivíduos que param de trabalhar, seja porque se aposentaram, foram demitidos ou ganharam na loteria. Psicólogos se referem a essa necessidade básica como uma necessidade de competência, produtividade ou maestria. White cha-

---

[438] WHITE, R. B. "Motivation reconsidered: The concept of competence". *Psychological Review* 66, 1959, p. 297-333.

[439] WHITE, R. B. "Motivation reconsidered: The concept of competence". *Psychological Review* 66, 1959, p. 297-333.

mou isso de "motriz da efetivação", o que definiu como a necessidade, ou a vontade, de desenvolver competências por meio de controle do ambiente e de interações com ele. A necessidade de efetivação é quase tão básica quanto a de comida e água, no entanto, não é de natureza deficitária, como a fome, que é satisfeita e desaparece por algumas horas. Antes, White afirmou, a efetivação é uma presença constante em nossas vidas:

> Lidar com o ambiente implica dar continuidade a uma transação que modifica gradualmente a relação do indivíduo com esse ambiente. Posto que não há clímax de consumação, a satisfação deve ser vista como subjacente a uma série considerável de transações, num escopo comportamental e não como um objetivo que é alcançado[440].

A motriz da efetivação ajuda a explicar o princípio do progresso: nós obtemos mais prazer progredindo rumo a nossos objetivos do que alcançando-os, pois, conforme dissera Shakespeare, "a alegria da alma está no 'fazer'"[441].

Agora podemos contemplar as condições de trabalho modernas. A crítica de Karl Marx (1818-1883) ao capitalismo[442] se baseava, em parte, em sua alegação justificável de que a Revolução Industrial destruíra a relação histórica entre artesãos e os bens que produziam. O trabalho na linha de montagem transformara as pessoas em engrenagens de uma máquina gigantesca, e máquina não se importa com a necessidade de efetivação dos trabalhadores. Pesquisas mais recentes sobre satisfação no trabalho sustentaram a crítica de Marx, mas adicionaram a ela outras nuances. Em 1964, os sociólogos Melvin Kohn e Carmi Schooler (1933-2018)[443] questionaram três mil e cem homens norte-americanos sobre seus empregos e descobriram que a chave para compreender quais trabalhos eram satisfatórios consis-

---

[440] SSHAKESPEARE, W. "Troilus and Cressida". *In*: BLAKEMORE, G. (Ed). *The Riverside Shakespeare*. Boston: Houghton Mifflin, 1974, I.ii.287.
[441] MARX, K. *Capital: A critique of political economy*. Nova York: Vintage, 1977.
[442] KOHN, M. L.; SCHOOLER, C. *Work and personality: An inquiry into the impact of social stratification*. Norwood: Ablex, 1983.
[443] KOHN, M. L.; SCHOOLER, C. *Work and personality: An inquiry into the impact of social stratification*. Norwood: Ablex, 1983.

tia no que eles chamavam de "autodirecionamento ocupacional". Os homens que eram muito supervisados em trabalhos de baixa complexidade e muita rotina demonstraram o grau mais elevado de alienação (sentimento de impotência, insatisfação e separação entre o indivíduo e seu trabalho). Homens que tinham mais latitude para decidir como abordariam seu trabalho, sendo ele variado e desafiador, tendiam a desfrutar muito mais dele. Quando os trabalhadores tinham o autodirecionamento ocupacional, seu trabalho costumava ser satisfatório.

Pesquisas mais recentes concluem que a maior parte das pessoas encara seu trabalho de uma destas três maneiras: como um emprego, uma carreira ou uma vocação[444]. Se você enxergar seu trabalho como um emprego, você o executará somente pelo dinheiro, olhará a todo momento para o relógio enquanto sonha com o fim de semana que está por vir e, provavelmente, buscará *hobbies* que hão de satisfazer sua necessidade de efetivação mais completamente do que o trabalho em si. Se você enxergar seu trabalho como uma carreira, terá objetivos maiores de avanços, promoções e prestígio. A luta pelo alcance desses objetivos o energizará e, às vezes, você levará seu trabalho para casa, pois quer que ele seja feito propriamente. Ainda assim, de tempos em tempos, você se perguntará por que trabalhar tanto. Ocasionalmente, você poderá ver seu trabalho como uma corrida na qual as pessoas competem só por competir. Se você enxergar seu trabalho como uma vocação, contudo, você haverá de achá-lo intrinsecamente satisfatório — você não o executará para atingir nenhuma meta. Você verá seu trabalho como uma contribuição ao bem maior, ou como algo que desempenha um papel numa empreitada maior, cujo valor lhe parecerá óbvio. Você terá experiências frequentes de fluxo durante seu dia de trabalho e não ansiará pela "hora de sair", ou sentirá o desejo de gritar: "Graças a Deus já é sexta-feira!" Você continuará trabalhando, quiçá mesmo sem ser pago, se enriquecer repentinamente.

Poder-se-ia pensar que operários têm trabalhos, administradores têm carreiras e os profissionais mais respeitados (médicos, cientistas, clérigos) têm vocações. Embora haja alguma verdade nessa expectativa, nós pode-

---

[444] BELLAH, R.; MADSEN, R.; SULLIVAN, W. M.; SWIDLER, A.; TIPTON, S. *Habits of the heart*. Nova York: Harper and Row, 1985.

mos parafrasear Marco Aurélio (121-180) e dizer: "O trabalho é aquilo que você acha que ele é". Amy Wrzesniewski, uma psicóloga da Universidade de Nova York, encontra as três orientações representadas em quase todas as ocupações examinadas por ela[445]. Num estudo sobre trabalhadores de hospitais, por exemplo, ela constatou que os zeladores que limpavam as camas e o vômito — talvez o trabalho de grau mais rebaixado dentro de um hospital — se viam, por vezes, como parte do time cujo objetivo era o de curar pessoas. Eles iam além dos requerimentos mínimos contidos na descrição de seu trabalho, por exemplo, ao tentarem clarear os quartos de pacientes muito enfermos, ou ao antecipar as necessidades dos médicos e das enfermeiras em vez de aguardarem ordens. Ao fazerem isso, eles aumentavam seu nível de autodirecionamento ocupacional e criavam para si mesmos empregos que satisfaziam a suas necessidades de efetivação. Os zeladores que trabalhavam dessa forma viam seu trabalho como uma vocação e desfrutavam dele muito mais do que aqueles que o viam meramente como um emprego.

A conclusão otimista extraída das pesquisas na área da psicologia positiva é a de que a maioria das pessoas pode sentir mais satisfação com seu trabalho. O primeiro passo é conhecer seus pontos fortes. Faça o teste de forças[446] e escolha que trabalho permite utilizá-las diariamente, provendo-lhe, portanto, pelo menos alguns momentos de fluxo. Se você se vir preso num emprego que não corresponda a suas forças, remodele-o até atingir essa correspondência. Talvez você tenha de realizar trabalho extra durante um tempo, como os zeladores de hospitais que agiam sobre as forças de gentileza, compaixão, inteligência emocional ou cidadania. Se você *puder* incorporar suas forças ao trabalho, encontrará nele mais gratificação; se obtiver essa gratificação, fará seu estado mental seguir um rumo mais

---

[445] WRZESNIEWSKI, A.; ROZIN, P.; BENNETT, G. "Working, playing, and eating: Making the most of most moments". *In*: KEYES, C. L. M.; HAIDT, J. (Eds.). *Flourishing: Positive psychology and the life well-lived*. Washington: American Psychological Association, 2003, p. 185-204.
WRZESNIEWSKI, A.; MCCAULEY, C. R.; ROZIN, P.; SCHWARTZ, B. "Jobs, careers, and callings: People's relations to their work". *Journal of Research in Personality*, 31, 1997, p. 21-33.
[446] Conforme discutido no *Capítulo 8*.

orientado à aproximação e, nesse mesmo estado mental, será mais fácil para você enxergar o panorama[447] — a contribuição que você estiver fazendo em prol de uma grande empreitada — no qual seu trabalho poderá se tornar um ofício.

Portanto, em sua melhor forma, o trabalho trata de conexão, engajamento e compromisso. Como disse o poeta Kahlil Gibran (1883-1931): "O trabalho é o amor tornado visível". Refletindo o pensamento de Tolstoi, ele deu exemplos de trabalho realizado com amor:

> É tecer o tecido com fios desfiados de vosso próprio coração,
> como se vosso bem-amado fosse usar esse tecido.
> É construir uma casa com afeição,
> como se vosso bem-amado fosse habitar essa casa.
> É semear as sementes com ternura e recolher a colheita com alegria,
> como se vosso bem-amado fosse comer-lhe os frutos[448].

O trabalho e o amor são cruciais à felicidade porque, quando bem executados, eles nos retiram de nós mesmos e nos põem em conexão com pessoas e projetos que vão além de nós. A felicidade vem do ato de acertar essas conexões. Diferente do que Buda e Epiteto haviam imaginado, a felicidade não vem só de dentro, nem de uma combinação de fatores internos e externos (conforme eu sugeri no final do *Capítulo 5*). A versão correta da hipótese da felicidade, como ilustrarei abaixo, é a de que a felicidade advém do *meio-termo*.

## Compromisso vital

As plantas prosperam em circunstâncias específicas, e os biólogos podem agora nos dizer como a luz solar e a água se convertem no crescimento

---

[447] FREDRICKSON, B. L. "The role of positive emotions in positive psychology: The broaden-and-build theory of positive emotions". *American Psychologist*, 56, 2001, p. 218-226.
[448] GIBRAN, K. *The prophet*. Nova York: Alfred A. Knopf, 1977, p. 27.

da planta. As pessoas também prosperam em condições específicas, e os psicólogos podem agora nos dizer como o amor e o trabalho se convertem na felicidade e num senso de significado.

O homem que descobriu o fluxo, Mihalyi Csikszentmihalyi, pensa grande. Não contente em estudar os momentos de fluxo (ao chamar as pessoas várias vezes por dia), ele queria saber que papel o fluxo desempenha na vida como um todo, especialmente nas vidas de pessoas criativas. Para tal, ele recorreu aos especialistas: modelos de sucesso nos campos da arte e da ciência. Ele e seus alunos entrevistaram centenas de pintores, dançarinos, poetas, escritores, físicos e psicólogos bem-sucedidos — todos aqueles que parecem ter moldado suas vidas ao redor de uma grande paixão. São vidas admiráveis, desejáveis, do tipo com o qual muitos jovens sonham em ter quando têm essas pessoas como exemplos a serem seguidos. Csikszentmihalyi queria saber como tais vidas sucederam. Como uma pessoa se compromete tão profundamente a uma área e se torna tão extraordinariamente criativa?

As entrevistas mostraram que cada caminho era único, mas a maioria deles conduzia à mesma direção: desde o interesse e o prazer iniciais, com momentos de fluxo, até os relacionamentos com pessoas, práticas e valores que se aprofundaram ao longo de muitos anos, de modo a prover períodos de fluxo ainda mais longos. Csikszentmihalyi e seus estudantes, particularmente Jeanne Nakamura, estudaram o estágio final desse processo de aprofundamento e o chamaram de "compromisso vital", o que definem como "uma relação com o mundo que é caracterizada tanto pelas experiências de fluxo (absorção prazerosa) quanto por seu sentido (significância subjetiva)"[449]. O compromisso vital é outra maneira de dizer que o trabalho se tornou "o amor visível"; Nakamura e Csikszentmihalyi chegam a descrever o compromisso vital em palavras que poderiam ter sido retiradas de um romance: "Há uma forte conexão entre o 'eu' e o objeto; um escritor

---

[449] NAKAMURA, J.; CSIKSZENTMIHALYI, M. "The construction of meaning through vital engagement". *In*: KEYES, C. L. M.; HAIDT, J. (Eds.). *Flourishing: Positive psychology and the life well-lived*. Washington: American Psychological Association, 2003, p. 83-104.

'se deixa levar' por um projeto, um cientista é 'hipnotizado pelas estrelas'. A relação tem um significado subjetivo; o trabalho é uma 'vocação'"[450].

O conceito de compromisso vital é sutil e, na primeira vez em que ministrei um curso de psicologia positiva, os alunos não conseguiam compreendê-lo. Achei que um exemplo poderia ajudar, portanto, chamei uma mulher que estava quieta na aula, mas que, outrora, havia mencionado o seu interesse em cavalos. Pedi a Katherine que nos contasse sobre como ela havia se envolvido com isso. Ela descreveu seu amor pelos animais da infância e seu gosto por cavalos particularmente. Aos dez anos de idade, ela implorara a seus pais que a deixassem fazer aulas de equitação e eles concordaram. De início, ela o fazia por diversão, depois começara a competir. Quando chegara a hora de escolher uma universidade, ela optara pela Universidade da Virgínia, em parte por seu excelente time de equitação.

Katherine era tímida e, após a narração desses fatos, ela parou de falar. Ela nos havia contado sobre seu crescente comprometimento com os cavalos, mas o compromisso vital vai além disso. Eu a incitei mais. Perguntei se ela sabia os nomes de cavalos específicos dos séculos anteriores. Ela sorriu e disse, quase como se estivesse admitindo um segredo, que começara a ler sobre o assunto quando iniciou a atividade, e que sabia muito sobre a história equestre e sobre cavalos célebres no decorrer da história. Então, perguntei se ela tinha feito amizades por meio da equitação e ela respondeu que seus amigos mais próximos eram "equinos" e pessoas que ela conhecera em *shows* equestres e colegas da equitação. Enquanto falava, ela se animava cada vez mais e adquiria mais autoconfiança. A conduta e o discurso de Katherine deixaram claro que ela havia encontrado seu compromisso vital. Como disseram Nakamura e Csikszentmihalyi, o que teve início como um interesse se expandia num relacionamento que se aprofundava e numa rede que a conectava a uma atividade, uma tradição e uma comunidade. A equitação se tornou uma fonte de fluxo, alegria, identida-

---

[450] NAKAMURA, J.; CSIKSZENTMIHALYI, M. "The construction of meaning through vital engagement". *In*: KEYES, C. L. M.; HAIDT, J. (Eds.). *Flourishing: Positive psychology and the life well-lived*. Washington: American Psychological Association, 2003, p. 83-104.

de, efetivação afinidade para Katherine. Essa era parte de sua resposta à questão do propósito na vida.

O compromisso vital não reside no indivíduo ou no ambiente; ele existe na relação *entre* os dois. A rede de significância que tanto envolveu Katherine cresceu e densificou gradual e organicamente ao longo de muitos anos. O compromisso vital é o que me faltou em meu último ano de colégio. Eu tinha amor e trabalho (no que tange às atividades razoavelmente desafiadoras do ensino médio), mas este não era parte de um grande projeto que não o de ingressar na faculdade. Na verdade, foi precisamente quando esse projeto terminava – quando enviei minhas cartas de admissão e permaneci no limbo, sem saber aonde iria a seguir – que me senti paralisado pela pergunta sagrada.

Manter o relacionamento correto com seu trabalho não depende inteiramente de você. Algumas ocupações já vêm prontas para o compromisso vital, outras o dificultam. Ao passo que as forças de mercado remodelavam muitas profissões nos Estados Unidos da América na década de 1990 – medicina, jornalismo, educação e artes –, as pessoas dessas áreas começavam a reclamar da qualidade do trabalho e sua qualidade de vida, às vezes, decaía por conta dessa fúria irrefreável para aumentar os lucros. Csikszentmihalyi se juntou a dois grandes psicólogos – Howard Gardner, de Harvard, e William Damon, de Stanford – para estudar tais mudanças e entender porque algumas profissões pareciam saudáveis enquanto outras se tornavam prejudiciais. Escolhendo as áreas da genética e do jornalismo para estudos de caso, eles conduziram dezenas de entrevistas com pessoas de ambas. Sua conclusão[451] é, ao mesmo tempo, profunda e simples: é uma questão de alinhamento. Quando se *faz o bem* (executar um trabalho de qualidade que produza algo útil aos outros) é combinado com *fazer bem* (alcançar a prosperidade e avançar na carreira), a área é sadia. A genética, por exemplo, é uma área sadia porque todas as partes envolvidas respeitam

---

[451] Gardner, Csikszentmihalyi, & Damon (2001). Ver também Damon, Menon, & Bronk (2003) sobre o desenvolvimento do propósito.
GARDNER, H.; CSIKSZENTMIHALYI, M.; DAMON, W. *Good work: When excellence and ethics meet*. Nova York: Basic Books, 2001.
DAMON, W.; MENON, J.; BRONK, K. "The development of purpose during adolescence". *Applied Developmental Science*, 7, 2003, p. 119-128.

e recompensam o melhor que a ciência há de oferecer. Apesar de a indústria farmacêutica e as forças do mercado estarem começando a injetar uma alta quantia nos laboratórios de pesquisa universitários na década de 1990, os cientistas que Csikszentmihalyi, Gardner e Damon entrevistaram não achavam que estavam sofrendo pressão para baixar seus padrões de qualidade, trapacear, mentir ou vender suas almas. Os geneticistas acreditavam que sua área estava vivenciando uma "era de ouro", na qual um excelente trabalho trazia grandes benefícios ao público, à indústria farmacêutica, às universidades e aos próprios cientistas.

Os jornalistas, por outro lado, enfrentavam sérios problemas. A maior parte deles havia ingressado nessa área com grandes expectativas — respeito à verdade, desejo de fazer diferença no mundo e uma convicção de que a imprensa livre é um pilar crucial da democracia. Contudo, nos anos 1990, o declínio dos jornais de pequeno porte e a ascensão dos impérios da mídia empresarial converteram o jornalismo norte-americano num centro de lucros em que a única coisa que importava era vender, e mais do que os competidores. O bom jornalismo, por vezes, era ruim para os negócios. Matérias temerosas, sensacionalismo, conflitos falsos e escândalos sexuais, divididos em matérias pequenas e digeríveis, costumavam ser mais lucrativos. Muitos jornalistas que trabalhavam para esses impérios admitiram ter a sensação de que estavam sendo forçados a se vender em detrimento de seus valores morais. Seu mundo estava desalinhado e eles não podiam assumir um compromisso vital com a missão ignóbil de ganhar espaço no mercado a qualquer custo.

## Coerência cruzada

A palavra "coerência" significa literalmente "ligação ou nexo entre dois fatos", mas geralmente é empregada em referência a um sistema, uma ideia ou uma visão de mundo cujos componentes se encaixem de modo eficaz e consistente. As coisas coerentes funcionam bem; uma visão de mundo coerente pode explicar quase tudo, enquanto uma incoerente é minada por contradições internas. Uma profissão coerente, como a da genética, pode simplesmente seguir no campo da genética, enquanto uma profissão incoerente, como jornalismo, gasta muito tempo com autoanálises e autocríticas[452]. A maioria das pessoas percebe que há um problema, mas não consegue concordar sobre o que fazer a respeito.

Quando um sistema pode ser analisado em múltiplos níveis, um tipo especial de coerência ocorre quando esses níveis se enredam e se conectam mutuamente. Nós vimos essa coerência cruzada na análise da personalidade: se seus traços do nível mais baixo combinarem com seu mecanismo de lidar com as situações, que, por conseguinte, são consistentes com sua história de vida, sua personalidade é bem integrada e você pode seguir com sua vida. Quando esses níveis divergem entre si, você provavelmente será atormentado por contradições internas e conflitos neuróticos[453]. Você pode precisar enfrentar uma adversidade para forçar a si mesmo a se alinhar. Se você atingir a coerência, o momento em que as coisas se juntarem pode ser um dos mais significativos de sua vida. Como ocorre com o espectador que vai ao cinema e descobre que perdeu a primeira meia hora do filme, sua vida passará a fazer mais sentido repentinamente. Encontrar a coerência entre níveis distintos ocasiona uma sensação de esclarecimento[454], e isso é vital para responder à questão do propósito na vida.

Os seres humanos constituem sistemas compostos por vários níveis de uma maneira diferente: somos objetos *físicos* (corpo e cérebro) dos quais, de algum modo, a *mente* emerge; a partir de nossas mentes, as *sociedades*

---

[452] Por exemplo, Fenton (2005).
FENTON, T. *Bad news: The decline of reporting, the business of news, and the danger to us all.* Nova York: Regan Books, 2005.

[453] Boa parte dos trabalhos recentes na psicologia mostra a importância do ajuste ou da coerência para o bem-estar. Ver Freitas & Higgins (2002) e Tamir, Robinson, & Clore (2002).
FREITAS, A. L.; HIGGINS, E. T. "Enjoying goal-directed action: The role of regulatory fit". *Psychological Science*, 13, 2002, p. 1-6.
TAMIR, M.; ROBINSON, M. D.; CLORE, G. L. "The epistemic benefits of trait--consistent mood states: An analysis of extraversion and mood". *Journal of Personality and Social Psychology*, 83(3), 2002, p. 663-677.

[454] EMMONS, R. A. *The psychology of ultimate concerns: Motivation and spirituality in personality.* Nova York: Guilford, 1999.
MILLER, W. R.; C'DE BACA, J. *Quantum Change.* Nova York: Guilford, 2001.

e as *culturas* se formam⁴⁵⁵. A fim de compreendermos a nós mesmos por completo, precisamos estudar esses três níveis — o físico, o psicológico e o sociocultural. Existiu, nesse aspecto, uma divisão acadêmica durante muito tempo: os biólogos estudavam o cérebro enquanto objeto físico, os psicólogos estudavam a mente e os sociólogos e antropólogos estudavam os ambientes socialmente construídos dentro dos quais as mentes se desenvolvem e funcionam. Entretanto, essa divisão só é produtiva se as tarefas forem coerentes — se todas essas linhas de trabalho se juntarem, em algum momento, para formar algo maior do que a soma de suas partes. Por boa parte do século XX, isso não aconteceu — cada área ignorava as outras e focalizava em suas próprias questões. Hoje, no entanto, o trabalho interdisciplinar está aflorando, saindo do nível intermediário (a psicologia), atravessando pontes (ou descendo escadas) até o nível físico (por exemplo, o campo da neurociência cognitiva) e subindo ao nível sociocultural (como o campo da psicologia cultural). As ciências estão se vinculando, gerando coerência cruzada e, como por mágica, novas grandes ideias começam a surgir.

Eis uma das ideias mais significativas advindas dessa síntese: *as pessoas adquirem um senso de significado quando os três níveis de sua existência são coerentes em sua vida*⁴⁵⁶. A melhor maneira de ilustrar isso é levá-lo de volta a Bubanesvar, na Índia. Já expliquei a lógica da pureza e da poluição, então você entende por que os hindus se lavam antes de fazerem uma oferenda a Deus e por que eles são tão cautelosos em relação ao que tocam a caminho do templo. Você compreende por que o contato com um cachorro, uma

---

[455] Para uma abordagem bem desenvolvida — e que englobe vários níveis — sobre o "ser humano otimizado", ver Sheldon (2004).
SHELDON, K. M. *Optimal human being: An integrated multi-level perspective*. Mahwah: Lawrence Erlbaum, 2004.

[456] Estou me apoiando aqui em trabalhos interdisciplinares na ciência cognitiva sobre o papel do corpo e da cultura na cognição, tal como o de Clark (1999), Lakoff & Johnson (1999) e Shore (1996).
CLARK, A. *Being there: Putting brain, body, and world together again*. Cambridge: MIT Press, 1999.
LAKOFF, G.; JOHNSON, M. *Philosophy in the flesh*. Nova York: Basic Books, 1999.
SHORE, B. *Culture in mind: Cognition, culture, and the problem of meaning*. Nova York: Oxford University Press, 1996.

mulher menstruada ou um indivíduo pertencente a uma casta mais baixa pode tornar uma pessoa de casta mais elevada temporariamente impura e indigna de fazer essa oferta. Contudo, você só entende isso em nível psicológico e, ainda assim, somente enquanto um conjunto de proposições assimiladas pelo condutor e arquivadas como conhecimentos explícitos. Você não se sente sujo ao encostar no braço de uma mulher menstruada; você sequer tem ideia de como é essa sensação de poluição.

Suponha, entretanto, que você tenha crescido como um brâmane em Bubanesvar. Em todos os dias da sua vida você tem de respeitar as linhas invisíveis que separam os espaços puros dos profanos e é preciso monitorar os níveis flutuantes de pureza das pessoas antes de tocá-las, ou pegar qualquer coisa de suas mãos. Você toma banho várias vezes ao dia — banhos curtos, ou breves imersões em água sagrada — sempre antes de realizar uma oferenda religiosa. Suas oferendas não consistem apenas em palavras: você deixa comida a Deus (o sacerdote toca sua oferenda para a imagem, o ícone ou objeto que jaz no santuário interno), que lhe é devolvida a fim de que você possa consumir o restante dos alimentos que Deus lhe deixou. Comer os restos de outrem implica uma disposição para absorver a saliva daquele indivíduo, o que demonstra intimidade e subordinação em Bubanesvar. Comer os restos de Deus também é um ato de intimidade e subordinação. Após vinte anos convivendo com essas práticas, seu entendimento dos rituais hindus se torna *visceral*. Seu conhecimento explícito é fundamentado por diversas sensações físicas: tremer durante o banho matinal ao nascer do sol; sentir prazer ao lavar a sujeira de seu corpo e vestir roupas limpas após um banho quente à tarde; a sensação dos pés descalços sobre as pedras frescas do chão ao se aproximar do interior do santuário; o cheiro de incenso; o som das preces murmuradas em sânscrito; o gosto puro do arroz que lhe foi devolvido por Deus. De todas essas maneiras, seu entendimento em nível psicológico se dissemina por sua encarnação física e, quando os níveis conceitual e visceral se conectam, os rituais fazem *sentido* a você.

Seu entendimento do ritual também se estende ao nível sociocultural. Você está imerso numa tradição religiosa de quatro mil anos de idade, que forneceu a maior parte das histórias que você escutou na infância, muitas das quais envolviam elementos de pureza e poluição. O hinduísmo estrutura seu espaço social por meio de um sistema de castas baseado nos graus de pureza e poluição de várias ocupações, e ele estrutura seu espaço físico a partir da topografia de pureza e poluição que mantém os templos, as cozinhas e as mãos direitas puras. O hinduísmo também provê uma cosmologia na qual as almas reencarnam ao ascenderem ou descenderem na dimensão vertical da divindade. Então, toda vez que você faz uma oferenda a Deus, os três níveis da sua existência estão alinhados e entrelaçados. Sua sensação física e seus pensamentos conscientes convergem com suas ações, e tudo faz perfeito sentido no escopo da cultura da qual você faz parte. Na hora da oferenda a Deus, você não pensa: "O que isso significa? Por que estou fazendo isso?" A experiência da significância simplesmente acontece. Ela emerge automaticamente da coerência cruzada. Mais uma vez, a felicidade — ou um senso de significado que atribui riqueza à experiência — parte do nível intermediário, do meio-termo.

Em contrapartida, pense sobre o último ritual insignificante (para você) do qual você fez parte. Talvez tenham lhe pedido para dar as mãos e cantar com um grupo de estranhos no casamento de um amigo que faz parte de uma religião diferente da sua. Talvez você tenha participado de uma cerimônia da Nova Era que se utiliza de elementos dos nativos norte-americanos, dos celtas e dos budistas tibetanos. Você provavelmente entendeu o simbolismo do ritual — em nível consciente e explícito de maneira que o condutor é muito bom. Ainda assim, você se sentiu autoconsciente, talvez se sentindo um tolo enquanto o praticava. Havia uma peça faltando.

Não se pode simplesmente inventar um bom ritual a partir do uso da racionalidade acerca de seu simbolismo. É preciso cultuar uma tradição na qual os símbolos estejam embutidos, e você precisa evocar sensações corporais que se associem propriamente a tais símbolos. Então, será necessária uma comunidade que o apoie e pratique por um tempo. Se uma comunidade tiver vários rituais que sejam coerentes entre os três níveis, seus membros haverão de se sentir conectados a ela e a suas tradições. Se essa comunidade também oferecer orientações sobre como viver e o que tem valor, seus membros provavelmente não pensarão sobre a questão do propósito na vida. O sentido e o propósito emergem da coerência, e as pessoas podem viver em paz. Contudo, o conflito, a paralisia e anomia são quase inevitáveis quando uma comunidade não provê coerência, ou pior, quando suas práticas contradizem os instintos de seus membros, ou sua mitologia e ideologia coletivas. (Martin Luther King Jr. [1929-1968] forçou os norte-americanos a confrontarem as contradições entre a prática da segregação racial e os ideais de liberdade e igualdade. Muitos não ficaram satisfeitos com isso). As pessoas não têm necessariamente de encontrar sentido em sua identidade nacional — de fato, em nações grandes e diversas como os Estados Unidos da América, a Rússia e a Índia, a religião pode prometer maior coerência cruzada e propósito na vida. Religiões fazem um trabalho tão exímio na criação de coerência, que alguns acadêmicos[457] acreditam que foram criadas em prol desse propósito.

## Deus nos dá colmeias

Quando comecei a estudar a moralidade, na época da graduação em Filosofia, meu pai me disse: "Por que você não está estudando religião também? Como as pessoas podem ter qualquer moralidade sem Deus?" Na condição de jovem ateu com um forte senso de moralidade (muito além da fronteira da presunção), senti-me insultado. A moralidade, pensei, tratava-se das relações entre as pessoas; era sobre o comprometimento a fazer o que é certo, ainda que o certo contrarie o interesse próprio. A religião consistia num amontoado de regras que não faziam sentido e em histórias que jamais poderiam ter acontecido, escritas por seres humanos e falsamente atribuídas a uma entidade sobrenatural.

Hoje entendo que meu pai estava certo — a moralidade tem sua origem na religião —, mas não pelos motivos que ele achava. A moralidade e a religião ocorrem, de algum modo, em todas as culturas humanas[458] e estão quase sempre entrelaçadas aos valores, à identidade e à vida cotidiana de sua respectiva cultura. Qualquer um, que deseje obter um relato completo

---

[457] DURKHEIM, E. *The elementary forms of the religious life.* Nova York: Free Press, 1965.
WILSON, D. S. *Darwin's cathedral: Evolution, religion, and the nature of society.* Chicago: University of Chicago Press, 2002.
[458] BROWN, D. E. *Human universals.* Philadelphia: Temple University Press, 1991.

e entrecruzado da natureza humana e de como os seres humanos encontram propósito e sentido em suas vidas, deve garantir que tal relato seja coerente com o que se sabe sobre moralidade e religião.

Sob a ótica evolutiva, a moralidade é um problema. Se a evolução trata da sobrevivência do mais apto, por que as pessoas se ajudam tanto? Por que elas doam a caridades, arriscam a vida para salvar um estranho e se voluntariam para lutar em guerras? Darwin (1809-1882) achou que a resposta era simples: o altruísmo evolui para o bem do grupo:

> Não há dúvida de que uma tribo cujos membros, dotados de graus elevados de espírito de patriotismo, fidelidade, obediência, coragem e compaixão, sempre se prontificaram a ajudar uns aos outros e a se sacrificar pelo bem comum, será vitoriosa sobre outras tribos e isso diz respeito à seleção natural[459].

Darwin propôs que os grupos competem entre si, assim como os indivíduos, e por isso as características psicológicas que tornam um grupo bem-sucedido — tais como patriotismo, coragem e altruísmo para com outros membros daquele grupo — hão de se disseminar como qualquer outro traço. Não obstante, uma vez que os teóricos da evolução começaram a testar rigorosamente suas predições no que concerne à hipótese de Darwin, utilizando-se de computadores para simularem as interações de indivíduos que empregam estratégias variadas (como a do egoísmo puro *versus* a do "toma lá, dá cá"), eles rapidamente se depararam com o sério problema do "condutor livre". Em grupos nos quais os indivíduos se sacrificam em prol do bem comum, aquele que não faz nenhum sacrifício — e que está, portanto, de carona nas costas dos altruístas — acaba à frente dos outros. Na fria lógica dessas simulações, quem acumula mais recursos numa geração produz uma prole maior para constituir a geração seguinte. Logo, o egoísmo é adaptável, mas o altruísmo não. A única solução para o problema é fazer o altruísmo valer a pena e duas grandes descobertas no pensamento evolutivo demonstraram como fazê-lo. No *Capítulo 3*, eu apresentei o con-

---

[459] DARWIN, C. *The descent of man and selection in relation to sex*. Amherst: Prometheus, 1998, p. 166.

ceito de altruísmo por afinidade (seja gentil com quem carrega seus genes) e o conceito de altruísmo recíproco (seja gentil com quem possa retribuir sua gentileza no futuro) enquanto dois passos rumo à ultrassociabilidade. Uma vez que essas soluções ao problema do condutor livre foram publicadas (em 1966 e em 1971, respectivamente)[460], a maior parte dos teóricos evolucionistas considerou o imbróglio do altruísmo resolvido e essencialmente declararam a seleção de grupo ilegal. O altruísmo pode ser explicado como um tipo especial de egoísmo, e todos os seguidores de Darwin e de seu pensamento de que a evolução trabalha para o "bem do grupo", em vez de o ser para o bem do indivíduo (ou melhor, para o bem do gene)[461], foram desprezados como românticos tolos.

O banimento da seleção de grupo apresentava uma falha, contudo. Para criaturas que realmente competem entre si, vivem e morrem em conjunto, tais como outros animais ultrassociáveis (abelhas, vespas, formigas, cupins e ratos-toupeiras-pelados), as explicações para a seleção de grupo eram apropriadas. Há, de fato, um senso de que uma colmeia ou uma colônia de formigas consiste num único organismo, sendo cada inseto uma célula naquele corpo[462]. Como células-tronco, formigas podem assumir formas físicas distintas a fim de desempenharem funções específicas conforme as necessidades da colônia: corpos pequenos para o cuidado de larvas, corpos maiores com apêndices específicos para a busca por comida ou para a luta contra invasores que ataquem a comunidade. Como as células-tronco no sistema imunológico, as formigas se sacrificam em prol da proteção da colônia: numa das espécies da formiga malaia[463], as formigas-soldado acumulam uma substância grudenta sob seu exoesqueleto. No meio

---

[460] WILLIAMS, G. C. *Adaptation and natural selection: A critique of some current evolutionary thought.* Princeton: Princeton University Press, 1966.
TRIVERS, R. L. The evolution of reciprocal altruism. *Quarterly Review of Biology*, 46, 1971, p. 35-57.
[461] DAWKINS, R. *The selfish gene.* Oxford: Oxford University Press, 1976.
[462] WILSON, E. O. *Success and dominance in ecosystems: The case of the social insects.* Oldendorf: Ecology Institute, 1990.
[463] *Camponotus saundersi*, descrito em Wilson (1990).
WILSON, E. O. *Success and dominance in ecosystems: The case of the social insects.* Oldendorf: Ecology Institute, 1990, p. 44.

da batalha, elas explodem seus corpos, tornando-se "homens-bomba" que engomam seus adversários. No que tange a abelhas e formigas, a rainha não é o cérebro; ela é o ovário, e toda a colmeia, ou colônia, pode ser vista como um corpo moldado pela seleção natural para proteger esse ovário e ajudá-lo a gerar mais colmeias ou colônias. Visto que todos os membros estão no mesmo barco, a seleção de grupo não é apenas uma explicação plausível; é uma explicação mandatória.

Poderia tal brecha também se aplicar a seres humanos? Os humanos competem entre si, vivem e morrem como um grupo? Tribos e grupos étnicos crescem e se disseminam, ou se extinguem e morrem, e às vezes esse processo ocorre por conta de um genocídio. Além disso, as sociedades humanas costumam ser estruturadas com uma extraordinária divisão de trabalho, de modo que a comparação a abelhas e formigas é tentadora. Contudo, enquanto cada ser humano tiver a oportunidade de reproduzir, as recompensas evolutivas concedidas ao indivíduo, que invista em seu próprio bem-estar e no da sua prole, quase sempre excederão aquelas concedidas àqueles que contribuem para o bem coletivo; no longo prazo, traços egoístas, portanto, haverão de se disseminar em detrimento de traços altruístas. Mesmo durante guerras e genocídios, quando os interesses coletivos são mais fortes, é o covarde que foge e se esconde, em vez de se juntar a seus camaradas nas frentes de batalha, quem é mais suscetível a transmitir seus genes à próxima geração. Os teóricos evolucionistas, portanto, permaneceram unidos, desde o início da década de 1970, em sua crença de que a seleção de grupo simplesmente não desempenha nenhum papel no que concerne a moldar a natureza humana.

Espere um minuto... Essa não é uma questão de "tudo ou nada". Mesmo que a competição dos indivíduos *dentro* de um grupo seja o processo mais importante no escopo da evolução humana, a seleção de grupo (competição *entre* grupos) também poderia ter sua função. O biólogo evolucionista David Sloan Wilson[464] alegou recentemente que o banimento das

---

[464] Em Wilson (2002). Note, contudo, que a seleção de grupo é muito controversa e indica o posicionamento de uma minoria dentre os biólogos evolucionistas.
WILSON, D. S. *Darwin's cathedral: Evolution, religion, and the nature of society.* Chicago: University of Chicago Press, 2002.

teorias de seleção de grupo com base em modelos computacionais simplórios da década de 1960 consistia num dos maiores equívocos da história da biologia moderna. Se tornarmos esses modelos mais realistas, mais semelhantes a seres humanos reais, a seleção de grupo se torna evidente. Wilson aponta que os seres humanos evoluem em dois níveis, simultaneamente: o genético e o cultural. Os modelos simplistas da década de 1960 funcionaram bem para criaturas desprovidas de cultura; para elas, os traços comportamentais devem estar codificados em seus genes, que são transmitidos a parentes. Contudo, tudo o que uma pessoa faz é influenciado não só por sua genética, mas também por sua cultura, e culturas também evoluem. Posto que os elementos culturais apresentam variações (as pessoas inventam coisas novas) e seleção (outras pessoas adotam, ou não, essas variações), traços culturais podem ser analisados segundo um esquema darwiniano[465] do mesmo modo que traços físicos (bicos de pássaros, pescoços de girafas etc.). Elementos culturais, todavia, não se alastram no processo de gerar filhos; eles se alastram rapidamente quando as pessoas adotam um novo comportamento, uma nova tecnologia ou uma nova crença. Os traços culturais podem, inclusive, alastra-se de tribo a tribo, ou de nação a nação, como quando o arado, a imprensa e os *reality shows* tornaram-se populares em tantos lugares sucessivamente.

As evoluções cultural e genética estão entrelaçadas. A capacidade humana para a cultura — uma forte tendência de aprender um com o outro, de ensinar um ao outro e de extrair conclusões do que foi aprendido — é, por si só, uma inovação genética que ocorreu em estágios ao longo dos últimos milhões de anos[466]. Contudo, quando nosso cérebro atingiu um

---

[465] Ver Aunger (2000), Gladwell (2000), Richerson & Boyd (2005).
AUNGER, R. (Ed.). *Darwinizing culture: The status of memetics as a science*. Oxford: Oxford University Press, 2000.
GLADWELL, M. *The tipping point: How little things can make a big difference*. Nova York: Little Brown, 2000.
RICHERSON, P. J.; BOYD, R. *Not by genes alone: How culture transformed human evolution*. Chicago: University of Chicago Press, 2005.

[466] RICHERSON, P. J.; BOYD, R. *Not by genes alone: How culture transformed human evolution*. Chicago: University of Chicago Press, 2005.
LEAKEY, R. *The origin of humankind*. Nova York: Basic Books, 1994.

limite crítico, talvez entre oitenta mil e cem mil anos atrás[467], a inovação cultural começou a se acelerar; uma forte pressão evolutiva passou a moldar os cérebros com intuito de que eles tirassem mais vantagens da cultura. Indivíduos, que aprendiam melhor com outros, eram mais bem-sucedidos do que seus irmãos menos "cultos". E na medida em que os cérebros se tornaram mais culturais, as culturas se tornaram mais elaboradas, aumentando as vantagens de se ter um cérebro mais cultural. Todos os humanos de hoje são produtos da coevolução de um conjunto de genes (que é quase idêntica ao redor das culturas) e de um conjunto elementos culturais (que é diverso entre as culturas, embora restrito pelas capacidades e predisposições da mente humana)[468]. Por exemplo, a evolução genética da emoção do nojo tornou possível (mas não inevitável) que as culturas desenvolvessem sistemas de castas baseados em ocupações e reiterados pelo nojo sentido frente àqueles que praticam atividades "poluentes". Um sistema de castas restringe o casamento, tornando-o possível somente entre indivíduos pertencentes à mesma casta, o que, em contrapartida, altera o curso da evolução genética. Após mil anos de endogamia dentro das respectivas castas, as castas haverão de divergir levemente uma da outra em alguns traços genéticos (por exemplo, tons de pele), o que poderia levar a uma crescente associação de castas a cores de pele e não a ocupações. (Só é preciso vinte gerações de reprodução seletiva para que sejam criadas grandes diferenças em termos aparência e comportamento em outros mamíferos)[469]. Nesse

---

[467] Mithen (2000) explica a lacuna entre o cérebro ter atingido seu tamanho atual, há mais de cem mil anos e a explosão cultural que teve início algumas dezenas de milhares de anos mais tarde como resultado de um lento acúmulo de cultura material. MITHEN, S. "Mind, brain and material culture: An archaeological perspective". *In*: CARRUTHERS, P.; CHAMBERLAIN, A. (Eds.), *Evolution and the human mind*. Cambridge: Cambridge University Press, 2000, p. 207-217.

[468] Ver Pinker (1997, 2002) sobre como a mente evoluída constringe a arte, a política, os papéis dos gêneros e outros aspectos culturais.
PINKER, S. *How the mind works*. Nova York: Norton, 1997.
PINKER, S. *The blank slate: The modern denial of human nature*. Nova York: Viking, 2002.

[469] Raposas foram domesticadas e se assemelharam aos cachorros em aparência e comportamento em apenas quarenta anos de reprodução seletiva; ver Belyaev (1979) e Trut (1999).

sentido, genes e culturas coevoluem[470]; elas afetam uma à outra mutuamente e nenhum desses processos pode ser estudado isoladamente em seres humanos.

Wilson examina a religião sob essa ótica coevolutiva. A palavra *religião* literalmente significa, em latim, "o ato de ligar ou vincular elementos"; e apesar da grande variação de religiões no mundo, Wilson mostra que as religiões sempre têm o propósito de coordenar e orientar o comportamento das pessoas em relação às outras e ao grupo como um todo, às vezes para que eles possam competir com outros grupos. O sociólogo Émile Durkheim desenvolveu primeiramente essa visão da religião em 1912:

> Uma religião consiste num sistema unificado de crenças e práticas relativas a coisas sagradas, ou seja, existem coisas separadas e proibidas — crenças e práticas que unem, numa só comunidade moral chamada de igreja, todos que aderem a elas[471].

Wilson demonstra como as práticas religiosas ajudam os membros daquela religião a resolverem problemas de coordenação. Por exemplo, a confiança e, por consequência, a troca são altamente reforçadas quando todas as partes envolvidas fazem parte da mesma comunidade religiosa e quando as crenças religiosas pregam que Deus conhece e se importa com a honestidade dessas partes. (O antropólogo Pascal Boyer[472] aponta que deuses e espíritos ancestrais são frequentemente tidos como oniscientes. No entanto, aquilo com que eles mais se importam no vasto universo são as intenções morais ocultas nos corações dos vivos). O respeito pelas re-

---

BELYAEV, D. K. "Destabilizing selection as a factor in domestication". *Journal of Heredity*, 70, 1979, p. 301-308.
TRUT, L. N. "Early canid domestication: The farm fox experiment". *American Scientist*, 87, 1999, p. 160-169.

[470] RICHERSON, P. J.; BOYD, R. *Not by genes alone: How culture transformed human evolution.* Chicago: University of Chicago Press, 2005.
[471] DURKHEIM, E. *The elementary forms of the religious life.* Nova York: Free Press, 1965, p. 62.
[472] BOYER, P. *Religion explained: The evolutionary origins of religious thought.* Nova York: Basic Books, 2001.

gras é aprimorado quando as regras têm um elemento sacro e quando são reforçadas por sanções sobrenaturais e pela fofoca, ou pelo ostracismo, de um dos membros. A alegação de Wilson é a de que ideias religiosas, bem como cérebros que respondiam a elas, coevoluíram. Mesmo que a crença em entidades sobrenaturais tenha emergido originalmente por outra razão, ou como subproduto acidental da evolução cognitiva (conforme afirmaram alguns acadêmicos)[473], grupos que transformaram essas crenças em dispositivos de coordenação social (por exemplo, vinculando-as a emoções como a vergonha, o medo, a culpa e o amor) encontraram uma solução cultural para o problema do condutor livre e colheram grandes benefícios de confiança e cooperação. Se uma crença mais forte conduzia a benefícios individuais maiores, ou se um grupo desenvolvia um modo de punir ou excluir os que não compartilhavam dessas crenças e práticas, as condições se tornavam perfeitas para a coevolução da religião e de cérebros religiosos. (De maneira consistente com a proposta de Wilson, o geneticista Dean Hamer recentemente relatou evidências de estudos com gêmeos que sugerem que um gene específico pode ser associado a uma tendência maior de o indivíduo passar por experiências religiosas e de autotranscendência)[474].

A religião, portanto, pode ter incluído os seres humanos na brecha da seleção de grupo. Ao fazer as pessoas se sentirem e agirem como se fossem partes de um único corpo, a religião reduziu a influência da seleção individual (que molda os indivíduos para serem egoístas) e incluiu na equação a força da seleção de grupo (que molda os indivíduos para trabalharem em prol do bem do grupo ao qual pertencem). Ainda assim, não superamos essa brecha por completo: a natureza humana é uma mistura complexa de preparações para extremo egoísmo e extremo altruísmo. Qual lado dessa natureza nós expressamos depende de nossa cultura e do contexto em que estamos inseridos. Quando os oponentes da evolução objetam que os seres

---

[473] BOYER, P. *Religion explained: The evolutionary origins of religious thought*. Nova York: Basic Books, 2001.
DAWKINS, R. *The selfish gene*. Oxford: Oxford University Press, 1976.
[474] HAMER, D. H. (2004). *The God gene: How faith is hardwired into our genes*. New York: Doubleday.

humanos não são meramente macacos, eles estão corretos. Também somos parcialmente abelhas.

## Harmonia e propósito

Ler *Darwin's Cathedral*, de Wilson, é como embarcar numa jornada à Espaçolândia. Você pode olhar para baixo e ver a vasta trama de culturas humanas e enxergar por que as coisas são costuradas da maneira que são. Wilson diz que seu inferno pessoal seria ficar trancado para sempre dentro de uma sala cheia de pessoas discutindo as hipocrisias da religião, alegando, por exemplo, que muitas religiões pregam o amor, a compaixão e a virtude, mas desencadeiam guerras, ódio e terrorismo. Sob a perspectiva mais elevada de Wilson, não existe contradição nisso. A seleção de grupo cria uma genética e adaptações culturais entrelaçadas que aprimoram a paz, a harmonia e a cooperação *dentro* do grupo, com o expresso propósito de aprimorar também a habilidade daquele grupo de competir com *outros*. A seleção de grupo não dá fim aos conflitos; ela apenas os coloca em outro nível de organização social. As atrocidades cometidas em nome da religião são quase sempre cometidas contra membros de outros grupos, ou contra os indivíduos mais perigosos de todos: os apóstatas (aqueles que tentam deixar o grupo) e os traidores (que sabotam o grupo).

Um segundo enigma que Wilson é capaz de resolver é por que o misticismo, sempre e em todos os lugares, diz respeito à transcendência do "eu" e à união a algo maior do que o "eu". Quando William James (1842-1910) analisou o misticismo, ele manteve seu foco sobre o estado psicológico da "consciência cósmica"[475] e sobre as técnicas desenvolvidas em todas as grandes religiões para obtê-la. Hindus e budistas usam a meditação e a *yoga* para alcançar o estado de *samadhi*, no qual "a distinção entre sujeito e objeto e o senso de um "eu" individual desaparecem num estado usualmente descrito como uma paz suprema, êxtase e iluminação"[476]. James encontrou

---

[475] O termo foi cunhado recentemente por R. M. Bucke. Ver James (1961).
JAMES, W. *The varieties of religious experience*. Nova York: Macmillan, 1961, p. 313.
[476] *Columbia Encyclopedia* (6ª edição). Nova York: Columbia University Press, 2001.

objetivos muito parecidos nos misticismos cristão e muçulmano, frequentemente atingidos por meio de rezas repetitivas. Ele citou o filósofo do século XI, Al Ghazali (1058-1111), que passou vários anos idolatrando os sufis da Síria. Al Ghazali adquiriu experiências de "transporte" e revelações que disse que não poderiam ser descritas em palavras, embora ele tenha tentado explicar a seus leitores muçulmanos a essência do sufismo:

> O primeiro requerimento para um sufi é o de expurgar inteiramente seu coração de tudo aquilo que não é Deus. A próxima chave para vida contemplativa consiste nas rezas humildes que escapam da alma fervente e nas meditações sobre Deus nas quais o coração é engolido por completo. Na realidade, esse é apenas o começo da vida sufi, sendo o fim do sufismo a total absorção em Deus[477].

Sob a ótica de Wilson, a experiência mística é um botão de "desligar" para o "eu". Quando o "eu" é desligado, as pessoas se tornam apenas uma célula num corpo maior, uma abelha na colmeia. Não é de surpreender que os efeitos da experiência mística sejam tão previsíveis: as pessoas costumam sentir uma devoção maior a Deus, ou ao ato de ajudar os outros, frequentemente trazendo-os a Deus.

O neurocientista Andrew Newberg[478] estudou os cérebros das pessoas durante suas experiências místicas, majoritariamente atingidas pela meditação, e descobriu onde pode estar aquele botão de desligar. Na porção traseira dos lobos parietais do cérebro (localizada abaixo da porção traseira do topo do crânio) há dois pedaços de córtex que Newberg chama de "áreas de orientação e associação". A parte do hemisfério esquerdo parece contribuir com a sensação mental de ter um corpo limitado e fisicamente definido, portanto, monitora seus limites corporais. A área correspondente no hemisfério direito contém um mapa do espaço a seu redor. Essas duas áreas recebem *inputs* de nossos sentidos para ajudá-los a manter uma re-

---

[477] JAMES, W. *The varieties of religious experience.* Nova York: Macmillan, 1961, p. 317.
[478] NEWBERG, A.; D'AQUILI, E.; RAUSE, V. *Why God won't go away: Brain science and the biology of belief.* Nova York: Ballantine, 2001.

presentação contínua de nós mesmos e sua localização no espaço. No exato momento em que as pessoas relatam o alcance de estados de união mística, as duas áreas parecem ser desligadas. *Inputs* de outras partes do cérebro são reduzidos e a atividade global nessas áreas de orientação também se reduzem. No entanto, Newberg acredita que elas ainda estão tentando fazer seu trabalho: a área da esquerda tenta estabelecer as fronteiras do corpo e não as encontra; a da direita tenta estabelecer nossa localização no espaço e não consegue fazê-lo. A pessoa, então, experiencia uma perda do "eu" combinada a uma expansão paradoxal do "eu" no espaço, mas sem uma localização específica no mundo normal das três dimensões. A pessoa se sente fundida a algo vasto, maior do que o "eu".

Newberg acredita que rituais que envolvem movimentos repetitivos e cânticos, especialmente quando executados por muitas pessoas ao mesmo tempo, ajudam a montar "padrões de ressonância" nos cérebros dos participantes, que tornam a ocorrência desse estado místico mais provável de ocorrer. O historiador William McNeill (1917-2016), a partir de dados totalmente distintos, chegou à mesma conclusão. Quando McNeill foi recrutado para o exército norte-americano em 1941, o treinamento básico exigia que ele marchasse por centenas de horas no campo de treino em formação cerrada junto com algumas dezenas de outros homens. Primeiramente, McNeill pensou que a marcha constituía apenas uma forma de passar o tempo, porque não havia armas com as quais treinar em sua base. Entretanto, após algumas semanas de treinamento, a marcha começou a induzir nele um estado alterado de consciência:

> Palavras são inadequadas para descrever a emoção atiçada pelo movimento prolongado e uníssono que o treino envolvia. Uma sensação pervasiva de bem-estar é tudo de que me lembro; mais especificamente, uma estranha sensação de alargamento; uma espécie de inchaço, tornar-se maior do que a vida, graças à participação num ritual coletivo[479].

---

[479] MCNEILL, W. H. *Keeping together in time: Dance and drill in human history*. Cambridge: Harvard University Press, 1995.

Décadas mais tarde, McNeill estudou o papel que o movimento sincronizado — na dança, em rituais religiosos e no treinamento militar — desempenhou na história. Em *Keeping Together in Time*[480], ele conclui que as sociedades humanas, desde o início dos relatos da história, utilizam o movimento sincronizado para criar harmonia e coesão em grupos e, às vezes, para prepará-los para as hostilidades em relação a outros grupos. A conclusão de McNeill sugere que o movimento sincronizado e os cânticos podem ser mecanismos evoluídos de ativação de motivações altruístas, criados no processo de seleção de grupo. O sacrifício extremo, característico de uma espécie resultante da seleção de grupo, como as abelhas e as formigas, costuma ser encontrado em soldados. McNeill cita uma passagem extraordinária do livro *The Warriors: Reflections of Men in Battle* que descreve o empolgante estado comunal no qual os soldados às vezes entram:

> O "eu" se transforma insensivelmente num "nós", "meu" se torna "nosso", e o destino de um indivíduo perde sua importância central [...]. Eu acredito que a garantia da imortalidade torna o sacrifício individual nesses momentos tão relativamente fácil [...] eu posso cair, mas não morrerei, pois o que há de real em mim seguirá em frente e viverá nos camaradas por quem dei minha vida[481].

De fato, há algo maior do que o "eu", algo capaz de prover às pessoas um senso de propósito pelo qual elas julgam que vale a pena morrer: o grupo. (É claro que o propósito nobre de um grupo é, às vezes, o puro mal de outro grupo).

---

[480] MCNEILL, W. H. *Keeping together in time: Dance and drill in human history.* Cambridge: Harvard University Press, 1995.
[481] De Gray (1970), citado na página 10 de McNeill (1995).
GRAY, J. G. *The Warriors: Reflections of men in battle.* Nova York: Harper & Row, 1970.
MCNEILL, W. H. *Keeping together in time: Dance and drill in human history.* Cambridge: Harvard University Press, 1995, p. 10.

## O SENTIDO DA VIDA

O que você pode fazer para ter uma vida boa, feliz, satisfatória e significativa? Qual é a resposta à questão do propósito *na* vida? Eu acredito que a resposta só possa ser encontrada no entendimento de que tipo de criatura nós somos dividida nas muitas formas nas quais nós nos dividimos. Fomos moldados pela seleção individual para sermos criaturas egoístas que lutam por recursos, prazer e prestígio, e fomos moldados pela seleção de grupo para sermos criaturas de colmeias que desejam se perder em algo maior do que o "eu". Somos criaturas sociais que necessitam de amor e apegos, e somos criaturas industriais que necessitam de efetivação, capazes de entrar num estado de compromisso vital com nosso trabalho. Somos o condutor e o elefante e nossa saúde mental depende do trabalho conjunto dos dois, cada um se apoiando nas forças do outro. Não acredito que haja uma resposta inspiradora à pergunta: "Qual é o propósito *da* vida?" Ainda assim, ao recorrermos à sabedoria antiga e à ciência moderna, podemos encontrar respostas sedutoras à questão do propósito *na* vida. A versão final da hipótese da felicidade é a de que a felicidade vem do meio-termo. A felicidade não é algo que se possa encontrar, adquirir ou alcançar diretamente. É preciso criar as condições ideais e esperar. Algumas dessas condições jazem dentro de nós, tais como a da coerência entre as partes e os níveis de nossa personalidade. Outras condições requerem relações com coisas que vão além de nós: assim como as plantas precisam de sol, água e um bom solo para prosperarem, as pessoas precisam de amor, trabalho e uma conexão a algo maior. Vale a pena se esforçar para manter as relações corretas entre você e outrem, entre você e seu trabalho, entre você e algo maior que você. Se você acertar nesse aspecto, um senso de propósito e sentido emergirá.

# Conclusão

# Conclusão
# Sobre o Equilíbrio

*Tudo se torna contrário de si mesmo.*
— Heráclito[482], c. 500 a. C.

*Sem contrários não há progressão. Atração e repulsão, razão e energia, amor e ódio são necessários à existência humana.*
— William Blake[483], c. 1790

O antigo símbolo chinês de *yin* e *yang* representa o valor do equilíbrio eternamente itinerante entre princípios aparentemente opostos. Como mostram as epígrafes de Heráclito e Blake, essa não é apenas uma ideia oriental; é uma grande ideia, uma percepção atemporal que, de certo modo, resume este livro. A religião e a ciência, por exemplo, costumam ser tidas como oponentes, mas, conforme eu demonstrei, tanto as percepções de religiões antigas quanto as da ciência moderna são necessárias para alcançarmos um entendimento completo da natureza humana e das condições da satisfação humana. Os antigos podem não ter tido grandes conhecimentos sobre biologia, química e física, mas muitos deles eram bons psicólogos. A psicologia e a religião podem se beneficiar se levarem a sério uma à outra ou, pelo menos, se concordarem em aprender uma com a outra enquanto ignoram as áreas de divergências irreconciliáveis.

---

[482] Citado por Diogenes Laércio.
LAÉRCIO, D. *Lives of eminent philosophers*. Londres: Heinemann, 1925, vol. 9, seção 8.
[483] BLAKE, William. *The marriage of heaven and hell*. Londres: Oxford University Press, 1975, p. 3.

As abordagens oriental e ocidental da vida também são ditas opostas: o Oriente enfatiza a aceitação e o coletivismo; o Ocidente encoraja o esforço e o individualismo. Contudo, conforme vimos, ambas as perspectivas são válidas. A felicidade requer mudar a si mesmo e transformar o mundo. É preciso buscar atingir suas próprias metas e, ao mesmo tempo, entrosar-se com os outros. Pessoas diferentes em épocas distintas de suas vidas se beneficiarão do apoio mais acentuado em uma abordagem ou na outra.

Por fim, progressistas e conservadores são oponentes no sentido literal da palavra, cada um se utilizando do mito do puro mal para demonizar o outro lado e unificar o seu. No entanto, a lição mais importante que aprendi em meus vinte anos de pesquisa sobre a moralidade é a de que praticamente todos são moralmente motivados. O egoísmo é uma força poderosa, especialmente no que tange às decisões dos indivíduos, mas quando *grupos* de pessoas se juntam para fazer um esforço coletivo a fim de mudar o mundo, você pode apostar que elas estão buscando uma visão de virtude, justiça ou sacralidade. O interesse próprio material faz muito pouco para explicar as paixões de partidários em assuntos como o aborto, o meio ambiente, ou o papel da religião na vida pública. (O interesse próprio, certamente, não pode explicar o terrorismo, mas o altruísmo tornado possível por um grupo seleto pode).

Um dito importante da psicologia cultural é o de que cada cultura desenvolve especialidade em alguns aspectos da existência humana, mas nenhuma cultura pode ser especialista em todos eles. O mesmo vale para os dois extremos do espectro político. Minha pesquisa[484] confirma a percepção comum de que os progressistas são peritos em pensamentos sobre vitimização, igualdade, autonomia e direitos individuais, especialmente os das mino-

---

[484] GRAHAM & HAIDT (em preparação), HAIDT & BJORKLUND (no prelo), HAIDT & HERSH (2001). GRAHAM, J.; HAIDT, J. *The implicit and explicit moral values of liberals and conservatives*. Manuscrito. University of Virginia, Dept. of Psychology.
HAIDT, J.; BJORKLUND, F. "Social intuitionists answer six questions about morality". In: *Moral psychology*.Vol.2. *The cognitive science of morality*. W. Sinnott-Armstrong (Ed.), no prelo.
HAIDT, J.; HERSH, M. A. "Sexual morality: The cultures and reasons of liberals and conservatives". *Journal of Applied Social Psychology*, 31, 2001, p. 191-221.

rias e dos não conformistas. Conservadores, em contrapartida, são peritos em pensamentos sobre lealdade ao grupo, respeito à autoridade e à tradição e sacralidade[485]. Quando um lado se sobressai ao outro, os resultados provavelmente serão ruins. Uma sociedade sem progressistas seria dura e opressiva a muitos indivíduos. Uma sociedade sem conservadores perderia boa parte das estruturas e restrições sociais que Durkheim (1858-1917) demonstrou que são tão valorosas. A anomia cresceria junto com a liberdade. Um bom lugar para procurar por sabedoria, portanto, é onde você menos espera encontrá-la: na mente de seus oponentes. Você já conhece as ideias disseminadas por seu lado. Se você for capaz de retirar os véus do mito do puro mal, você poderá enxergar boas ideias pela primeira vez.

Ao nos pautarmos na ideia de que a sabedoria é balanceada — antiga e nova, oriental e ocidental, até mesmo progressita e conservadora —, nós podemos escolher direções na vida que levarão à satisfação, à felicidade e a um senso de significado. Não podemos simplesmente escolher um destino e caminhar diretamente rumo a ele — o condutor não tem tanta autoridade. Contudo, ao analisarmos as maiores ideias da humanidade e o melhor que a ciência pode oferecer, podemos treinar o elefante, conhecer nossas possibilidades, assim como nossos limites, e viver sabiamente.

---

[485] Há, é claro, subtipos de progressistas e conservadores que violam tais generalizações, como a esquerda religiosa e a direita libertária, cada uma com sua própria especialidade.

# Agradecimentos

# Agradecimentos

Este livro emergiu dos meus relacionamentos com muitas pessoas, que se desenvolveram enquanto eu passei por quatro universidades. Se este livro é mais abrangente em seu escopo do que a maioria da literatura da psicologia, é porque eu tive a grande sorte de ser orientado por John Fischer, em Yale, John Baron, Alan Fiske, Rick McCauley, Judith Rodin, Paul Rozin e John Sabini, na Universidade da Pensilvânia, e Richard Shweder, na Universidade de Chicago. Como professor assistente na Universidade da Virgínia, recebi mais orientações de Dan Wegner e ainda de Marty Seligman, na Pensilvânia. Sou eternamente grato a esses professores generosos e pensadores tão tolerantes.

Livros também requerem que alguém além do autor enxergue uma possibilidade e assuma um risco. Sou profundamente grato ao Sr. John Templeton, à Fundação Templeton e a seu vice-presidente executivo, Arthur Schwartz, por apoiarem minha pesquisa sobre a elevação moral e por me oferecerem um semestre de licença para que eu começasse minha pesquisa para este livro. Meu agente, Esmond Harmsworth, também se arriscou; ele investiu muito tempo e habilidade no ato de guiar um autor principiante pelas complexidades do mundo das publicações e, então, a uma parceria com a editora Jo Ann Miller, da Basic Books. Jo Ann me encorajou a escrever este livro muito antes de se tornar minha editora, e ela o aprimorou de inúmeras maneiras. Sobretudo, ela me ajudou a pensar grande enquanto eu escrevia em linguagem acessível, e sei que meus escríticos acadêmicos se beneficiarão de sua sabedoria. Agradeço a todos esses que assumiram riscos.

Muitos amigos e colegas leram capítulos e me salvaram de erros, exageros e trocadilhos. Jesse Graham, Suzanne King, Jayne Riew e Mark Shulman me forneceram comentários detalhados ao longo de todo o manuscrito. Os nomes citados a seguir me ajudaram a aprimorar um ou mais capítulos: Jonathan Adler, Sara Algoe, Desiree Alvarez, Jen Bernhards, Robert Biswas-Diener, David Buss, Fredrik Bjorklund, Jerry Clore, William Damon, Judy Deloache, Nick Epley, Sterling Haidt, Greg LaBlanc, Angel Lillard, Bill McAllister, Rick McCauley, Helen Miller, Brian Nosek, Shige Oishi, James Pawelski, Paul Rozin, Simone Schnall, Barry Schwartz, Patrick Seder, Gary Sherman, Nina Strohminger, Bethany Teachman, Kees Van den Bos, Dan Wegner, Dan Willingham, Nancy Weinfield, Emily Wilson e Tim Wilson. Agradeço a todos.

Por fim, um livro emerge da personalidade de seu autor, e quer essa personalidade seja moldada pelo meio em que ele vive, ou por sua natureza, agradeço a meus pais, Harold e Elaine Haidt, bem como a minhas irmãs, Rebecca Haidt e Samantha Davenport, por todo seu apoio. Acima de tudo, agradeço a minha esposa, Jayne Riew, que me proveu um meio-termo.

# Índice

# ÍNDICE REMISSIVO E ONOMÁSTICO

*1984*, de George Orwell, 302

## A

Abbot, Edwin (1838-1926), 276, 303
Acordos de Oslo, 119
Aeroporto de O'Hare, em Chicago, 97
África do Sul, 119
*Agape*, 204-05, 290, 298
Agostinho de Hipona (354-430), Santo, 205
Ainsworth, Mary (1913-1999), 183-88
Al Ghazali, Abu Hamid (1058-1111), 348
Algoe, Sara B., 293
Allen, Woody (1935- ), nascido Allan Stewart Konigsberg, 93, 318
Amenemope (s/d), faraó da 21ª Dinastia, 246
América do Sul, 298
Amway, 98
*Analectos, Os*, de Confúcio, 14, 83
*Animal Moral, O*, de Robert Wright, 108
Antigo Testamento, 14, 133, 248, 280
Antiguidade, 16
*Apartheid*, da África do Sul, 119
Appiah, Anthony Kwame Akroma-Ampim Kusi (1954- ), 268
Aristófanes (c. 447-c. 385 a. C.), 196-97, 202, 208
Aristóteles (384-322 a. C.), 243, 247-48, 323
Arjuna, personagem do *Mahabharata*, 303-04
Ashoka (304-232 a. C.), rei do Império Máuria, 217-18
Associação Pediátrica Americana, 174
Associação Psicológica Americana (*American Psychological Association*), 66
Atenas, 255, 271

## B

Babilônia, 120
Baía de Bengala, Índia, 283
Baltimore, 183
*Banquete, O*, de Platão, 196, 202
Bargh, John A. (1955- ), 37
Barrie, J. M. (1860-1937), 126
Batson, C. Daniel (1943- ), 106-07, 128
Baumeister, Roy F. (1953- ), 122-24
Beck, Aaron T. (1921- ), 70-72, 112, 128, 224
Beckett, Samuel (1906-1989), 318
Bentham, Jeremy (1748-1832), 250-51
Berscheid, Ellen S. (1936- ), 196-97
*Bhagavad Gita*, 14, 97, 126, 146, 302-03
Bíblia sagrada, 297, 310
*Biblioteca de Babel, A*, de Jorge Luís Borges, 13
Bin Laden, Osama (1957-2011), 123
Biswas-Diener, Robert (1972- ), 166-67, 362
Blake, William (1757-1827), 355
*Blink*, de Malcolm Gladwell, 47
Blum, Deborah (1954- ), 179

Boécio, Anício Mânlio Torquato Severino (c. 480-c. 525), 52-54
Bogen, Joseph (1926-2005), 27-28
Bollywood, 195
Bonasera, personagem de *O Poderoso Chefão*, 83-85
Borges, Jorge Luís (1899-1986), 13, 18
Boston, 242, 301
Boven, Leaf van, 162
Bowlby, John (1907-1990), 175, 179-84, 186-89
Boyer, Pascal Robert, 345
Brando, Marlon (1924-2004), 83
Brontë, Charlotte (1816-1855), 154
Brooklyn, Nova York, 173
Bubanesvar, Índia, 217, 283-86, 336-37
Buda (c. 563-483 a. C.), nascido Siddhartha Gautama, 14-15, 16-17, 22, 24, 47, 51, 54, 67, 69, 79, 103, 107, 121, 127, 133-34, 141, 146, 148-49, 154, 165-69, 201, 205, 224, 241-42, 245-47, 330
Budismo, 43, 68, 127, 134, 141, 165, 169, 201, 218
Buffalo, Nova York, 141
Bulgária, 235
Burns, David D. (1942- ), 128
Bush, George W. (1946- ), 43º presidente dos Estados Unidos da América, 123, 125, 308-09

## C

Caixa de Pandora, 76
Calcutá, Índia, 167
Califórnia, 141, 144, 166
Capuleto, família fictícia de Shakespeare, 205
*Caritas*, 204-05
Carnegie, Dale (1888-1955), 51
Carnegie Mellon University, 117
Carolina do Norte, 21
Carver & White, 66
Cather, Willa Sibert (1873-1947), 317
Celexa, 74
Central Intelligence Agency (CIA), 92
Chapin, Henry (1857-1942), 174
Charlottesville, Virgínia, 150, 214
Chicago, 97, 225
China, 14, 211
Cialdini, Robert Beno (1945- ), 88-89, 97-99
Coca-Cola, 30
*Código de Manu, O*, 201, 284
Combat, 120
"Confabulação", 30
Confúcio (551-479 a. C.), 14, 83, 97, 201, 246-47
*Consolação da Filosofia, A*, de Boécio, 52, 54
*Conto de Natal, Um*, de Charles Dickens, 218
*Corão*, 14, 280
Coreia do Norte, 119
Corsitto, Salvatore (1913-1999), 83
Cruz Vermelha, 264
Cskiszentmihalyi, Mihalyi (1934- ), 155
Culturas do Mediterrâneo, 14
Cupido (mit.), 196, 199
*Curse of the Self, The*, de Mark Leary, 307

## D

Dalai Lama, 201, 216
Dama da Filosofia, 52-54, 69-70
Damasio, António (1944- ), 34-35
Damon, William (1944- ), 271, 333-34
*Darwin's Cathedral*, de David Sloan Wilson, 347
Daston, Lorraine (1951- ), 306
Davidson, Richard J. (1951- ), 64, 136
*Death of Character, The*, de James Hunter, 267
*Declaração da Independência*, 291
*Demônio da Perversidade, O*, de Edgar Allan Poe, 43
Departamento de Psicologia da Universidade da Virgínia, 295
*Depois da Virtude*, de Alasdair MacIntyre, 255
Derrubada de Roma pelos godos, 52
Descartes, René (1596-1650), 249
"Desenvolvimento pós-traumático", 213, 215 218-19, 224, 226, 237
Deusa da Fortuna, 52-53
Dez Mandamentos, 310
*Dharma*, a lei moral do universo, 126, 218, 303

Dickens, Charles (1812-1870), 218
Diener, Edward F. (1946- ), 145, 166-67
Don Corleone, personagem de *O Poderoso Chefão*, 83-85, 90
Donne, John (1572-1631), 173, 208
Dorian Gray, personagem de Oscar Wilde, 118
"Dr. Phil", *ver* McGraw, Philip C.
Dunbar, Robin Ian McDonald (1947- ), 94-95
Dunning, David Alan (1950- ), 113, 117
Durkheim, David Émile (1858-1917), 206-07, 233, 267, 269, 345, 357

## E

Elder Jr., Glen Holl (1934- ), 233-34
Eliade, Mircea (1907-1986), 289-91, 306
Emerson, Ralph Waldo (1803-1882), 287, 299
Emmons, Robert A. (1958- ), 222
Epicuro (341-270 a. C.), 157, 203, 241, 245
Epiteto (50-135), 133-34, 141, 146, 148-49, 330
Epley, Nicholas, 113, 117
*E pluribus, unum* ("de muitos, um"), 271
Era Vitoriana, 288
Esopo (620-564 a. C.), 248
*Esperando Godot*, de Samuel Beckett, 318
Estoicismo, 134
Estudos de Kuhn e Perkins, 111
*Ethics of Identity, The*, de Anthony Appiah, 268
*Ética a Nicômaco*, de Aristóteles, 248
*Eudaimonia*, 243
Europa, 160, 179, 206, 312
*Evil: Inside Human Cruelty and Aggression*, de Roy Baumeister, 122
Exames de Aptidão Escolar (norte-americanos), 42

## F

*Faces da Morte*, 254
Faculdade de Bryn Mawr, 280
*Feeling Good*, de David Burns, 73, 128
Filósofos estoicos, 16, 141, 167
Filósofos gregos e romanos, 14, 168, 202
Fluxo de Csikszentmihalyi, 260
Ford Thunderbird 1966, 319
França, 45, 242
Frank, Robert H. (1945- ), 159-62
Franklin, Benjamin (1706-1790), 21, 59, 111-12, 242-45, 247, 253, 259-60, 266, 271
Freud, Anna (1895-1982), 180, 183
Freud, Sigmund Schlomo (1856-1939), 23-24, 45, 147, 174, 178, 183, 325-26

## G

Gardner, Howard Earl (1943- ), 333-34
Gautama, Siddhartha (c. 563-c. 483 a. C.), *ver* Buda
Gazzaniga, Michael S. (1939- ), 28-31, 41, 46
Geertz, Clifford (1926-2006), 125
Geórgia, 57
Gibran, Khalil (1883-1931), 330
Gilovich, Thomas Dashiff (1954- ), 162
Gladwell, Malcolm T. (1963- ), 47
Glass, David, 151
Goldenberg, Jamie, 205-06
Grand Canyon, 260
Grande Depressão, 233-34
Grécia antiga, 16, 141, 242
Groenlândia, 166
Guerra de Tróia, 194
Guerra Fria, 119
*Guia do Mochileiro das Galáxias, O*, 320

## H

Hades (mit.), 197
Hamer, Dean (1951- ), 346
Hamlet, personagem de Shakespeare, 62
*Hare krishna*, 97-98
Harlow, Harry (1905-1981), 175-79, 181-84, 187, 204, 305, 326
*Harry Potter*, de J. K. Rowling, 97
Hawking, Stephen William (1942-2018), 139
Hazan, Cindy, 188-89
Heráclito de Éfeso (c. 540-c. 470 a. C.), 355
Hefesto (mit.), 196, 198
Hinde, Robert (1923-2016), 180-81
Hollywood, 195
Holmes Junior, Oliver Wendell (1841-1935), 169

## ÍNDICE REMISSIVO E ONOMÁSTICO

Hom, Holly, 95, 270
Homero (928-898 a. C.), 202, 248
Huckleberry Finn, personagem de Mark Twain, 242
Hume, David (1711-1776), 41
Hunter, James, 267-68

## I

Índia, 14, 16, 67, 121, 126, 154, 165, 217, 290, 312, 336, 339
*Ilíada, A*, de Homero, 202
Iluminismo europeu do século XVIII, 248
"Imperativo categórico", 250
Império Máuria, Índia Central, 217
*Influence*, de Robert Cialdini, 88
Inibidores seletivos da recaptação de serotonina (ISRS), 74
*Instruções de Amenemope, As*, de Amenomope, 246
Isen, Alice M. (1942-2012), 263, 293

## J

James, William (1842-1910), 303, 305, 347
Jasão, personagem de Ovídio, 25
Jefferson, Thomas (1743-1826), 3º presidente dos Estados Unidos da América, 291-93, 305
Jerry Seinfeld, personagem televisivo, 293
Jerusalém, 133-34
Jordan, Michael Jeffrey (1963- ), 293
*Journal of Incredibly Obvious Results*, 108
Jung, Carl Gustav (1875-1961), 321

## K

Kant, Immanuel (1724-1804), 249-51, 298
*Karma*, 226, 261, 286-87
Kasser, Tim (1966- ), 224
*Keeping Together in Time*, de William McNeill, 350
Keillor, Gary E. "Garrison" (1942- ), 112
Keltner, Dacher (1962- ), 302
Kerry, John Forbes (1943- ), 309
King Jr., Martin Luther (1929-1968), 339
King, Rodney (1965-2012), 122

Klein, Melanie (1882-1960), 180
Kohn, Melvin L. (1928- ), 327
Kramer, Peter D. (1948- ), 75-76
Krishna (mit.), 126, 146, 303
Krishna como manifestação do deus Vishnu (mit.), 303
Kuhn, Deanna, 110-11

## L

Lake Wobegon, cidade mítica de Garrison Keillor, 112
Lamento de Medeia (mit.), 254
Langer, Ellen J. (1947- ), 151
Lao Tzu (571-531 a. C.), 69, 162, 169
Leary, Mark Richard (1954- ), 307-08
Leary, Timothy (1920-1996), 300
LeConte, Joseph (1823-1901), 289
Lee, Peggy (1920-2002), nascida Norma Deloris Egstrom, 136
Lerner, Melvin J., 226
Lexapro, 74
Limbaugh, Rush Hudson (1951-2021), 103
Livros bíblicos:
Atos dos Apóstolos, 263
Coríntios, 282
Deuteronômio, 204
Eclesiastes, 133-35, 319
Efésios, 204
Epístola aos Romanos, 216
Gálatas, 21
Provérbios, 246
Loewenstein, George (1955- ), 117, 128
Londres, 37, 62, 183, 255
Lorenz, Konrad (1903-1989), 180
Los Angeles, 122
Louisiana, 57
*Love at Goon Park*, de Deborah Blum, 179
Lucrécio (c. 94-50 a. C.), 203
Luke Skywalker, personagem de *Guerra nas Estrelas*, 242
*Luxury Fever*, de Robert Frank, 160
Lysergic acid diethylamide (LSD), 300, 303
Lyubomirsky, Sonja, 148

## M

Macacos-rhesus, 175, 177-79, 204-05, 230
MacIntyre, Alasdair C. (1929- ), 255
Madison, Wisconsin, 176
*Mahabharata*, 303
Maniqueísmo, 120-21
*Manual Diagnóstico e Estatístico de Transtornos Mentais* (DSM), 256
Maquiavel, Nicolau (1469-1527), nascido Niccolò di Bernardo dei Macchiavelli, 105-06
Maomé (571-632), 275, 279, 289
Marco Aurélio (121-180), imperador de Roma, 51, 54, 62, 65, 329
Marx, Karl (1818-1883), 327
Maslow, Abraham H. (1908-1970), 176, 305-06, 326
Mason, Bill, 177
Mather, Cotton (1663-1728), 282, 284
*Matrix*, [The Matrix], de Lana e Lilly Wachowski, 126
McCauley, Clark R. (1943- ), 280, 285
McGraw, Philip C. 1950- ), 51
McNeill, William (1917-2016), 349-50
Medeia, personagem de Ovídio, 25, 254
Megamates, 104
Mêncio, *ver* Meng Tzu
Meng Tzu (372-289 a. C.), 14, 275, 279, 289
*Metamorfoses, As*, de Ovídio, 25
Milton, John (1608-1674), 65
Mischel, Walter (1930-2018), 41-42
Mississipi, 242
Monismo, 120-21
Montaigne, Michel de (1533-1592), 26-27
Montanhas Blue Ridge, 259
Montecchio, família fictícia de Shakespeare, 205
Monticello, Virgínia, 291
Monty Python, 321, 323

## N

Nakamura, Jeanne, 331-32
Namíbia, 197
*Natureza das Coisas, Da*, de Lucrécio, 203

Newberg, Andrew B. (1966- ), 348-49
*New York Times, The*, 139
Nietzsche, Friedrich Wilhelm (1844-1900), 211-12
*No Exit*, de Jean-Paul Sartre, 208
Nolen-Hoeksema, Susan (1959-2013), 217
Nova Inglaterra, 282
Novo Testamento, 14, 183, 189, 248

## O

*Odisseia, A*, de Homero, 202
Odisseu, personagem de Homero, 202
"On the Road to Find Out", de Cat Stevens, 318
Onze de Setembro, 123
*Opening Up*, de Jamie Pennebaker, 228
Organização Mundial da Saúde (OMS), 179
Oriente Médio, 123
Orissa, Índia, 283
Orwell, George (1903-1950), pseudônimo de Eric Arthur Blair, 302
*Our Bodies, Ourselves* [*Nossos Corpos, Nós Mesmos*], 311
*Ouvindo o Prozac*, de Peter Kramer, 75
Oveis, Chris, 294
Ovídio (43-17 a.C.), 25, 47

## P

Pahnke, Walter (1931-1971), 301
Palin, *Sir* Michael Edward (1943- ), 321
Park, Katharine (1950- ), 306
Parque Nacional Great Smoky, Carolina do Norte, 321
*Passions Within Reason*, de Robert Frank, 159
Patek Philippe, 161
Pavlov, Ivan (1849-1936), 40
Paxil, 73-74, 78
Pelham, Brett W., 57
Penélope, personagem de Homero, 202
Pennebaker, James W. (1950- ), 228-30
Perkins, David (1942- ), 110-11
Pérsia, 120
Personagens bíblicos:
Jacó, 283

Jó, 213
Moisés, 204
São João, 183
São Marcos, 189
São Mateus, 103, 204
São Paulo (ca. 5-67), 21, 27, 32, 34, 40, 47, 216, 263
*Peter Pan*, de J. M. Barrie, 126
Peterson, Chris (1950- ), 256-58
Piaget, Jean (1896-1980), 261
Piliavin, Jane A. (1937- ), 264
Pincoffs, Edmund (1919-1993), 251
Pinker, Steven A. (1954- ), 58
*Planolândia*, de Edwin Abbot, 275-76, 287, 308, 312
Platão (428-348 a. C.), 23-24, 32, 35, 40-41, 196, 202, 204, 248-49
*Poderoso Chefão, O* [*The Godfather*], de Francis Ford Coppola, 83, 90
Poe, Edgar Allan (1809-1849), 43
*Poor Richard's Almanack*, de Benjamin Franklin, 242
*Practical Ethics*, de Peter Singer, 253
Primeira Guerra Mundial, 288
Pronin, Emily, 118
Prometeu (mit.), 307
Proust, Valentin Louis Georges Eugène Marcel (1871-1922), 73, 235
Prozac, 27, 67, 72-79, 147, 230
*Psychological Care of Infant and Child*, de John Watson, 175

## Q

*Que um Rapaz deve Saber, O*, de Sylvanus Stall, 288
Queda de Roma, 248
Quênia, 166

## R

Rabino HilLel, século I a. C., 83
Reino Animal, 85-87, 94
*Religions, Values, and Peak Experiences*, de Abraham Maslow, 305-06
*República*, de Platão, 248

Revolução Industrial, 267, 327
Rodin, Judith (1944- ), 151-52
Rolex, 161
Roma antiga, 16
Ross, Lee David (1942- ), 118
Rozin, Paul (1936- ), 254, 280, 285

## S

*Sagrado e o Profano, O*, de Mircea Eliade, 289
Saint Louis, 57
Samsara, 126-27
Sanfey, Alan, 92
Santo Graal, 320
Sartre, Jean Paul (1905-1980), 208
Scarsdale, Nova York, 317
Schkade, David A., 148
Schooler, Carmi (1933-2018), 327
Schrock, Edward Lee (1941- ), 103
Schwartz, Barry (1946- ), 164
Scrooge, personagem de Charles Dickens, 218
Segunda Guerra Mundial, 179, 233-34
Semmelweis, Ignez (1818-1865), 174
Sêneca (c. 4-65), 52, 173, 208
Seng-Ts'na (c. 529-606), 127
*Sentido da Vida, O*, do Monty Python, 321
Sexta-Feira Santa de 1962, 301
Shakespeare, William (1564-1616), 14-15, 62, 137, 219, 327
Shaver, Phillip, 188
Sheldon, Kennon M., 148, 224
Sherman, Gary, 294
Shweder, Richard, 283, 286, 309
Singer, Jerome E. (1934-2010), 151
Singer, Peter Albert David (1946- ), 253-54
Silvers, Jennifer, 294-95
Síria, 348
Skinner, B. F. (1904-1990), 40, 175
Skipwith, Robert, 291
Skitka, Linda J., 125
Smith, Adam (1723-1790), 140, 159
Sócrates (c. 469-399 a. C.), 52, 202
Sofia, Bulgária, 235
Solomon, Robert (1942-2007), 168

Springsteen, Bruce Frederick Joseph (1949-), 318
Stall, Sylvanus (1847-1915), 288, 291
Steinem, Gloria M. (1934- ), 309
Stephanie Brown, personagem fictício da CD Comics, 265
Sternberg, Robert J. (1949- ), 235-37
Stevens, Cat (1948- ), nascido Steven Demetre Georgiou, 318
Suprema Corte dos Estados Unidos da América, 169, 269

## T

*Tao Te Ching*, 14
*Telos*, 243, 323
Templo de Lingaraj, 283, 285
Teodorico (454-526), rei ostrogodo, 52
*Teonanacatl*, 300
Teoria do apego, de John Blowby, 181, 187
Teoria dos germes, 174
Teoria evolucionista de Darwin, 289
Texas, 117
Thoreau, Hanry David (1817-1862), 169
Timex, 161
"Tirada Contra o Amor", do Livro 4 de Epicuro, 203
Tolstoi, Leon (1828-1910), 326, 330
*Torá*, 83
Trovadores franceses do século XII, 195

## U

U. C. Regents contra Bakke, 269
Uganda, 183
Universidade da Califórnia, em Berkeley, 289, 302
Universidade da Pensilvânia, 70, 253
Universidade da Virgínia, 14, 33, 183, 259, 267, 270, 290-91, 295, 332
Universidade de Boston, 301
Universidade de Chicago, 283
Universidade de Cornell, 113, 159
Universidade de Harvard, 110, 326, 333

Universidade de Michigan, 256, 265
Universidade de Nova York, 329
Universidade de Princeton, 92, 118, 253
Universidade de Stanford, 41, 118, 176, 217, 333
Universidade de Wisconsin, 64, 176
Universidade do Colorado, 205
Universidade do Estado do Arizona, 88
Universidade do Kansas, 106
Universidade Johns Hopkins, 183
*Upanishads*, 14, 317
Utah, 214
Utilitarismo, 250

## V

*Vida com Propósitos, Uma: você não está aqui por acaso*, de Rick Warren, 310-11
*Vida Com Propósitos, A* (curso), 324
Vishnu (mit.), 303

## W

Walster, Elaine (1937- ), 196-97
Warren, Rick (1954- ), 310-11
*Warriors, The: Reflections of Men in Battle*, de Jesse Glenn Gray, 350
Washington, George (1732-1799), 1º presidente dos Estados Unidos da América, 318
Watson, John (1878-1958), 175, 177-78, 183
Wegner, Daniel M. (1948-2013), 44-45
White, Robert (1904-2001), 326-27
Wilson, David Sloan (1949- ), 342-43, 345-48
Winfrey, Oprah Gail (1954- ), 293, 295
Wright, Robert (1957- ), 108
Wrzesniewski, Amy, 329

## Y

Yin e yang, 355

## Z

Zoloft, 74
Zoroastrismo, 120

Acompanhe a LVM Editora nas Redes Sociais

 https://www.facebook.com/LVMeditora/

 https://www.instagram.com/lvmeditora/

Esta obra foi composta pela Spress em
Baskerville (miolo) e Rangkings (abertura).
para a LVM em outubro de 2022.